AF568171

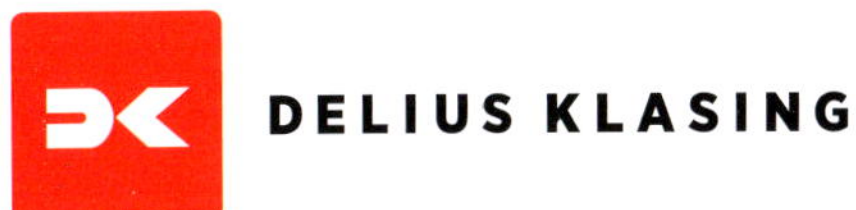

ARMIN HERB | DANIEL SIMON

DIE SCHÖNSTEN E-BIKE-TOUREN IN DEN ALPEN

DELIUS KLASING VERLAG

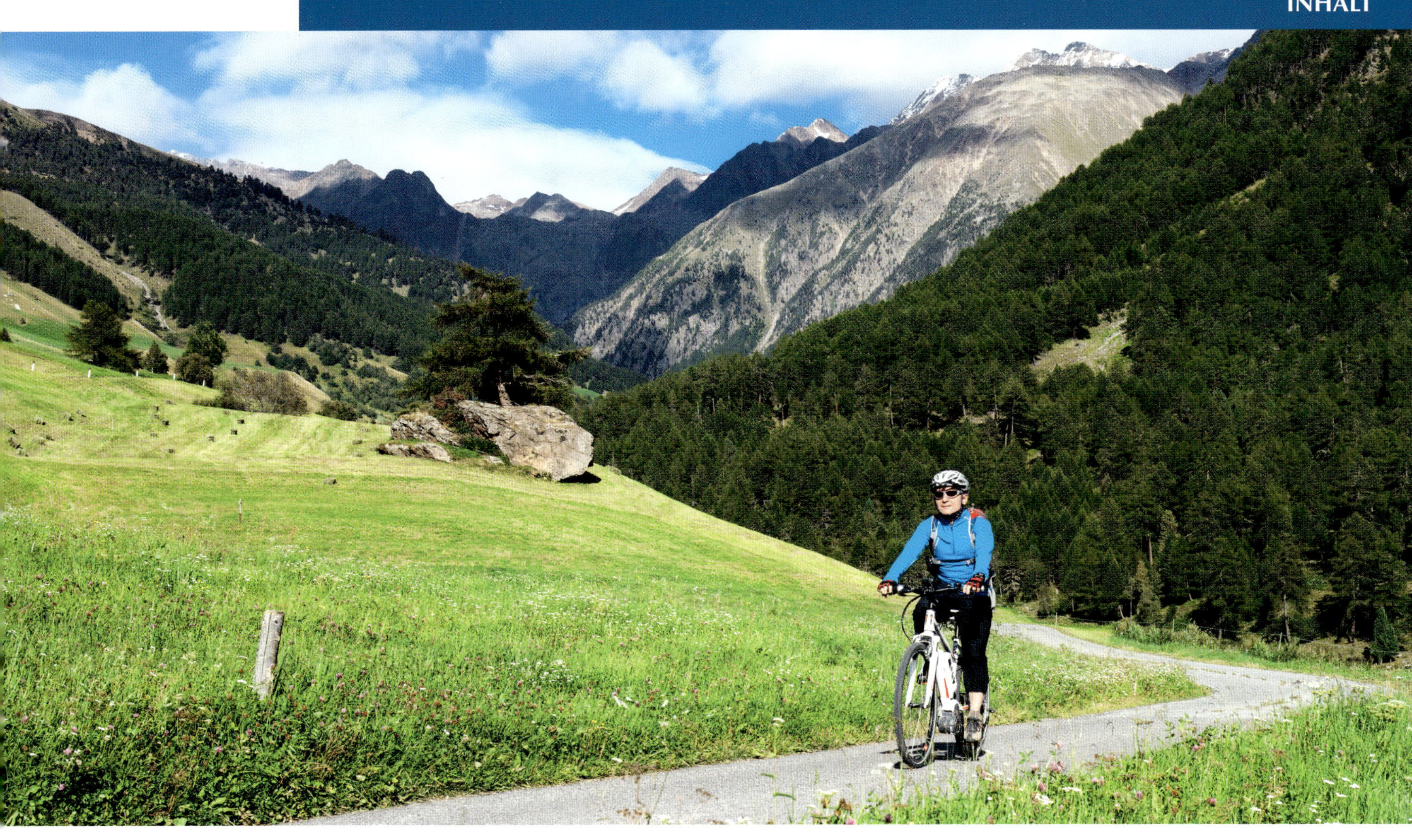

Hoch hinaus: im Langtauferertal in Südtirol.

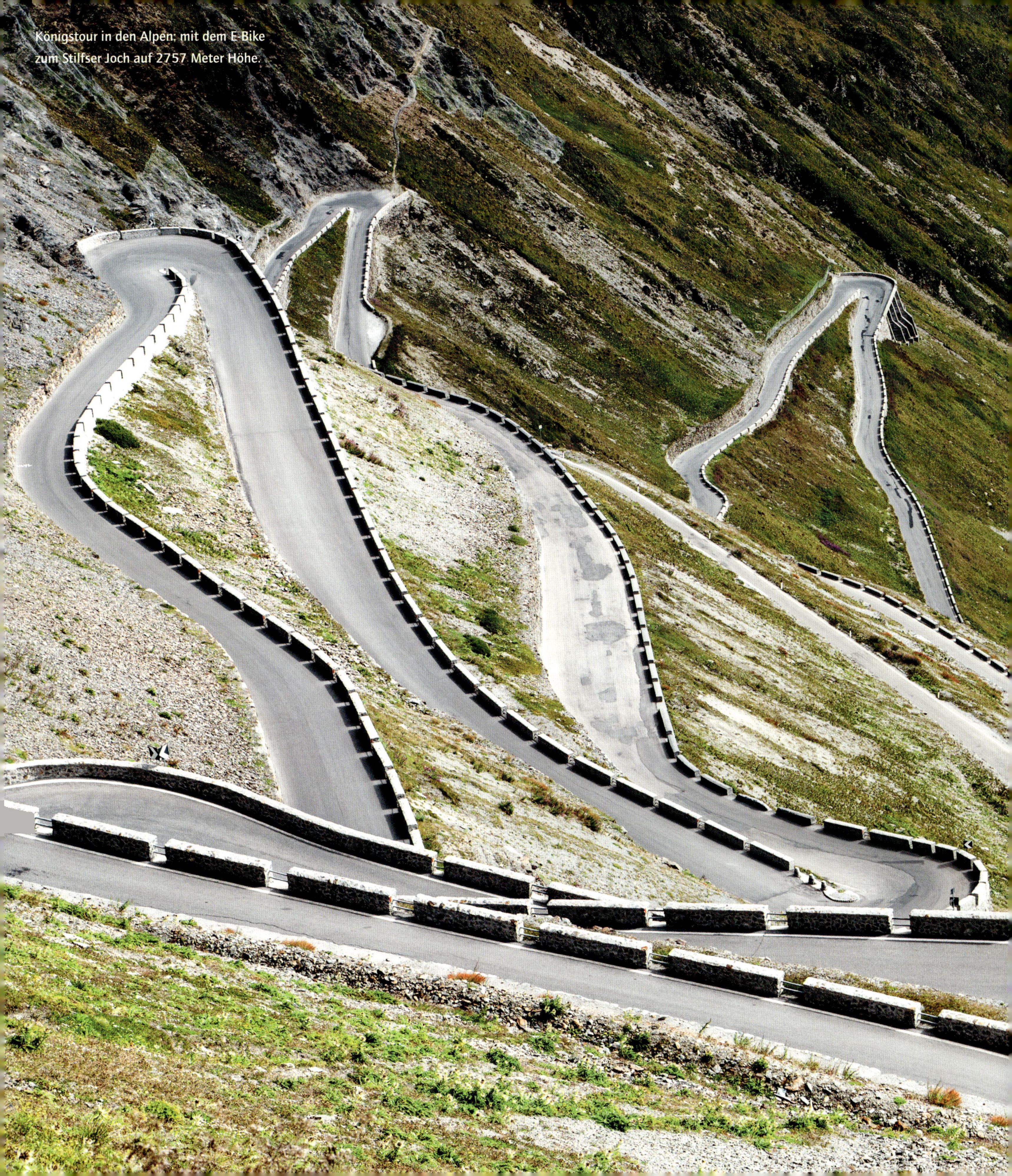

Königstour in den Alpen: mit dem E-Bike zum Stilfser Joch auf 2757 Meter Höhe.

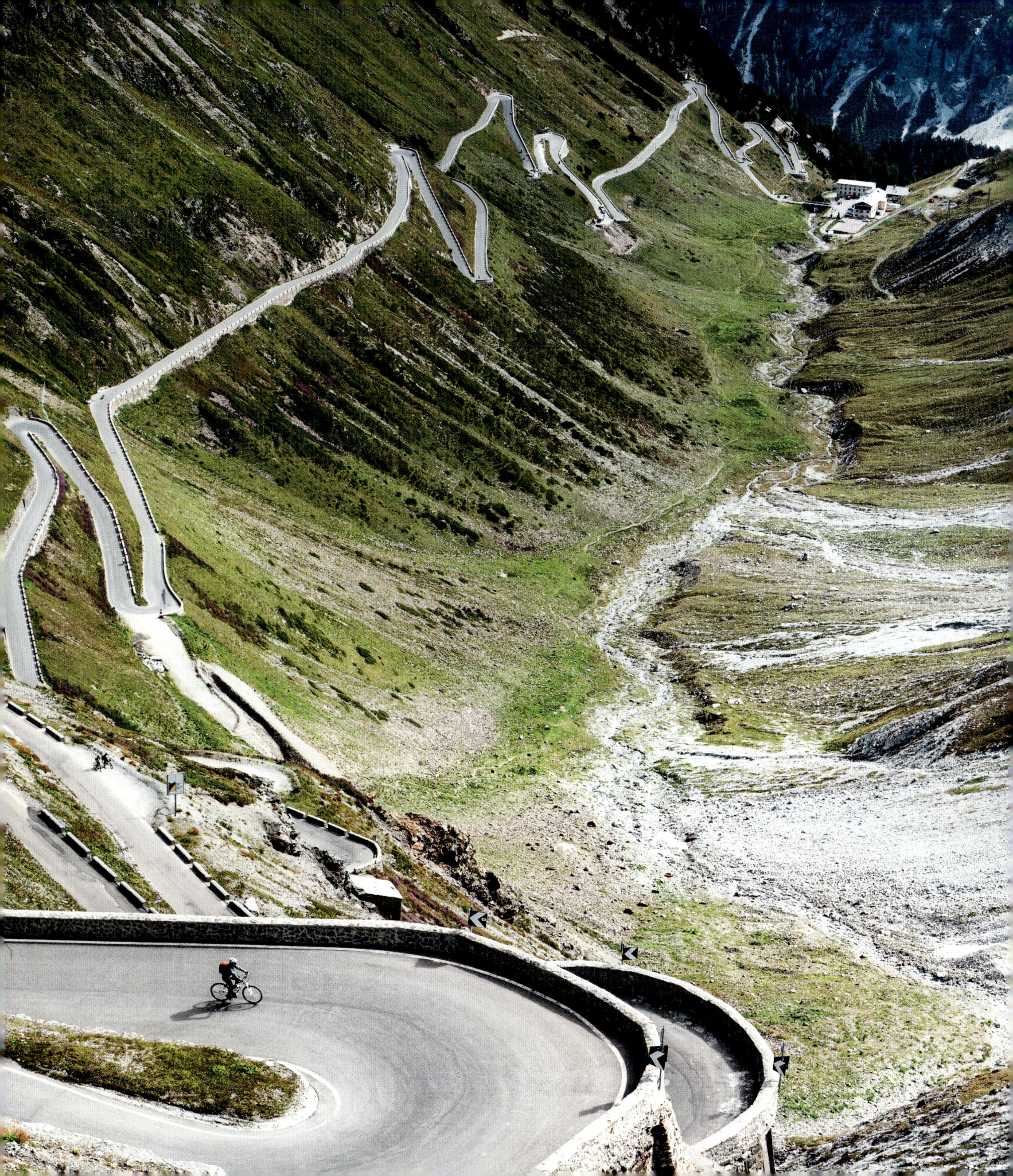

DER LOCKRUF DER BERGE

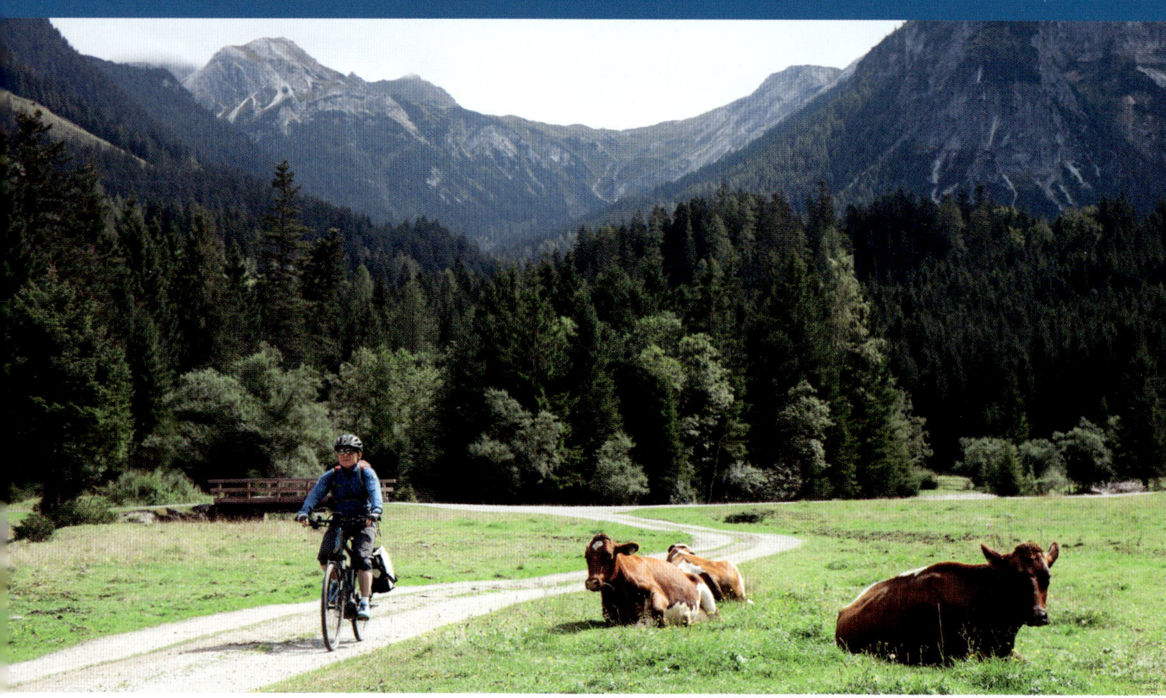

Tour in den Tauern: auf dem Weg zur Marbachalm.

Man sieht sie heute überall – im Straßenverkehr, im Stadtwald, auf dem Flussradweg und immer mehr in den Bergen. Die E-Bikes haben sich mittlerweile einen festen Platz in der Radwelt erobert. Im Gebirge machen sich die Vorteile des E-Bikes besonders deutlich bemerkbar. Dort spielen sie ihre Trümpfe aus. Mit Motorunterstützung können auch weniger sportliche Radler steile Bergwege hinauf fahren zu herrlich gelegenen Almen und Hütten oder die Serpentinen zu spektakulären Pässen erobern. Während E-Biker vor gar nicht allzu langer Zeit noch Angst haben mussten, dass die Elektromotoren am Berg heiß laufen und die Akkus schlapp machen, zeigen sich moderne Antriebe heute robust und ausdauernd. Und wenn trotzdem mal die Energie zur Neige gehen sollte, so bieten viele Gasthäuser, Berghütten und Tourismusbüros in den Urlaubsregionen die Möglichkeit, die Akkus wieder aufzuladen oder sie auszutauschen. Weitsichtige E-Biker haben auf längeren Touren sogar ihr eigenes Ladegerät im Gepäck. Die portablen, kleinen Ladestationen fallen heute kaum noch ins Gewicht.

Mit diesem Wissen und der Hilfe moderner Fahrradtechnik haben wir uns auf den Weg gemacht in die Alpen – dorthin, wo wir schon seit vielen Jahren mit dem Trekking- oder auch mit dem Mountainbike unterwegs sind. Viele Wünsche und Ideen wurden Wirklichkeit, vor allem Genuss und Komfort kamen nicht zu kurz – ob bei kleinen, halbtägigen Aufwärmrunden im sonnigen Trentino, bei alpinen Tagestouren rund um die Zugspitze oder gar bei einer einwöchigen Radreise entlang des gesamten deutschen Alpenbogens zwischen Bodensee und Königssee. 25 der schönsten Touren haben wir ausgewählt und präsentieren sie ausführlich in Wort und Bild auf den folgenden Seiten. Und die GPS-Tracks zu jeder Route lassen sich ganz einfach im Internet downloaden. Übrigens: Dass E-Biken eine Fortbewegung für Unsportliche und »Warmduscher« sei, ist ein Klischee, das gern von unverbesserlichen Radpuristen in die Welt gesetzt wird. Auch beim E-Biken kann man ordentlich ins Schwitzen kommen, vor allem im Gebirge. Allerdings kommt man mit der vorhandenen Kondition schlicht weiter und einfacher steil hinauf.

VORBEREITUNG

Touren in alpiner Umgebung wollen immer mit Bedacht ausgesucht und vorbereitet werden. Vor allem in puncto Fahrtechnik gilt es einige Besonderheiten zu berücksichtigen. Geschick und Gefühl fürs Rad bringen mehr Spaß und Sicherheit. Deshalb gilt: Das Bergfahren möglichst schon vor der Fahrt ins Gebirge zu Hause üben, etwa an Hügeln oder an Auffahrten zu Brücken – möglichst abseits des Straßenverkehrs. Dabei auch das Bremsen bergab ausprobieren. Apropos Kondition: Das E-Bike bietet zwar viel Unterstützung beim Treten, aber eine gewisse Grundkondition und Fahrtechnik auf dem Rad sind trotzdem wichtig.

DAS RICHTIGE E-BIKE

Für steile Auf- und Abfahrten eignet sich ein Pedelec mit Trapezrahmen besser als ein sogenannter Tiefeinsteiger. Wer ganz hoch hinaus und auch viele ruppige Bergwege befahren will, greift zum E-Mountainbike.

AUSRÜSTUNG

Im Gebirge gehören immer warme Kleidung und eine Wetterschutzjacke ins Gepäck, denn das Wetter kann schnell umschlagen. Außerdem kühlen lange Abfahrten den Körper aus. Kenner wählen das Schichtprinzip, das heißt mehrere Kleidungsschichten übereinander zu tragen. Bergauf kann man z. B. die Windjacke ausziehen, wenn es warm wird, und bergab gegen das Auskühlen wieder an. Helm, Handschuhe und Sportbrille verstehen sich aus Sicherheitsgründen von selbst.

WETTER

Erfahrene Alpenfahrer kennen die Wetterkapriolen. Der Wechsel von strahlendem Sonnenschein zu Eisregen passiert oft in kürzester Zeit. In großen Höhen können selbst im Hochsommer Schneeschauer und krasse Temperaturstürze drohen. Deshalb hat ein zuverlässiger Wetterbericht elementare Bedeutung. Und umso wichtiger ist eine vorausschauende und umsichtige Planung der Radetappen. Mit folgenden Wetterstationen haben wir gute Erfahrungen gemacht:

Bayern, Tirol, Salzburg, Kärnten: www.zamg.ac.at
Schweiz: www.meteoschweiz.admin.ch und www.meteonews.ch
Südtirol, Italien: www.provinz.bz.it/wetter/home.asp und www.ilmeteo.it/Italia

FAHRTECHNIK BERGAUF

Für ein flüssiges, gleichmäßiges Treten wählt man bergauf möglichst kleine Gänge. Die Devise lautet dabei: immer vorausschauend fahren, um zum Beispiel Schlaglöcher oder Rollsplitt rechtzeitig umfahren zu können. In steilen Passagen bergauf empfiehlt sich eine stärkere Motorunterstützung, in flacheren eine geringere. An besonders steilen Abschnitten den Oberkörper Richtung Lenker neigen und auf dem Sattel leicht nach vorn rutschen, damit das Vorderrad nicht abhebt.
Wer länger bergauf fährt, muss auch mal Gesäß und Muskeln entlasten. Dazu schaltet man möglichst eine Unterstützungsstufe herunter und einen Gang schwerer und geht in den sogenannten Wiegetritt, d. h. man fährt quasi im Stehen. Durch das Zurückschalten tritt man auch nicht ins Leere beim Aufstehen und hält die Geschwindigkeit.

FAHRTECHNIK BERGAB

E-Bikes können bei der Abfahrt schon allein wegen ihres hohen Gewichts ziemlich schnell werden. Deshalb heißt es: möglichst mit beiden Händen am Lenker immer kontrolliert und mit angepasster Geschwindigkeit fahren und dabei genügend Abstand halten zu Autos oder anderen Fahrrädern. Vermeiden Sie Dauerbremsen, damit die Bremsen nicht zu heiß werden und eventuell an Leistung verlieren. Bremsen Sie immer mit Vorder- und Hinterbremse gleichzeitig. Verzögern Sie vor Kurven spürbar und lösen Sie die Bremsen dann wieder, damit sie durch den Fahrtwind etwas abkühlen können. Bitte keine Kurven schneiden! Aber die Kurven auch nicht zu weit außen anfahren, denn dort liegt gern viel rutschiger Schmutz und Splitt. Bei langen Abfahrten, z. B. auf einer Passstraße, sollten Sie ab und zu Stopps einlegen, damit die Bremsen zwischendurch abkühlen können.

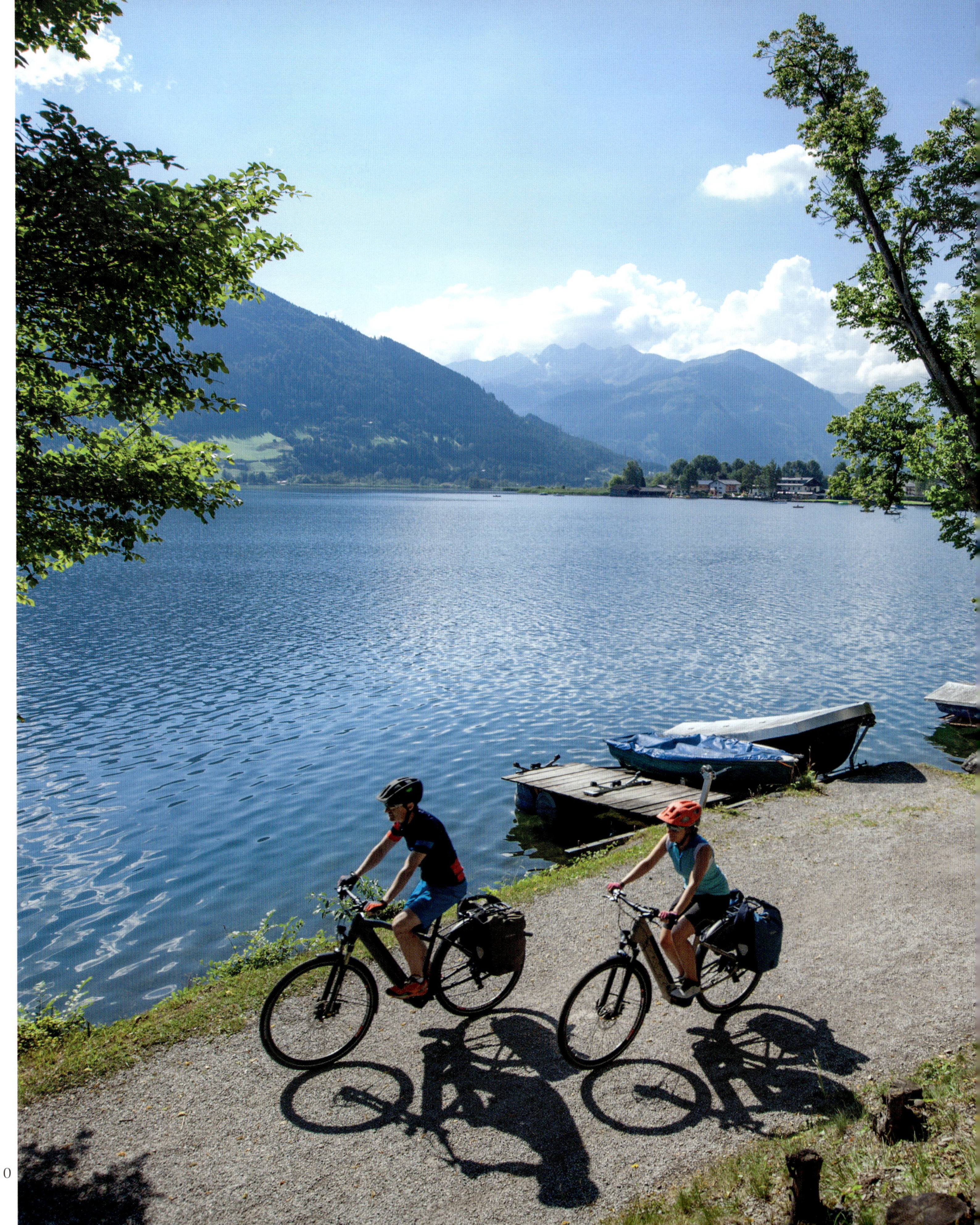

DAS E-BIKE

Bis auf den Motor unterscheidet sich die Technik eines E-Bikes nicht von der eines »normalen« Fahrrades. Wartungsarbeiten an den meisten Komponenten wie Bremsen oder Schaltung können wie an jedem anderen Rad durchgeführt werden. Der Motor ist eine geschlossene Einheit. Ein Laie kann selbst keine Wartung oder Reparatur vornehmen. Sollte der Motor unterwegs ausfallen, schalten Sie zuerst das System aus und nach kurzer Pause wieder ein. Kontrollieren Sie die Kontakte von Akku und Display. Je nach Hersteller erklären Fehlercodes manches Problem. Die Betriebsanleitung gehört ins Tourengepäck. Bei langen Bergauffahrten kann der Motor zur Sicherheit gegen Überhitzung abschalten. Nach einer kurzen Abkühlphase ist das System meist wieder betriebsbereit.

REICHWEITE STEIGERN

Das E-Bike verleitet dazu, mit schweren Gängen und viel Motorunterstützung zu fahren. Das macht Spaß, aber eine lange Tagestour schafft der Akku so kaum. Mit ein paar Maßnahmen steigern Sie die Reichweite enorm:

> Fahren Sie stets in leichten Gängen an.
> Eine Trittfrequenz um die 80 Umdrehungen pro Minute mit wenig Kraftaufwand ist am effizientesten.
> Ein gleichmäßiger, »runder« Tritt schont den Akku.
> Vermeiden Sie stopp and go. Bremsen und wieder Anfahren verbraucht viel Energie.
> Kontrollieren Sie die Motorunterstützung am Display. Das hilft, die Effizienz zu steigern.
> Wann immer möglich mit kleinster Unterstützungsstufe fahren oder das System (z. B. bergab) ganz abschalten.
> Auf längeren Touren in Pausen den Akku nachladen.
> Ein Ersatzakku verdoppelt die Reichweite.

NÄSSE

Die Qualität moderner E-Bikes ist sehr gut. Heute fällt kaum mehr ein Motor wegen in die Elektrik eindringender Nässe aus. Sollten dennoch bei Regen Probleme auftreten, kontrollieren und trocknen Sie vor allem die Kontakte an Akku und Display. Kontaktspray verdrängt Feuchtigkeit zuverlässig und schützt.

>>> WAS IST EIN E-BIKE?

> **E-Bike** wird gern als Sammelbegriff für Fahrräder mit Elektromotor verwendet. Ab und zu werden jedoch auch Elektro-Mofas ohne Pedalantrieb als E-Bike bezeichnet.

> **Das Pedelec (Pedal Electric Cycle)** ist ein Fahrrad, das beim Treten bis zu einer Geschwindigkeit von 25 km/h von einem Elektromotor unterstützt wird. Dieses Pedelec meinen wir auch im Allgemeinen, wenn wir hier im Buch vom E-Bike sprechen.

> Bei **S-Pedelecs** unterstützt der Motor beim Treten bis 45 km/h. Die S-Pedelecs gelten nach deutschem Recht als Kleinkrafträder und nach EU-Recht als Leichtkrafträder mit geringer Leistung, wie Mofas und Mopeds. Sie benötigen deshalb eine Betriebserlaubnis des Kraftfahrtbundesamtes, ein Versicherungskennzeichen und dürfen nur von Personen ab 16 Jahren gefahren werden, die einen Führerschein der Klasse AM besitzen. Außerdem ist für die Benutzung ein geeigneter Helm vorgeschrieben. S-Pedelecs dürfen meist nicht auf Radwegen sowie auf Feld- und Waldwegen benutzt werden.

WERKZEUG

Ein gutes Minitool mit Kettennieter, einer Minipumpe, Flickzeug und zwei Reifenhebern aus Kunststoff gehören in jede Satteltasche. Beim E-Bike noch eine kleine Dose Kontaktspray und ein 15er Maulschlüssel für Laufräder ohne Schnellspannachsen. Auf längeren Touren sollte das Ladegerät und eventuell ein Ersatzakku ins Tourengepäck.

SCHLAUCHWECHSEL

Bei vielen E-Bikes ist es sehr kompliziert unterwegs das Hinterrad auszubauen. Oft bleibt nur die Möglichkeit, einen defekten Schlauch im Rad zu flicken. Die Firma Gaadi hat einen Schlauch mit zwei Enden entwickelt. Der defekte Schlauch wird zerschnitten, um ihn zu entfernen und der Gaadi kann ohne Laufradausbau in den Reifen eingelegt werden. Achten Sie beim Kauf auf die richtige Größe (z. B. 26 oder 28 Zoll). www.gaadi.de

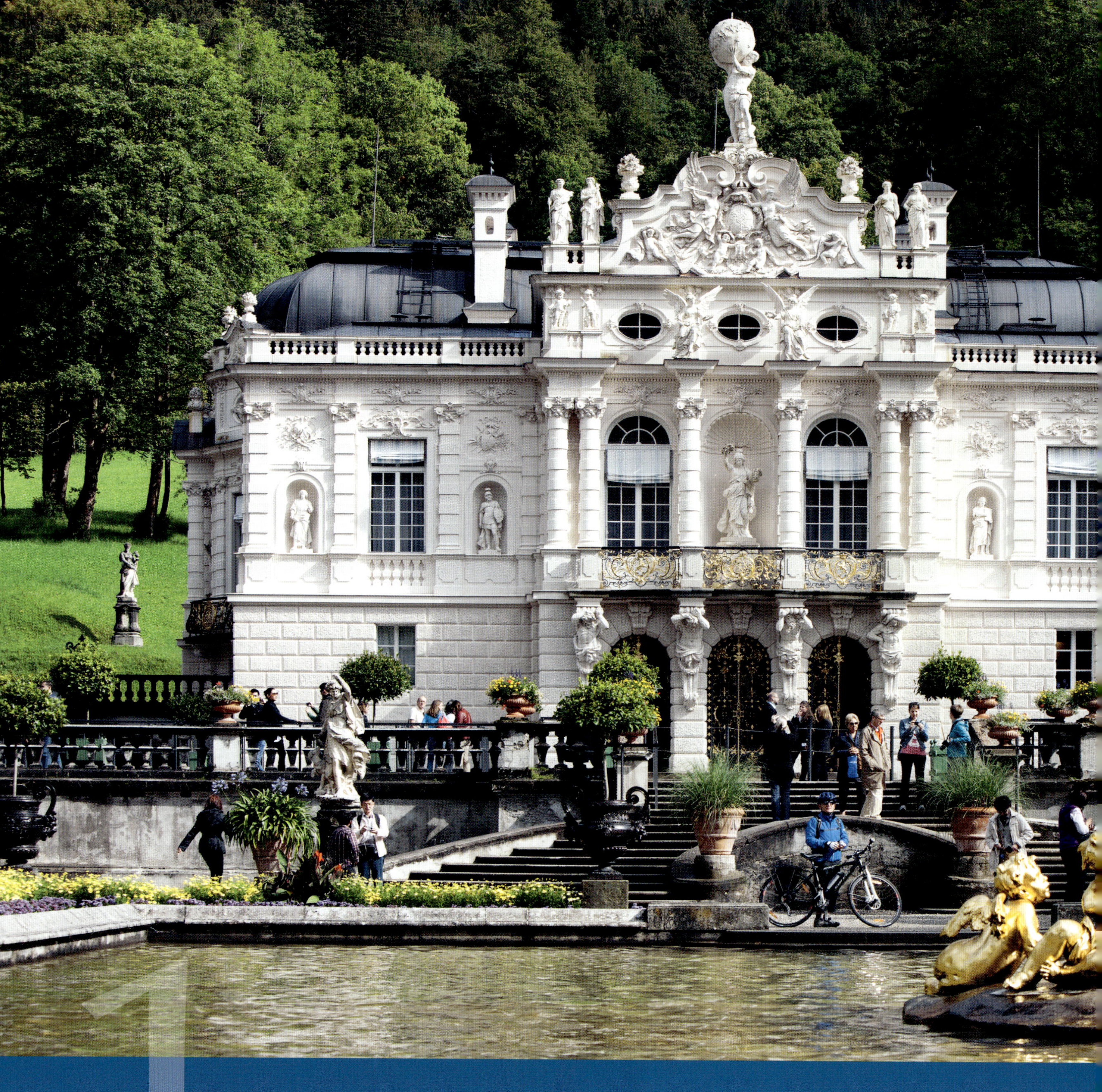

1 KÖNIG LUDWIGS GELIEBTE BERGE

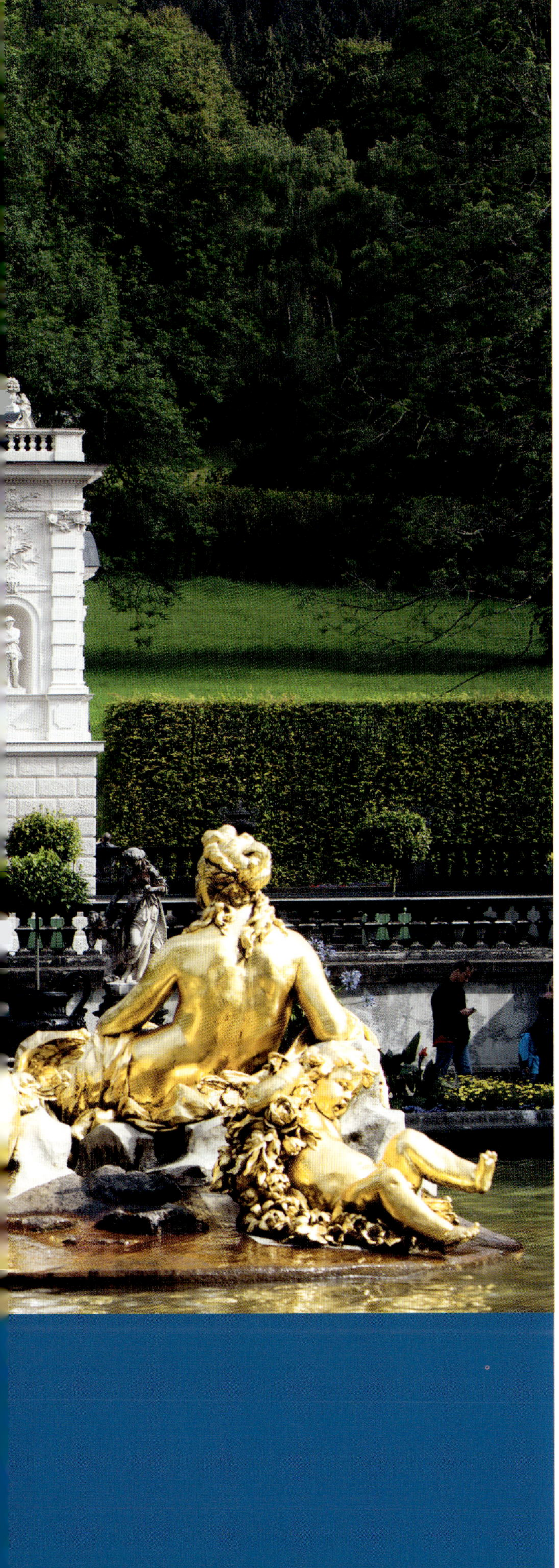

Refugium mitten in den Ammergauer Alpen: Schloss Linderhof bei Graswang.

Die Ammergauer Alpen waren einst königliches Jagdgebiet und sind bis heute dünn besiedelt.

Dicke Nebelschwaden hängen über dem Wasser. Mächtige Berge stehen wie dunkle Wächter Spalier. Am Ufer sitzt eine blonde Frau im langen Kleid und singt lyrische Weisen. Das ist keine Szene aus einem Märchenfilm, sondern ein kühler Sommermorgen am Plansee. Und wir warten sehnlich, leicht fröstelnd auf die ersten Sonnenstrahlen. Eine große Runde um die Ammergauer Alpen haben wir uns vorgenommen. Die erste Bergetappe liegt schon hinter uns, und sie ließ uns gleich tief in die Geschichte und Geografie der Region eintauchen: Das Ammergebirge zwischen Loisach und Lech, zwischen Murnauer Moos und Lechtaler Alpen bildet mit einer Fläche von 28 850 Hektar Bayerns größtes Naturschutzgebiet. Hier verzahnt sich auf engstem Raum das klein strukturierte, bäuerliche Alpenvorland mit dem Hochgebirge. Immerhin reicht der höchste Gipfel, der Daniel, bis auf 2340 Meter Höhe. Drei Viertel des Gebietes zählen zu Bayern, ein Viertel zu Tirol.
Die waldreichen Berge gehörten einst zum königlichen Jagdgebiet. Ein Grund dafür, dass die Täler und weiten Wälder bis heute relativ dünn besiedelt sind. Hier lag quasi König Ludwigs II. Kinderstube. Hier wuchs er auf in Hohenschwangau, und hier ließ er zwei seiner Märchenschlösser an den Rand seiner geliebten Berge bauen: Neuschwanstein und Linderhof.

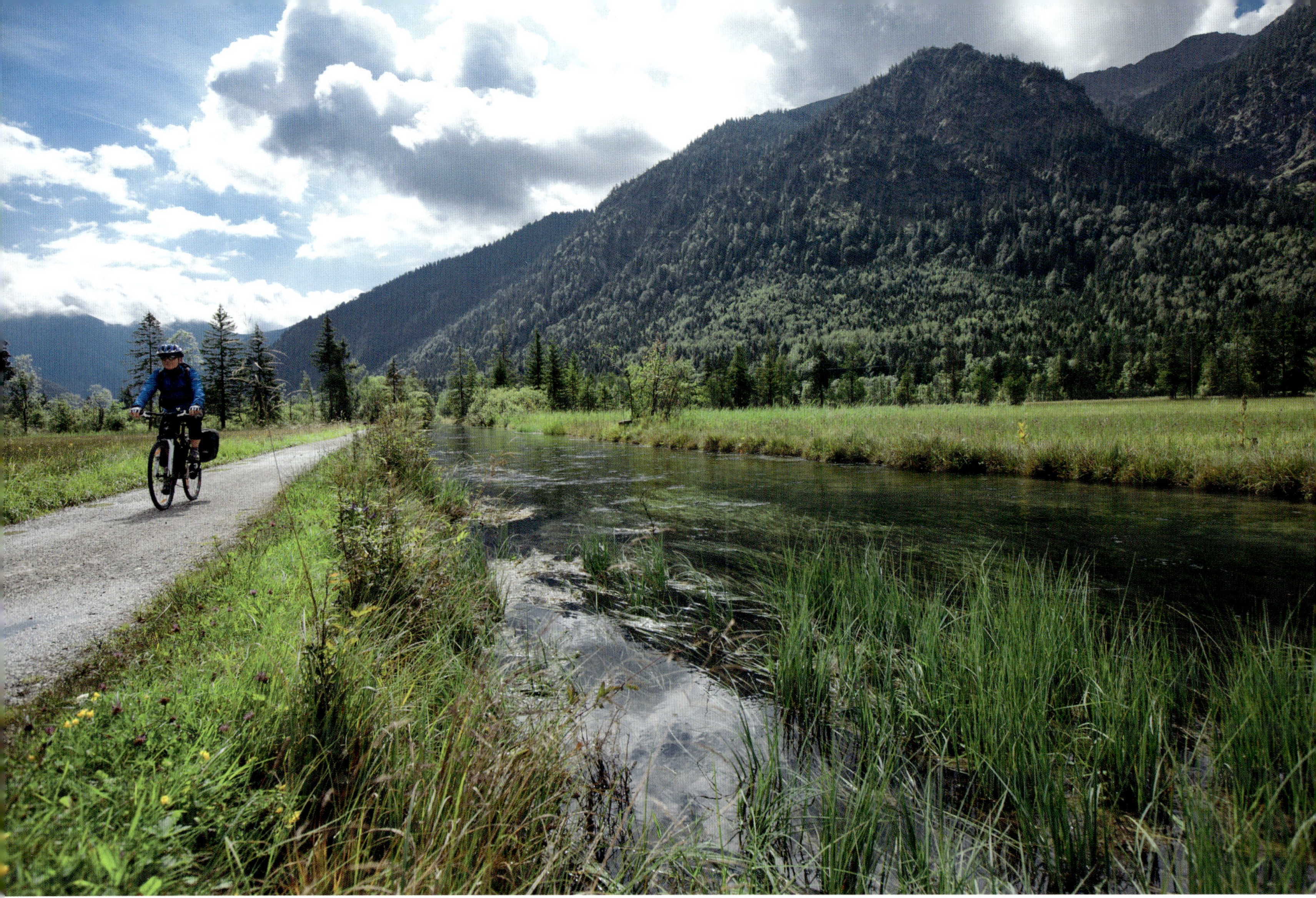

Die junge Ammer beim Kloster Ettal.

Die erste Etappe lassen wir ruhig angehen. Zuerst noch etwas bummeln in Füssens historischer Altstadt zu Füßen des Hohen Schlosses, dann im Sattel hinaus zu den königlichen Bauwerken zu Füßen des Säulings, ein wuchtiger Zweitausender und Wahrzeichen der Region. Hier spucken jeden Tag Kolonnen von Bussen tausende von Besuchern aus, viele davon aus Übersee, Asien und Amerika. Ein dichtes Menschengewirr verlangt vom E-Biker Slalomfahren und ständige Bremsbereitschaft. Aber wer die Schlösser nicht kennt, sollte sich in die Schlangen einreihen. Es lohnt sich durchaus, die prunkvollen Gemächer von Neuschwanstein und direkt gegenüber von Hohenschwangau zu sehen. Dieses Mal lassen wir das Kulturziel aber aus und biegen ab in die Natur. Direkt zum Alpsee, Ludwigs Lieblingsbadesee und einer der saubersten Seen Deutschlands. Wie verwunschen schmiegt er sich in den Bergwald, durch den unser Weg ins nahe Tirol führt. Mitten im Wald steht noch ein altes Zollhäuschen mit den Staatswappen von Deutschland und Österreich. Aber drinnen sitzt schon längst kein Grenzbeamter mehr. So geht's ohne Kontrolle hinunter Richtung Lechtal und einige Kilometer nach Osten auf

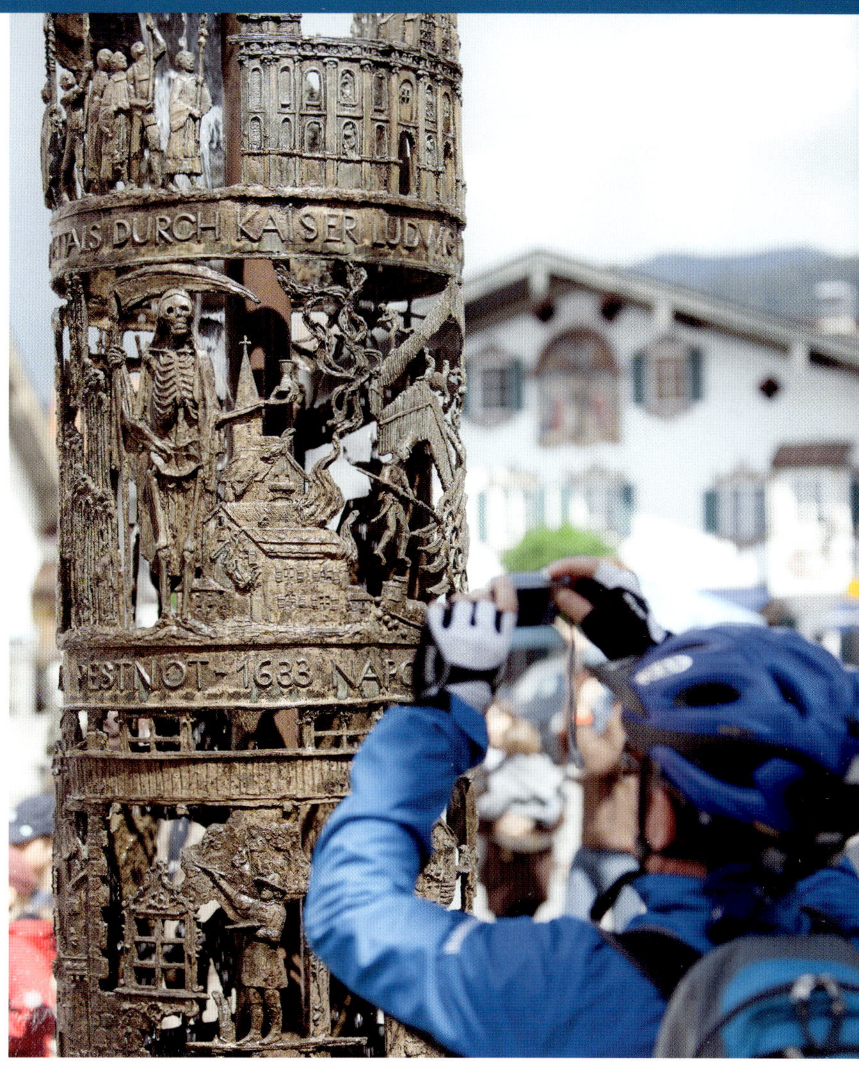

Fotogene Handwerkskunst: Geschichtssäule in Oberammergau.

der Via Claudia Augusta, dem Fernradweg von der Donau bis zur Adria, einst als Transportroute über die Alpen von den Römern angelegt. In Reutte folgt dann der etwas ungemütlichere Teil des Tirol-Abstechers. Hinauf zum Plansee sind es zwar nur fünf Kilometer, aber dafür gleich 150 steile Höhenmeter, die auf der Straße zurück gelegt werden müssen. Wer hier zu viel Gepäck am Rad hat, der sieht die Balken auf der Akkuanzeige schnell schwinden. Dafür wartet oben eine lange Panoramafahrt am Seeufer entlang und in der Musteralpe eine gemütliche Raststation mit Seeblick.

>>> BAYERISCHE BIERGÄRTEN

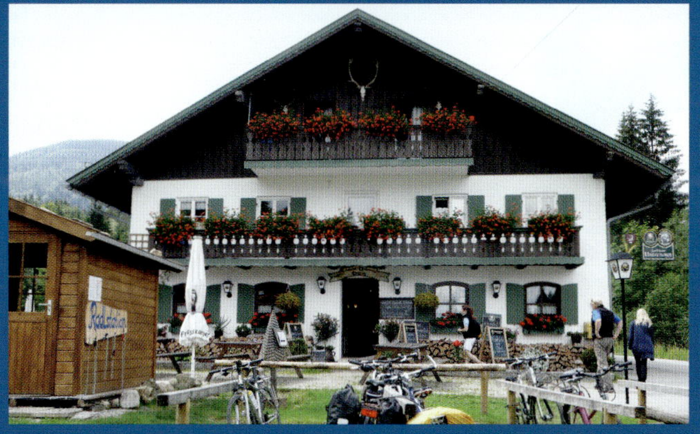

Im Schatten großer Kastanienbäume sitzen und Brotzeit machen – die kulinarischen Ziele am Wegesrand sind das Tüpfelchen auf dem i einer E-Bike-Tour in Bayern.

> **Ettal:** Ettaler Mühle
www.ettaler-muehle.de

> **Unternogg:** Forsthaus Unternogg (siehe oben)

> **Stillern/Raisting:** Hof-Biergarten Grenzebach
www.hof-biergarten.de

> **Utting am Ammersee:** Alte Villa
www.alte-villa-utting.de/biergarten

> **Fürstenfeldbruck:** Fürstenfelder am Kloster
www.fuerstenfelder.com/garden

> **Dachau:** Alte Liebe an der Amper
alteliebe-dachau.de

Der Plansee liegt wahrlich wunderschön zwischen den Bergmassiven. Genauso schön eingebettet in die alpine Natur wie Schloss Linderhof im nahen Graswangtal, bereits wieder auf bayerischem Territorium. König Ludwig II. ließ hier 1870 das ehemalige Jagdhaus von Maximilian II. zum Märchenschloss um- und ausbauen und einen großen Park mit Pavillons anlegen. Schon beim Schieben durch die Schlossanlage – Radfahren verboten! – erhält man einen Eindruck von den fantastischen Brunnen und Gartenanlagen, die so gar nicht in diese bäuerliche Umgebung passen wollen. Etwas geblendet vom Prunk rollen wir hinaus in die Wälder und Moore, wo Quellen und kleine Bäche sich langsam zum Fluss Ammer vereinen. Hier im Weidmoos in Sichtweite zum Kloster Ettal startet quasi der Ammer-Amper-Radweg, der uns über rund 200 Kilometer aus den Bergen hinaus ins Alpenvorland und ins Münchner Umland dirigiert.

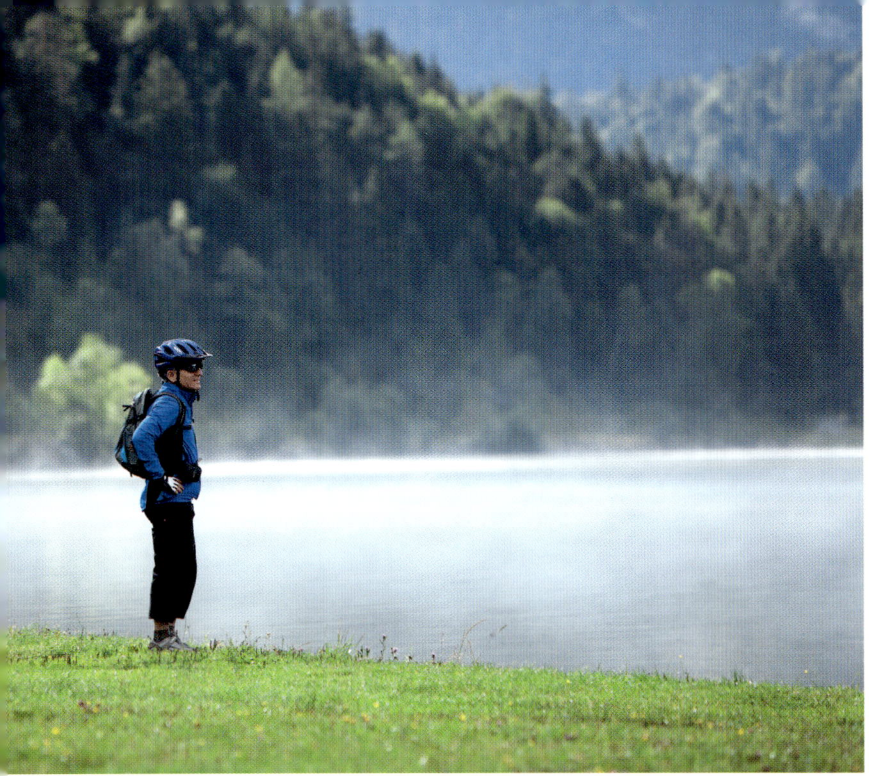

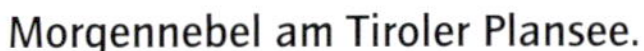
Morgennebel am Tiroler Plansee.

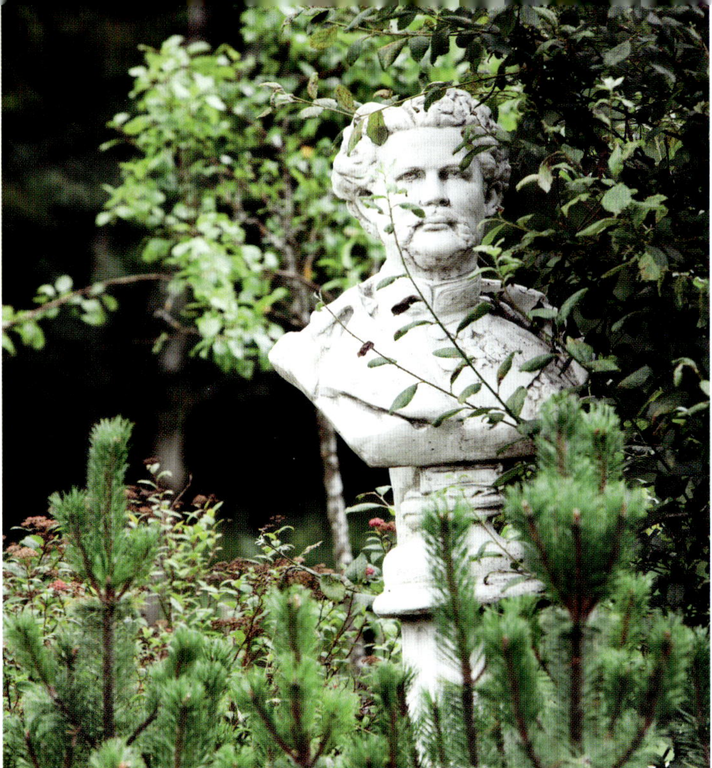

Die Büste von Ludwig II. versteckt sich im Biergarten.

»Ist es noch weit?« schallt es uns mehrstimmig aus einer kleinen Radlergruppe entgegen. Viele Besucher machen sich heute, wie wir, gern per Fahrrad auf die Spuren des Märchenkönigs. Für die meisten bleibt es jedoch bei den knapp zehn Radkilometern von Oberammergau bis Linderhof. Apropos Oberammergau: Wie der Name schon andeutet, führt der Ammer-Radweg mitten durchs Alpendorf, berühmt für die Passionsspiele, Herrgottsschnitzerei und Häuser mit Lüftlmalerei. Allein ist der Besucher hier selten zwischen all den Souvenirshops und Straßencafés. Halb so schlimm, denn schon am Ortsrand herrscht wieder Oberbayern-Idylle. Uns kümmern mehr die dunklen Wolken am Horizont. »Wenn die Wolken von Unterammergau kommen, wird's meist nicht so heftig,« erzählt uns Luigi vom Eiscafé Giordano. Oder sagt er das allen Gästen zur Beruhigung? Er soll Recht behalten. Kein einziger Regentropfen erwartet uns, dafür ein paar Schweißtropfen, aber nur wenn man seine E-Power nicht voll ausschöpft. Denn dort, wo die Ammer die Berge verlässt und sich tief in einer wilden Schlucht ins Alpenvorland gräbt, schweift der Radweg gezwungenermaßen ab ins umliegende Hügelland. Es folgt ein schwungvolles Auf und Ab zwischen Dörfern, wie Altenau und Rottenbuch, zwischen allein stehenden Bauernhöfen und Landgasthäusern, wie dem Forsthaus Unternogg am »Königsstraßerl«. Am urigen Radlertreff am Waldrand führt die Kutschenroute entlang, die Ludwig II. damals von seinen Schlössern bei Füssen nach Linderhof führte. Heute dient die royale Kutschenstrecke als Abschnitt des Fernradweges vom Bodensee zum Königssee. Wir beschließen allerdings die Runde ums Ammergebirge nicht mit dem Rückweg nach Füssen, sondern folgen ab Peiting wieder flussnah der Ammer nach Norden durch den Pfaffenwinkel. Der heißt übrigens so, weil in dieser lieblichen Gegend besonders viele »Häuser der Pfaffen«, das heißt Klöster und Wallfahrtskirchen, stehen. Zum Beispiel das Kloster in Polling. Etwas gottlos zieht es uns dort aber gleich in den Klosterbiergarten statt in die Kirche. Wie heißt es in Bayern schön süffisant: »Der Klosterbiergarten ist dort, wo das Gebetbuch einen Henkel hat.« Prosit!

Nördlich des Ammersees heißt die Ammer dann Amper.

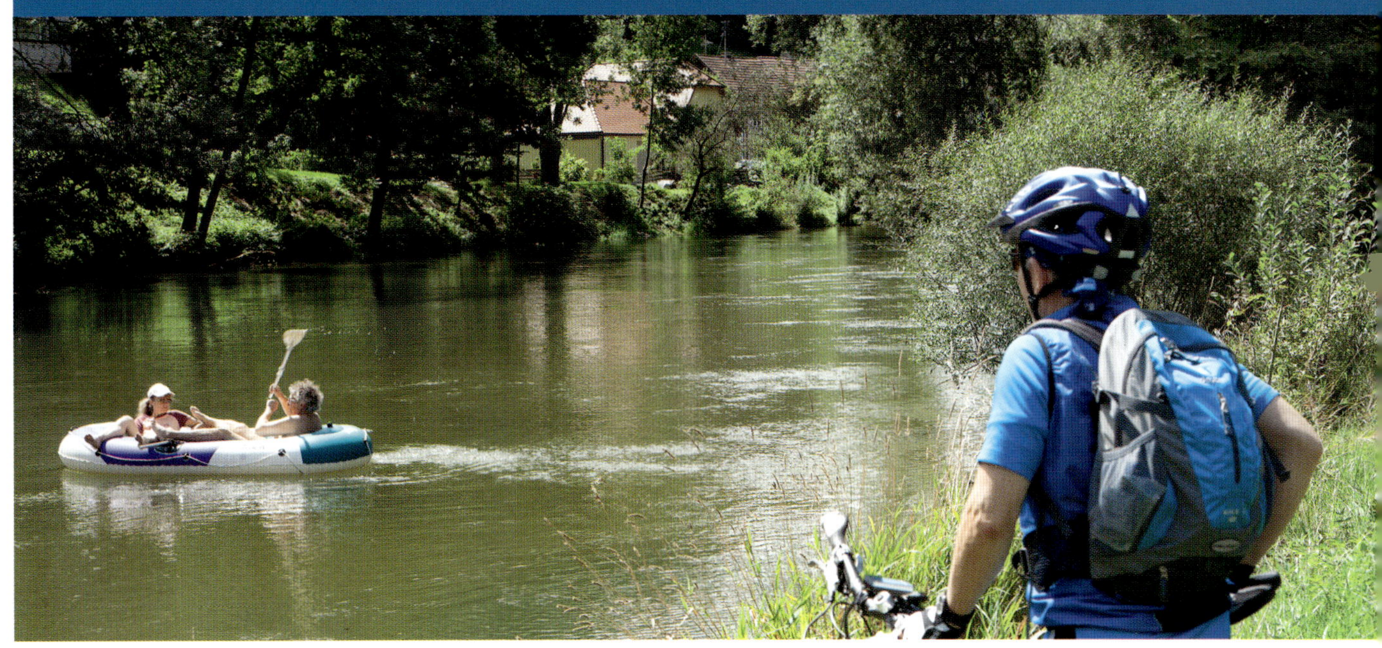

Das herrliche Hügelland im Pfaffenwinkel bei Rottenbuch.

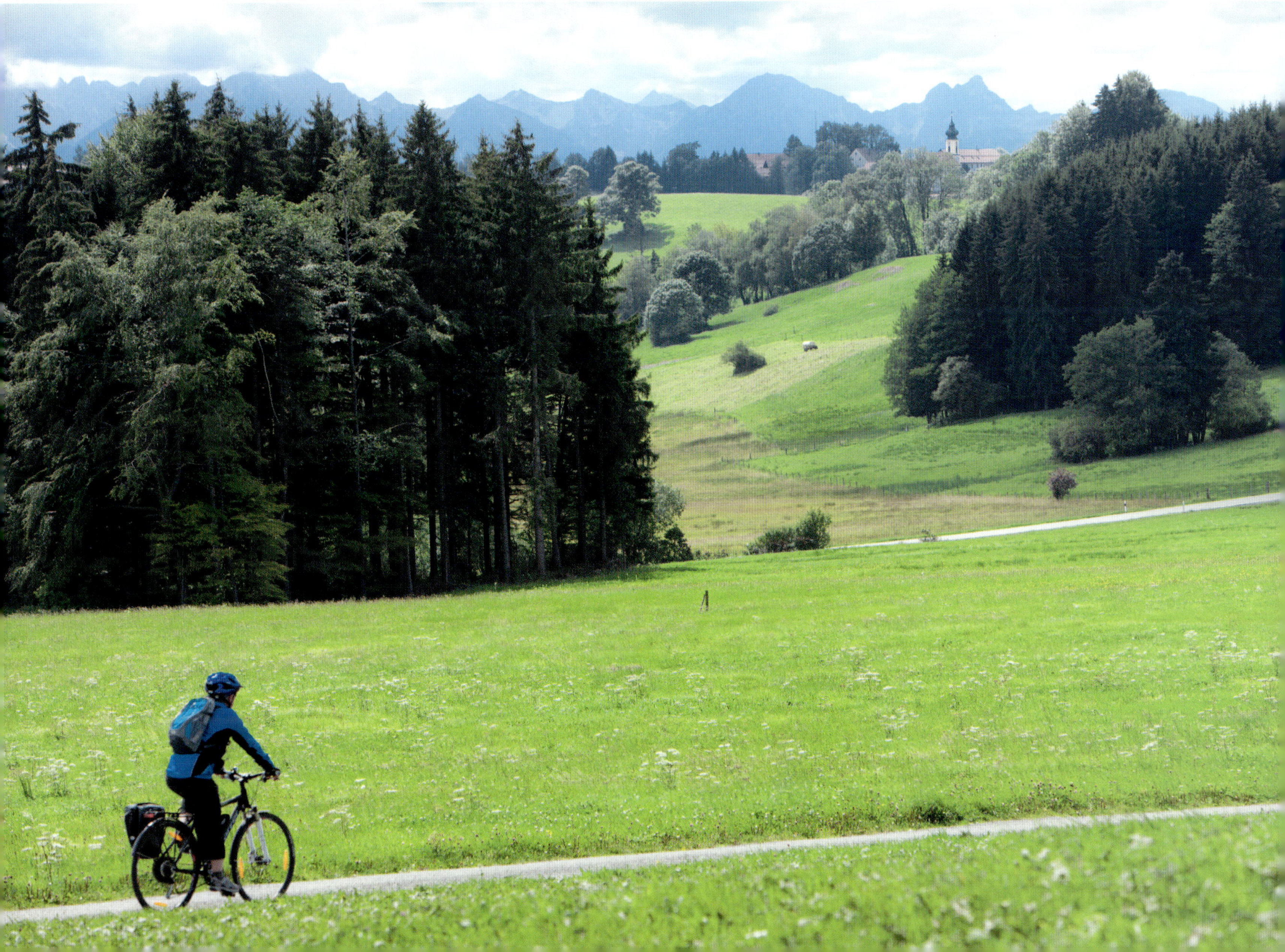

Hinter Weilheim weitet sich das Ammertal mehr und mehr, bis der Fluss bei Dießen in den Ammersee mündet. Wieder einer dieser oberbayerischen Bilderbuchseen, der das Leben hier so angenehm macht – und nicht ganz billig. Im Sommer möchte man als Radler alle paar Kilometer anhalten und ins Wasser springen. Die Schwimmbäder am Radweg laden förmlich dazu ein.

Ab dem Nordufer des Sees heißt der Fluss nicht mehr Ammer, sondern Amper. Entsprechend wird das anschließende Naturschutzgebiet auch Ampermoos genannt. Etwas neidisch schauen wir auf die bunten Schlauchboote im grün schimmernden Wasser. Die Bootskapitäne lassen sich vom langsam fließenden Fluss gemütlich durch das Dickicht der Auenwälder treiben – kilometerweit, und sie brauchen so gut wie nichts zu tun außer etwas zu steuern und die Landschaft zu genießen.

Der weitere Weg bringt aber auch eine Menge Kultur statt Natur. Leider nicht nur Angenehmes und Kunstvolles, sondern auch mahnende Orte, wie das ehemalige Konzentrationslager in Dachau. Nach einem solch bedrückenden Blick in die Geschichte wirkt die steile Auffahrt zum Schloss und zur Dachauer Altstadt fast wie Wellnessurlaub. Überhaupt geraten die letzten Kilometer über Ampermoching und Allershausen bis zur Isar zum entspannenden Finale. Der Fluss wird begleitet von Altarmen und Auwäldern, wo der Biber für natürliche Unordnung und Urwald-Feeling sorgt. Bei Zolling dient eine Sandbank im Fluss den Kindern als Badestrand. Eine wahre Idylle mit einem kleinen Schönheitsfehler. Hoch oben setzen unüberhörbar im Minutentakt die Jets zur Landung auf den Münchner Flughafen an. Das soll aber unseren Radgenuss nicht weiter trüben. In Moosburg, wo am nördlichen Stadtrand die Amper in die Isar mündet, setzen wir uns auf eine Bank vor dem Münster und lassen unsere Reise Revue passieren: Auch diese Tour hat uns wieder gezeigt, warum Bayern seit Jahren die Hitliste der beliebtesten Radreiseregionen Deutschlands anführt. Außerdem gab es nur hier den Märchenkönig und bis heute seine einzigartigen Schlösser, die schon allein eine Reise wert sind.

Mahnmal der Geschichte: Konzentrationslager in Dachau.

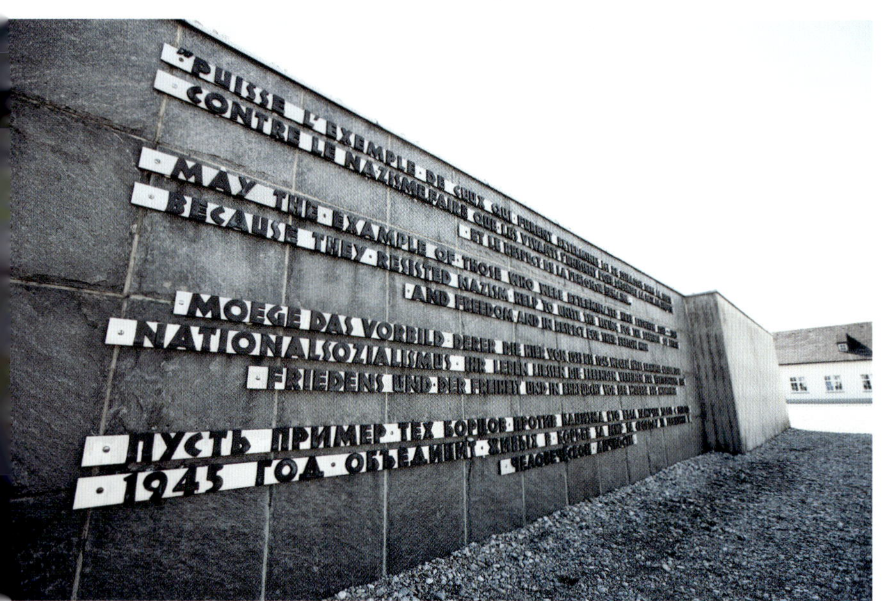

Bei Raisting stehen riesige Funkantennen.

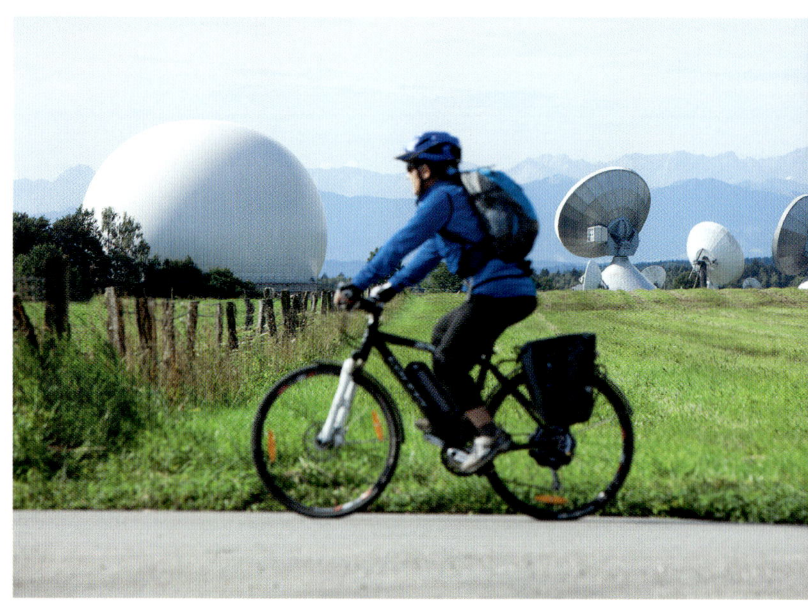

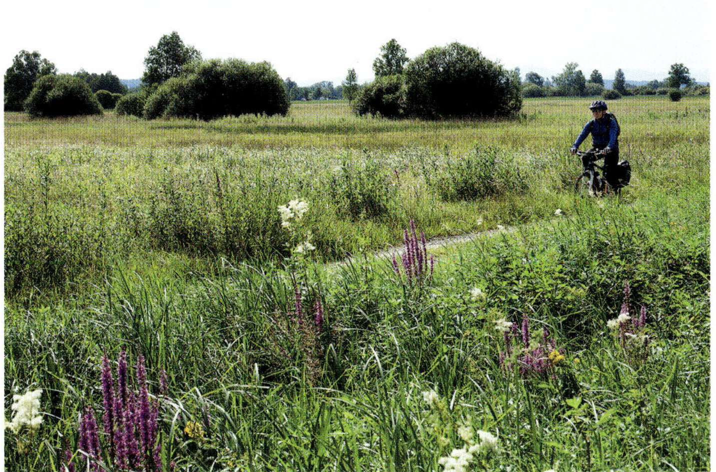

Sumpfwiesen am Südende des Ammersees.

>>> ANFORDERUNG

247 km – 2060 hm – Mehrtagestour mittel

Ein Großteil der Route verläuft auf autoverkehrsfreien Rad- und Waldwegen, aber nur etwa die Hälfte der Strecke ist asphaltiert. Vor allem im ersten Teil der Route rund um die Ammergauer Alpen warten auch ein paar anspruchsvolle Steigungen und Gefällstrecken. Ab dem Ammersee Richtung Norden ist die Strecke jedoch überwiegend flach. Achtung: Im Hochsommer ist am Wochenende zwischen Reutte, Plansee und Schloss Linderhof mit stärkerem Autoverkehr zu rechnen.

>>> ROUTE

Füssen – Hohenschwangau – Alpsee – (Via Claudia Augusta) – Reutte – Plansee – Schloss Linderhof – Oberammergau – Rottenbuch – Weilheim – Dießen am Ammersee – Fürstenfeldbruck – Dachau – Moosburg

>>> E-BIKE-VERLEIH

Füssen www.fuessen.de/rad/radregion/e-bike
Oberammergau www.sportzentrale-papistock.de
Fürstenfeldbruck www.amper-rad.de
Moosburg www.zweirad-braun-moosburg.de

>>> NICHT VERPASSEN

Füssen Mittelalterliche Altstadt sowie die nahen Königsschlösser Neuschwanstein und Hohenschwangau
Linderhof Schloss von Ludwig II.
Oberammergau Bauernhäuser mit Lüftlmalerei
Rottenbuch Augustiner-Chorherrenstift
Polling Klosterkirche
Fürstenfeldbruck Klosterkirche
Dachau schöne Altstadt mit Schloss auf dem Hügel; KZ-Gedenkstätte
Moosburg an der Isar historische Altstadt

>>> ANGENEHM ÜBERNACHTEN

Kur- und Relaxhotel Filser in Füssen, www.hotel-filser.de
Hotel Forelle am Plansee 9/Breitenwang, www.hotelforelle.at
Landhotel Böld in Oberammergau, www.hotel-boeld.de
Gasthof zur Länd in Moosburg, www.zur-laend.de
Romantik-Hotel Zur Post in Fürstenfeldbruck, www.hotelpost-ffb.de
Weitere Adressen unter: www.bettundbike.de

>>> KARTEN & LITERATUR

Galli-Verlag »Radwanderführer Ammer-Amper-Radweg – von Moosburg nach Oberammergau«, 62 Seiten
Kompass Fahrradkarten, Nr. 3124 »Ostallgäu, Pfaffenwinkel«, Nr. 3119 »München und Umgebung«, Nr. 3114 »Münchens Norden«

>>> ALLGEMEINE AUSKUNFT

Radler-Tipps bietet www.bayerninfo.de/rad. Informationen zur Region gibt's bei Bayern Tourismus www.bayern.by, Allgäu GmbH www.allgaeu.info sowie www.ammergauer-alpen.de und www.pfaffen-winkel.de

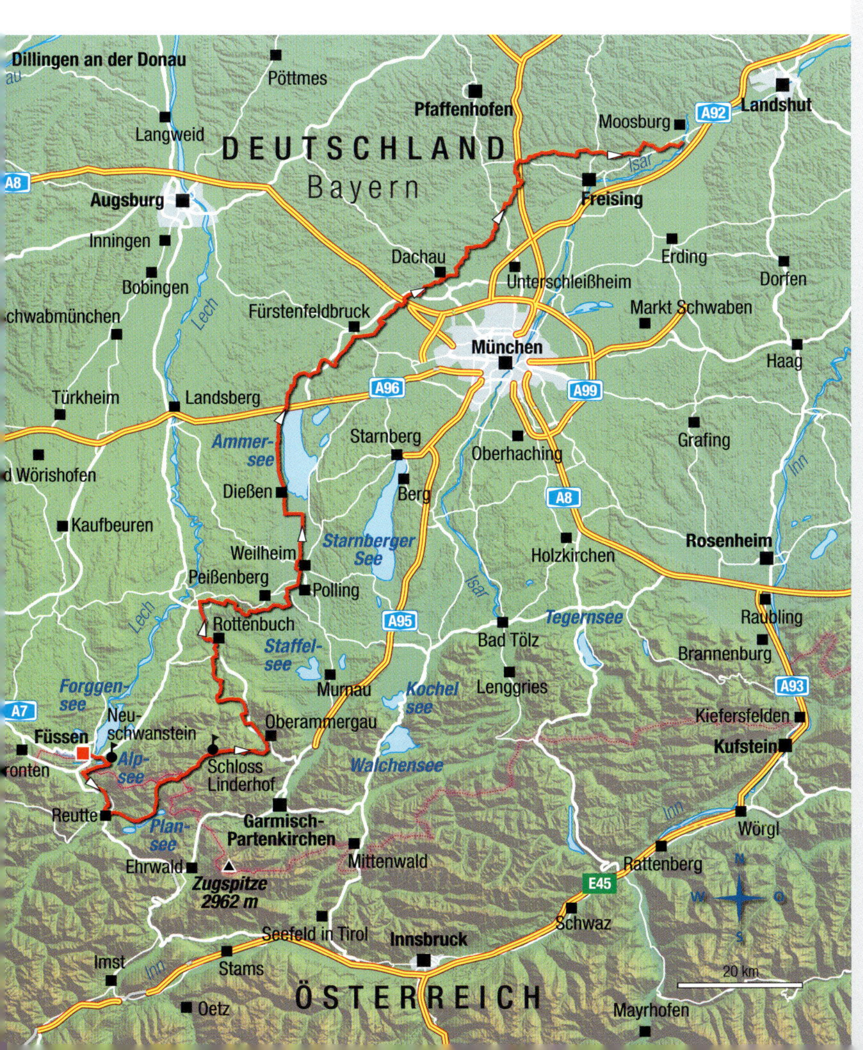

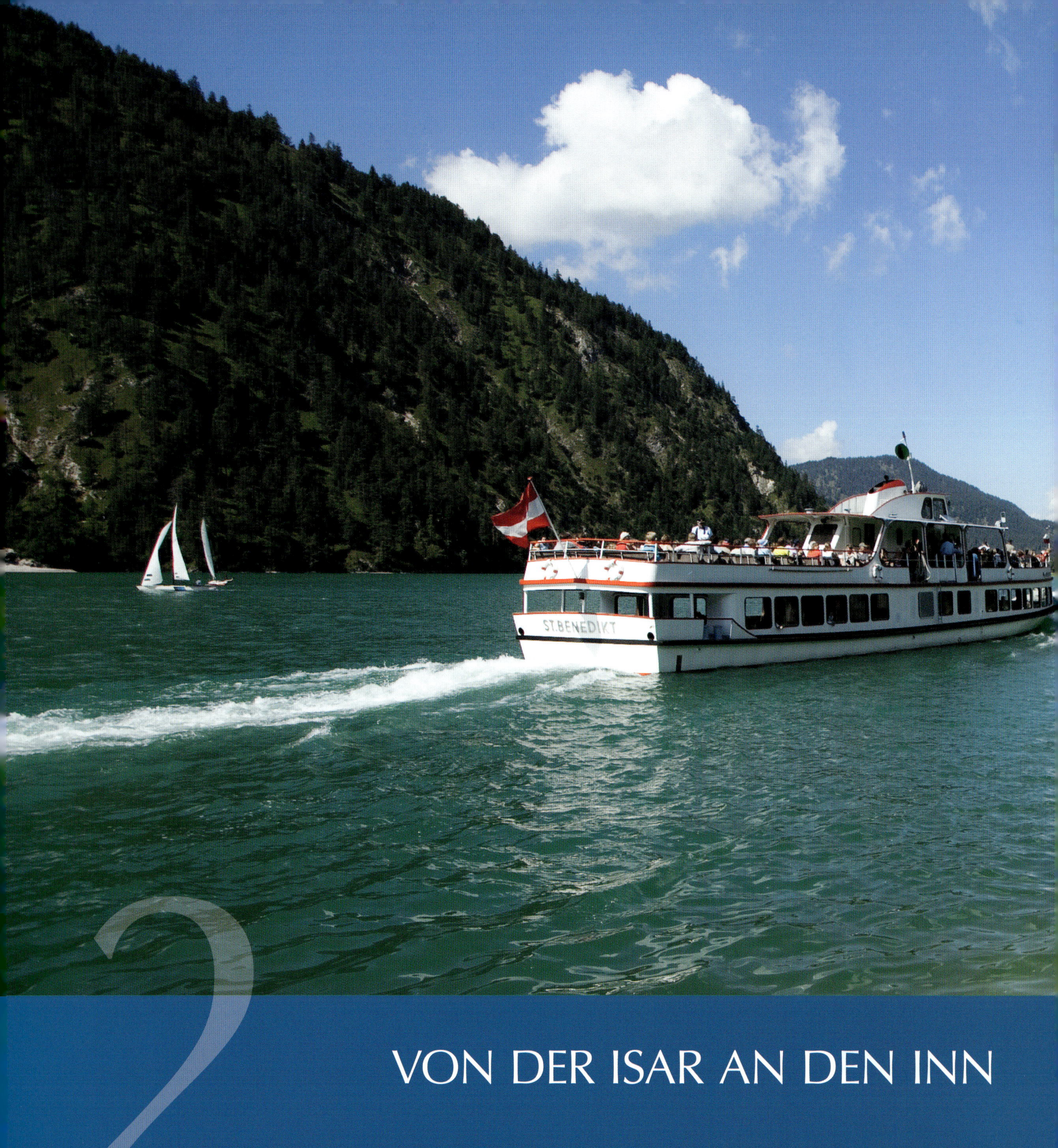

2 VON DER ISAR AN DEN INN

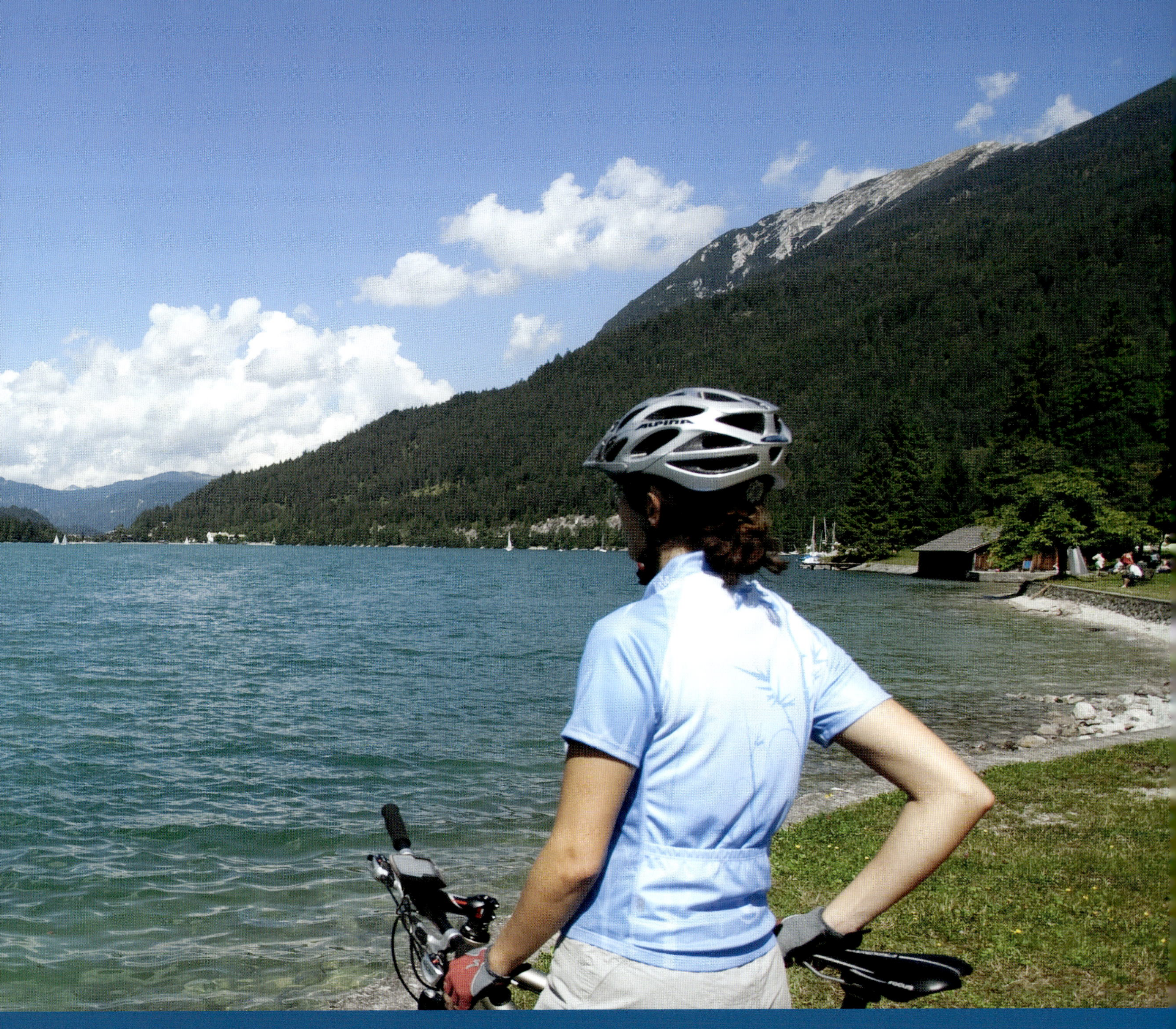

Wie ein Fjord in den Alpen:
der Achensee mit Ausflugsdampfer.

München – Inntal und zurück. Die kleine Radreise durch Bayern und Tirol führt durch das liebliche Alpenvorland und eine Bilderbuch-Berglandschaft.

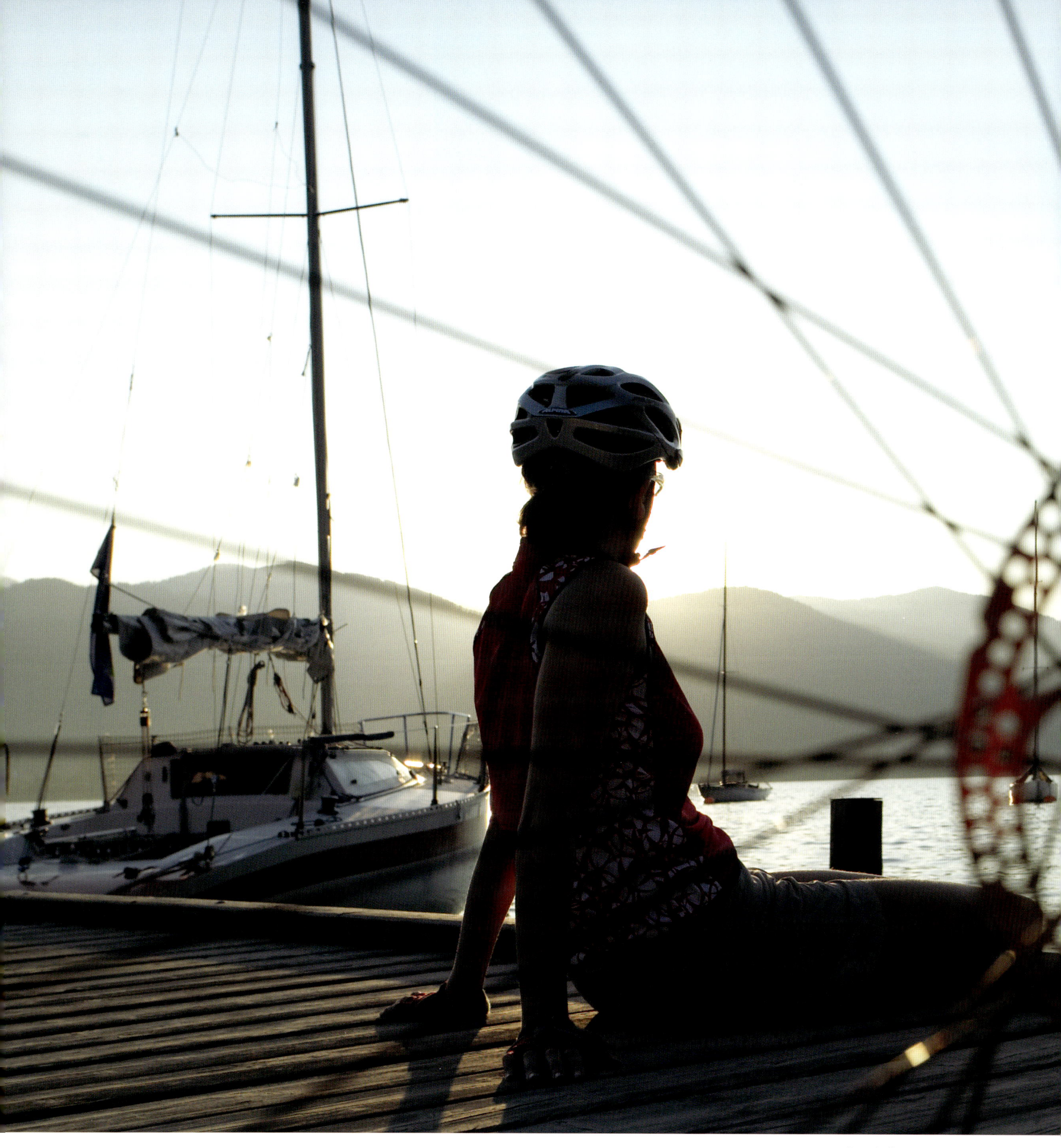

Abendstimmung am Tegernsee.

Andere Regionen, andere Sitten – auch wenn sie manchmal recht nah beieinander liegen. »Schleich di« – was vornehm so viel heißt wie »würden Sie bitte das Lokal verlassen« – muss sich schon mal ein armer norddeutscher Radlurlauber im bayerischen Lenggries von einer Kellnerin sagen lassen. Nur weil er fragt, ob er im Wirtsgarten zum gekauften Getränk seine mitgebrachte Brotzeit essen dürfe. Ein Wirtsgarten ist eben kein Biergarten. Im nahen Tirol würde man an gleicher Stelle dem »Saupreißn« eher vom hauseigenen Kaiserschmarrn vorschwärmen. Die Stulle würde dann schon von vornherein im Rucksack bleiben. Aber ob derbes Vokabular oder diplomatische Verlockung – schön ist es in beiden Grenzlandregionen.

Die wechselvolle Beziehung zwischen Bayern und Tirol war Jahrhunderte lang die zweier Brüder, die miteinander nicht wollten, aber ohne den anderen nicht konnten. Mal hatte der eine die Vorherrschaft, dann wieder der Andere. Es wurde gekämpft, sich vom Joch des Nachbarn befreit, um Besitztümer gestritten. Bis heute fand aber immer ein enger, kultureller Austausch statt. Im Charakter ist man sich ähnlich, gleich möchte man aber dennoch nicht sein. Heute dominiert eher das partnerschaftliche Nebeneinander. Ausdruck dafür ist zum Beispiel der Fernradweg Via Bavarica Tyrolensis, der allerdings mittlerweile München – Venezia heißt. Die Fernroute wurde mittlerweile bis an die Adria verlängert.

Start unserer Alpentour ist am Deutschen Museum mitten in München. Vor der Tour die Kultur – einen ausgiebigen Besuch des weltberühmten Technik-Museums sollte man sich gönnen. Dann auf Richtung Süden! Nach wenigen gepflegten Kilometern entlang der Isar sind wir schon im dichten Wald. Und wüssten wir nicht den Tierpark Hellabrunn in der Nähe, würden wir am Geruch vermuten, dass schon hier die ersten Wildschweine hinter Büschen lauern. Kurz vor dem Nobelvorort Grünwald fällt die Entscheidung: Wir fahren den Hinweg entlang der östlichen Route über den Tegernsee. Über eine steile Rampe geht's aus dem Isartal hinauf in den Perlacher Forst. Eine erste Rast gönnen wir uns in der Kugler-Alm. Selbstverständlich bestellt der Radler eine Radlermaß, denn der bekannte Durstlöscher wurde genau hier erfunden. An einem heißen Sommertag 1922 ging damals das Bier zur Neige, da wurde das Helle kurzerhand mit Zitronenlimonade verlängert. Wie am Reißbrett entworfen kreuzen sich die Wege in den Wäldern südlich von München. Die Ausschilderung der Via Bavarica Tyrolensis an sich ist vorbildlich. Immer dem roten Pfeil nach Tirol folgen, zurück nach Bayern zeigt der blaue. Aber Vorsicht! Gerade an unübersichtlichen Punkten fehlt leider manchmal das Hinweisschild. Und die alten Schilder werden mit der Zeit durch das Logo für »München-Venezia« ersetzt.

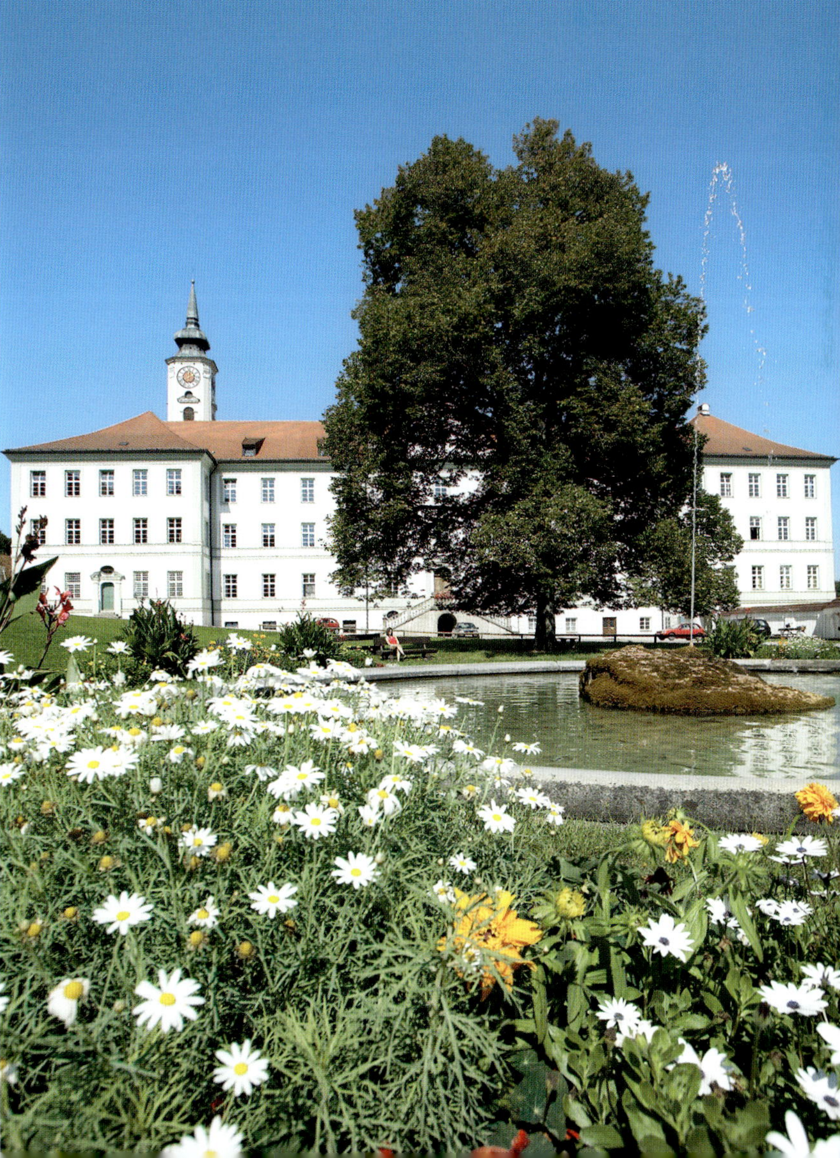

Mönche, Gymnasiasten und Biergarten: das Kloster Schäftlarn vor den Toren Münchens.

Richtung Holzkirchen geht's durch kleine, fast kitschige Dörfer und schönstes Alpenvorland – Bayern wie aus dem Bilderbuch. Immer im Blick: das Mangfallgebirge. In Gmund erreichen wir den Tegernsee. Eingebettet in die ersten Vorboten des Gebirges wahrlich einer der schönsten Seen Bayerns. Kein Wunder, dass dort so viele »geldige Zuagroaste« ihre Villen bauen ließen. Abends liegen die vielen Segelboote, die zuvor noch das Wasser mehr weiß als blau erscheinen ließen, friedlich vertäut an den Stegen. Und was könnte den ersten gelungenen Radtag besser beschließen als die herzhaft-deftige bayerische Küche im urigen Tegernseer Bräustüberl.

Morgens liegt über den Wiesen von Rottach-Egern noch der Frühnebel. Ein herrliches Stillleben. Entlang der Weißach fahren wir nach Kreuth und Wildbad Kreuth, dort, wo einst die CSU-Oberen so gern in Klausur gingen. Der Weg wird zunehmend steiler. Lange vor dem Achenpass spüren wir die Steigung in den Waden. Zum Glück führt der Weg danach wieder etwas sanfter weiter. Direkt an der deutsch-österreichischen Grenze zweigt die westliche Route der Via Bavarica Tyrolensis ab – zurück nach München. Wir rollen am verlassenen Zollamt vorbei. Der Werbeaufsteller für Stroh-Rum am alten Kiosk ist das eindeutige Zeichen: Jetzt sind wir in Tirol. Das weitläufige Achental gibt grandiose Blicke ins Gebirge frei. Zur Linken das Rofangebirge, rechts das Karwendel mit so seltsam klangvollen Gipfeln wie dem Kotzen, Mantschen oder dem Schleimsjoch. Was mag da nur der Grund der Namensgebung gewesen sein? Im Sommer übrigens wunderbare Wandergebiete, im Winter kleine Skitouren-Paradiese. Unser Ziel heißt Achenkirch. Den restlichen Tag verbummeln wir beim Baden und Kaffeetrinken.

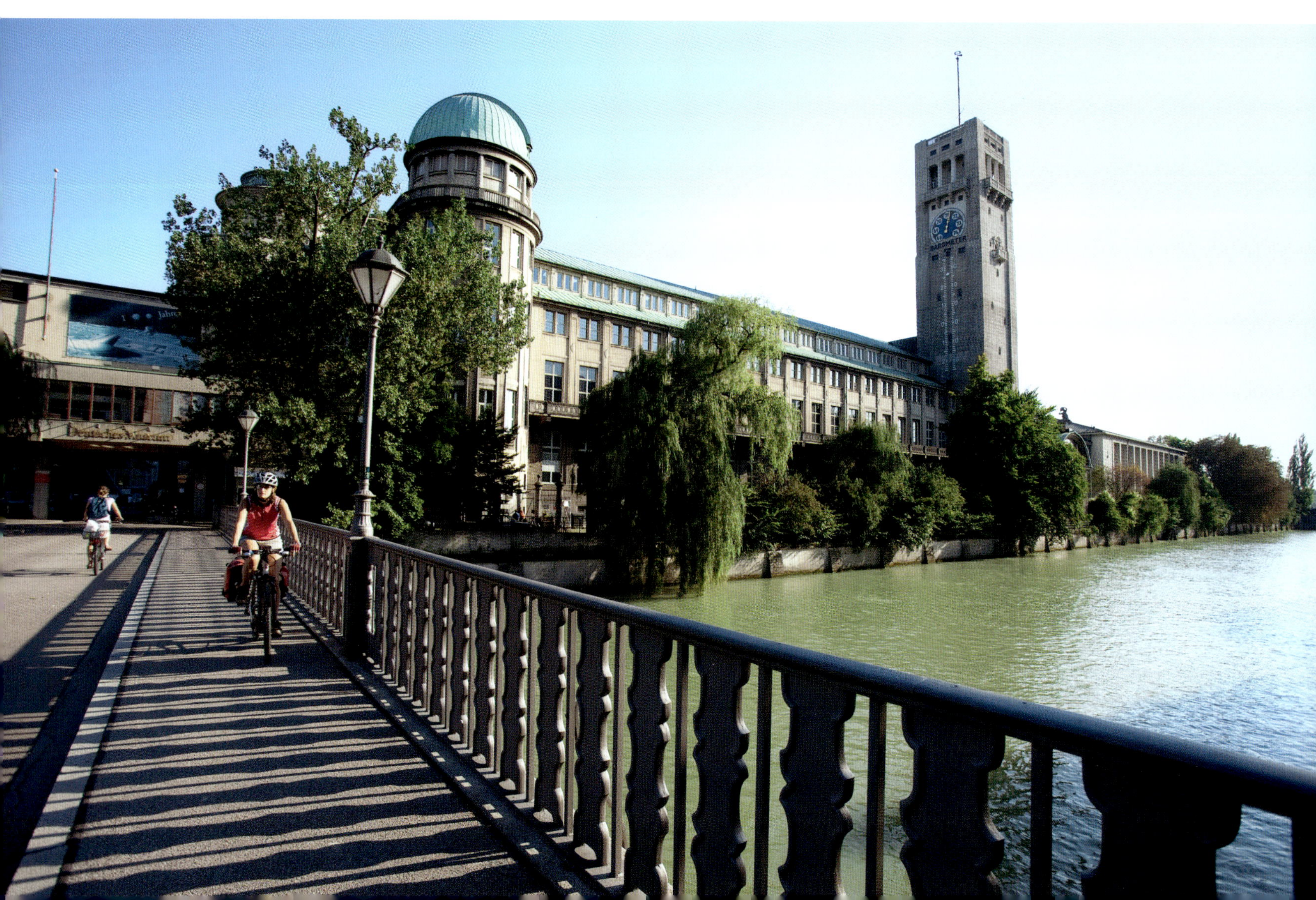

Müßiggang muss auch mal sein – vor allem nach diesen Steigungen. Außerdem ist die Gegend ein optischer Genuss. Das Baden beschränkt sich allerdings auf kurzes Abkühlen, da die Wassertemperatur des Achensees selbst in den Sommermonaten selten über 18 Grad steigt. Wir quartieren uns gleich für zwei Nächte im »Fischer Wirt« am Nordende des Sees ein. So lässt sich die nächste Etappe hinunter ins Inntal und zurück mit leichtem Tagesgepäck absolvieren. Tirols größter See wird übrigens seit 1927 als natürlicher Stausee zur Stromgewinnung genutzt. Dadurch senkt sich der Wasserspiegel im Winter um bis zu zehn Meter ab. Die Schneeschmelze im Frühjahr füllt ihn wieder auf. Die kleine Panorama-Straße direkt am See teilen wir mit vielen Surfern, die dort ihre Segel aufriggen. Am Südende in Maurach sind dann etwas Mut und Fahrtechnik gefragt. Dort beginnt die abenteuerliche, steile Abfahrt ins Inntal über einen fein geschotterten Weg. Im Winter dient die neue Verbindung als Rodelbahn. Was man sich problemlos vorstellen kann – bei dem Gefälle. Aber die Alternative ist nicht weit – einfach die leichter zu fahrende, aber verkehrsreichere Hauptstraße nach Wiesing hinunterrollen. Dort mündet die Via Bavarica Tyrolensis schließlich in den Innradweg. Für die Rückfahrt bergauf entschließen wir uns gern für die bequeme Variante. Nein, nicht die Hauptstraße! Noch bequemer: Am Bahnhof Jenbach steigen wir in die Achensee-Bahn. Schnaufend und ächzend rattert die schmalspurige Dampf-Zahnradbahn die 400 Höhenmeter wieder zum Achensee hinauf.

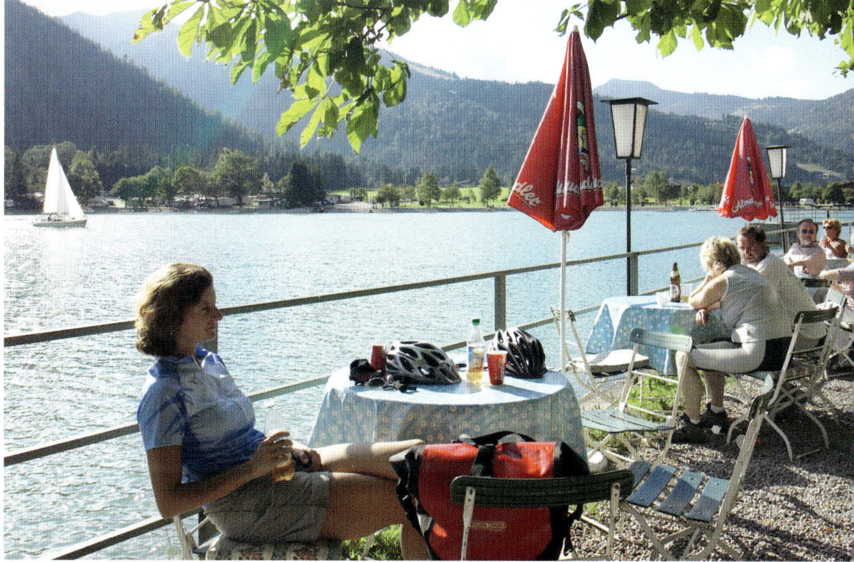

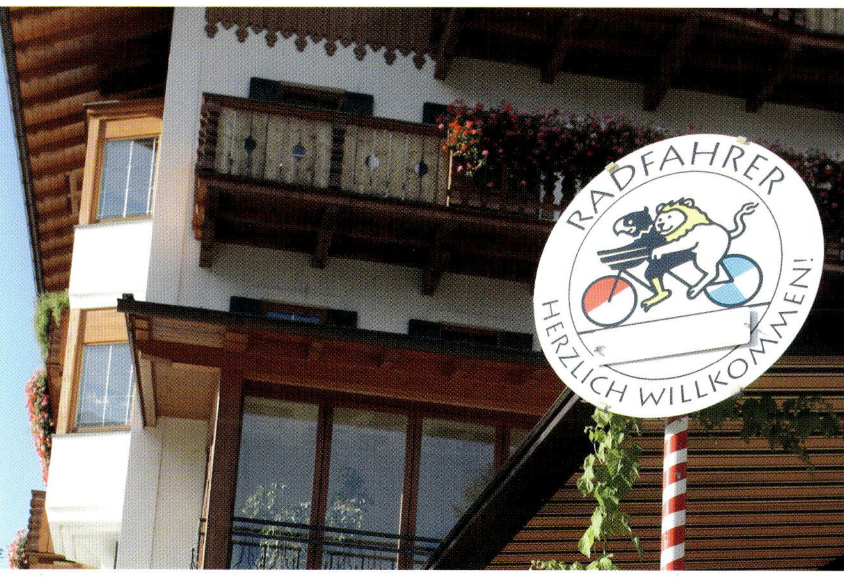

Achenseebahn: eine der ältesten noch aktiven Dampflokomotiven weltweit.

Pause am Seeufer bei Achenkirch.

Radfreundliche Hotels findet der Radler viele am Weg.

eutsches Museum in München: eines der rößten technischen Museen der Welt.

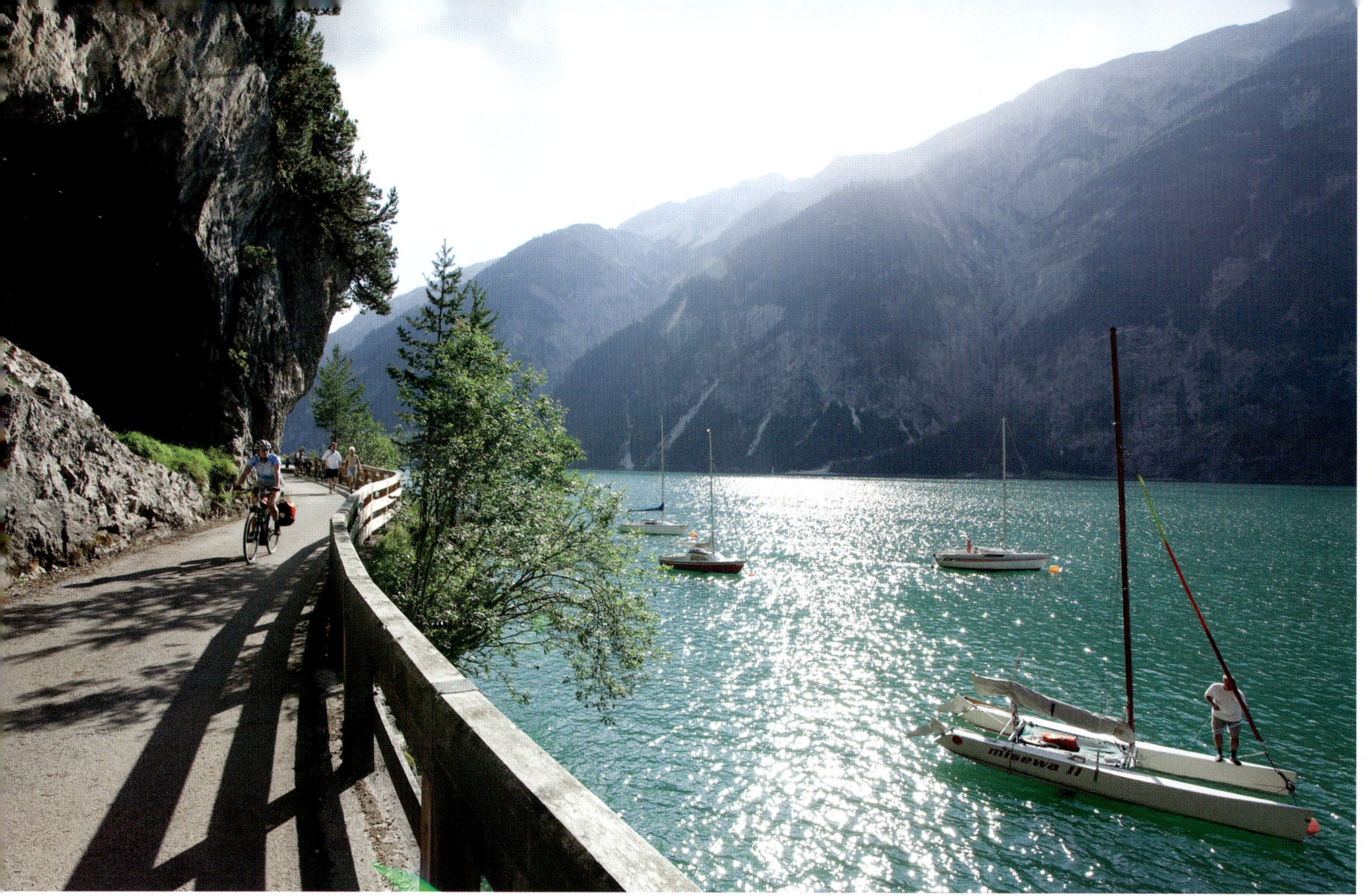

Am Ostufer des Achensees radelt man meistens direkt am Wasser.

Der Blick zurück übers Inntal lässt Alpenfans schmachten: die Zillertaler Alpen und der Wilde Kaiser zum Greifen nah. Vier Haltestellen und eine dreiviertel Stunde später erreichen wir die Seespitz-Bahnstation. Nach einem kurzen Stück auf dem Rad lockt Pertisau mit seinem schönen Seebad. Seit mehr als hundert Jahren gibt's dort das Tiroler Steinöl, gewonnen aus urzeitlich abgelagerten pflanzlichen und tierischen Organismen in Schieferplatten. Nicht schlecht als Mitbringsel: Das Steinöl-Museum verkauft diverse heilsame Produkte zum Baden, Salben oder Einmassieren. Da der Pfad am Westufer für Fahrräder gesperrt ist, steigen wir gleich ins nächste öffentliche Verkehrsmittel. Mit dem Schiff geht es mit zwei Stopps zurück nach Achenkirch. Wieder ein neuer Blickwinkel über den See und die angrenzenden Berge. Die Region hat stets Neues und Überraschendes parat. Ob allerdings das Wildbret zum Abendessen beim Fischer Wirt in der Gegend gejagt wurde, wissen wir nicht. Es schmeckt auf jeden Fall vorzüglich.

Der kommende Morgen zeigt sich ganz schön frisch, fast zu viel der kühlen Bergluft. Mit vollem Gepäck fahren wir zurück zur Grenze. Dann geht's kurvenreich steil bergab zum Sylvensteinsee. Auf der Straße wären es nur ein paar Minuten bis zum Abzweig nach Lenggries. Die Via Bavarica Tyrolensis führt uns aber über eine Brücke an der Walchenklamm auf die Südseite des Sees. Eine wildromantische Waldstrecke, zum Teil an schroffen Felswänden entlang und mit einigen deftigen Steigungen. Die fantastischen Ausblicke über den fjordartigen Stausee belohnen den harten Umweg. Angelegt wurde der Sylvenstein-Stausee 1954, um einen konstanten Wasserspiegel der Isar zu gewährleisten. Der zufließende Rißbach war fast komplett zum Walchensee-Kraftwerk umgeleitet worden. Auch fehlte das Wasser des Achensees, der über die Ache in die Isar entwässerte, seit dieser selbst als Stausee genutzt wurde. So litt vor allem Bad Tölz am Wassermangel der Isar. Hochwasserschutz war für den Bau damals nur von sekundärer Bedeutung. Wie wichtig der Sylvenstein-Stausee allerdings für den Schutz vor Überschwemmungen ist, zeigte das Hochwasser im Sommer 2005. Während sogar Bäche zu reißenden Strömen wurden und ganze Landstriche des bayerischen Oberlandes überfluteten, blieben die Schäden an der Isar vergleichsweise gering.

Im Sylvensteinsee versunken liegt auch der Ort Fall, den schon Ludwig Ganghofer in seinem Roman »Der Jäger von Fall« verewigte. Nach dem schwierigsten Teil der ganzen Route erreichen wir im neuen Ort Fall die Hauptstraße. Auch wer zum ersten Mal über die 400 Meter lange Brücke fährt, erkennt sie sicher aus diversen Werbespots. Auf der Dammkrone biegen wir in einen dunklen Stollen ein. Der spuckt uns unterhalb der Stau-

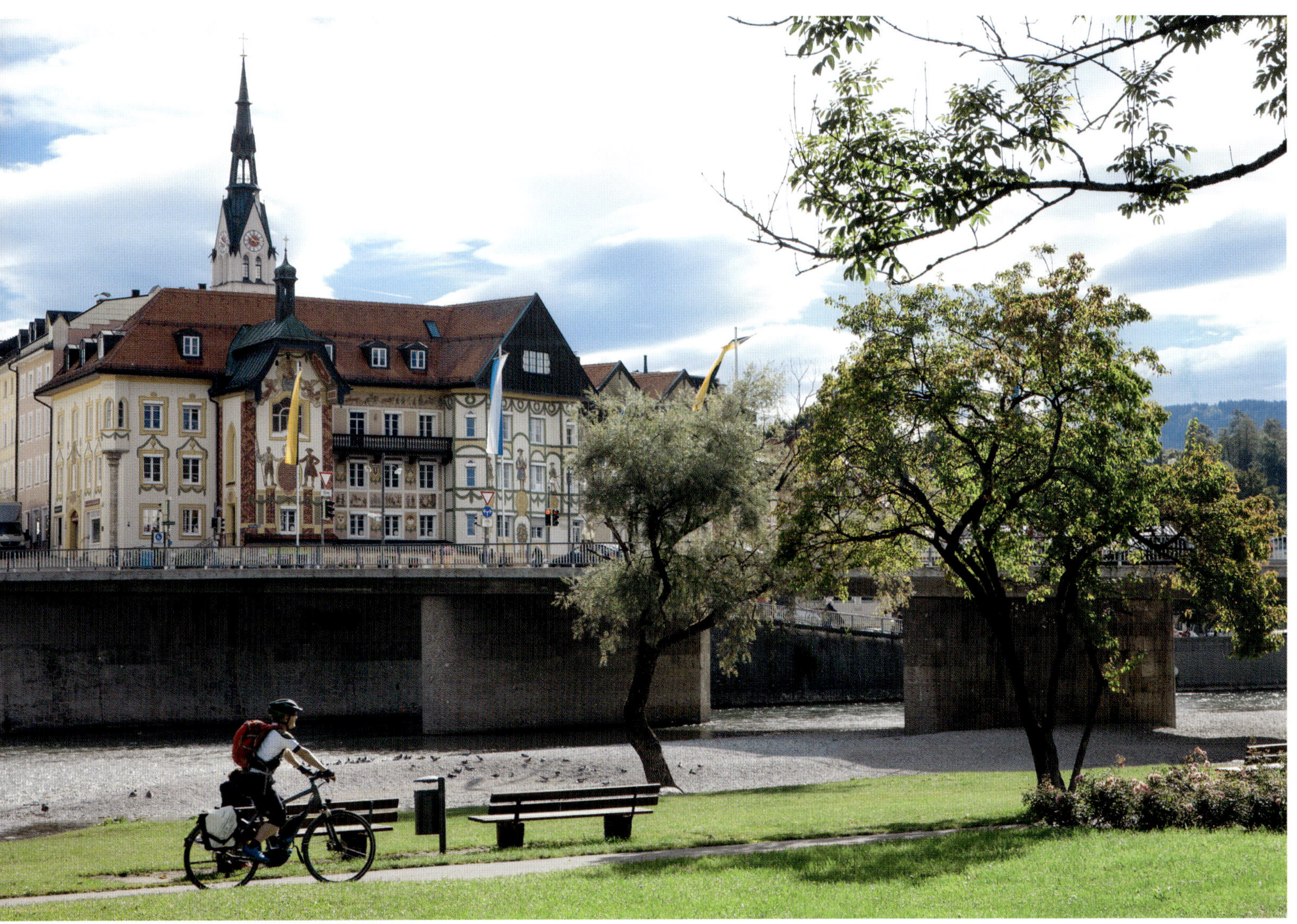

Am Isarufer vor der historischen Silhouette von Bad Tölz.

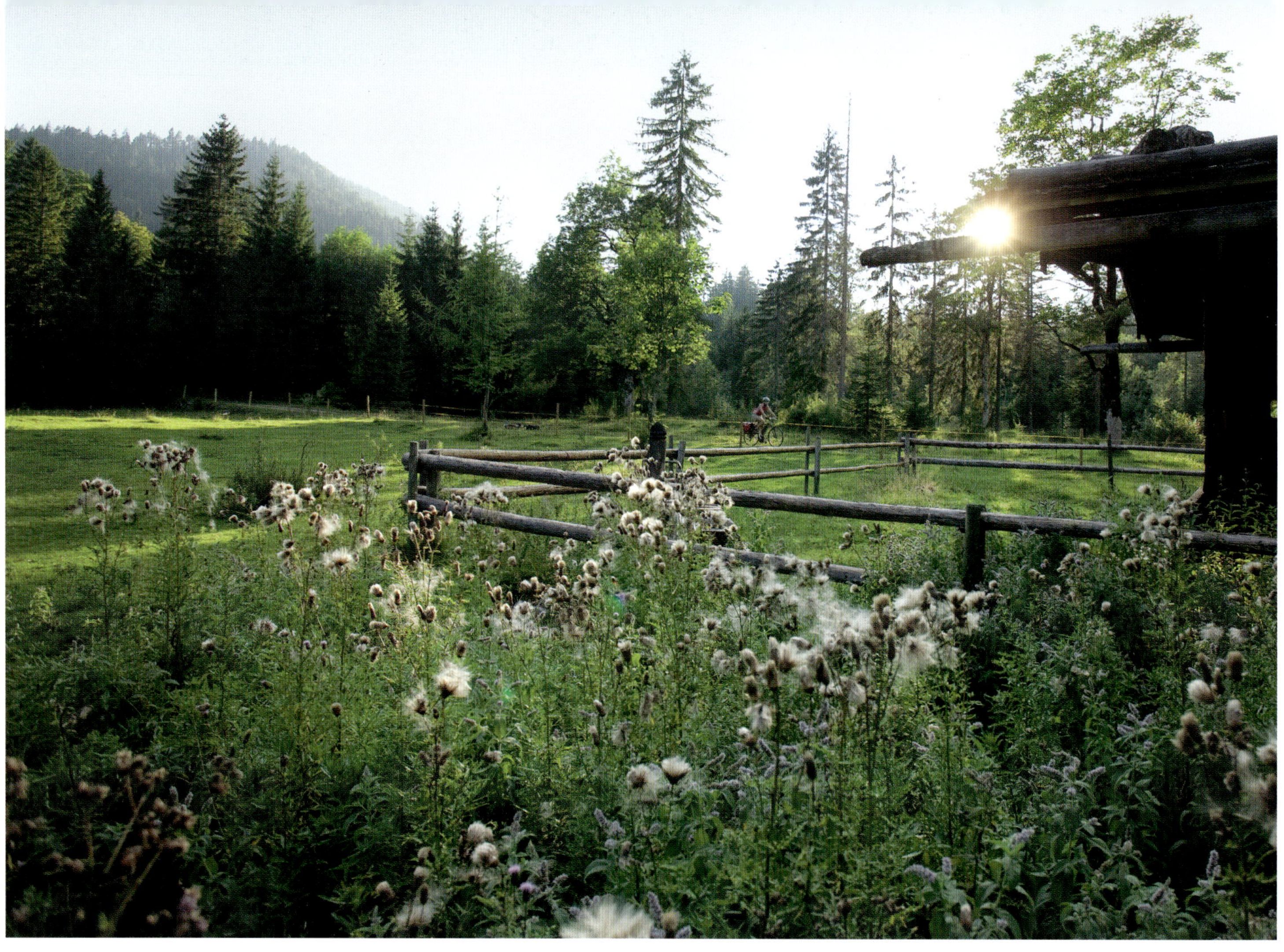

Hinauf zum Achenpass: Waldweg bei der Trift-Hütte.

mauer wieder aus. Wir folgen dem Radweg entlang der Hauptstraße bis Lenggries.

Die letzte Etappe beginnt mit der Fahrt durch eindrucksvolle Auenlandschaft. Die Via Bavarica Tyrolensis verschmilzt nun quasi mit der Strecke des Isarradwegs. Eigentlich schade, dass wir nun wieder nach Norden radeln. Immer wieder bleiben wir stehen und blicken sehnsüchtig zurück in die Berge. Markant baut sich die Benediktenwand vor der Alpenkulisse auf. In Bad Tölz bummeln wir die historische Marktstraße hinauf. Die prächtigen Fassaden mit ihren Lüftlmalereien brachten schon zu Zeiten der Salzstraße den Reichtum der Stadt zum Ausdruck, erklärt uns eine Anwohnerin. Etwas abseits der Isar führt die Route weiter durch den »Malerwinkel«. Eine Moränenlandschaft mit sanften Hügeln und saftigen Wiesen. Kurz vor Königsdorf geht's in den Wald. Manchmal erhascht man durch die Bäume einen kurzen Blick auf die Isar, die sich in großen Bögen ihren Weg durchs Alpenvorland bahnt. Bei Wolfratshausen wechseln wir die Flussseite. Hinein ins Naturschutzgebiet der Pupplinger Au, eines der beliebtesten Naherholungsgebiete im Süden Münchens. An Wochenenden muss man sich seinen Weg durch Horden von Rennradlern, Inline-Skatern und Joggern suchen. An geschützten Plätzchen der Isarauen aalen sich die Sonnenanbeter. Eine letzte Rast gönnen wir uns im Biergarten von Kloster Schäftlarn. Entlang des Isar-Wehrkanals und dann noch eine kurze knackige Steigung zur Frundsberger Höhe, und wir sind in Grünwald. Dort schließt sich der Kreis, und wir rollen den bekannten Weg zurück nach München.

>>> ANFORDERUNG

248 km – 1887 hm – Mehrtagestour mittel

Der Fern-Radwanderweg durch Bayern und Tirol kann von trainierten Radlern in drei Tagen gut bewältigt werden. Um die Natur und die vielen Sehenswürdigkeiten auf der Strecke genießen zu können, sollte man aber fünf Tage für die 225 km lange Tour einplanen.
Man fährt vorwiegend auf asphaltierten oder gekiesten Radwegen, selten auf befahrenen Straßen. Hin und wieder warten einige steilere Abschnitte bergauf wie bergab.

>>> ROUTE

München – Holzkirchen – Warngau – Gmund – Tegernsee – Rottach-Egern – Kreuth – Achenpass – Achenkirch – Maurach – Wiesing im Inntal – Sylvensteinsee – Lenggries – Bad Tölz – Wolfratshausen – München

>>> BESTE REISEZEIT

Ende Mai bis Ende September

>>> E-BIKE-VERLEIH

Verleihadressen an der Route unter
www.muenchen-venezia.info/service/radverleih-reparatur

>>> GUT EINKEHREN

Café Love leckerer Kaffee und Kuchen an der Isarbrücke in Bad Tölz, www.cafe-love.de
Gasthaus zur Mühle Radlertreff an der Floßrutsche bei Straßlach, www.gasthausmuehle.de
Klosterbräustüberl Schäftlarn bayerische Küche im gemütlichen Biergarten, www.klosterbraeustueberl-schaeftlarn.de

>>> ANGENEHM ÜBERNACHTEN

Posthotel Kolberbräu in der Marktstraße (Fußgängerzone) in Bad Tölz, www.kolberbraeu.de
Hotel Alter Wirt in Grünwald bei München, www.alterwirt.de
Hotel Das Kronthaler in Achenkirch, www.daskronthaler.com
Weitere Tipps zur Übernachtung unter www.muenchen-venezia.info

>>> KARTEN & LITERATUR

Bikeline Radtourenbuch »Radfernweg München-Venedig« mit Detailkarten 1:75 000, 160 Seiten

>>> ALLGEMEINE AUSKUNFT

Alles Wichtige zur Radroute unter www.muenchen-venezia.info
Tölzer Land Tourismus, www.toelzer-land.de
Alpenregion Tegernsee Schliersee, www.tegernsee-schliersee.de
Achensee Tourismus, www.achensee.com
Achensee-Schifffahrt, www.tirol-schiffahrt.at
Achensee Bahn, www.achenseebahn.at
Tegernsee-Schifffahrt, www.seenschifffahrt.de

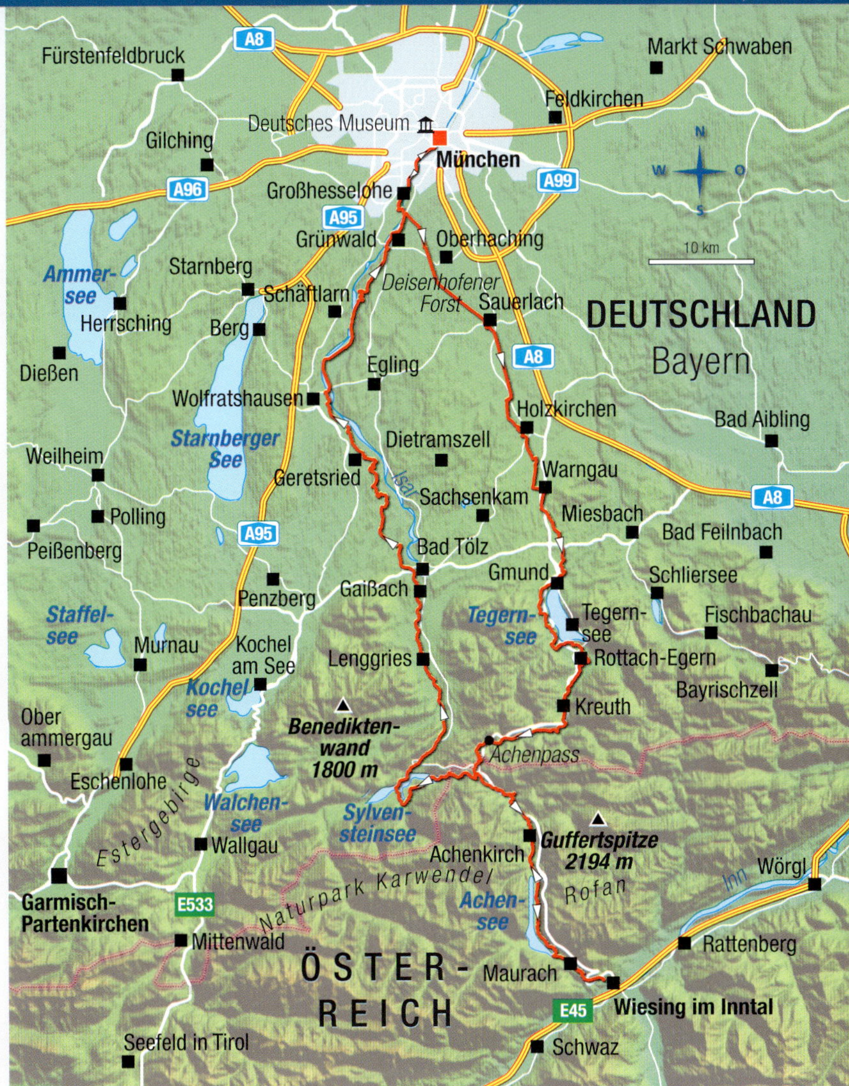

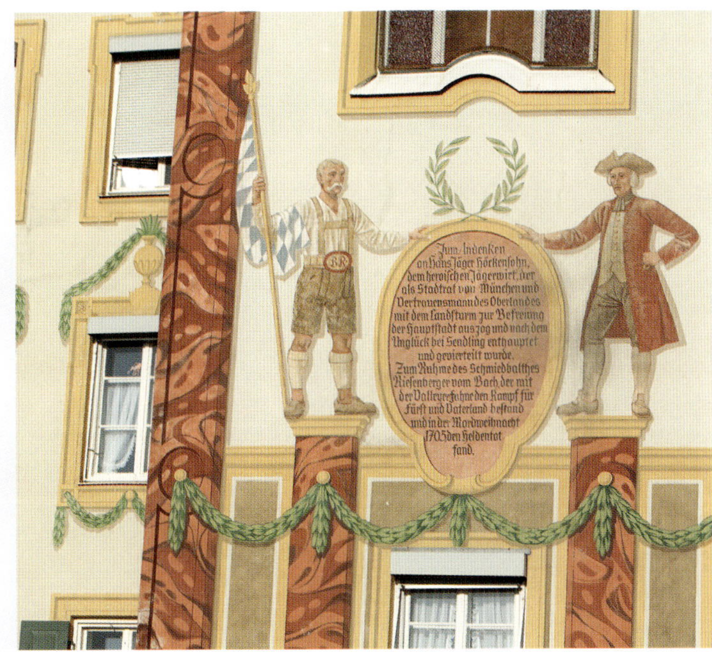

Historischer Fassadenschmuck in Bad Tölz.

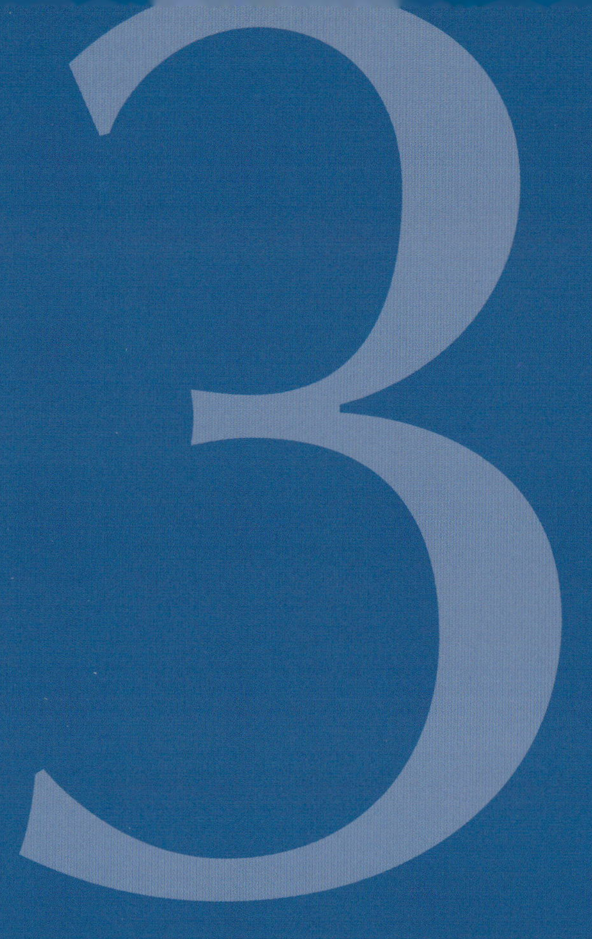

WEGEBAND AM ALPENRAND

Im schwungvollen Auf und Ab führt die Radreise vom Bodensee zum Königssee. Die Strecke gilt als Deutschlands schönste Fernradroute.

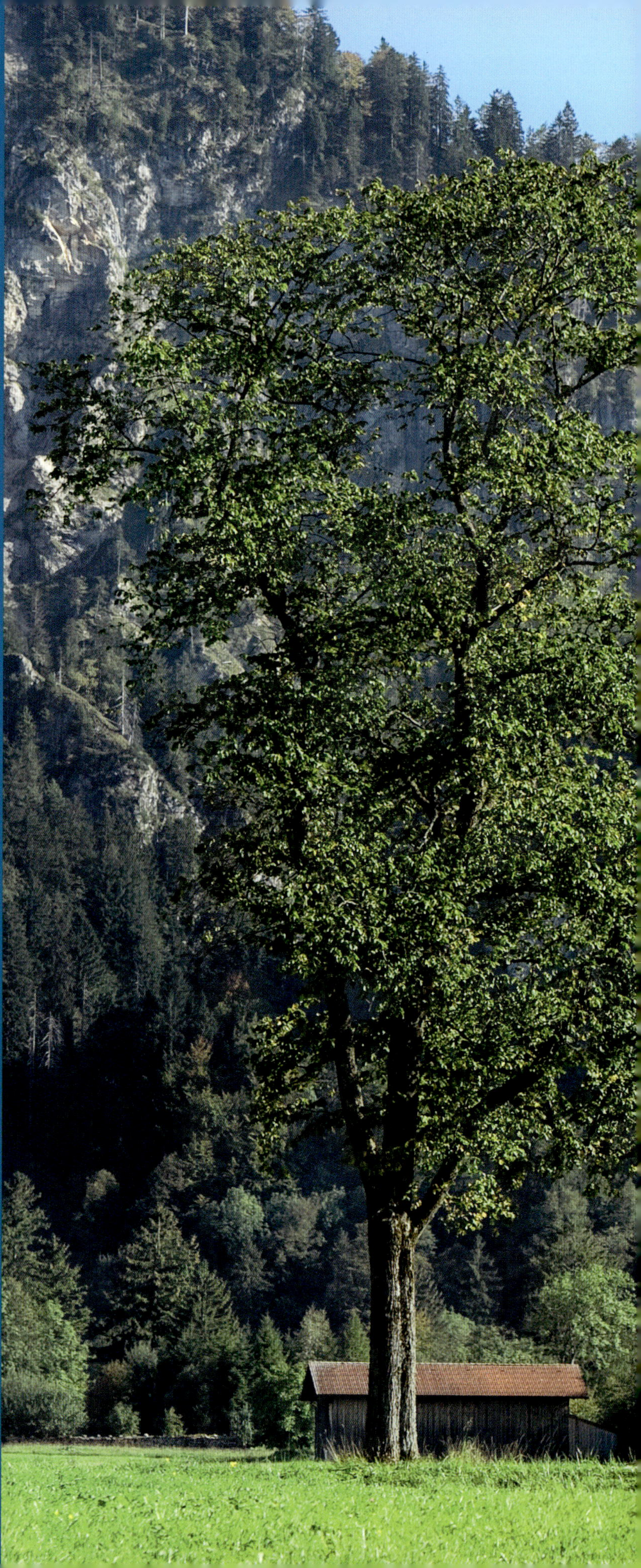

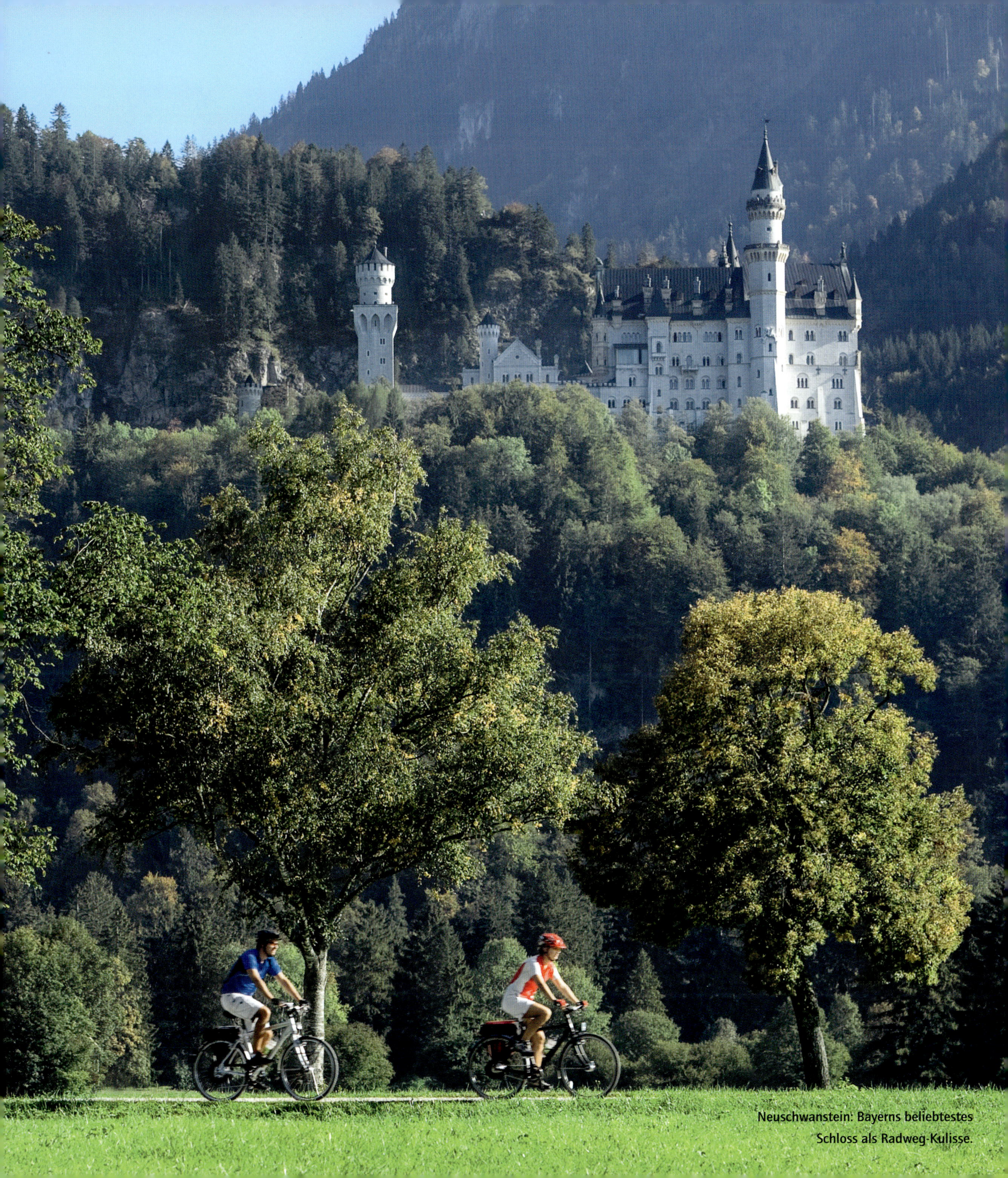
Neuschwanstein: Bayerns beliebtestes Schloss als Radweg-Kulisse.

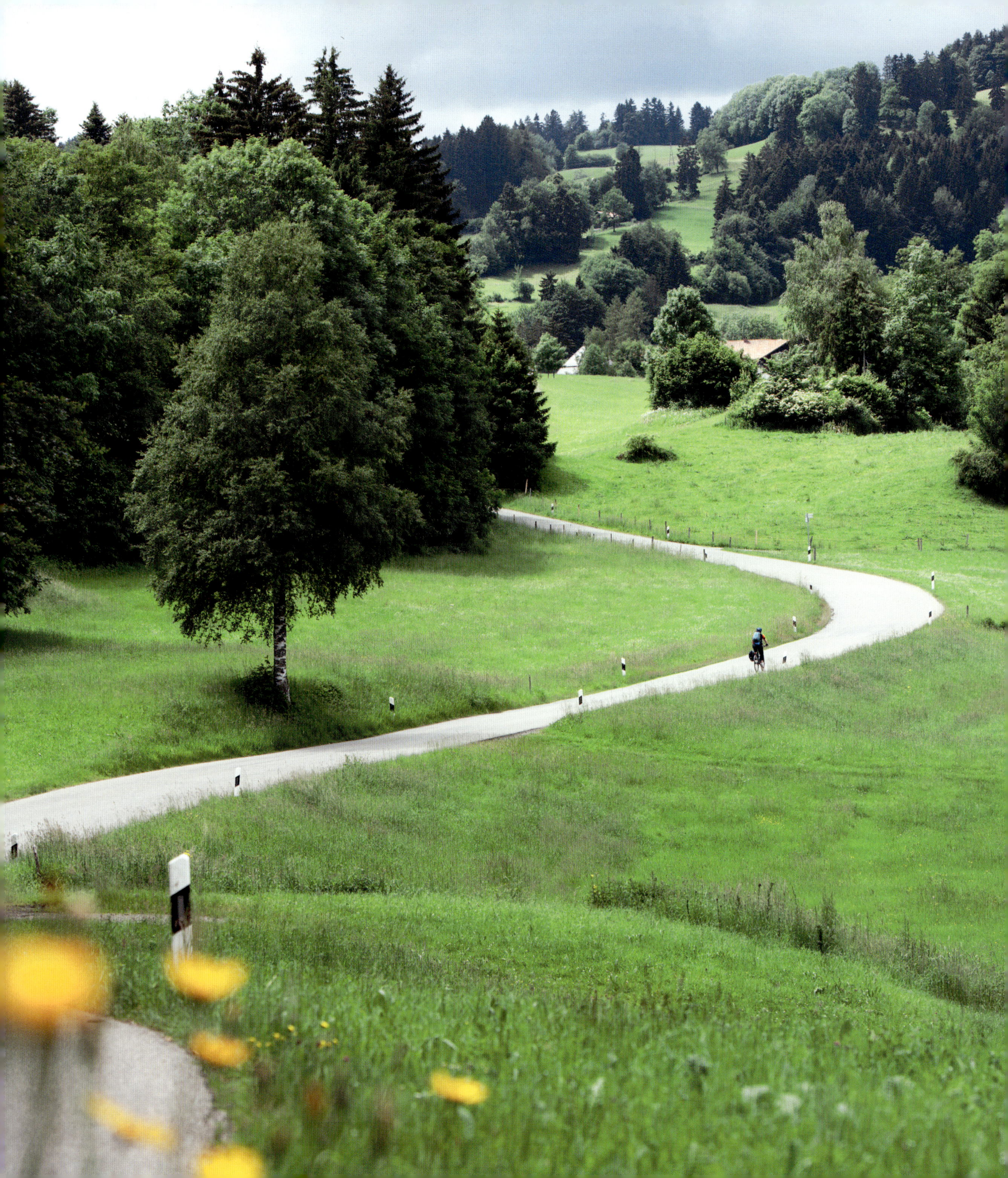

igelsurfen durch Wald
d Wiesen im Allgäu.

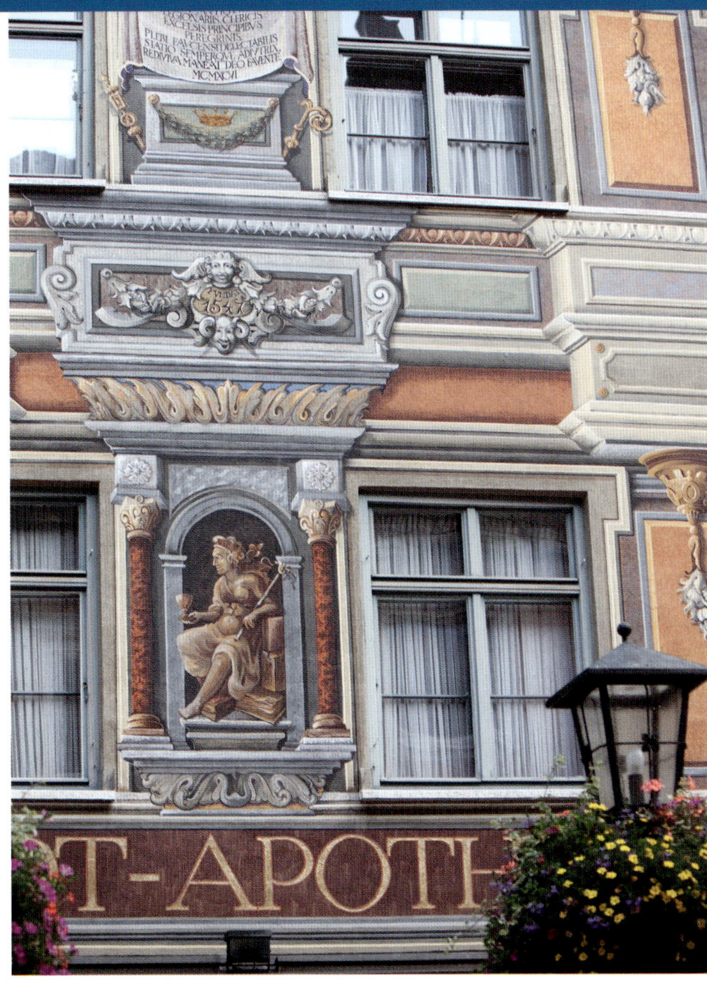

Kunstvolle Fassade an einer Apotheke im oberbayrischen Traunstein.

Zum Start wird's gleich etwas lebhaft: Der pittoreske Hafen in Lindau quillt förmlich über vor Besuchern, die die Fahrgastschiffe im Halbstunden-Takt ausspucken. Lässt sich aber beim Cappuccino im alten Bahnhof mit Fernblick über den Bodensee bis zu den Schweizer Alpen gut ertragen.

Vom »Schwäbischen Meer« zuckeln wir los über asphaltierte Nebensträßchen hinauf ins Westallgäu, in die saftig grünen Wiesenhügel zu Weilern und Dörfern wie Stiefenhofen und Rutzhofen. Dorthin, wo konzentriert des Allgäus berühmtestes Produkt, der Käse, entsteht und wo die Käserei noch Sennerei heißt. Und wo der Radweg über weite Strecken entlang der Käsestraße verläuft. Auf dem Weg zum Kurort Oberstaufen fühlt man sich plötzlich den Alpen ganz nah, wenn sich am Horizont die schrägen Gesteinsformationen der Nagelfluhkette ins Bild drängen. Vor Immenstadt freuen sich die Wasserratten über einen Sprung in den Kleinen oder Großen Alpsee zu Füßen des Immenstädter Horns. Der Bodensee-Königssee-Radweg entpuppt sich als echte Bike- und Badetour – zumindest im Hochsommer bei erträglichen Wassertemperaturen in den Bergseen.

Durchs Oberallgäu heißt es wieder Hügelsurfen – mit dem Dauersound von Kuhglocken im Ohr und ständigen Bilderbuchblicken auf die Berge. Und als E-Biker darf man immer wieder zu dick bepackte Radler trösten, die an den Steilpassagen ihre Reiseräder oft nur noch schieben können. Der Bodensee-Königssee-Radweg zählt wahrlich zu den Fernrouten, auf denen E-Bikes tagtäglich ihre Vorteile beweisen können.

Am Hopfen- und Forggensee vorbei nähern wir uns langsam dem Reich des Märchenkönigs Ludwig II. Mit dem E-Bike gestaltet sich die Fahrt zum Märchenschloss Neuschwanstein, zum verwunschenen Alpsee und nach Hohenschwangau zum Slalom durch Horden an kamerabewährten Tagesbesuchern. Der Sightseeing-Stopp lohnt sich trotzdem. Am meisten für die, die im schönen Füssen übernachten. Sie können am Abend oder frühen Morgen diese Schloss- und Bergwelt in aller Ruhe auf sich wirken lassen.

Weiter geht's zu Bayerns Rokoko-Juwel, die Wieskirche. Diesen kleinen Abstecher von der Hauptroute gönnen wir uns, auch wenn am UNESCO-Weltkulturerbe oft Riesenrummel mit ganzen Busladungen an Japanern, Chinesen oder Italienern herrscht. Das Kirchlein auf dem Hügel ist einfach zu kitschig schön. Eine zünftige Pause macht man jedoch besser woanders, etwa beim Gasthof Unternogg, einem beliebten Radlertreff allein auf weiter Flur am waldreichen Ammergebirge. Mittlerweile befin-

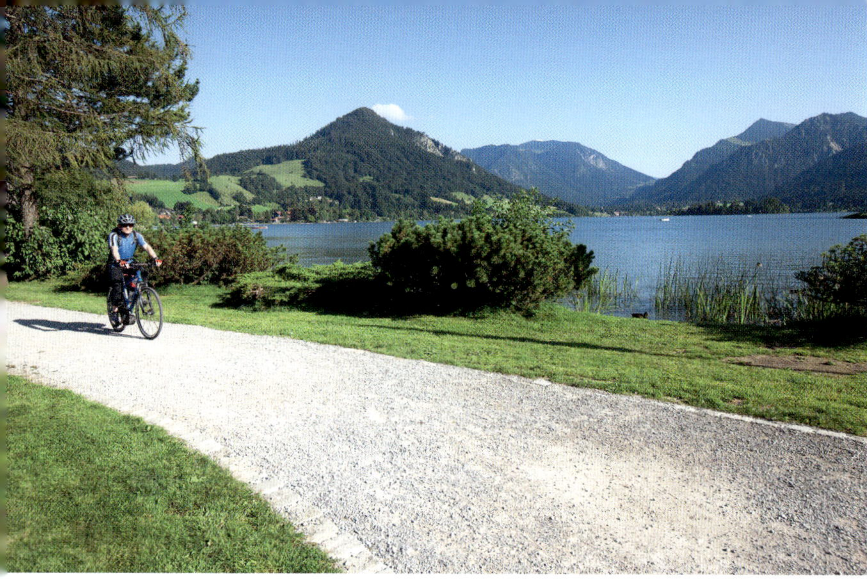

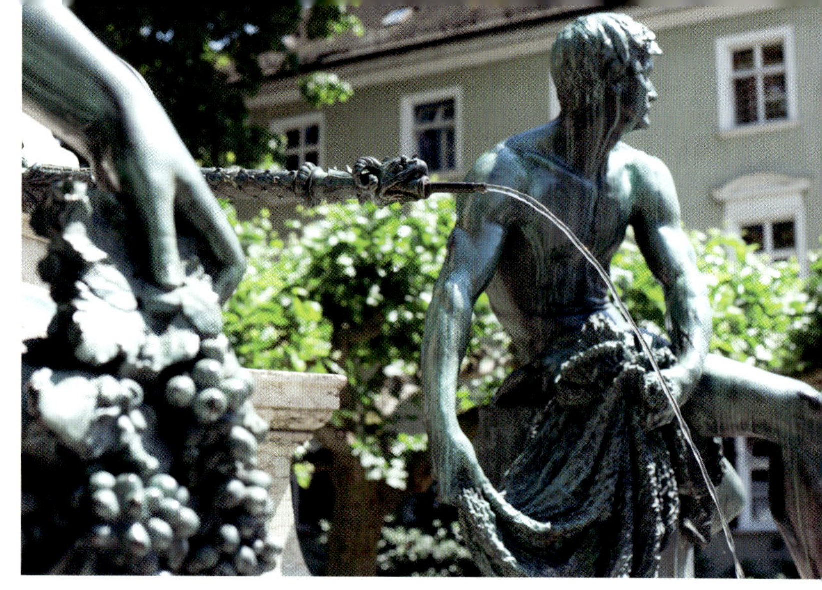

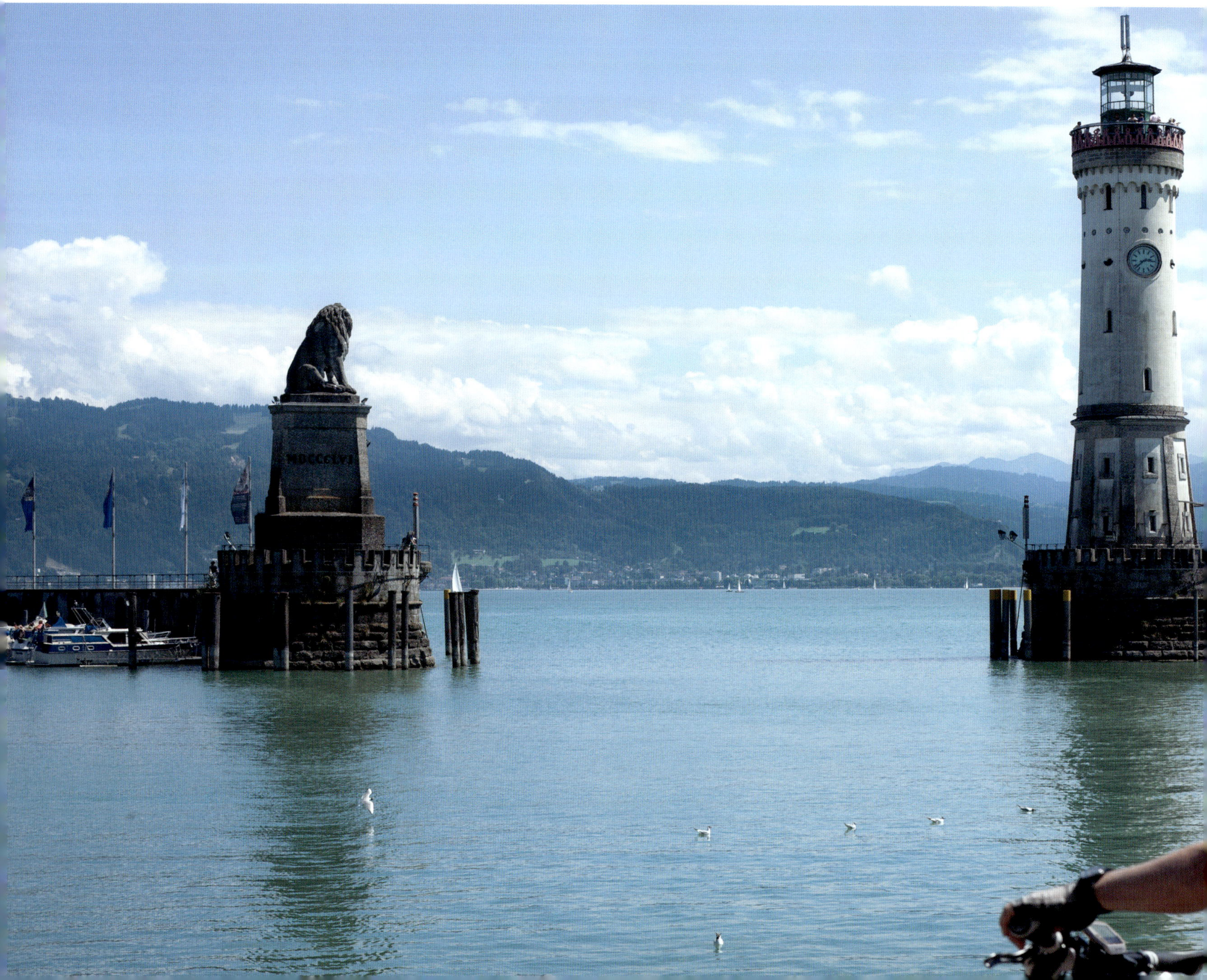

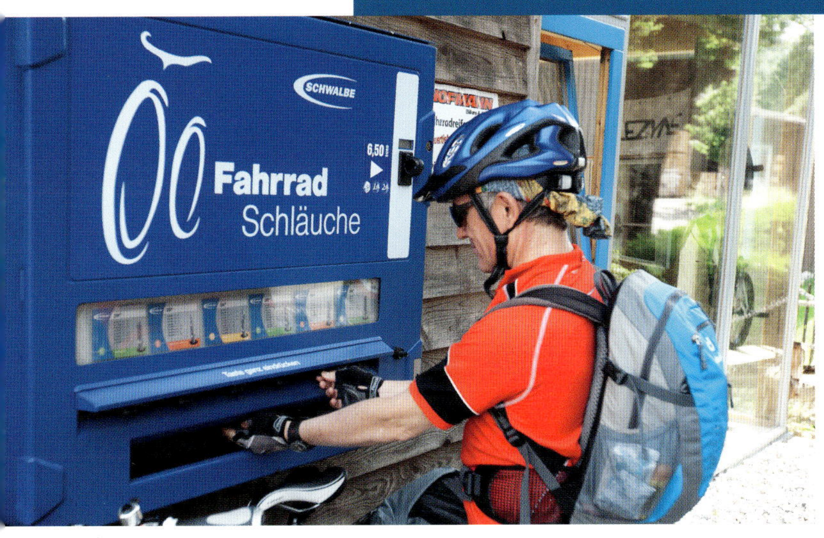

Radeln und E-Biken: am Ufer des Schliersees.

In Lindau lohnt sich auf jeden Fall ein kleiner Bummel durch die Gassen.

Service am Radweg: Der Reserveschlauch kommt aus dem Automat.

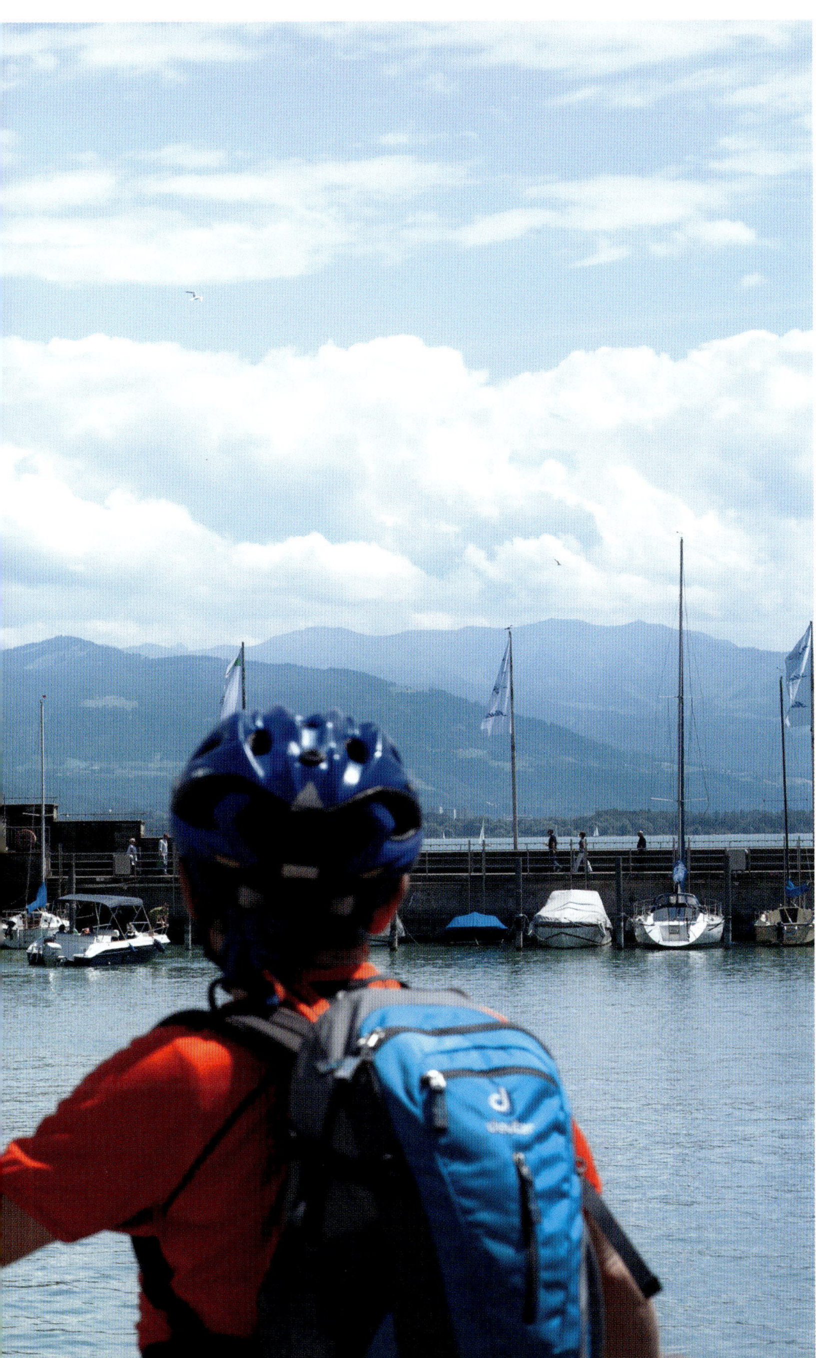

Sehenswerter Startort: der kleine Hafen von Lindau am Bodensee.

den wir uns im Pfaffenwinkel in Oberbayern. In kaum einer anderen Region in Deutschland gibt es eine derartige Dichte an Klöstern. So führt der Radweg auch hinunter ins Murnauer Moos und ins Loisachtal zu den Klöstern Schlehdorf und Benediktbeuern. Aber wo es den »Pfaffen« gefällt, fühlen sich auch die Künstler wohl. Die sonnige Bilderbuchlandschaft rund um den Kochelsee inspirierte vor hundert Jahren Malerfürsten wie Wassily Kandinsky, Franz Marc und Paul Klee zu farbenprächtigen Meisterwerken der klassischen Moderne.

Zwar auf Asphalt, aber mit spürbaren Steigungen geht's danach noch näher an und auch in die Berge. Zuerst die mächtigen Felsen der Benediktenwand im Blickfeld, danach den dicht bewaldeten Blomberg. Dazwischen kitschig-schön immer wieder saftige Wiesen mit genüsslich kauenden Kühen. Für das Kreisstädtchen Bad Tölz an der Isar mit seinen mit Lüftlmalerei fast schon überladenen Altstadthäusern sollte man sich etwas Zeit nehmen. Eine Pause schadet jedenfalls nicht, denn die attraktive Berg- und Talfahrt geht munter weiter.

Wer den Tegernsee von oben betrachtet, eingebettet in diese tiefgrüne Alpenlandschaft, versteht schnell, warum hier die Grundstücke so begehrt und unbezahlbar sind. Für eine süffige Radlermaß im Gmunder Strandbad

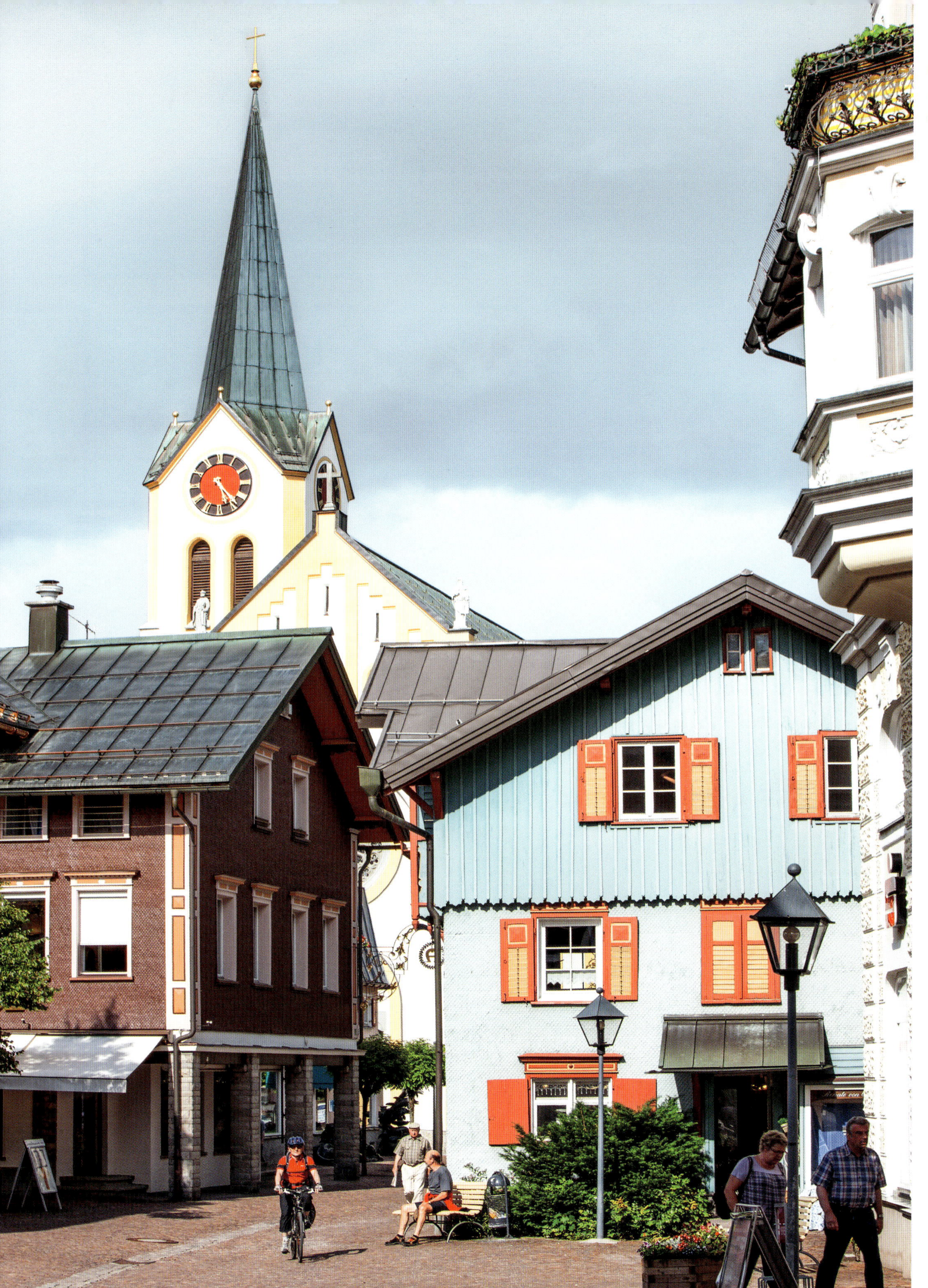

Kitschig-schön und manchmal rummelig: Oberstaufen im Allgäu.

reicht das Budget aber allemal. Außerdem wartet ja hinter der Anhöhe von Ostin noch der bescheidenere kleine Bruder, der Schliersee im Nachbartal – noch schnuckeliger und mit viel weniger Rummel. Hier wird sogar der Radweg ursprünglicher und führt zuweilen steil und schottrig zwischen Weiden und Bauernhöfen hindurch. Flankiert von 1600ern und 1800ern führt die Route nach Fischbachau ins Leitzachtal am Fuße von Birkenstein und Wendelstein. Dieser Ort sagt vor allem bayrischen Gernessern etwas, denn im Winklstüberl servieren Bedienungen im feschen Dirndl die besten und größten Kuchenstücke der Region. Da könnte der Reiseradler glatt vergessen, dass dieses Dorf auch zwei sehenswerte alte Kirchen schmücken.

>>> HIGHLIGHTS

- > Lindau am Bodensee
- > Oberstaufen
- > Immenstadt
- > Badestopp am Großen Alpsee
- > Die Altstadt von Füssen
- > Die Königsschlösser Neuschwanstein und Hohenschwangau bei Füssen (siehe Bild)
- > Wieskirche bei Steingaden
- > Bauernhofmuseum Glentleiten bei Kochel
- > Franz Marc Museum in Kochel am See
- > Markus Wasmeiers Bauernhofmuseum am Schliersee
- > Kloster Benediktbeuern – klerikaler Prachtbau mit herrlicher Außenanlage, www.kloster-benediktbeuern.de
- > Salzbergwerk Berchtesgaden

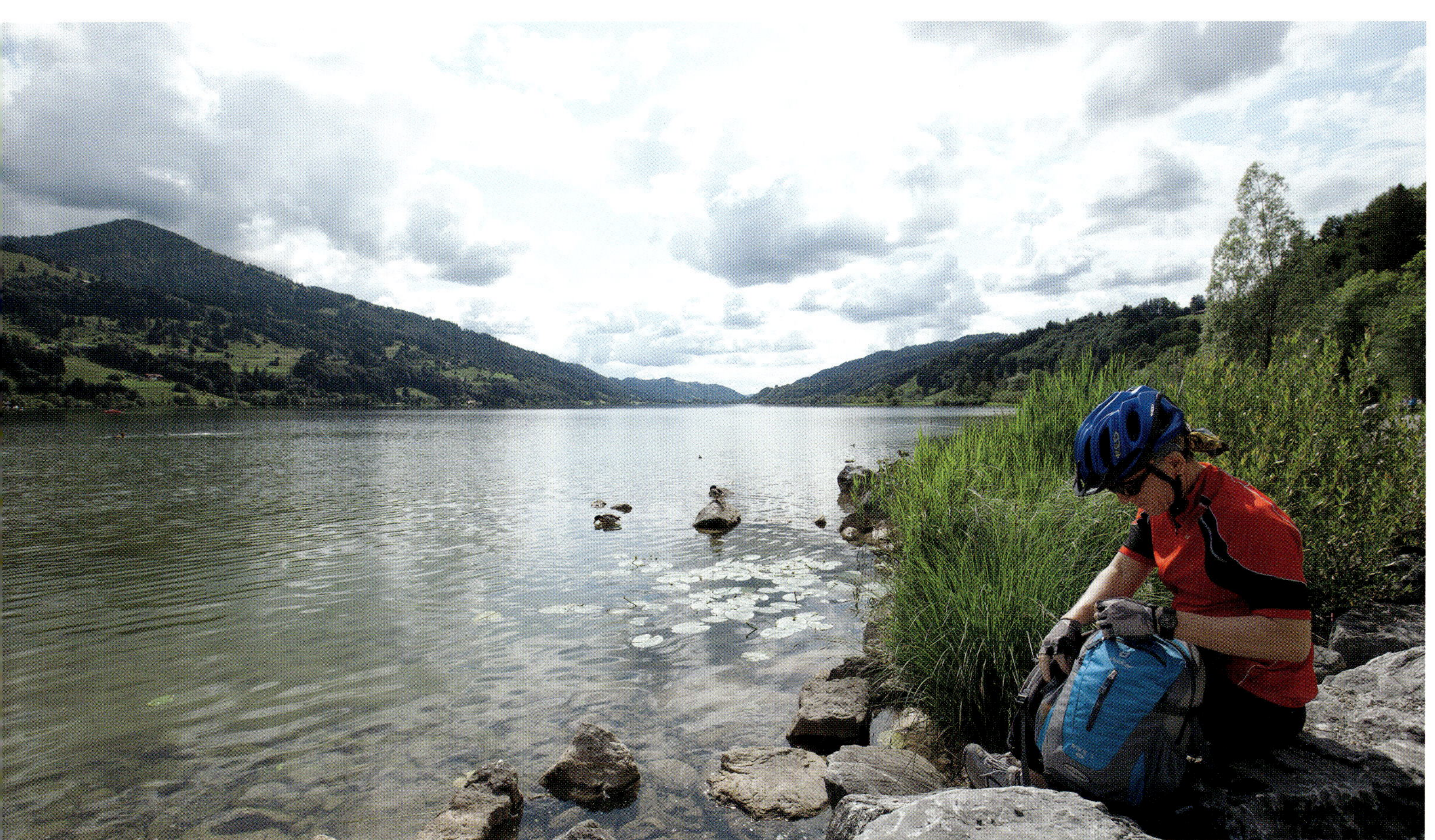

Pause am Großen Alpsee bei Immenstadt.

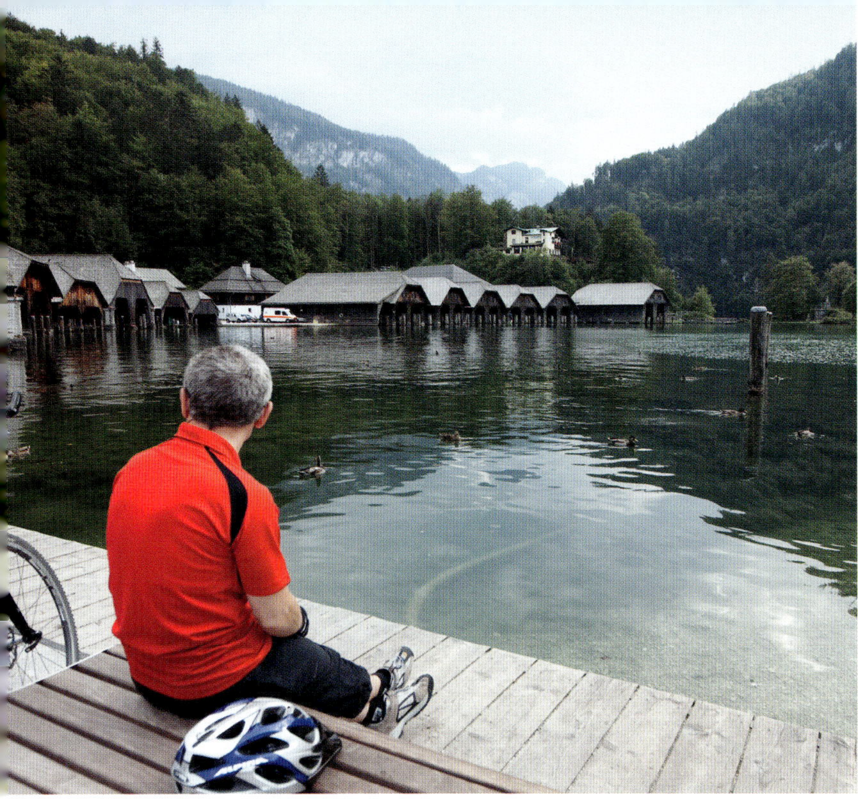

Endlich am Ziel: Nordufer des Königssees.

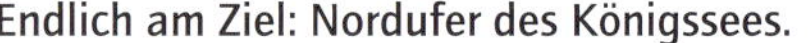

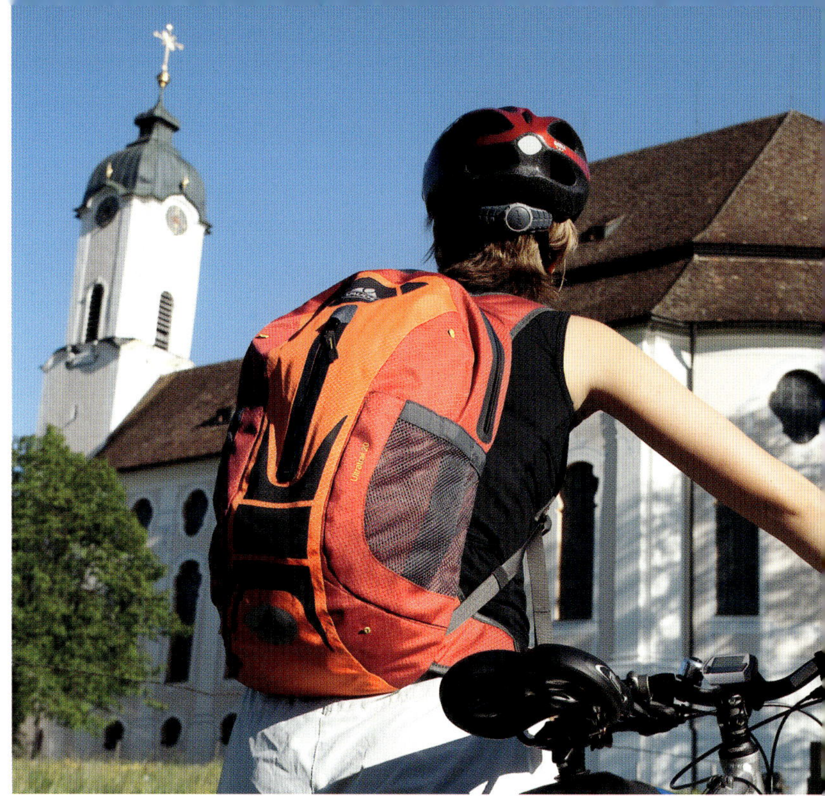

Rokoko-Juwel am Alpenrand: die Wieskirche in Steingaden.

Kurz darauf genießen wir auf dem Weg ins Inntal die längste Abfahrt dieser Reise. Im sanften Hügelland zwischen Chiemsee und Samerberg geht's weiter gen Osten. Die Wegführung zeigt sich zahm. Wohl damit der Genuss-E-Biker genügend Aufmerksamkeit für das allgegenwärtige Oberbayern-Klischee übrig hat: Kühe auf der Weide, dahinter blumengeschmückte Bauernhöfe, hier ein Marterl, dort eine kleine Kapelle. Und natürlich markante Alpengipfel, wie die Kampenwand hinter Aschau. Dazu passt auch eine Mittagsrast beim Alten Wirt in Bernau, ein zünftiges altes Wirtshaus mit Holzbalkonen und Maibaum davor – und einer deftigen Speisekarte. Hinter Grassau wird das Gelände wieder gebirgiger. Etwa hinauf nach Bad Adelholzen. Dort, wo Nonnen die berühmte Mineralwasserquelle managen. Zwischen Bernau und Traunstein kreuzen sich übrigens mehrere Fernradwege. Die Auswahl an Streckenvariationen ist immens, entsprechend hoch die Radler-Dichte. Mit Blick auf die »liegende Hexe«, dem Felsmassiv bei Bad Reichenhall, biegen wir wenig später ab hinein in die Berchtesgadener Alpen. Zuerst noch eine kurze Urwaldpassage mit Sümpfen und Schnaken in den Saalach-Auen, danach deutsche Kultur pur: das Staatsbad Bad Reichenhall mit seniorengeprägter Fußgängerzone und Kurpark. Das Kännchen Kaffee und das Stückchen Kuchen mit Sahne zählen hier zum Pflichtprogramm – aus Prinzip, aber auch weil kurz darauf die letzte kleine Bergprüfung wartet: über Bayerisch Gmain zum Pass Hallthurm. Als Entschädigung rollt man im Anschluss fast eben durch Wald und Wiesen in alpiner Kulisse nach Bischofswiesen und Berchtesgaden. Nur noch fünf Kilometer zum Ziel – fünf Kilometer Waldweg entlang der Königsseer Ache. Und dann noch fünf Minuten Spießrutenschieben durch Souvenirbuden und ganze Busladungen mit Ausflüglern zum Seeufer zwischen hohen Felswänden. Ein herrliches Fleckchen Erde, meinte schon Alexander von Humboldt zu Königssee und Watzmann-Massiv. Wenn man es heute nur mit etwas weniger Besuchern teilen müsste.

>>> ANFORDERUNG

418 km – 3917 hm – Mehrtagestour mittel

>>> ROUTE

Lindau – Stiefenhofen – Oberstaufen – Immenstadt – Nesselwang – Füssen – Halblech – Bad Kohlgrub – Eschenlohe – Murnau – Kochel am See – Bad Tölz – Tegernsee – Schliersee – Fischbachau – Bad Feilnbach – Neubeuern – Bernau am Chiemsee – Bergen – Traunstein – Bad Reichenhall – Berchtesgaden – Königssee

Die Route vom Bodensee zum Königssee ist in beide Richtungen gekennzeichnet. Die gesamte Strecke ist zu empfehlen in sechs bis acht Tagesetappen.

>>> BESTE REISEZEIT

Mitte Mai bis Anfang Oktober

>>> E-BIKE-VERLEIH

Verleihadressen unter www.bodensee-koenigssee-radweg.de

>>> PAUSCHALREISEN & GEPÄCKTRANSFER

Geführte und individuelle Touren auf dem Bodensee-Königssee-Radweg bei Sportive Reisen in Weissach am Tegernsee, www.sportive-reisen.de

>>> RÜCKTRANSPORT

Mit der Deutschen Bahn von Berchtesgaden mit Umsteigen in München zurück nach Lindau. Fahrplanauskunft unter www.bahn.de, Radfahrer-Hotline 0180 6 99 66 33 (20 ct/Anruf aus dem Festnetz, Tarif bei Mobilfunk max. 60 ct/Anruf)

>>> GUT EINKEHREN

Landhotel Alte Post in Lamprechts, www.landhotel-alte-post.de
Almcafé Schnakenhöhe zwischen Maria Rain und Guggemoos, www.schnakenhoehe.de
Trauchgauer Almstube mitten in Wald und Wiesen zwischen Wieskirche und Trauchgau, www.almstube-trauchgau.com
Forsthaus Unternogg am Waldesrand bei Altenau
Alter Wirt in Bernau, www.alter-wirt-bernau.de

>>> ANGENEHM ÜBERNACHTEN

Insel Hotel in Lindau, www.insel-hotel-lindau.de
Landgasthof Rössle in Stiefenhofen bei Oberstaufen, www.roessle.net
Vital-Hotel Sommer in Füssen, www.hotel-sommer.de
Hotel-Gasthof zur Post in Kochel am See, www.posthotel-kochel.de
Alte Bergmühle in Fischbachau, www.bergmuehle.info
Gasthaus Hotel Alte Post in Siegsdorf, www.altepostsiegsdorf.de

>>> KARTEN & LITERATUR

Bikeline Radtourenbuch und Karte 1:50 000 »Bodensee-Königssee-Radweg – von Lindau ins Berchtesgadener Land«, 120 Seiten
ADFC-Radreiseführer »Bodensee-Königssee-Radweg« mit Karten 1:50 000, 100 Seiten
56-seitige Infobroschüre zum Download und Bestellen unter: www.bodensee-koenigssee-radweg.de

>>> ALLGEMEINE AUSKUNFT

Infos zur Radroute unter www.bodensee-koenigssee-radweg.de
Weitere Tipps zur Region im Internet unter www.allgaeu.de sowie www.oberbayern.de

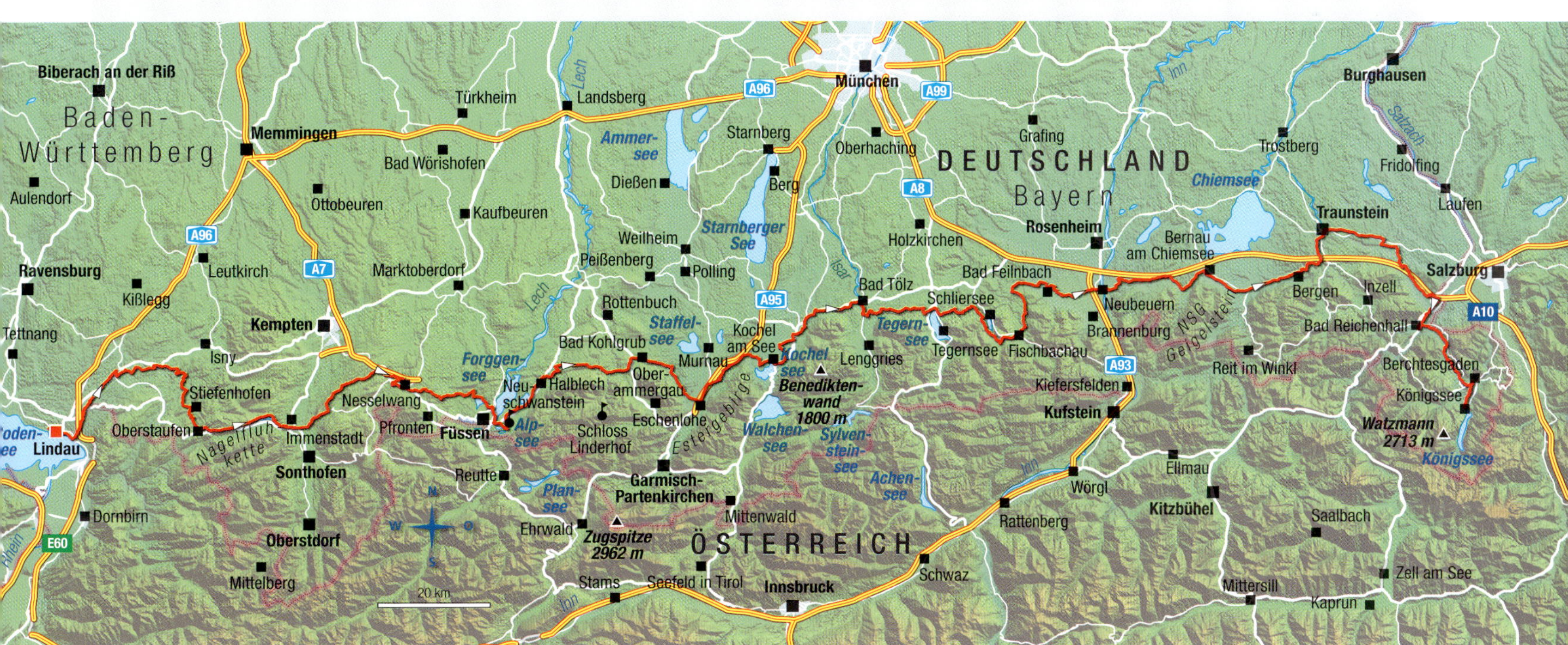

EINMAL UM DEN BLOCK

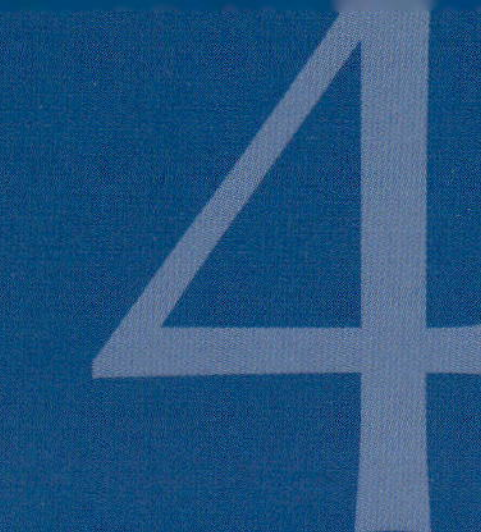

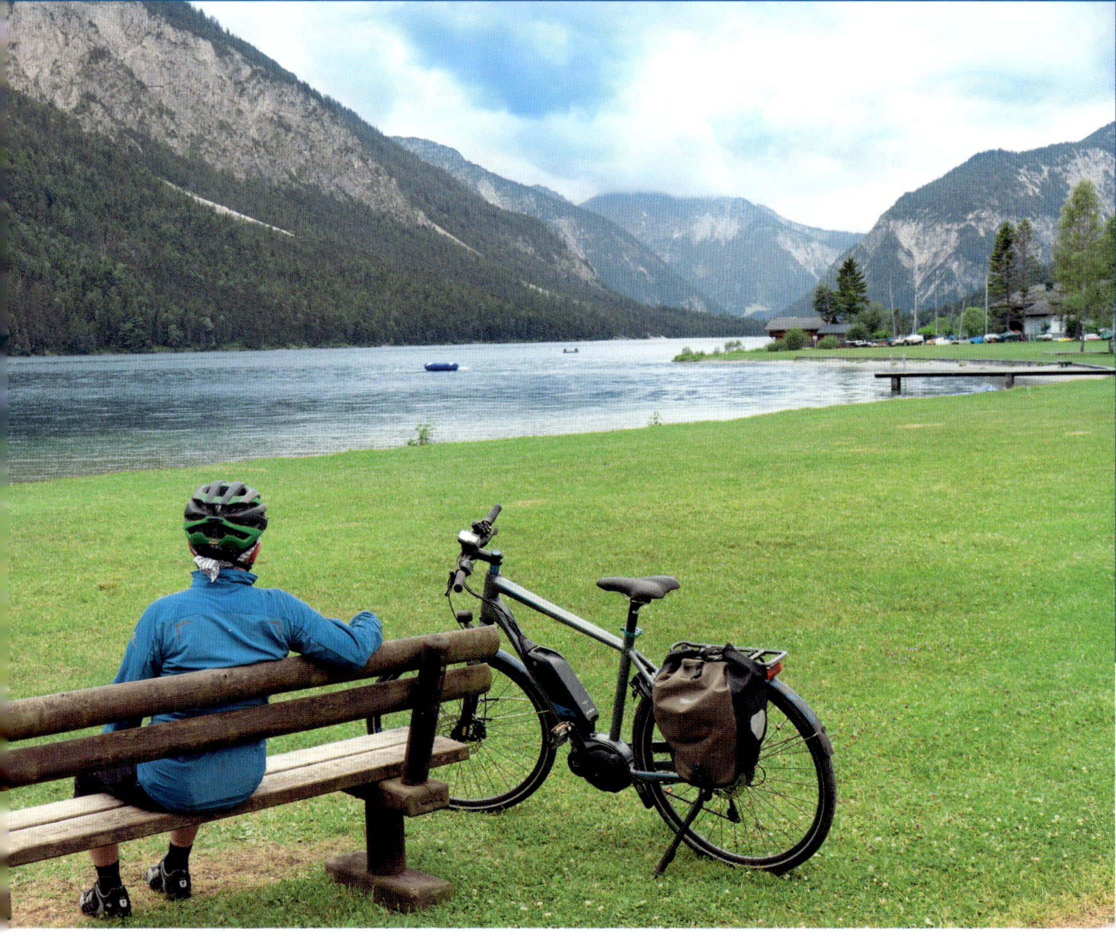

Eine Tiroler Spaßrunde mit Mountainbike-Feeling und Hochgebirgsflair.

Wie ein Fjord schmiegt sich der Plansee zwischen die Felsen.

Die Umrundung des Daniel steht in so manchem Mountainbike-Führer als leichte Genussrunde. Und da die Grenzen zwischen Fahrradtypen fließend sind, ist sie auch für Tourenradler und E-Biker eine lohnenswerte Entdeckung. Es gibt nur einen schwereren Abschnitt mit einer Tragepassage durch einen Bach im Friedergries. Wer seinen Akku nicht unbedingt auf Wasserdichtigkeit prüfen will, kürzt einfach ab. Unsere Beschreibung verläuft über die einfache Route. Man verzichtet zwar auf einen besonders reizvollen Abschnitt, aber es bleiben noch genug landschaftliche Highlights auf dieser Tour durch die Ammergauer Alpen übrig. Schon kurz nach dem Start in Ehrwald – der Loisach folgend – wähnt sich der Radler bereits in der Wildnis der Berge, obwohl die Bundesstraße ganz in der Nähe verläuft. Spätestens nach Griesen, wenn das Loisachtal sanft ansteigend verlassen wird, spürt man die Einsamkeit der Bergwelt. Der Neidernach flussaufwärts zu folgen ist mit dem E-Bike ein Hochgenuss. Nur einen kurzen, etwas steileren Abschnitt gilt es zu überwinden, dann rollt es sich locker durch den lichten Bergwald, der unvermittelt den Blick auf den tiefblauen Plansee freigibt. Wenn dort etwas Schwarzes im Wasser auftaucht, ist es weder ein Riesenkarpfen noch ein Seemonster. Der Plansee ist ein Eldorado für Sporttaucher, die zu jeder Jahreszeit mit ihren dicken Neoprenanzügen auf Tauchgang gehen.

Eine Pause in der Musteralpe mit frisch gefangenem Fisch oder einem leckeren Kaiserschmarren gehört auf dieser Runde unbedingt dazu. Stets mit schönen

Seeblicken folgt man dem Ufer des Plansees und des angrenzenden Heiterwanger Sees bis kurz vor den Ort Heiterwang. Auf dem Zugspitz-Panoramaweg verläuft die Route in stetem Auf und Ab immer etwas oberhalb des Talbodens an der Bergflanke entlang. Wie der Name des Weges vermuten lässt, genießt der E-Biker weite Blicke auf die umliegenden Berge inklusive der Zugspitze, die allmählich immer näher rückt. Einmal verliert man den Blick, der Weg zieht bergauf in eine Schlucht bei Lermoos. Eine etwas holprige Abfahrt ist noch zu meistern, bevor die auf meist gut ausgebauten Schotterwegen verlaufende Tour wieder in Ehrwald endet.

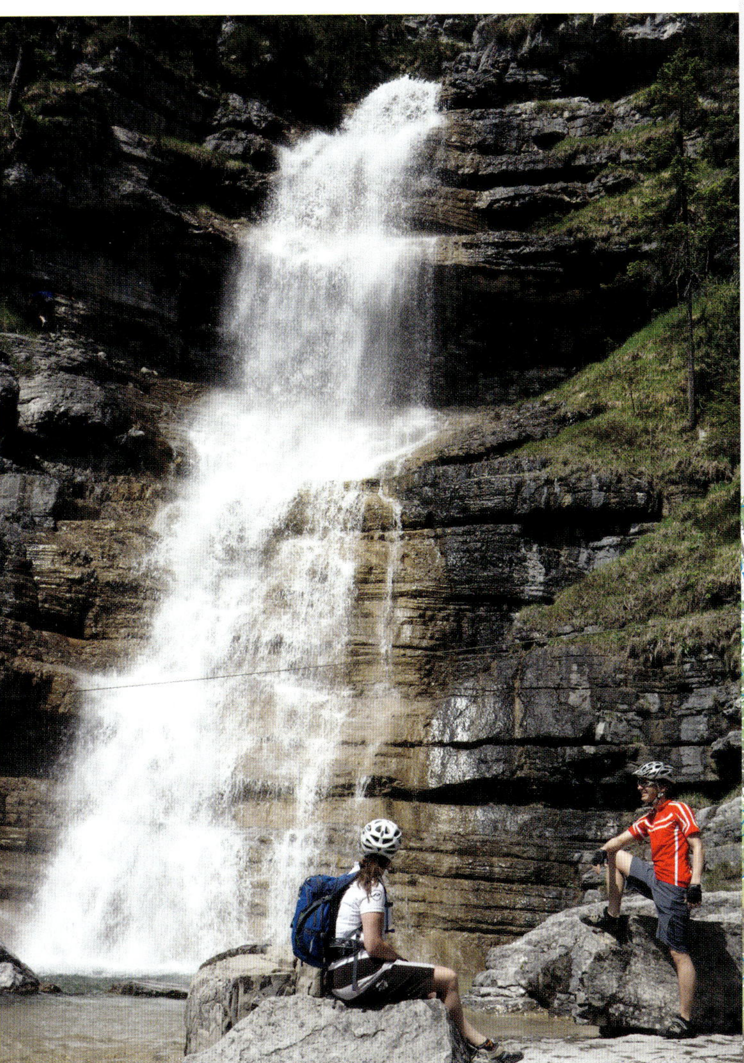

Am Wasserfall des Häselgehrbachs bei Ehrwald.

>>> ANFORDERUNG

46 km – 695 hm – Tagestour mittel

>>> ROUTE

Ehrwald – Griesen – Plansee – Heiterwanger See – Heiterwang – Bichlbach – Wengle – Lähn – Lermoos – Ehrwald

>>> BESTE ZEIT FÜR DIE TOUR

Mai bis Anfang Oktober

>>> E-BIKE-VERLEIH

Sport-Alm in Berwang, www.sport-alm.com

>>> GUT EINKEHREN

Musteralpe mit Schaukäserei am Plansee, Tiroler Küche mit Seeblick, www.musteralpe-plansee.at

Hotel Fischer am See am Heiterwanger See, Feines für Gernesser, www.fischeramsee.at

>>> ANGENEHM ÜBERNACHTEN

Sporthotel Loisach in Lermoos, www.sporthotel-loisach.com/de

Mohr Life Resort in Lermoos, www.mohr-life-resort.at

>>> KARTEN & LITERATUR

Kompass Fahrrad- und Mountainbike-Karte Nr. 3127 »Füssen, Garmisch-Partenkirchen«, 1:70 000

Kompass Karte Nr.5 »Wettersteingebirge, Zugspitzgebiet«, 1:50 000

>>> ALLGEMEINE AUSKUNFT

Tiroler Zugspitzarena, Schmiede 15, A-6632 Ehrwald, Hotline 0043-5673/20 000, www.zugspitzarena.com/de

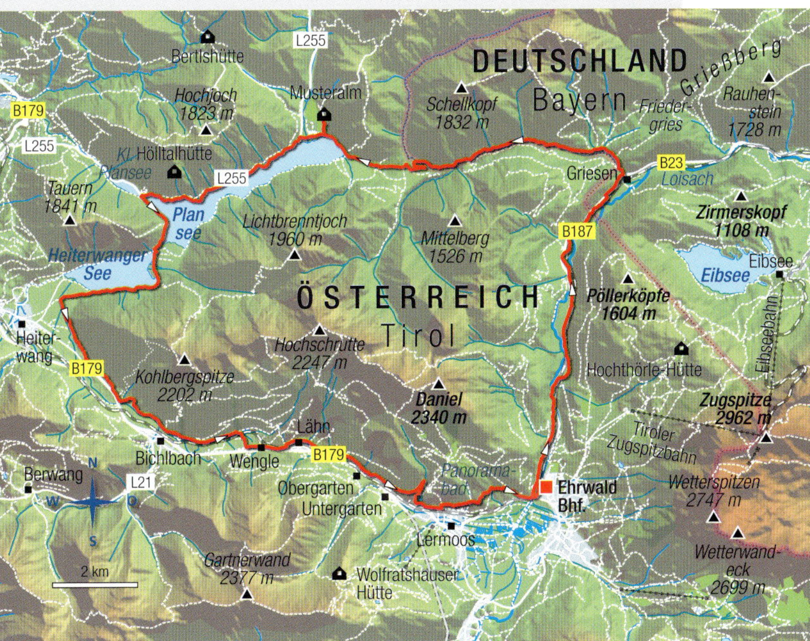

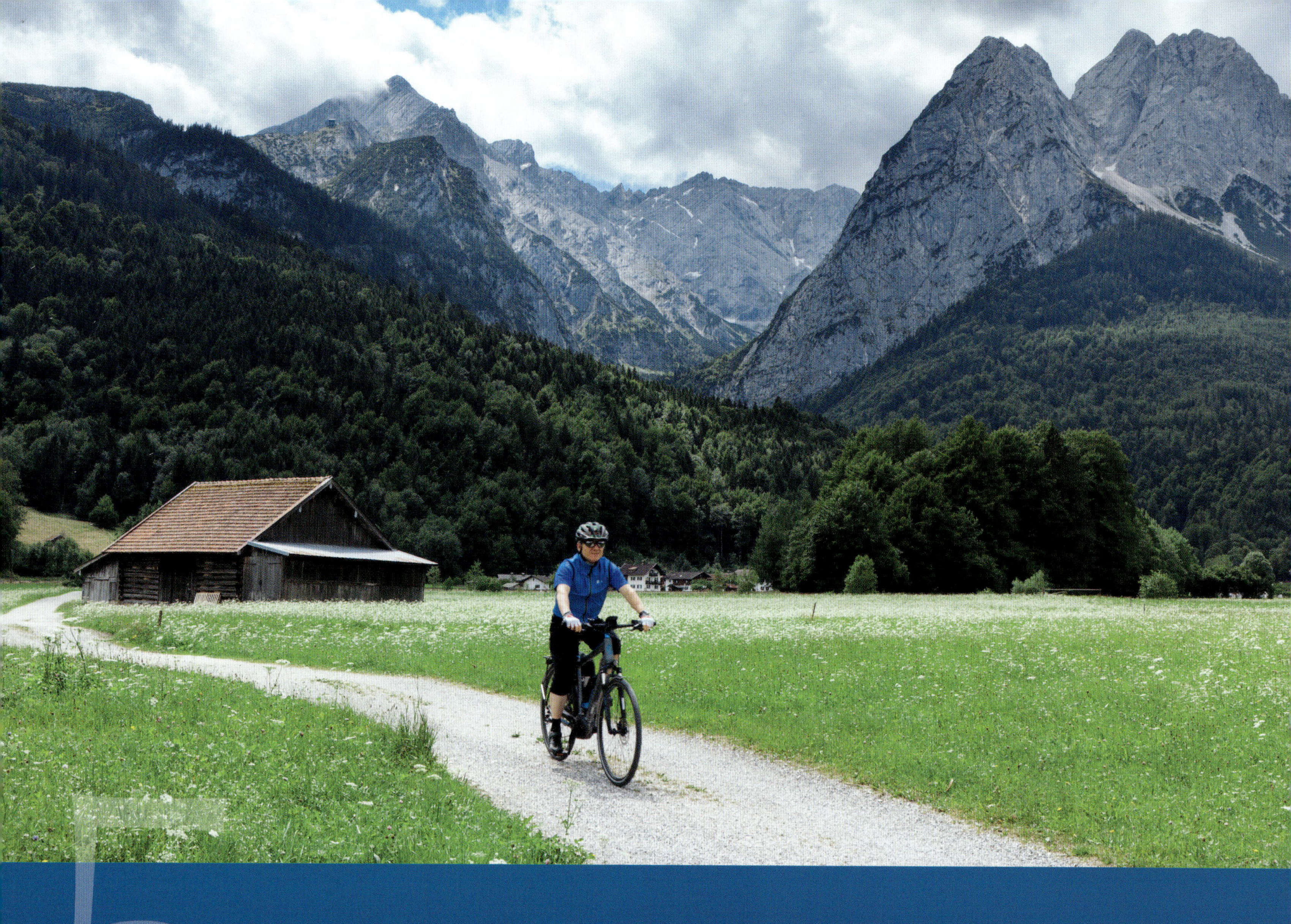

5

DER SPORTLICHE KLASSIKER

Die große Runde um das Zugspitzmassiv bietet sämtliche Highlights einer grandiosen Alpentour.

ftige Wiesen am Fuß
s Waxensteins.

Die Umrundung des Wetterstein-Massivs ist ein absoluter Klassiker für gut trainierte Biker. Mountainbiker wählen die Auffahrt über den Eibsee und die Hochthörle-Hütte, Tourenradler sparen sich die zusätzlichen Höhenmeter und rollen bequemer, aber landschaftlich kaum weniger spektakulär durch das schöne Loisachtal nach Ehrwald. Die weitere Tour verläuft für beide Fraktionen wieder auf derselben Strecke. Die Route führt viele Kilometer über Schotterwege, ist technisch allerdings nicht zu anspruchsvoll, aber als Tagestour sehr lang. Wer sich das Unternehmen nicht so ganz zutraut, der unterteilt die Wetterstein-Runde in zwei Tagesabschnitte oder setzt sich einfach aufs E-Bike. So schmilzt die Herausforderung zu einer - immer noch ansehnlichen - Genusstour.

Schon beim Start in Garmisch-Partenkirchen fragt man sich beim Anblick des mächtigen Massivs, wie man hier am selben Tag wieder ankommen soll. Aber dann rollt man flott den Loisachradweg flussaufwärts und ist schon bald auf der Tiroler Seite der Zugspitze in Ehrwald. Wer möchte, kann sich beim Ziegenhof Peter noch eine Kugel der legendären Eiscreme aus Ziegenmilch gönnen, denn ab der Talstation der Ehrwalder-Alm-Bahn geht's richtig zur Sache. Mancher wird bergauf für die nächste Stunde die volle Motorleistung abfordern. Nach einer verdienten Brotzeit in der Ehrwalder Alm wird's wieder flacher und schon bald ist der Peak der Runde erreicht. Keine Angst, wenn die Ladebalken des Akkus kräftig weggeschmolzen sind, die meisten Höhenmeter sind hier bereits absolviert. Die Abfahrt durch das idyllische Gaistal mit seinen vielen

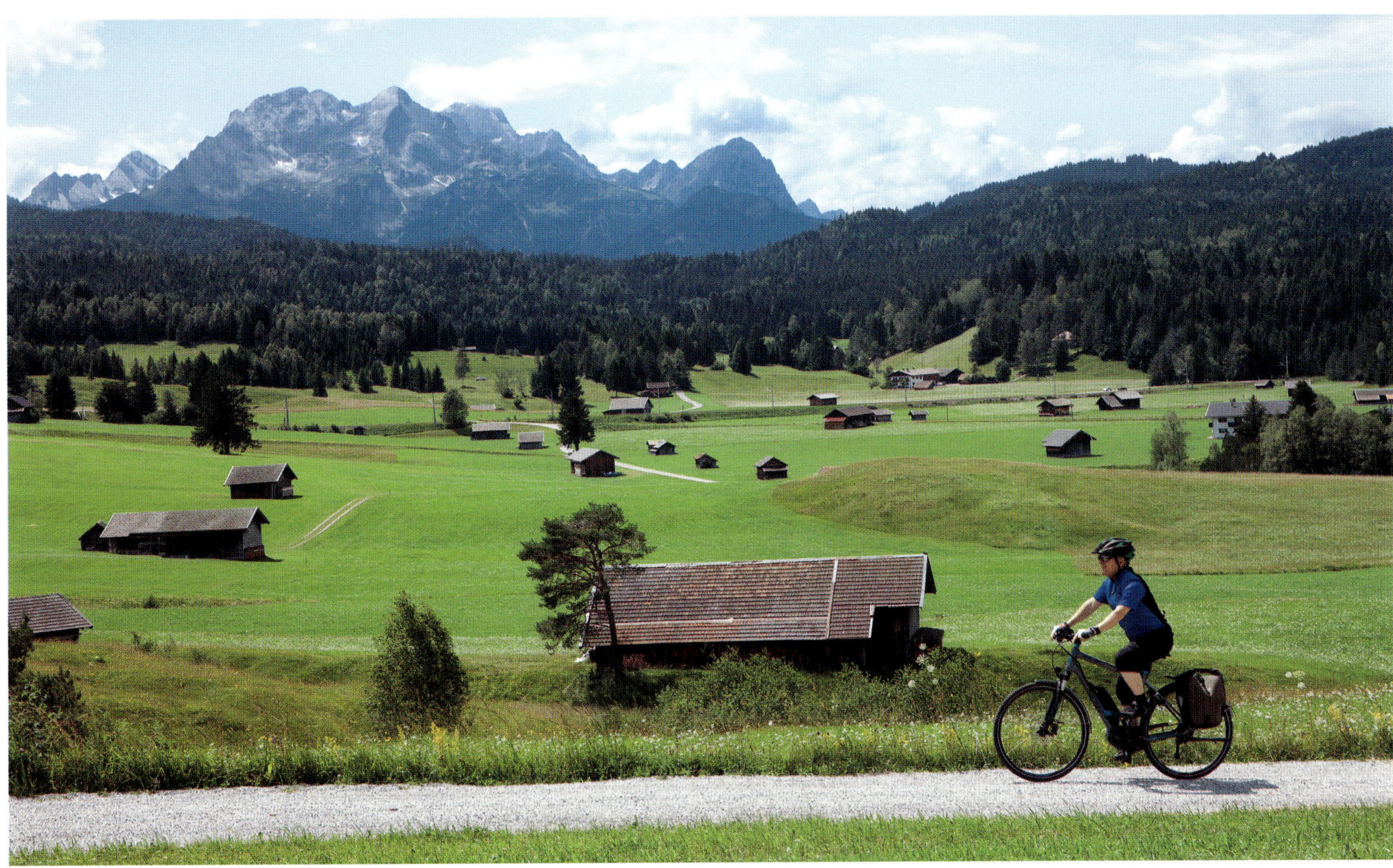

In den Buckelwiesen vor der Wetterstein-Kulisse.

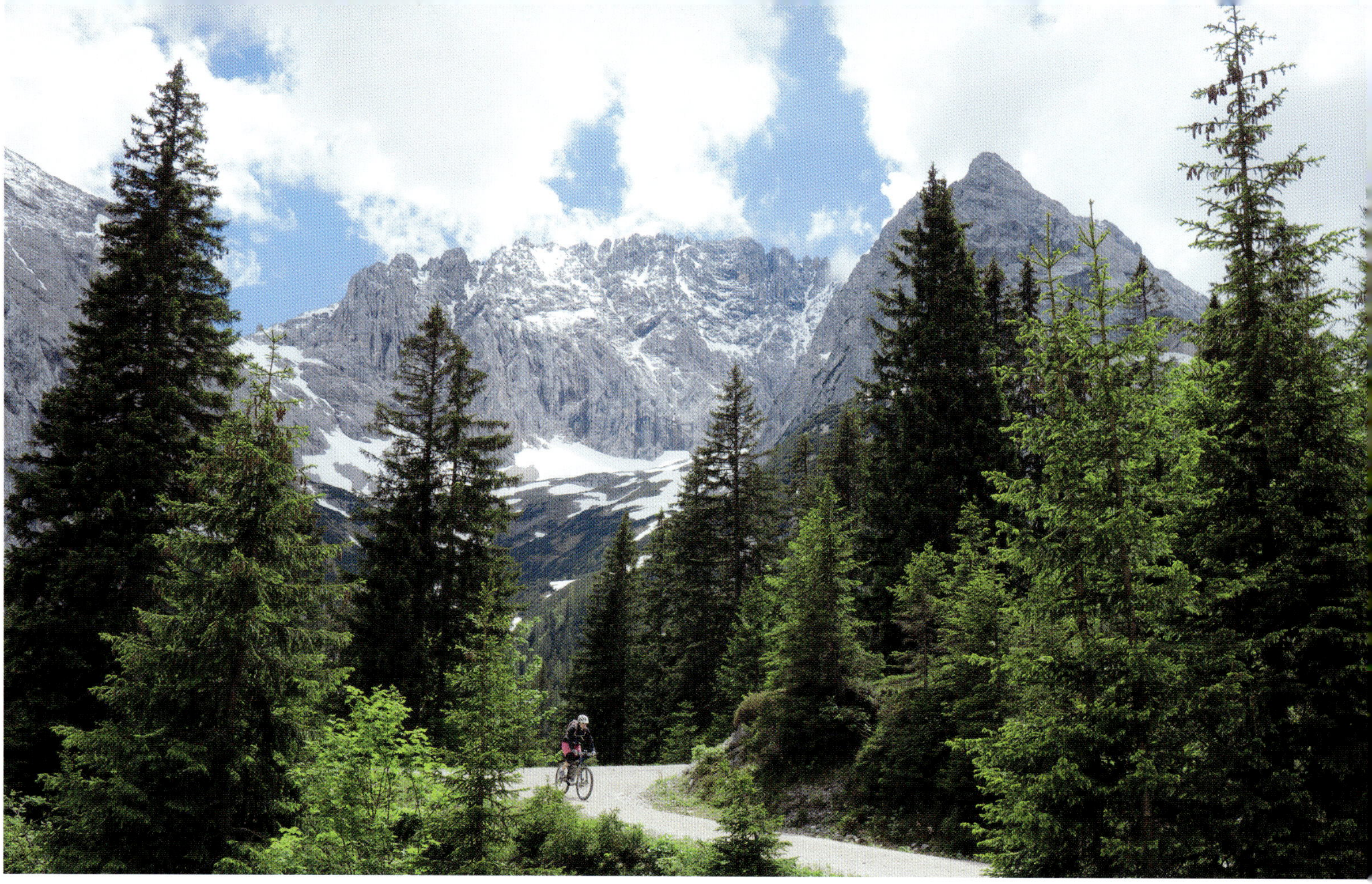

Abfahrt durchs hochalpine Gaistal.

Hochalmen ist landschaftlich der spektakulärste Teil der Runde. Das Gaistal trennt das Wettersteingebirge von der Mieminger Kette mit der imposanten Hohen Munde, die man nun Richtung Süden ständig im Blick hat. Bald darauf folgt die Route der Leutascher Ache über Leutasch bis Mittenwald. Eine kurze Steigung auf kleinen Wirtschaftswegen am Schmalensee vorbei und schon befindet sich der Tourenradler mitten in einer geomorphologischen Besonderheit des Alpenraums – den Buckelwiesen. Die nach der Würm-Eiszeit durch Verkarstungsprozesse entstandenen Buckel wurden von Bauern häufig eingeebnet. Noch etwa 1000 Hektar liegen in seiner ursprünglichen Struktur in der Region von Mittenwald und stehen heute unter Naturschutz. Ab dem Bahnhof Klais, Deutschlands höchst gelegenem ICE-Stopp, führt ein gut ausgebauter Radweg entlang der B2 fast immer bergab zurück nach Garmisch-Partenkirchen.

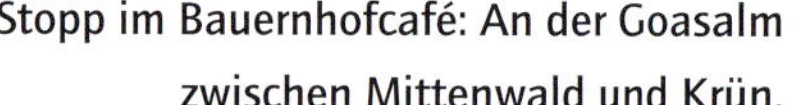

Stopp im Bauernhofcafé: An der Goasalm zwischen Mittenwald und Krün.

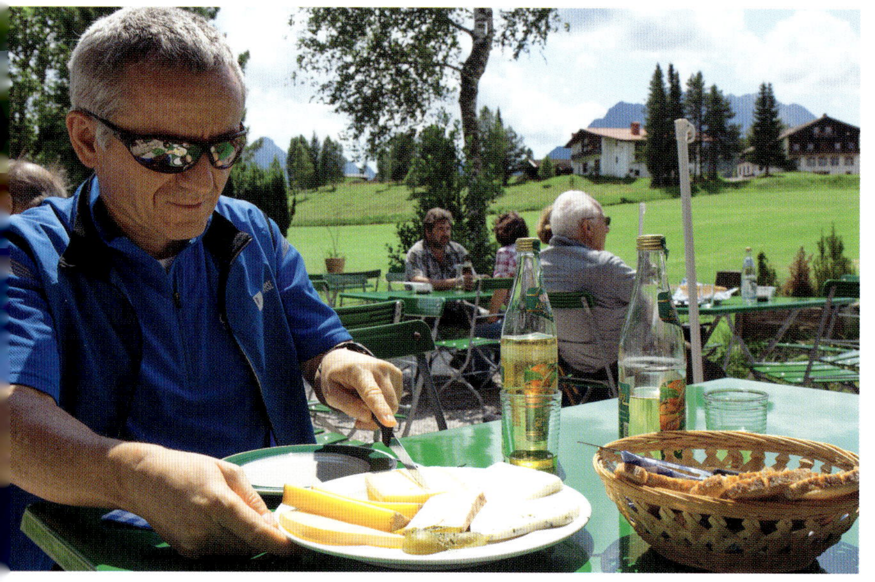

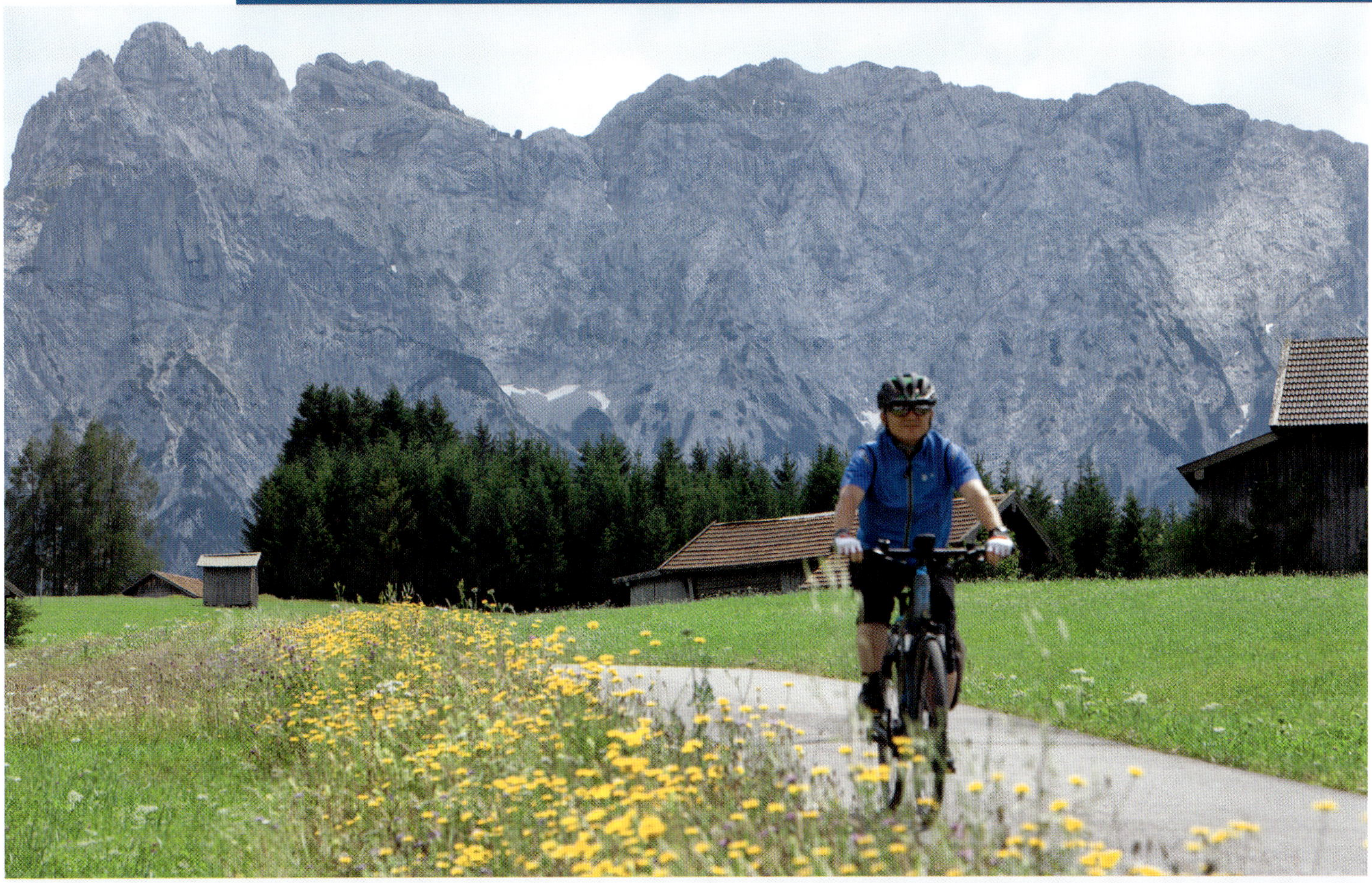

Durch die Almwiesen vor dem Karwendel-Massiv.

>>> ANFORDERUNG
81 km – 1363 hm – Tagestour mittel bis schwer

>>> ROUTE
Garmisch-Partenkirchen – Grainau – Griesen – Ehrwald – Ehrwalder Alm – Gaistal – Leutasch – Mittenwald – Buckelwiesen – Klais – Garmisch-Partenkirchen

>>> BESTE ZEIT FÜR DIE TOUR
Juni bis Mitte September

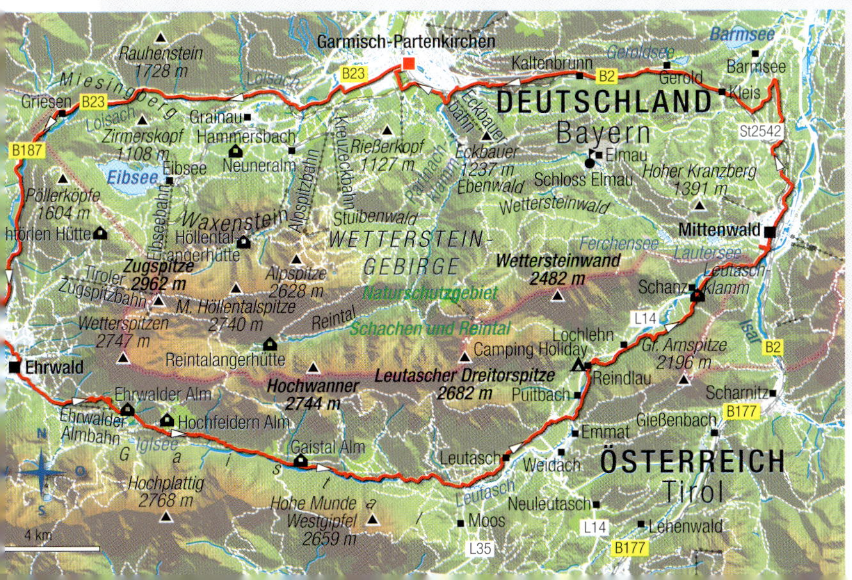

>>> E-BIKE-VERLEIH
Bike-Center Garmisch-Partenkirchen, www.bikecenter.de

>>> GUT EINKEHREN
Goasalm, Bauernhof-Café und Hofladen in den Buckelwiesen bei Mittenwald, www.goas-alm.de
Gaistalalm, Gasthaus in herrlicher Lage zwischen Wetterstein und Mieminger Gebirge, www.gaistalalm.at

>>> ANGENEHM ÜBERNACHTEN
Sporthotel Loisach in Lermoos, www.sporthotel-loisach.com/de
Hotel Alpenhof in Krün bei Mittenwald, www.alpenhof-kruen.de
Hotel garni Haus Höllental, www.haus-hoellental.de

>>> KARTEN & LITERATUR
Kompass Karte Nr. 5 »Wettersteingebirge, Zugspitzgebiet«, 1:50 000

>>> ALLGEMEINE AUSKUNFT
Tiroler Zugspitzarena, Schmiede 15, A-6632 Ehrwald, Hotline 0043-5673/20 000, www.zugspitzarena.com/de
Tourist Information Garmisch-Partenkirchen, Richard-Strauss-Platz 2, 82467 Garmisch-Partenkirchen, www.gapa.de

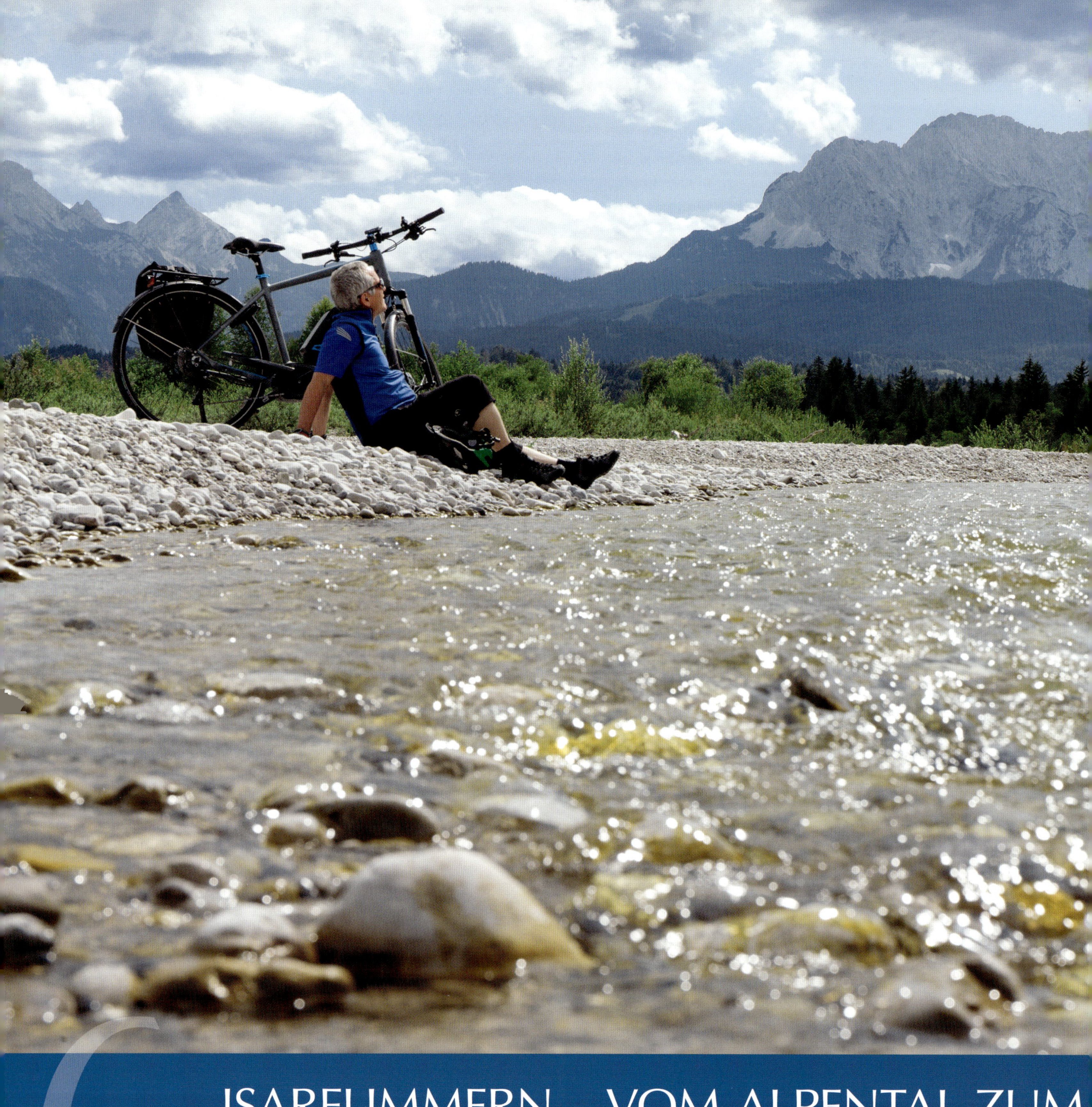

6 ISARFLIMMERN – VOM ALPENTAL ZUM

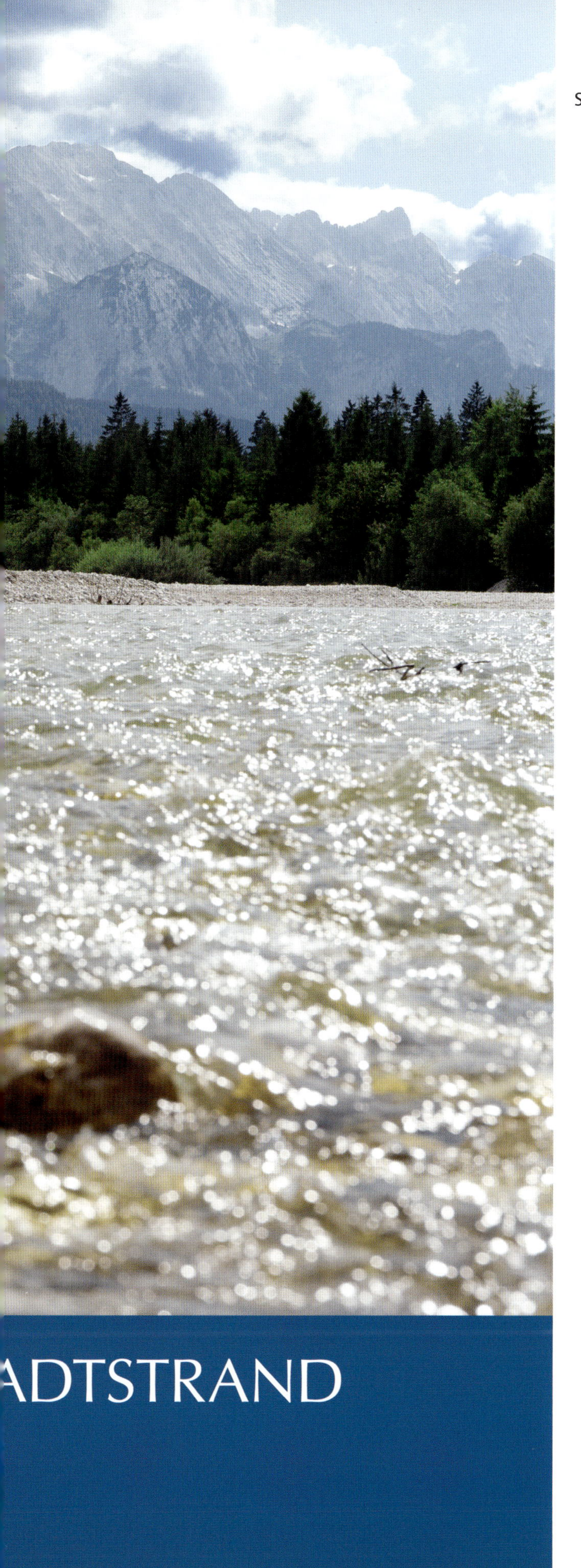

Sanft plätschert die Isar bei Wallgau.

Eine attraktive Radroute begleitet Bayerns berühmten Fluss von den Tälern des Karwendels bis hinaus nach München.

Im Dorf Scharnitz an der bayrisch-tirolerischen Grenze beginnt laut Landkarten und Beschilderung der Isarradweg. Warum eigentlich erst da? Die Quelle liegt doch einige Kilometer weiter oben mitten im Karwendelgebirge und ist ganz gut mit dem Rad und problemlos per E-Bike zu erreichen. Wie auch immer – auf jeden Fall sollte man die Fahrt zum Isarursprung nicht versäumen. Denn wie schreibt Bike-Pionier Elmar Moser so treffend: »Das Naturschutzgebiet Karwendel, ein Raum von 40 km Länge und 25 km Breite, gehört zu den großen Faszinationen jedes Bergbegeisterten.« Vom Karwendelparkplatz führt ein angenehmer Weg ins Hinterautal, zuerst asphaltiert, danach auf Schotter. Die knapp 200 Höhenmeter konzentrieren sich auf den ersten Kilometer hinauf zur Gleirschhöhe, danach könnte man den Motor auch abstellen. Fast flach verläuft der Bergweg am jungen Flüsslein entlang ins Tal hinein. Offiziell entspringt die Isar zwischen den Bergen der Gleirsch-Halltal-Kette und der Hinterautal-Vomper-Kette, markiert mit einer erklärenden Tafel. Die Quelle ist nicht spektakulär, aber umso mehr die Landschaft drum herum – Hochgebirge wie aus dem Bilderbuch.

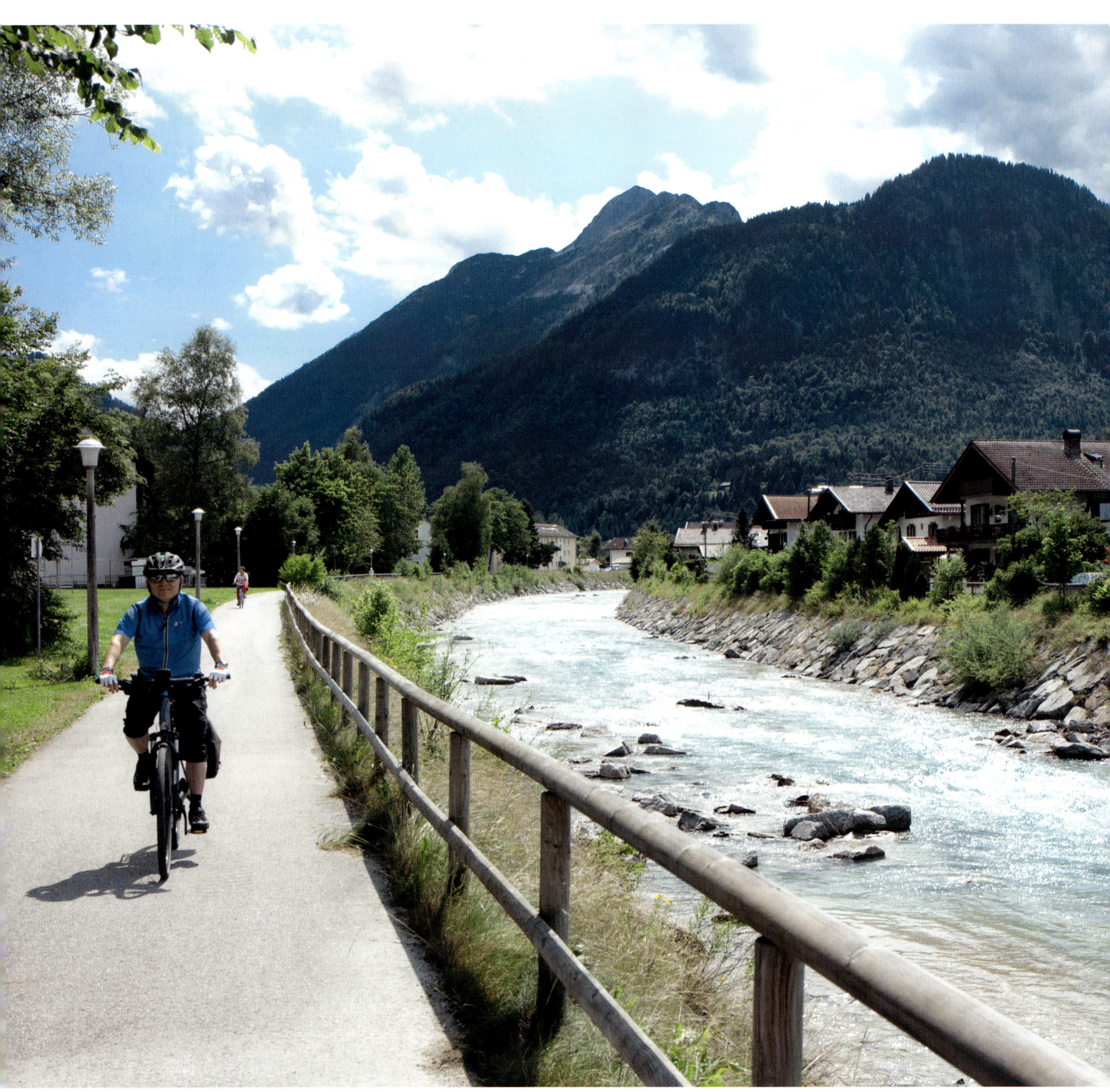

Hier lohnt ein Stopp:
Altstadt von Bad Tölz.

Mittenwald teilt die Isar
s Alpendorf.

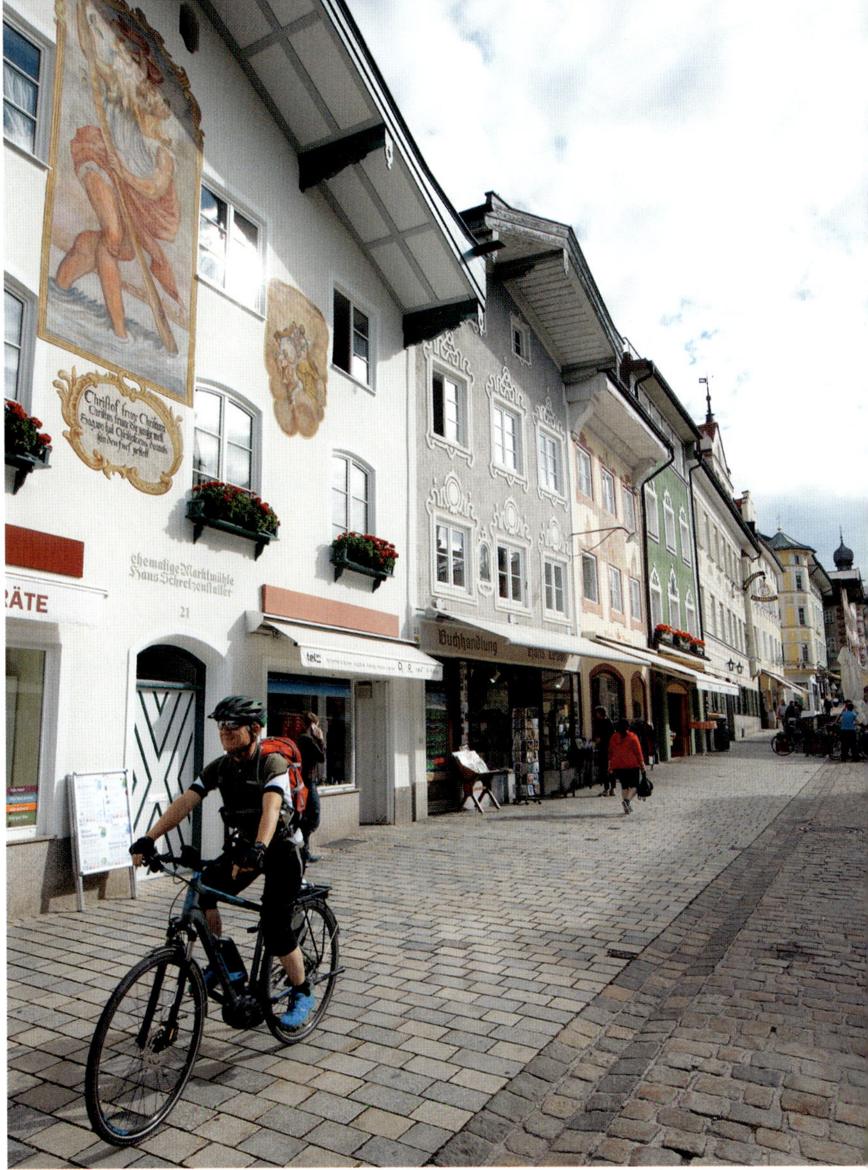

Der Rückweg nach Scharnitz und weiter über die Grenze nach Bayern kostet kaum Energie. Es geht bergab oder eben dahin. Im nahen Mittenwald, weithin bekannt als Geigenbauerdorf, lohnt sich tatsächlich ein Blick ins kleine Heimatmuseum oder zumindest ins kitschig-schöne Zentrum. Landschaftsfans verlassen hier den Isarradweg für einen kurzen Abstecher hinauf zu den berühmten Buckelwiesen. Wie ein kleines Aussichtsplateau liegen sie zwischen den mächtigen Felswänden des Karwendelgebirges und dem Wettersteinmassiv, ideal für einen entspannenden Stopp im Bauernhofcafé der Goas-Alm bei Ziegenmilcheis und selbstgebackenem Kuchen.

Bei Krün wird die Isar zwar zum ersten Mal gestaut, aber wenige Kilometer weiter wirkt sie wieder wie ein ungebändigter Gebirgsfluss, der ständig seinen Lauf und sein Bett verändert. Deshalb wurde auch der Radweg weiter in den Wald verlegt, weil bei Hochwasser mehrmals die Fahrbahn in den Fluten verschwand. Insider reden von diesem Flussabschnitt bis zum Sylvensteinstausee gerne von »Bayerisch-Kanada«, wegen dieser überwältigenden Naturkulisse, vor allem dort, wo der Rißbach auf ganzer Talesbreite ungebändigt in die Isar mündet.

Ab dem Sylvensteinstausee fließt die Isar Richtung Norden. Der Stausee, der in den 1950er-Jahren zur Energiegewinnung und zum Hochwasserschutz aufgestaut wurde, ist heute ein beliebter, aber auch ziemlich erfrischender Badesee und dient gerne als alpine Kulisse für Werbeaufnahmen.

Hier wartet auch eine interessante Wegvariante: Wer zu Füßen der Staumauer nicht dem Radweg an der Bundesstraße folgen möchte, biegt links ab über den Rauchenberg nach Höfen in die Jachenau. Der holprige, aber gut fahrbare Forstweg führt weiter Richtung Lenggries, wo man wieder auf den Isarradweg einschwenken kann. Im Wintersportdorf lohnt sich ein Blick in die Pfarrkirche St. Jakobus, auch »Dom des Isarwinkels« genannt.

Spätestens in Bad Tölz gilt es wieder einen ausführlichen Stopp zu planen, selbst wenn nur ein gemütliches Schlendern auf der historischen Marktstraße daraus wird. Radler, die nicht in die schöne Innenstadt abbiegen, halten zumindest gern an der Isarbrücke, wegen

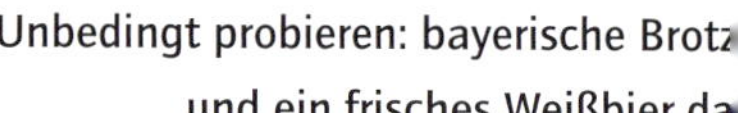

Unbedingt probieren: bayerische Brotz
und ein frisches Weißbier da

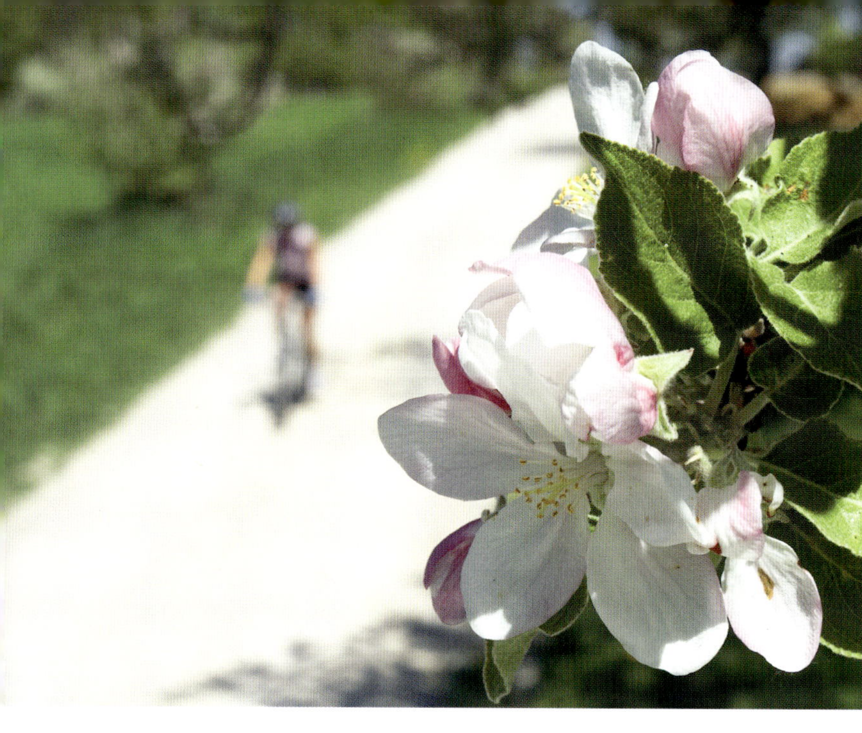

Wenn die Natur blüht, ist die Isartour besonders attraktiv.

Ehrenrunde am Ziel: Ausrollen im Münchner Hofgarten.

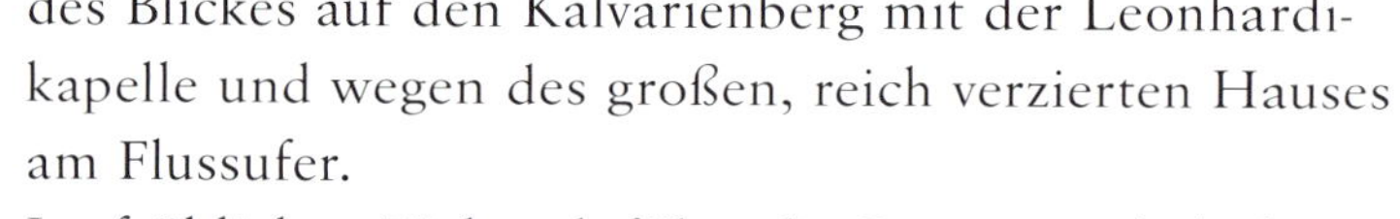

des Blickes auf den Kalvarienberg mit der Leonhardikapelle und wegen des großen, reich verzierten Hauses am Flussufer.

Im fröhlichen Zickzack führt die Route westlich der Isar weiter nach Geretsried und Wolfratshausen. Im Sommer erschallt hier vom Fluss her gern laute Blasmusik und Hitparadengedudel. An der Isarbrücke starten nämlich die beliebten, feucht-fröhlichen Floßtouren nach München. Aber auch der E-Biker braucht auf seinen Gerstensaft nicht zu verzichten. Am Wegesrand warten immer wieder urgemütliche Biergärten, etwa in der Pupplinger Au, bei der Aumühle oder beim Brückenfischer. Und natürlich beim Kloster Schäftlarn, das nur ein paar hundert Meter vom Fluss entfernt liegt. Die Klosterkirche der Benediktinerabtei zählt zu den herausragenden Beispielen für bayrisches Rokoko. Für reichlich Zuschauer sorgt das Stauwehr beim Gasthof Mühle, dort müssen die Floße über die große Floßrutsche vom Kanal zurück in die Isar. Deshalb sind die Biergartenplätze direkt am Wasser auch schnell belegt. Gleich nebenan wartet der letzte Anstieg auf dem Weg in die Landeshauptstadt. Danach geht es auf schattigen Waldwegen hinein in den Villenvorort Grünwald. An der Burg Grünwald kann man das E-Bike hinunterschieben auf den Weg direkt an der Isar oder am Hochufer bleiben. Vor allem, wer der Filmstadt Geiselgasteig einen Besuch abstatten möchte, bleibt an der Hochleite. Die Radwege in die Stadt sind bestens ausgeschildert. An der Isar liegen bis zur Stadtmitte übrigens noch der sehenswerte Tierpark Hellabrunn und das Deutsche Museum.

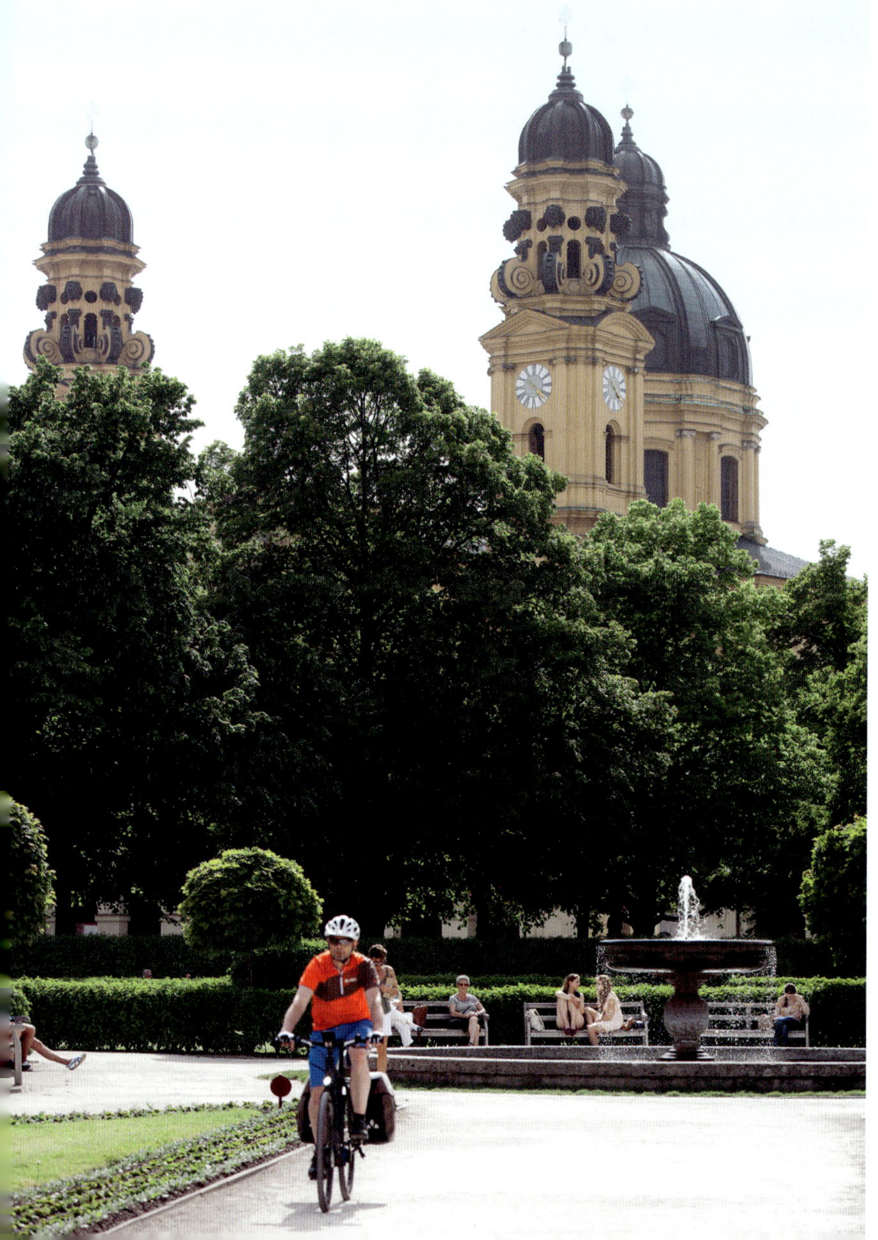

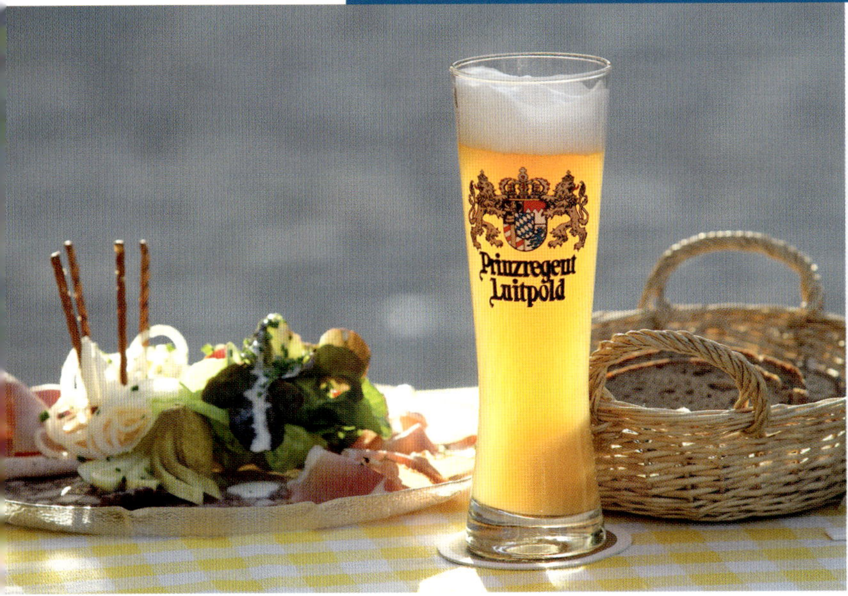

>>> ANFORDERUNG

125 km – 974 hm – Mehrtagestour mittel

>>> ROUTE

Isarquelle – Scharnitz (Tirol) – Mittenwald – Krün – Vorderriß – Sylvensteinstausee – Lenggries – Bad Tölz – Wolfratshausen – Kloster Schäftlarn – Grünwald – München. Die Route ist mit dem Symbol des Isarradweges in beide Richtungen gekennzeichnet.

>>> RÜCKTRANSPORT

Wer sein Auto in Scharnitz geparkt hat, kann stündlich mit der Bahn zurückfahren ab München Hauptbahnhof.

>>> HIGHLIGHTS

Isarquelle Grandiose Felslandschaft im Karwendelgebirge
Isar bei Wallgau und Vorderriß ursprüngliche Flusslandschaft mit Kanada-Feeling
Bad Tölz sympathisches oberbayerisches Städtchen
Pupplinger Au Naturschutzgebiet bei Wolfratshausen
Flaucher Isarbadestrand mitten in München

>>> GUT EINKEHREN

Goasalm Bauernhof-Café und Hofladen in den Buckelwiesen bei Mittenwald, www.goas-alm.de
Gasthof Post in Vorderriß, Wirtshaus mit Biergarten direkt an der noch wilden Isar. www.post-vorderriss.de
Café Love leckerer Kaffee und Kuchen an der Isarbrücke in Bad Tölz, www.cafe-love.de
Gasthaus zur Mühle Radlertreff an der Floßrutsche bei Straßlach, www.gasthausmuehle.de

>>> ANGENEHM ÜBERNACHTEN

Posthotel Kolberbräu in der Marktstraße (Fußgängerzone) in Bad Tölz, www.kolberbraeu.de
Hotel Alpenhof in Krün bei Mittenwald, www.alpenhof-kruen.de
Hotel Alter Wirt in Grünwald bei München, www.alterwirt.de

>>> KARTEN & LITERATUR

Bikeline Radtourenbuch »Isar-Radweg – Von Scharnitz zur Donau« mit Karten 1:50 000, 100 Seiten
Kompass Fahrradführer »Isarradweg – Von Mittenwald nach Deggendorf« mit Karten 1:50 000, 120 Seiten
Kompass Fahrrad-Tourenkarte 7016 »Isarradweg« 1:50 000

>>> ALLGEMEINE AUSKUNFT

Wissenswertes zum Radweg unter www.isarradweg.de und www.bayernbike.de.
Weitere Reisetipps gibt's bei Tourismus Oberbayern www.oberbayern.de

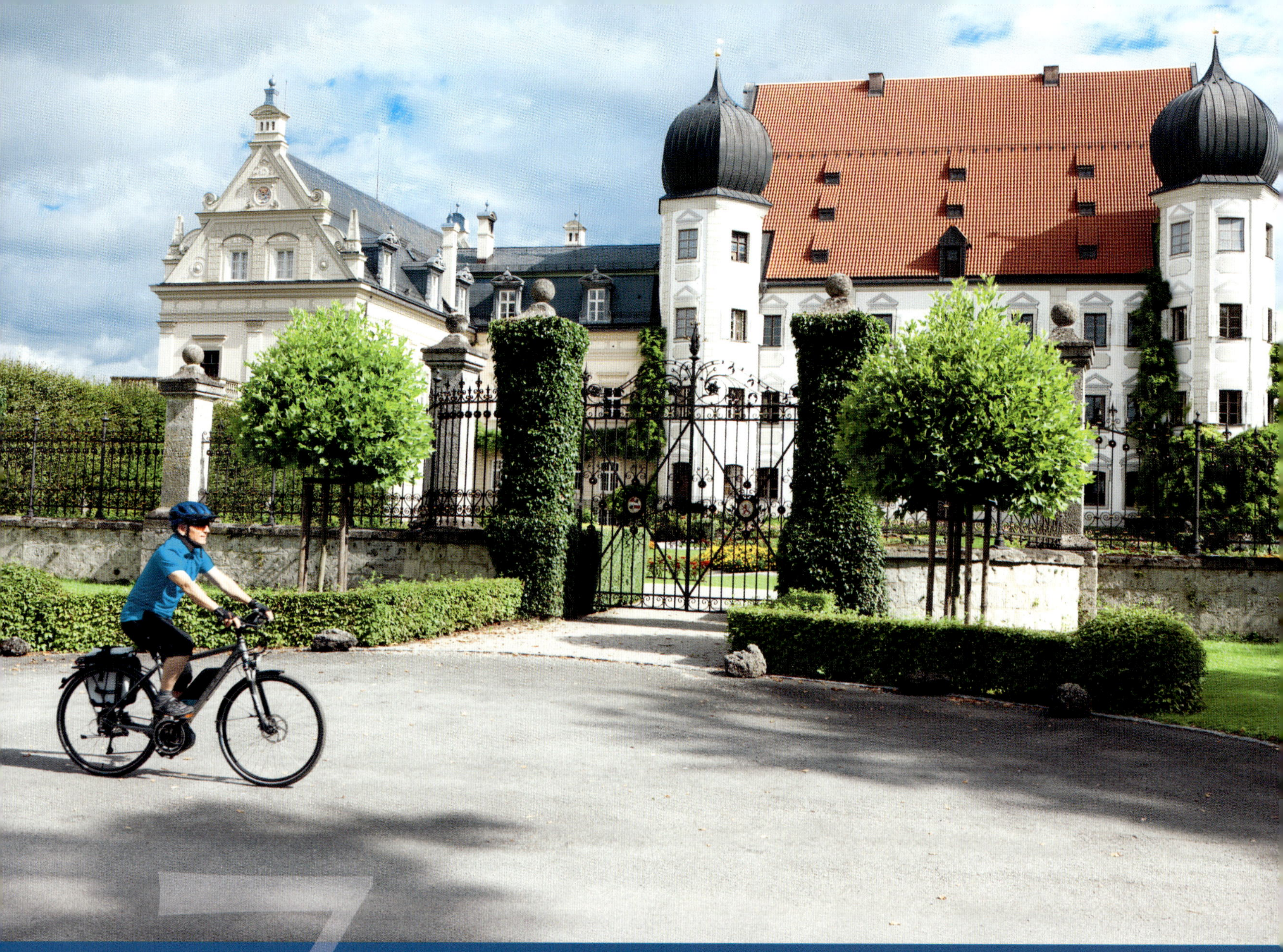

7

SPORTLICHE SCHLEIFE DURCHS ALPENVORLAND

Die Strecke beschreibt eine große Acht und führt hinein in die Bergwelt der Bayerischen Alpen.

ider nur außen zu besichtigen:
hloss Maxlrain.

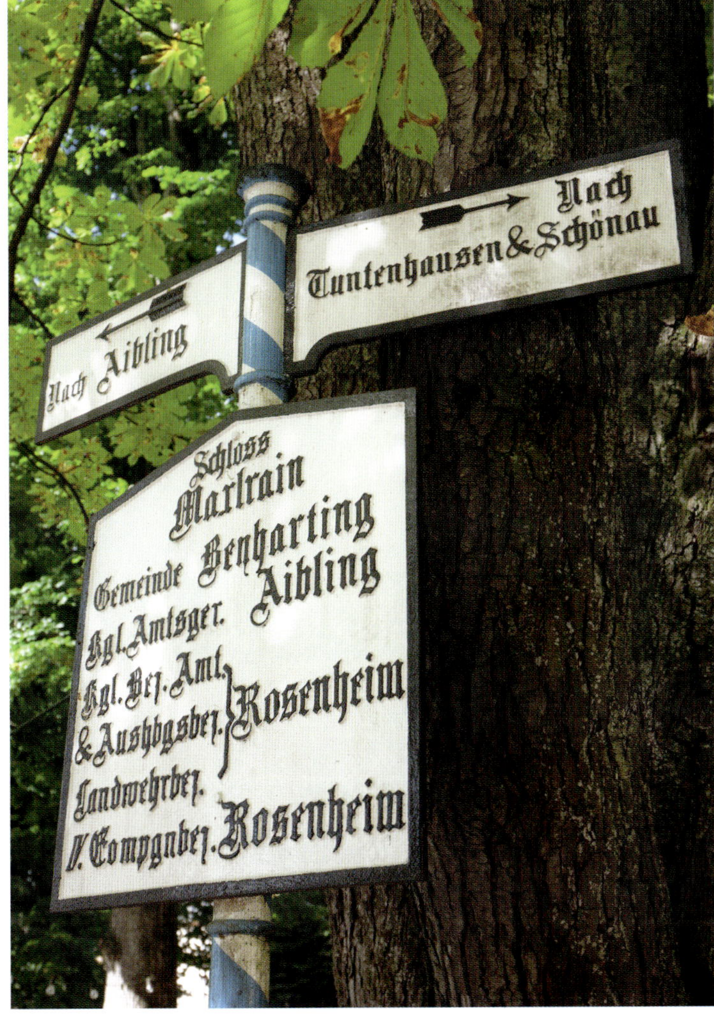

Historischer Schilderbaum in Oberbayern.

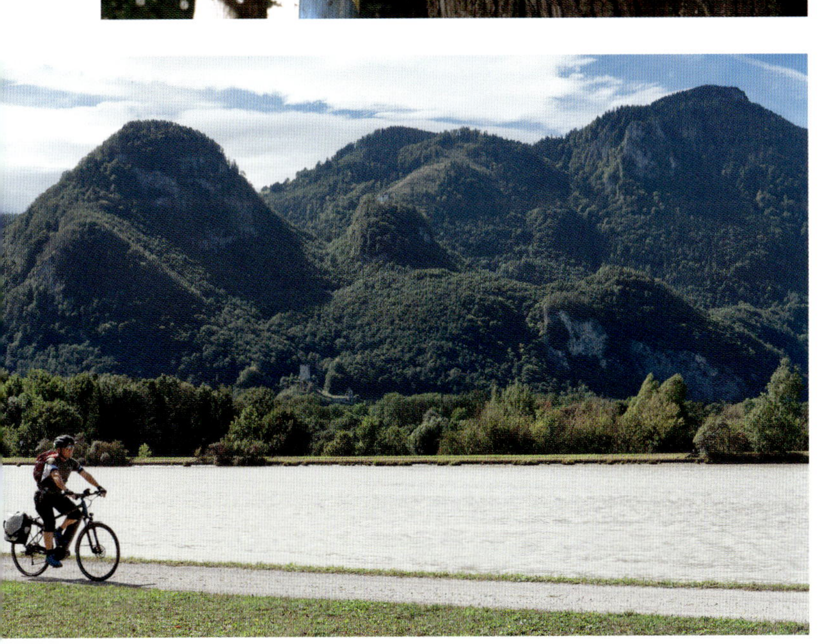

Unterwegs am Ufer des Inn bei Nußdorf.

Die knapp 130 Kilometer lange Schleife zwischen Mangfalltal und Inntal bietet dem Tourenradler attraktive Häppchen von allem, was diese oberbayerische Region ausmacht: hohe Berge, romantische Flusstäler, prachtvolle Kirchen und Klöster, traditionelle Bauernhöfe, einladende Biergärten und wunderschöne alte Dörfer. Von Raubling/Großholzhausen, dem Schnittpunkt der Achter-Runde, geht es über Neubeuern, Samerberg und Nußdorf bis nach Kiefersfelden zu Füßen des Kaisergebirges. Von der Grenzgemeinde im unteren Inntal, die den südlichsten Punkt der Tour markiert, führt die Tour über Oberaudorf, Flintsbach und Brannenburg wieder zurück zum Ausgangspunkt Raubling. Der zweite Teil der Achterrunde verläuft von hier nun entlang der Orte Bad Feilnbach, Bruckmühl, Maxlrain, Bad Aibling, Kolbermoor, Westerndorf, Nicklheim und endet wieder in Raubling/Großholzhausen, wo die Tour ihren Ursprung hat.

Zu den Highlights der »Rad 8« zählt das idyllische Mühltal bei Nußdorf am Inn mit seinen historischen Wassermühlen im Wald. Im Audorfer Museum im Burgtor erfährt der Besucher Interessantes über die Geschichte Oberaudorfs und des Inntales. Wahrzeichen von Oberaudorf ist mitten im Ort der Barockturm der Pfarr- und Wallfahrtskirche »Zu unserer lieben Frau«. Die Burgruine Ober-Falkenstein auf dem Rachelfelsen überragt Flintsbach am Inn. Die Reste der Wehranlage aus dem frühen Mittelalter sind schon von weitem vom Radweg

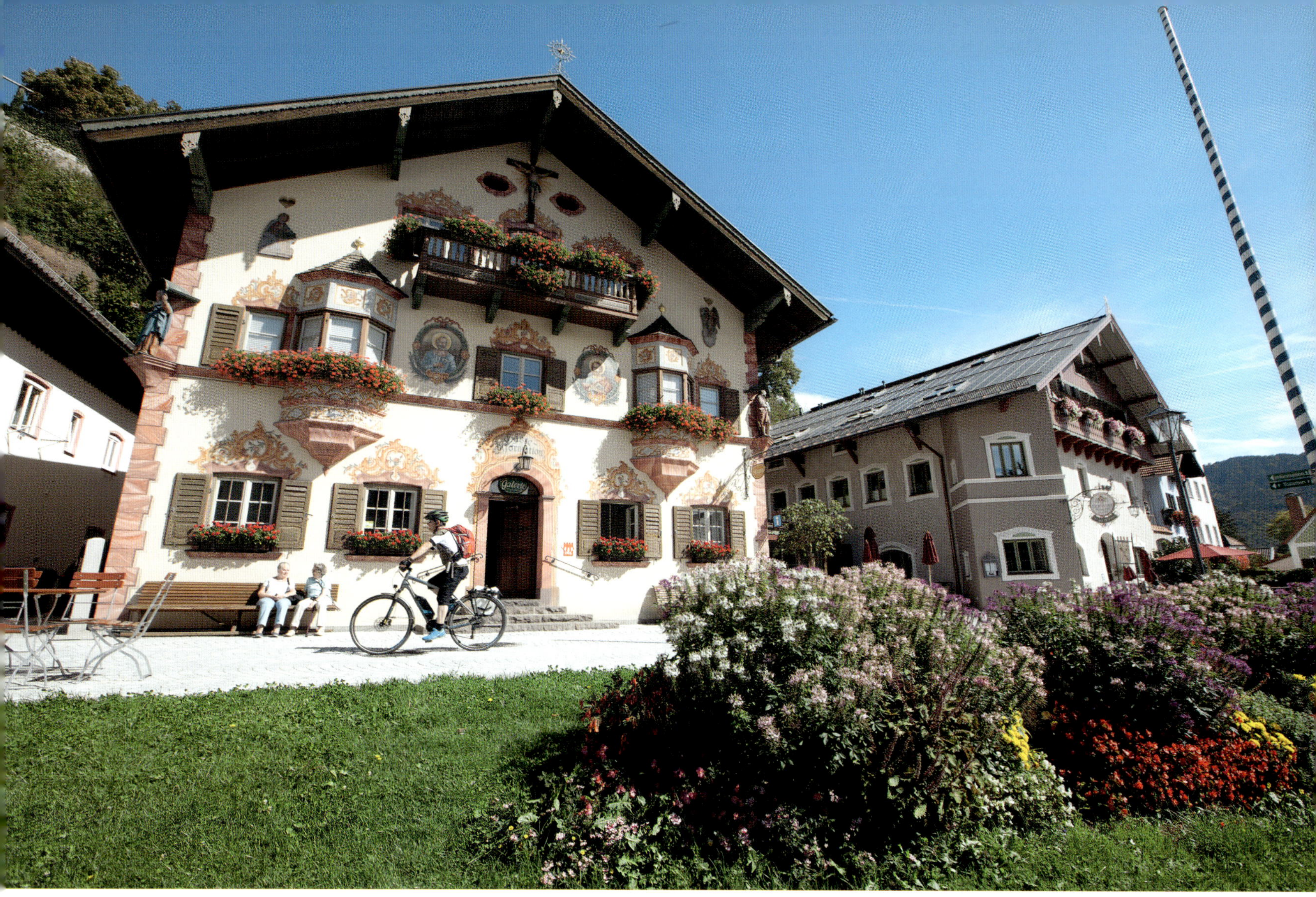

Neubeuern: architektonisches Juwel auf einem Hügel über dem Inn.

aus zu sehen. Schloss Maxlrain bei Tuntenhausen kann zwar selbst nicht besichtigt werden, lockt aber mit einem urigen Biergarten und einem süffigen Weißbier aus der hauseigenen Schlossbrauerei. Die St. Laurentiuskirche in Wiechs bei Bad Feilnbach ist berühmt für ihre Stuckarbeiten aus der Ära des Rokoko. Moderne trifft Historisches heißt es in der Alten Spinnerei in Kolbermoor. In der ehemaligen Tuchfabrik kann man heute gemütlich Cappuccino trinken, Töpfern lernen oder interessante Veranstaltungen zu Kunst und Kultur besuchen. Einige Künstler haben in den restaurierten Gebäuden auch ihr Atelier. Natur pur zeigt sich dagegen in den Nickelheimer Filzen, einem wild romantischen Moorgebiet bei Raubling, durch das die Radroute führt. Und wer mal ganz hoch hinaus möchte, der steigt in Grainbach am Samerberg vom E-Bike um in die Seilbahn zur Hochries mit grandiosem Überblick über die Region rund um den Chiemsee. Ein kleiner Tipp für Radler, die unterwegs nicht übernachten möchten, weil 129 Kilometer auch selbst für E-Biker eine lange Strecke sind: Mit dem Startort Raubling lässt sich der große Radachter in zwei schöne, gut zu absolvierende Tagestouren aufteilen, einmal in die Hügel Richtung Nordwesten, das andere Mal Richtung Berge nach Südosten.

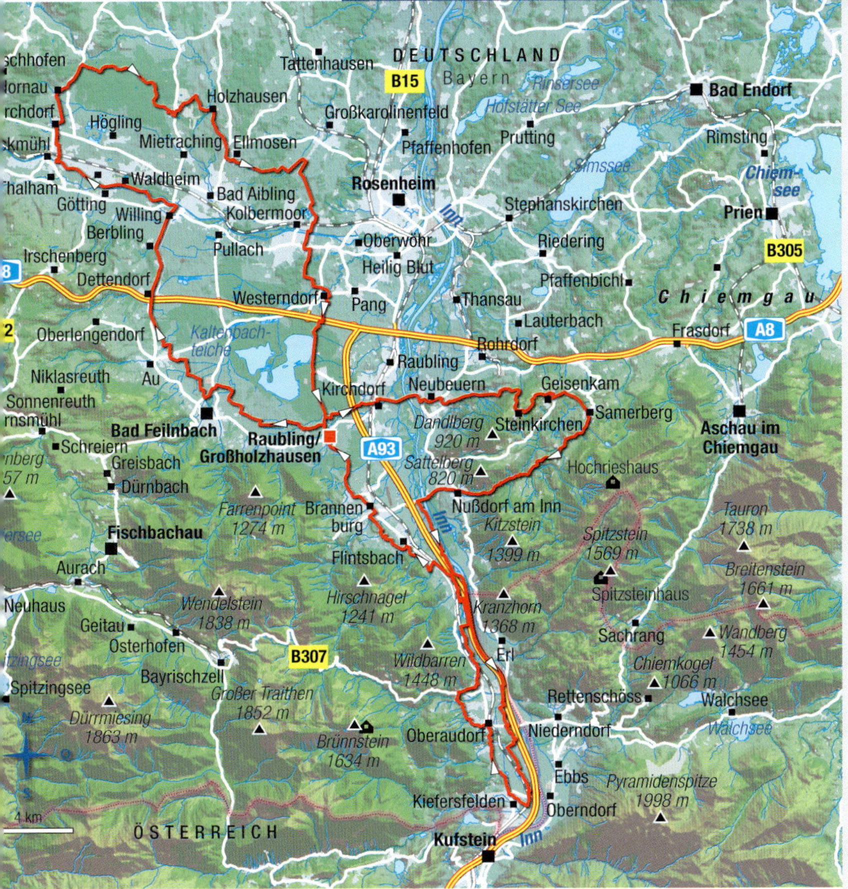

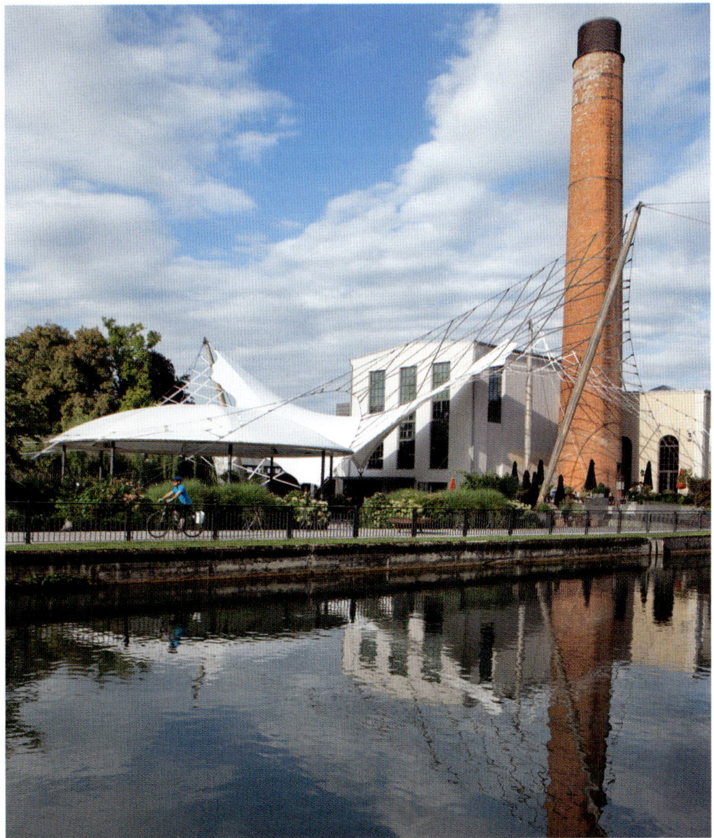
Die Alte Spinnerei in Kolbermoor ist heute ein Kulturzentrum.

>>> ANFORDERUNG
129 km – 1370 hm – Zweitagestour leicht

>>> ROUTE
Raubling/Großholzhausen – Neubeuern – Samerberg – Nußdorf am Inn – Kiefersfelden – Oberaudorf – Flintsbach – Brannenburg – Raubling – Bad Feilnbach – Bruckmühl – Maxlrain – Bad Aibling – Kolbermoor – Westerndorf – Nicklheim – Raubling. Ein Großteil der beschilderten Route (Wegkennzeichen: Radl-Achter) verläuft auf Rad- und Feldwegen

>>> BESTE ZEIT FÜR DIE TOUR
Mai bis Oktober

>>> E-BIKE-VERLEIH
AIB-KUR in Bad Aibling, www.bad-aibling.de
www.radlverleih-chiemsee.de
alro-sport in Raubling, www.alrosport.de

>>> GUT EINKEHREN
Gasthof-Hotel Zur Post am Samerberg, www.hotel-post-samerberg.de
Schlosswirtschaft Maxlrain, www.schlosswirtschaft-maxlrain.de

>>> ANGENEHM ÜBERNACHTEN
Landgasthof Aumanwirt in Bad Feilnbach-Altofing, www.aumanwirt.de

>>> KARTEN & LITERATUR
Bikeline Radkarte »Oberbayerisches Alpenvorland – Isarwinkel, Werdenfelser Land, Bad Tölz, Rosenheim« 1 : 75 000

>>> ALLGEMEINE AUSKUNFT
Touristinfo Rosenheim im KULTUR+KONGRESS ZENTRUM Rosenheim, Kufsteiner Straße 4, 83022 Rosenheim, Tel. 08031/365-90 61, www.touristinfo-rosenheim.de, www.chiemsee-alpenland.de

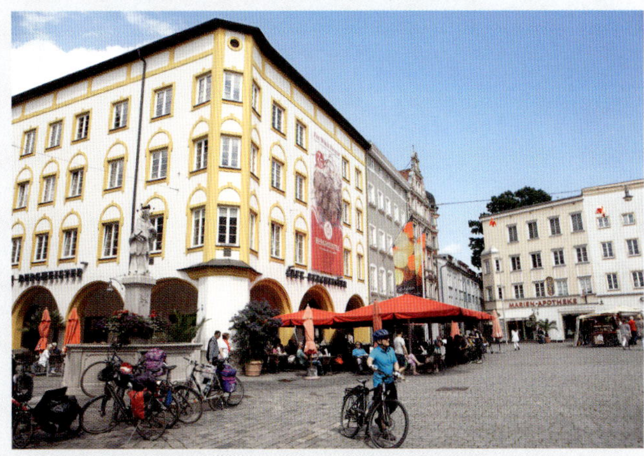
In Rosenheim treffen sich viele Radrouten.

8 AM FUSSE DER HOCHRIES

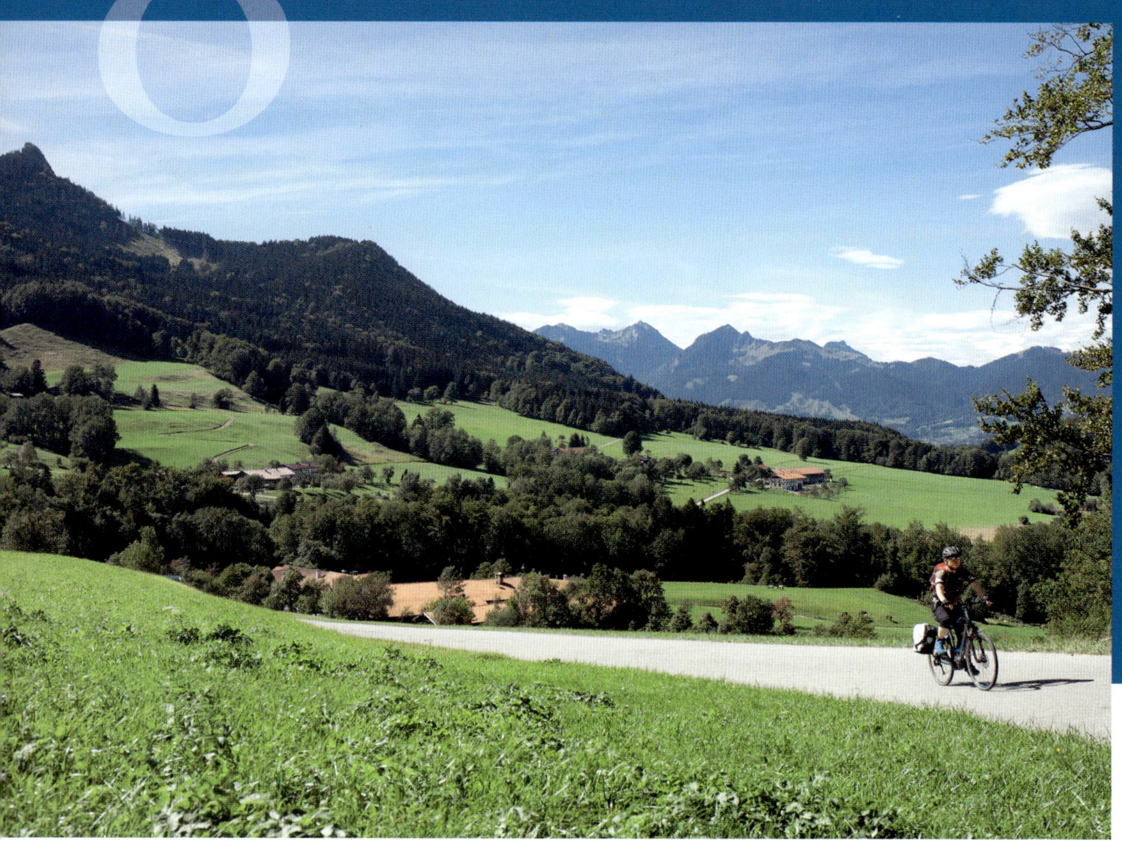

Hügelsurfen am Samerberg.

Eine schwungvolle Schleife durchs Alpenvorland im Bilderbuch-Bayern zwischen Inntal und Chiemsee.

Diese sportlich-hügelige Radrunde ist der passende Abstecher in die idyllische bäuerliche Landschaft und die schmucken oberbayerischen Dörfer zwischen Inntal und Chiemsee. Dabei ist es egal, ob man in Nußdorf am Inn oder in Prien am Chiemsee startet oder auch irgendwo dazwischen. Wir haben uns für Nußdorf entschieden. Immerhin zählte der Startort schon zu den schönsten Dörfern Bayerns. Barocke Kirchen, stolze Bauernhäuser und liebevoll gepflegtes Kulturland prägen auch den Weiterweg, der gleich hinter dem lebendigen Museum Mühltal eine höhere Powerstufe erfordert, hinauf zum Hochplateau des Samerbergs zu Füßen der Hochries, dem Aussichtsgipfel der Region. Apropos Mühltal: Das Freilichtmuseum »Mühlenweg« gibt in 18 Stationen einen Einblick in die Historie und Bedeutung der Wasserkraft für die Entwicklung von Nußdorf am Inn.

Am Samerberg lohnt sich eine kleine Unterbrechung beim Duftbräu. Der Weg ist bestens ausgeschildert. Der Name des beliebten Berggasthofes kommt übrigens von Tuffstein und, weil im Hause einst auch Bier gebraut wurde. Von dort oben starten nicht nur herrliche Wanderrouten, sondern man sieht wunderbar über die Hügel mit ihren saftigen Wiesen und großen Bergbauernhöfen und in der Ferne schon fast den Wendepunkt der Tour in Prien am Chiemsee. Wer zu seiner Tagestour frühzeitig aufgebrochen ist, kann sich am Chiemsee noch einen lohnenden Abstecher per Schiff zur Fraueninsel mit dem berühmten Benediktinerkloster Frauenwörth erlauben. Leider nehmen nicht alle Schiffe Fahrräder mit auf die halbstündige Fahrt.
Wer unterwegs einen zünftigen Gasthof zur Einkehr sucht, der bremst in Wildenwart an der Schlosswirtschaft, herrlich gelegen hoch über dem Tal der Prien.

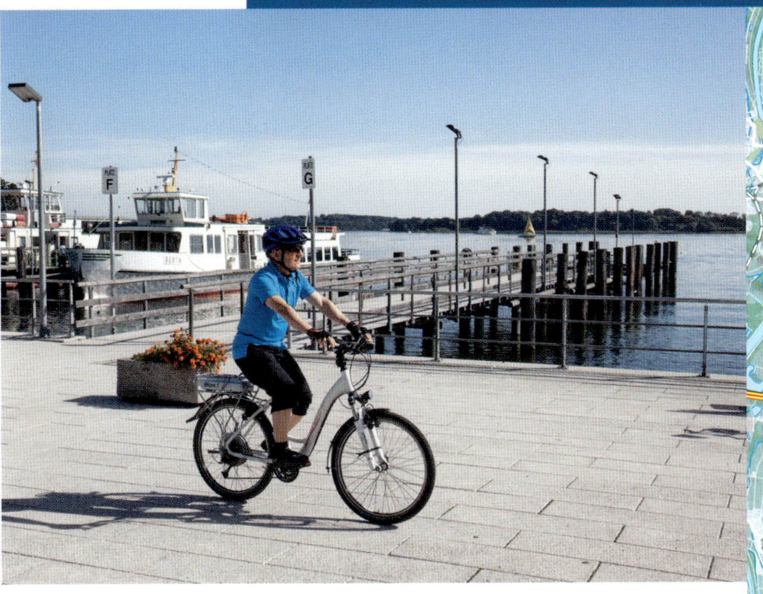

Im Hafen von Prien am Chiemsee.

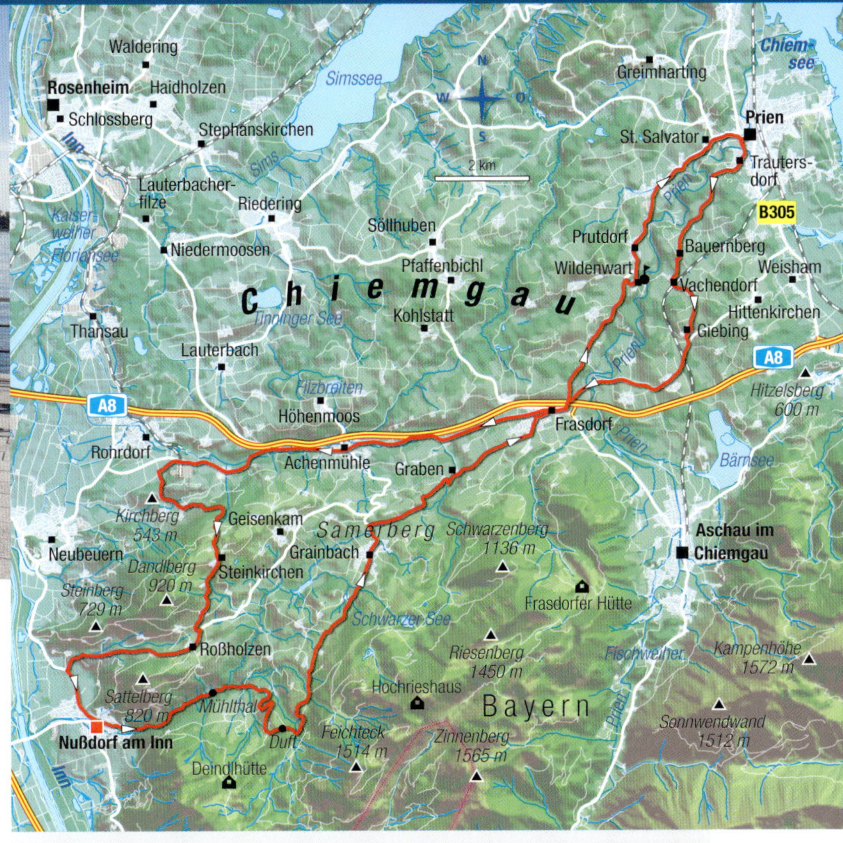

Im Schloss wohnt zwar noch Herzog Max von Bayern mit seiner Familie, aber das Wirtshaus steht allen offen. Nur sollte man es sich beim süffigen Bier nicht zu gut gehen lassen, denn auf der weiteren Route warten noch ein paar Kurven und hügelige Abschnitte. Und der Tipp für Sportler: Falls die Runde zu kurz gewesen sein sollte, können Ehrgeizige noch ein kleines Workout entlang des Inns Richtung Kufstein unternehmen – auf gutem, flachem Radweg und durch eine schöne Szenerie.

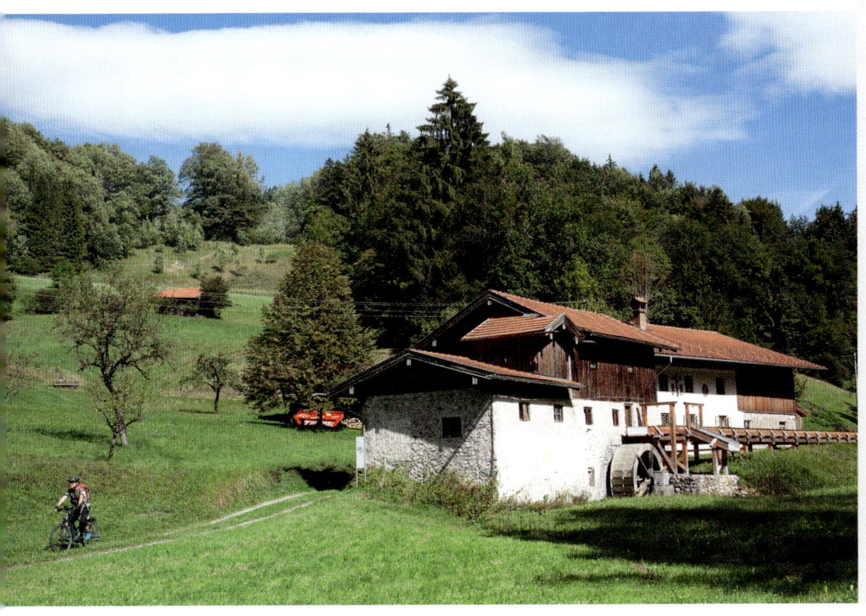

Historische Wassermühle bei Nußdorf.

>>> ANFORDERUNG

54 km – 950 hm – Tagestour mittel

>>> ROUTE

Nußdorf Zentrum – Mühltal Richtung Duft (Gasthof Duft) – Grainbach – Graben – Frasdorf – Wildenwart (Schloss) – Prien – Trautersdorf – Bauernberg – Vachendorf – Frasdorf – Achenmühle – Rohrdorf – (nach Zementwerk halb links) – Richtung Neubeuern – Roßholzen – Nußdorf Zentrum

>>> BESTE ZEIT FÜR DIE TOUR

Mai bis Oktober

>>> E-BIKE-VERLEIH

Radverleih Chiemsee Kaufmann in der Osternacher Str. 120 in Prien, Tel. 08051/7777, www.radlverleih-chiemsee.de

>>> GUT EINKEHREN

Berggasthof Duftbräu, Tel. 08032/8226, www.duftbraeu.de (Montag und Dienstag Ruhetag)
Schlosswirtschaft Wildenwart (zwischen Prien und Frasdorf), Tel. 08051/2756, www.schlosswirtschaft-wildenwart.de

>>> ALLGEMEINE AUSKUNFT

Verkehrsamt Nußdorf, Hauptstr. 4, D-83131 Nußdorf, Tel. 08034/907920, www.nussdorf.de
Kur- und Tourismusbüro, Alte Rathausstraße 11, D-83209 Prien am Chiemsee, Tel. 08051/6905-0, www.tourismus.prien.de

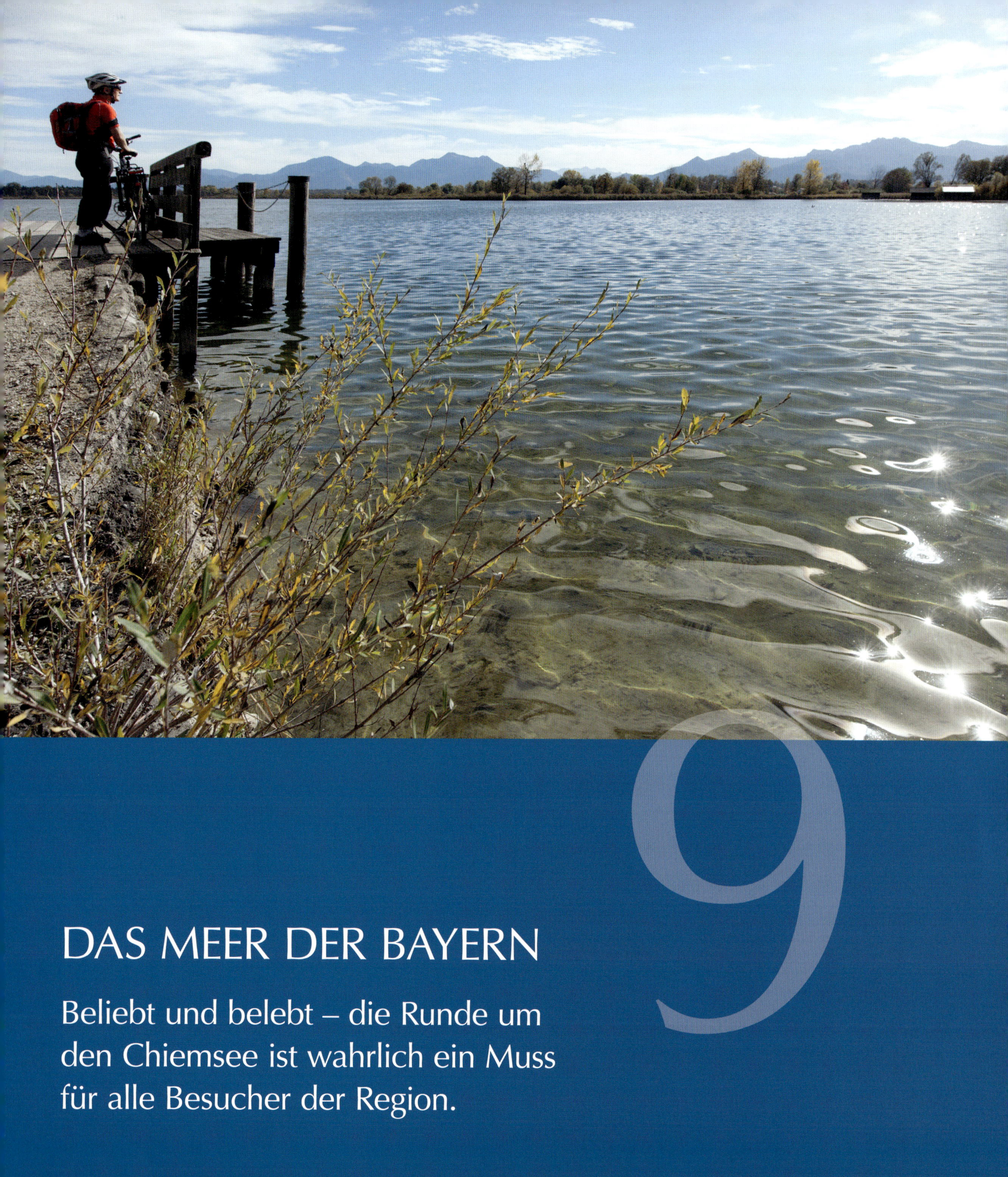

9

DAS MEER DER BAYERN

Beliebt und belebt – die Runde um den Chiemsee ist wahrlich ein Muss für alle Besucher der Region.

ootssteg mit Aussicht:
ick in die Berge bei Osternach.

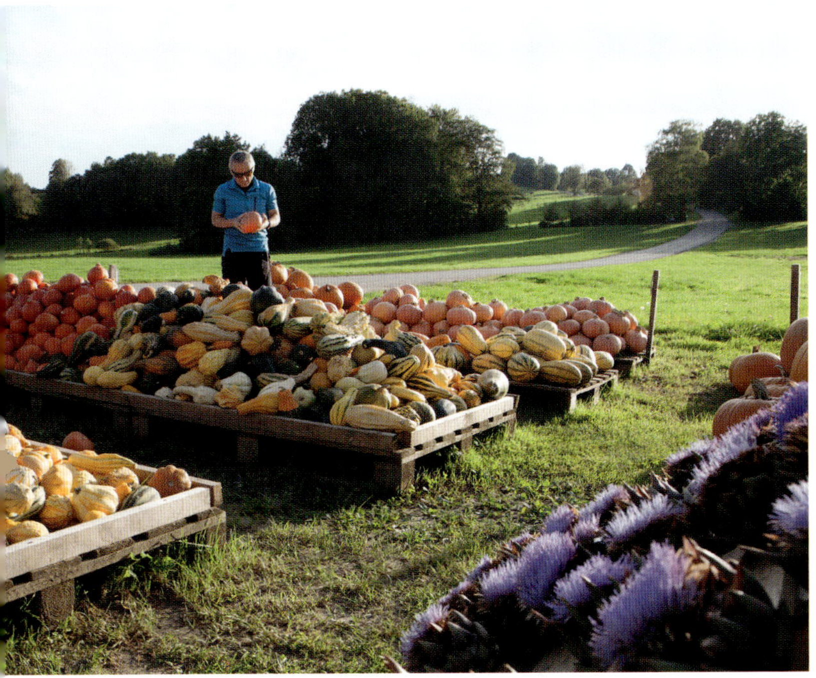

Im Herbst gibt's Kürbisse am Wegesrand.

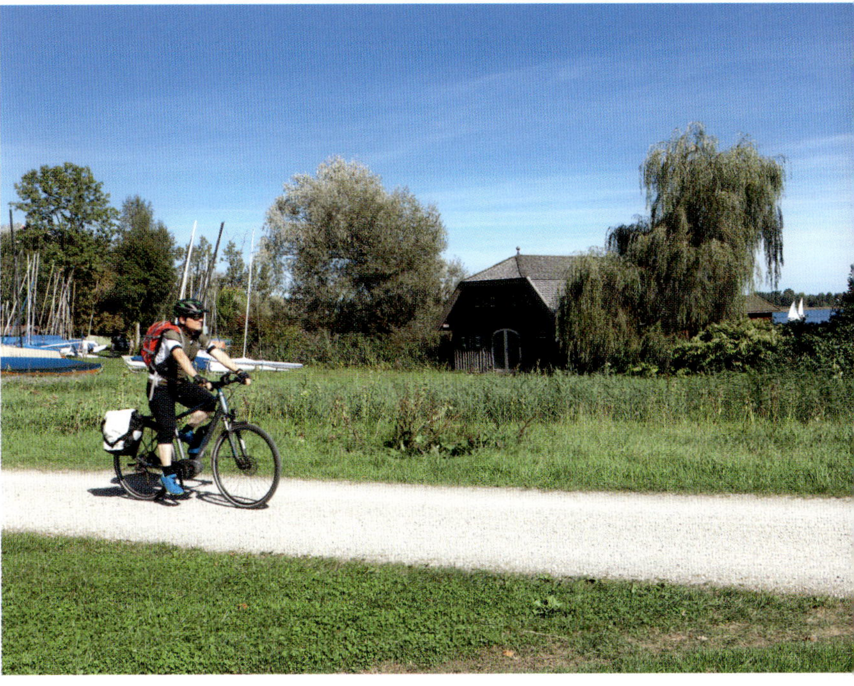

Alte Bootshäuser schmücken das Seeufer bei Rimsting.

Kenner bezeichnen die Runde um den Chiemsee als eine der schönsten Radtouren im Süden Deutschlands. Allerdings ist man deshalb auch selten allein auf dem Radweg, der in herrlicher Trassenführung überwiegend in Ufernähe verläuft. Wer im Hochsommer unterwegs ist, sollte die Badehose nicht vergessen, denn unterwegs bieten sich immer wieder Möglichkeiten für einen Sprung ins erfrischende, klare Wasser, das direkt aus den nahen Bergen kommt. An Möglichkeiten zur Einkehr fehlt es auch nicht. Überall warten kleine Cafés für Kaffee und Kuchen zwischendurch oder zünftige bayerische Wirtshäuser für den Schweinsbraten oder die lecker-leichte Chiemsee-Renke. Wir starten unsere Tour am Infocenter in Felden direkt am Seeufer. Erstes Ziel ist Prien, wo die meisten Schiffe zur Frauen- und Herreninsel ablegen. Der Trubel an der Strandpromenade treibt viele gleich weiter Richtung Norden nach Rimsting. Der Rastplatz auf dem Kapellenberg bei Hochstätt bietet einen grandiosen Ausblick über den ganzen See und die Alpenkette dahinter. Am Breitbrunner Rathaus vorbei erreichen wir über eine ruhige Nebenstrecke durch die liebliche Chiemgauer Kulturlandschaft den Ort Gollenshausen. Weiter geht es nach Seebruck. Dort lohnt sich ein Besuch im Römermuseum. Hier verlief nämlich einst die Via Julia von Günzburg nach Salzburg, übrigens heute auch eine interessante Fernradroute. Mit den Chiemgauer Alpen im Blickfeld geht es nun wieder südwärts nach Chieming. In der Stötthamer Straße biegen wir links ab ins Fuchsengasserl Richtung Oberhochstätt. Auf der Weiterfahrt nach Grabenstätt führt die Tour am Naturbeobachtungsturm in der Hirschauer Bucht vorbei. Von dort oben hat man einen schönen Blick ins Achendelta. Kulturkenner werfen in Grabenstätt einen Blick in die Johanneskirche mit ihren beeindruckenden Fresken. Am Ortsende biegen wir ab in Richtung Achentalbrücke und weiter nach

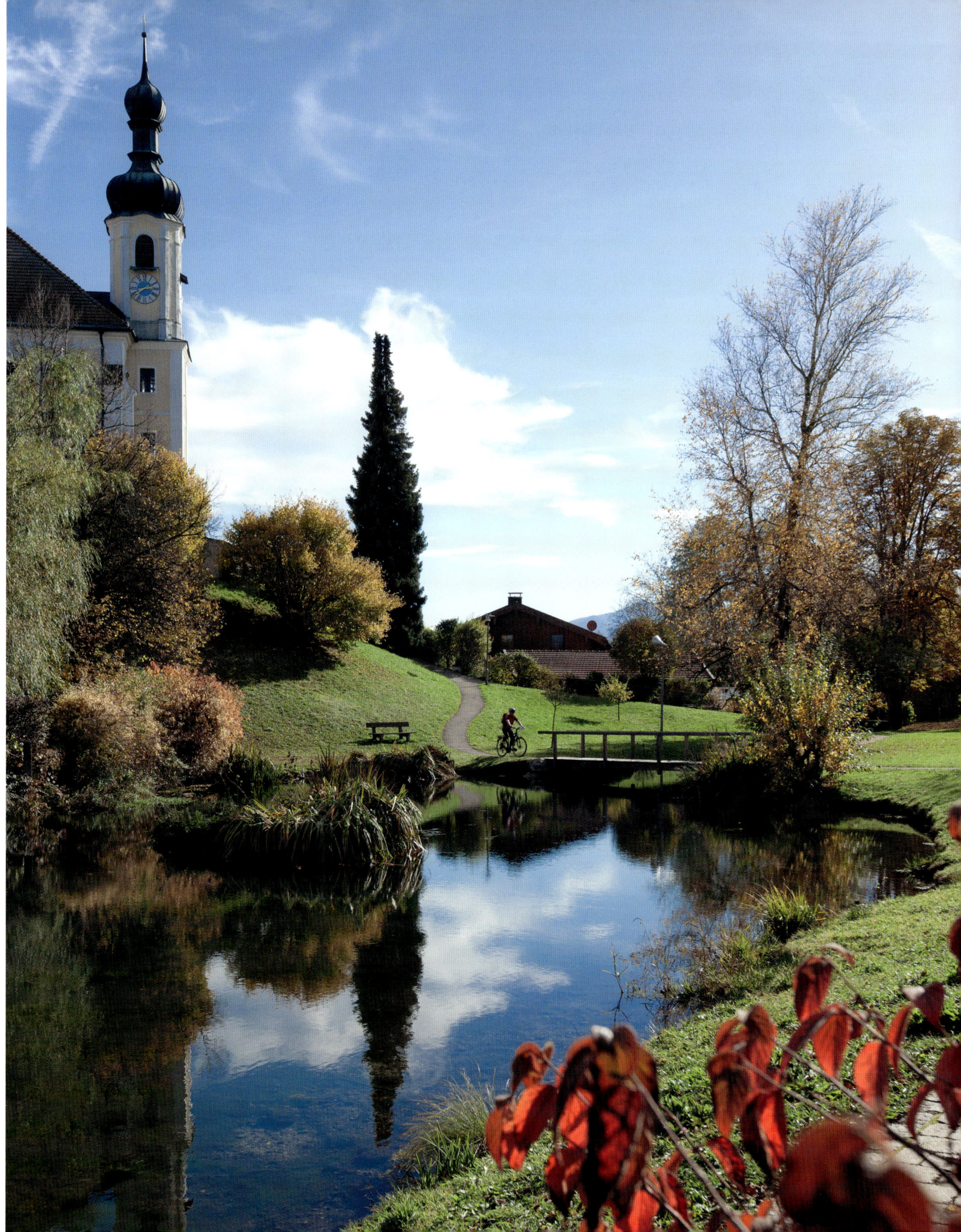

ndidyll wie gemalt: Dorfweiher
Breitbrunn am Chiemsee.

Übersee-Feldwies. Durch das Chiemsee-Moos erreichen wir Bernau und gelangen auf dem Radweg wieder zurück zum Ausgangsort nach Felden.
Ein Tipp für ausgesprochene Genussradler oder Familien mit Kindern nennt sich »Chiemsee-Light-Tour« ab Prien oder Chieming. Während der Sommersaison besteht die Möglichkeit, die Radelstrecke zu halbieren und zurück mit einem Chiemsee-Schiff zu fahren oder einen Ausflug zur Herren- und Fraueninsel zu unternehmen. Wer keine Bade- oder Biergartenpause unterwegs einlegt, benötigt für die gesamte Seerunde knapp drei Stunden. Aber wer macht das schon bei den vielen verlockenden Rastmöglichkeiten am Seeufer. Unbedingt unterwegs probieren: Fisch aus dem Chiemsee, z. B. Forelle, Renke, Saibling oder Hecht - ein Gedicht, egal ob gebraten, gedämpft oder geräuchert.

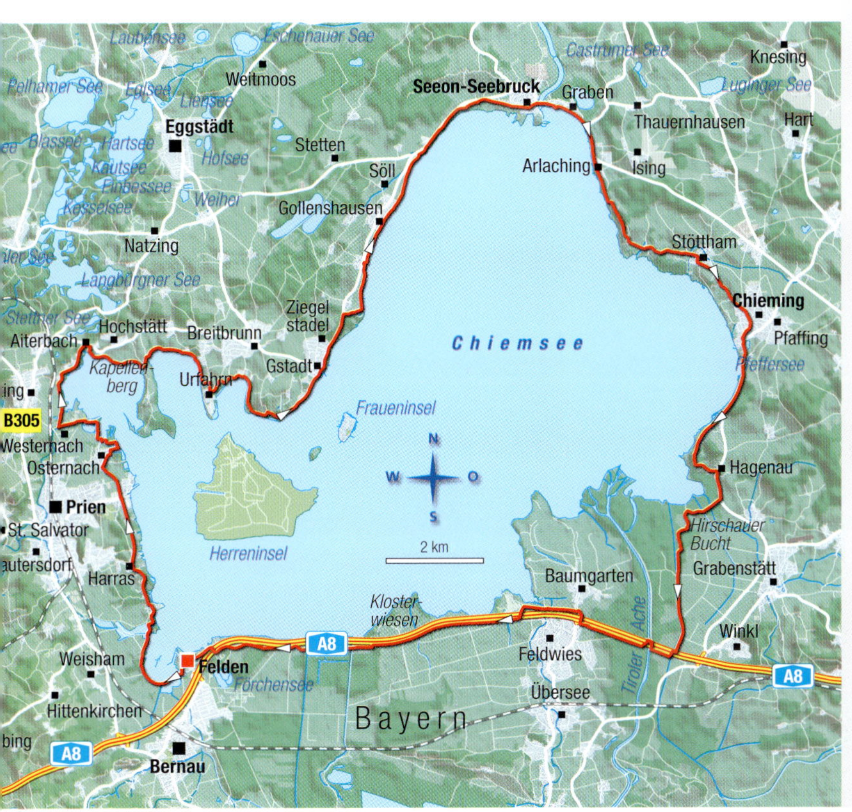

>>> ANFORDERUNG
54 km – 270 hm – Tagestour leicht

>>> ROUTE
Chiemsee Infocenter in Bernau/Felden – Strandbad Schöllkopf – Prien – Osternach – Westernach – Rimsting – Kapellenberg bei Hochstätt – Breitbrunn – Gollenshausen – Seebruck – Chieming – Grabenstätt – Übersee/Feldwies – Bernau – Felden.
Der Chiemsee-Radweg ist in beide Richtungen gut beschildert.

>>> BESTE ZEIT FÜR DIE TOUR
Mai bis Oktober

>>> E-BIKE-VERLEIH
Fahrradverleih Gstadt in der Breitbrunner Str. 22 in Gstadt, Tel. 0176/57912881, www.fahrrad-verleih-gstadt.de
Radverleih Kaufmann Chiemsee mit Stationen in Prien, Seebruck und Chieming, www.radlverleih-chiemsee.de
Für E-Biker gibt es entlang des Chiemsee-Radweges mehrere Verleih-, Akkulade- und Akkuwechselstationen.

>>> BUS-SHUTTLE
Mit Hilfe der Chiemsee Ringlinie kann man von Ende Mai bis Mitte Oktober Teilstrecken mit dem Rad- und Wanderbus zurücklegen.

>>> GUT EINKEHREN
Fischhütte Reiter in Osternach bei Prien, fischhuette-reiter.regionale-onlinepräsenz.de
Zum Fischer am See in Prien, www.fischeramsee.de

>>> ANGENEHM ÜBERNACHTEN
Seehotel Wassermann in Seebruck, www.seehotel-wassermann.de
Hotel Luitpold am See in Prien, www.luitpold-am-see.de

>>> KARTEN & LITERATUR
Kompass Fahrradkarte 3121 »Chiemsee, Chiemgauer Alpen«, 1:70 000
Kompass Karte Wk10 »Chiemsee, Chiemgauer Alpen«, 1:50 000

>>> ALLGEMEINE AUSKUNFT
Kur- und Tourismusbüro, Alte Rathausstraße 11, 83209 Prien am Chiemsee, Tel. 08051/6905-0, www.tourismus.prien.de
Chiemsee Alpenland Infocenter, Felden 10, 83233 Bernau am Chiemsee, Tel. 08051/96555-0, www.chiemsee-alpenland.de

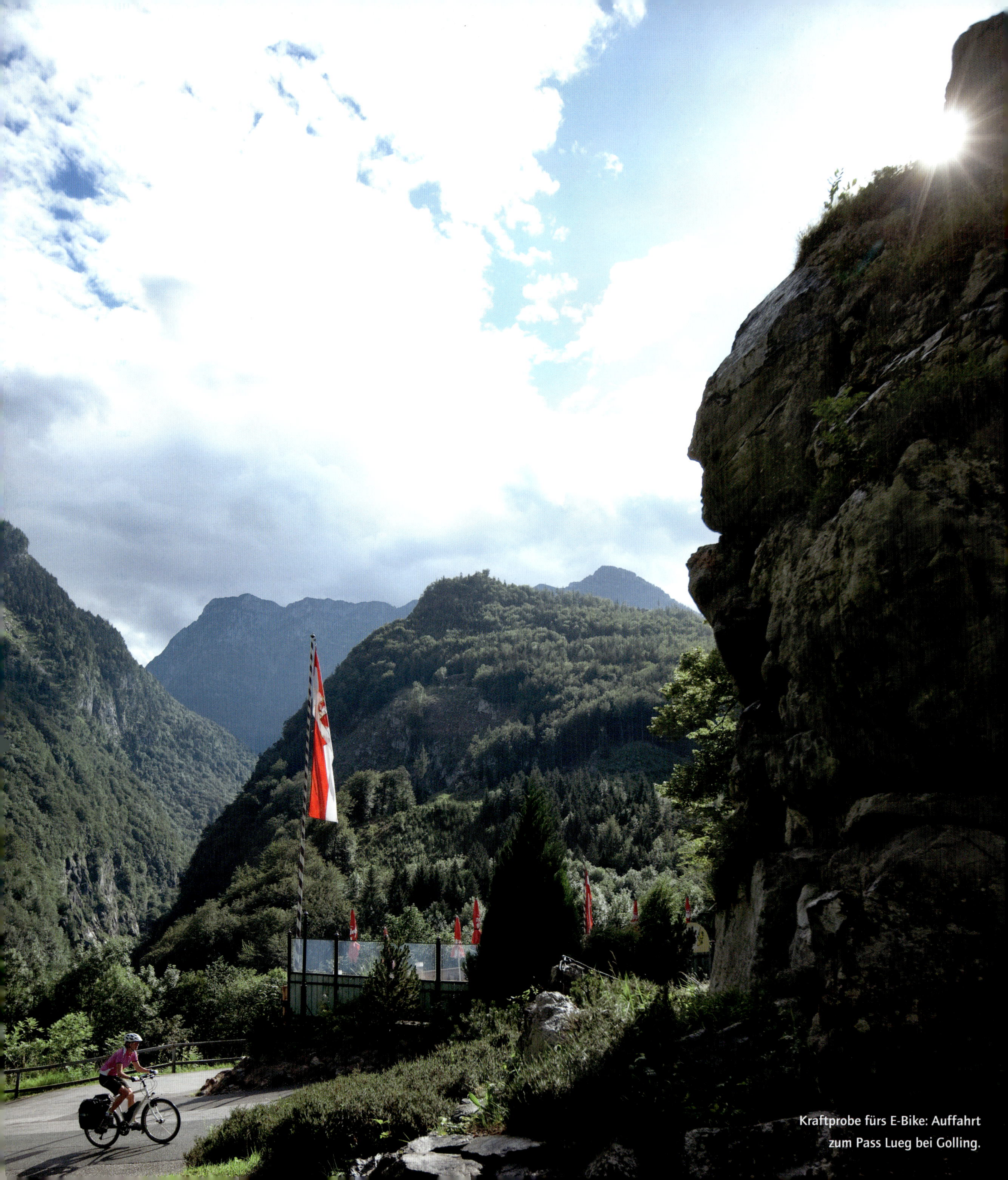

Kraftprobe fürs E-Bike: Auffahrt
zum Pass Lueg bei Golling.

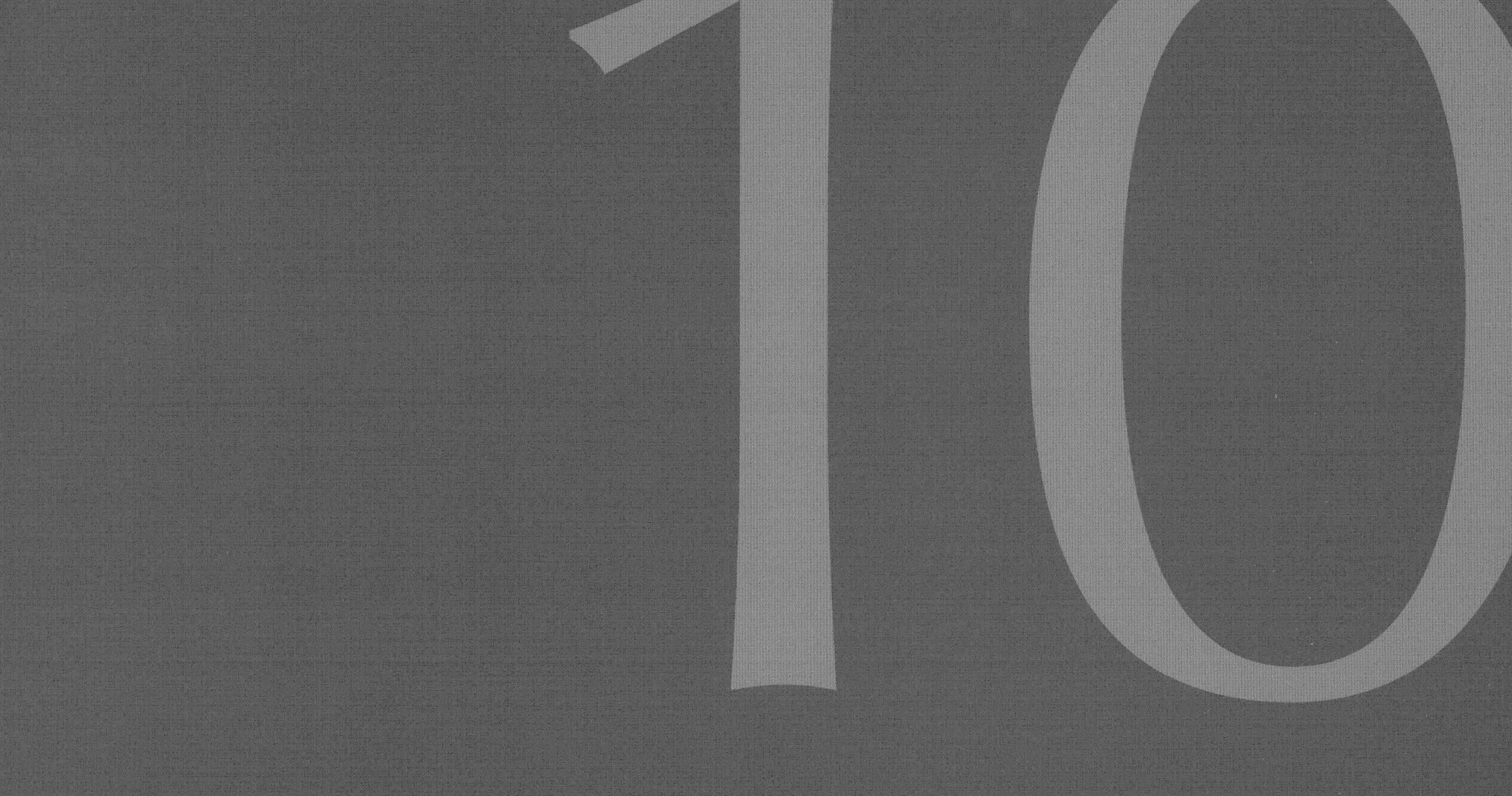

DIE SALZACH WEIST DEN WEG

Ein alpiner Radweg-Klassiker schlechthin. Mächtige Felsmassive, sehenswerte Orte und geheimnisvolle Schluchten säumen den Weg von Salzburg zu den Hohen Tauern.

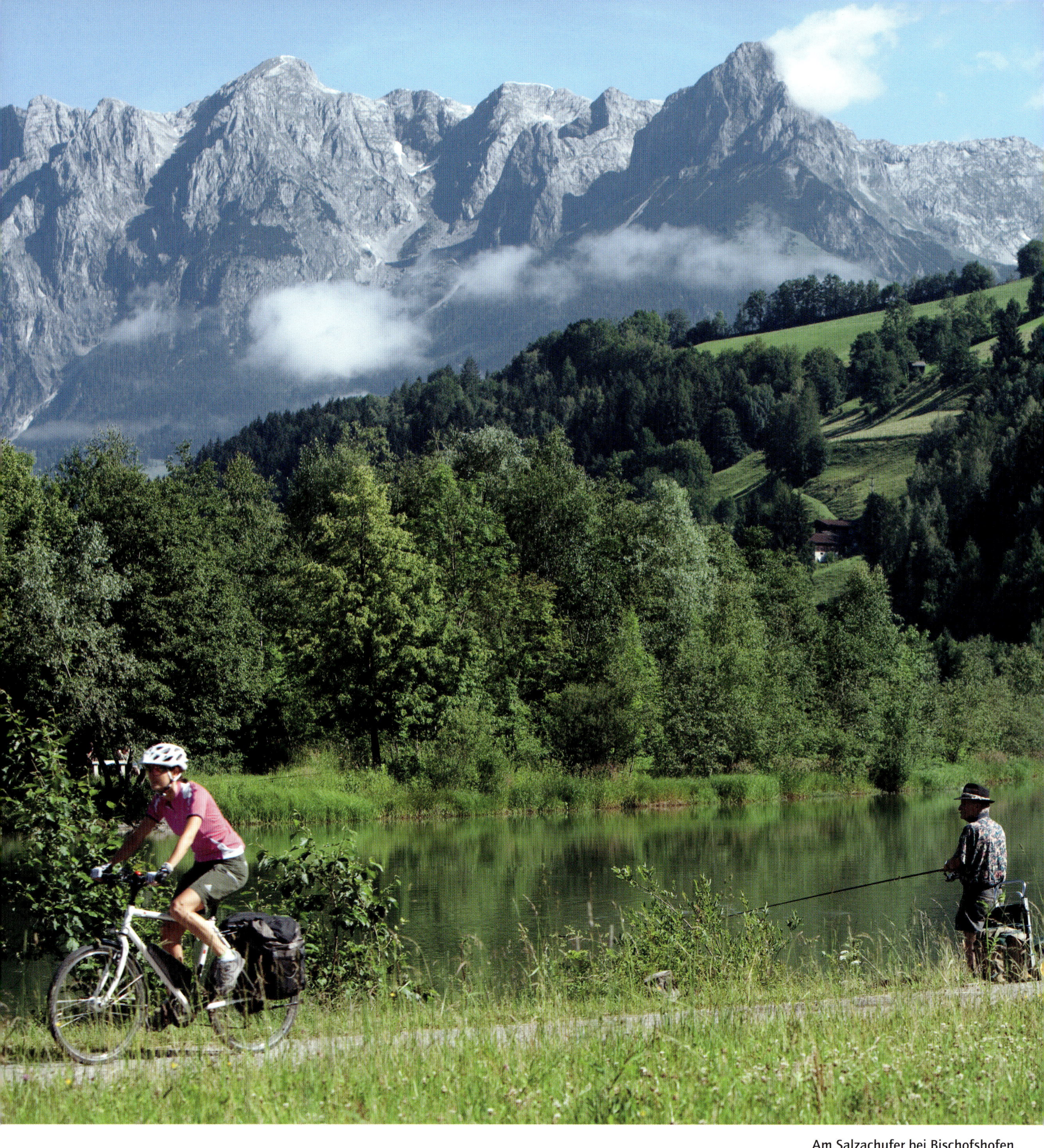

Am Salzachufer bei Bischofshofen.

Kleine Stadtrunde vor dem Tourstart: am Domplatz in Salzburg.

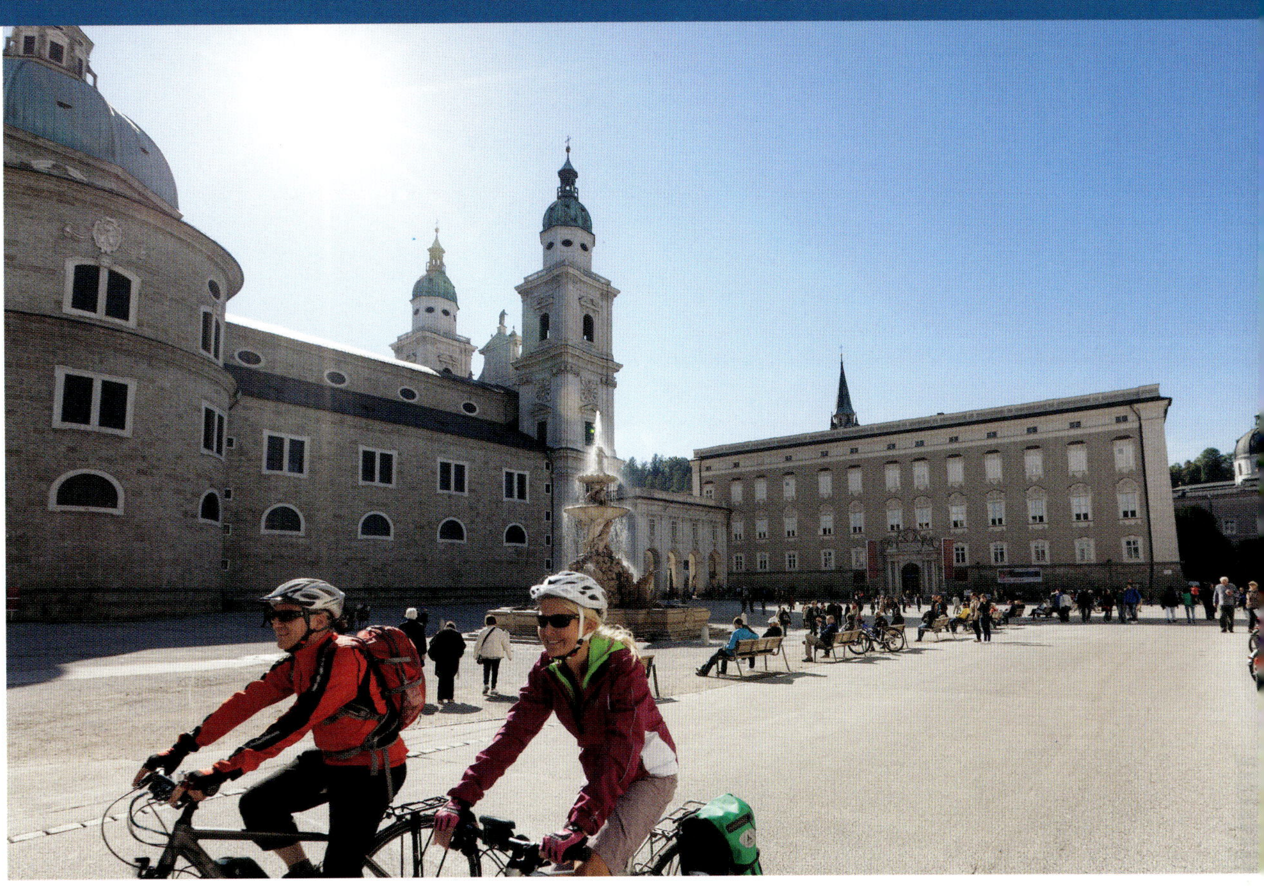

In Salzburg einfach loszufahren ohne kleine Stadtrunde – das geht nicht. Nicht nur, weil Salzburg zu den fahrradfreundlichsten Städten Österreichs zählt. Immerhin gibt es mehr als 170 Kilometer Radwege, 25 »erfahrenswerte« Radrouten durch die City und eine Radgarage am Lokalbahnhof Südtiroler Platz, ideal für Reiseradler, die mal gern zu Fuß und ohne Gepäck in die sehenswerte Stadt gehen möchten. Außerdem präsentieren sich zahlreiche Hotels aller Kategorien als recht fahrradfreundlich. Einer Erkundung der Mozart- und Festspielstadt per E-Bike steht also nichts entgegen. Radfahrer können kilometerweit auf beiden Seiten der Salzach fahren oder über die autofreie Heilbrunner Allee bis zum Schloss Heilbrunn mit seinen berühmten Wasserspielen. Wer sich Salzburg auf eigene Faust per Fahrrad nicht zutraut, der kann sich auch führen lassen und erfährt dabei alles Wichtige zu Historie und Alltag. Nach dem Besuch bei Mozart im historischen Zentrum, das zum UNESCO-Weltkulturerbe zählt, geht es dann auf Tour Richtung Süden, immer dem grünen Schild »Tauernradweg« nach. Die Frage, warum die Radfernroute nicht logischerweise Salzach-Radweg heißt, obwohl sie nur am Flusslauf entlang führt, muss hier leider unbeantwortet bleiben.

Entlang der Salzach radelt man gemütlich durch die beeindruckende Bergwelt des Salzburger Landes, rechts die Felsmassive der Berchtesgadener Alpen, links die Salzkammergut-Berge und geradeaus das Tennengebirge. Hinter Golling geht's zum ersten Mal richtig bergauf – knapp zwei Kilometer zum Pass Lueg. Kein Problem mit dem Pedelec! Tief unten tost die Salzach durch die Salzachöfen, tiefe Schluchten, die der Fluss in den Fels geschliffen hat. Erstes Etappenziel ist Werfen. Wer Zeit hat, macht noch einen Abstecher zur unübersehbaren Burg Hohenwerfen und in die Eisenriesenwelt. Rund vier Stunden muss man für den Rundgang in der größten Besucher-Eishöhle der Welt mit ihrem weit verzweigten Höhlensystem einplanen.

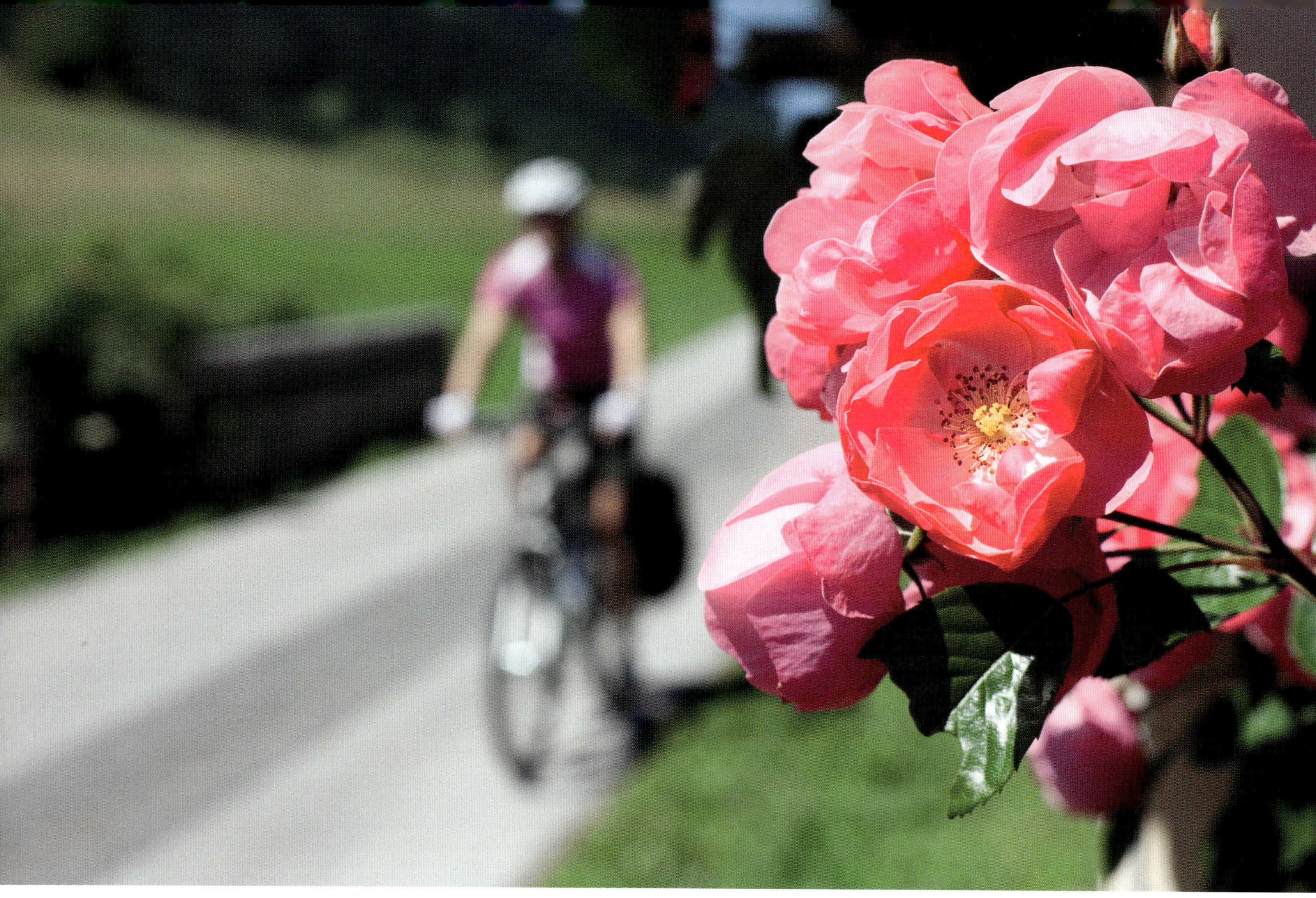

Duftende Rosen am Wegesrand im Pongau.

Der Radweg windet sich weiter am Fluss entlang zwischen Hagen- und Tennengebirge hindurch gen Süden. Liebhaber von eindrucksvollen Naturphänomenen sollten sich in St. Johann im Pongau einen Abstecher zur Liechtensteinklamm gönnen. Eine der längsten und tiefsten begehbaren Schluchten der Alpen lässt sich über Holzstege und Brücken über einen Kilometer weit erwandern – zu himmelhohen Wasserfällen und engen, dunklen Canyons.

Bei Schwarzach verlässt die Route kurzfristig das Flusstal auf einem steilen Asphaltsträßchen hinauf zu kleinen Bauernhöfen und zum Gasthof Posauner. Der Ausblick hinüber zum Hochkönig-Massiv entschädigt für ein paar Schweißtropfen. Kurz darauf zweigt der Weg ins Gasteinertal ab, aber unsere Route führt weiter nach Westen nach Bruck an der Großglocknerstraße, sozusagen ein Kreuzungspunkt alter Verkehrswege. Hier querte Nord-Süd eine alte Römerroute von Südostbayern über Zell am See Richtung Kärnten. Heute ist der Alpenübergang Richtung Heiligenblut in erster Linie eine mautpflichtige Erlebnisstraße.

Richtung Westen weitet sich das Salzachtal nun zu einer grünen Ebene voller Wiesen, kleiner Dörfer und ein paar Teichen aus. Links ragen steil die Bergriesen

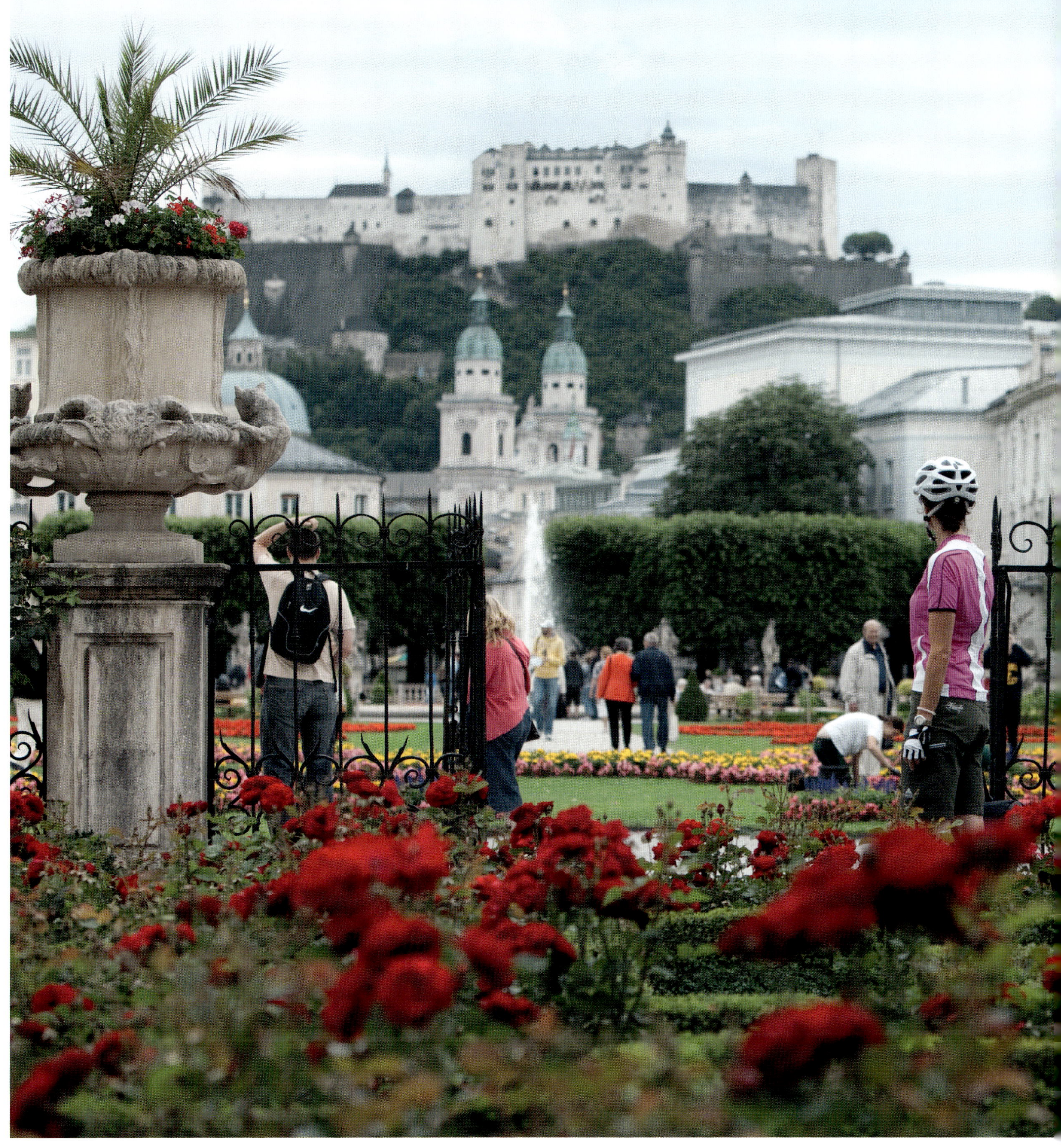

Pause im Park: Garten beim Schloss Mirabell in Salzburg.

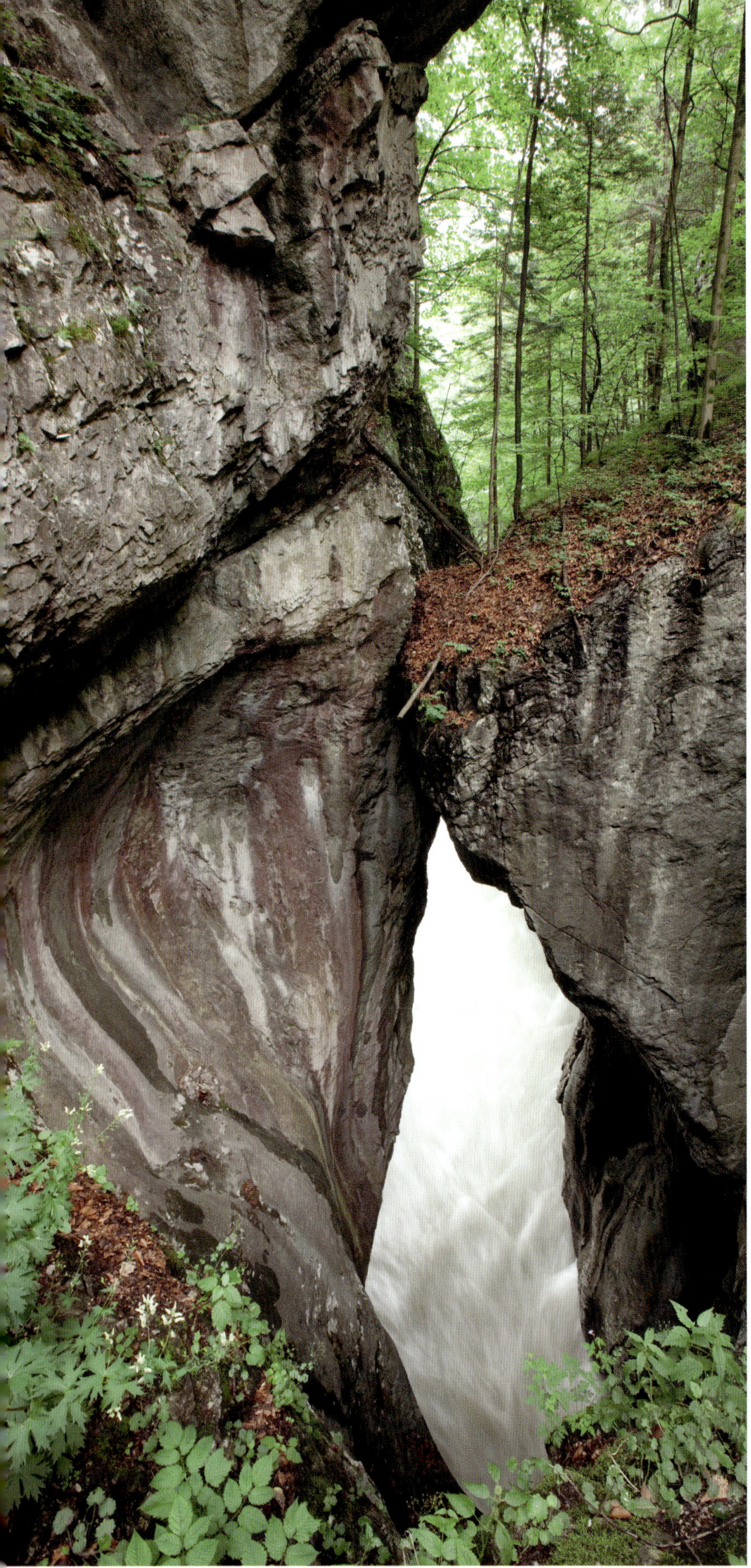

Salzachöfen: Hier bricht der Fluss durch die Nördlichen Kalkalpen.

des Nationalparks Hohe Tauern in die Höhe, rechts postieren sich die Zweitausender der Kitzbüheler Alpen. Apropos Nationalpark: Wer sich für die alpine Natur interessiert, muss unbedingt den Nationalparkwelten in Mittersill einen Besuch abstatten. Das Nationalparkzentrum ist ein modernes, interaktives Museum für die ganze Familie. In acht Erlebnisstationen, vom Lawinen-Dom bis zur Gletscherwelt, die wie auf einer Wanderung durch den Nationalpark von einem Naturraum in den nächsten führen, lernt man die Vielfalt dieser Alpenregion kennen und verstehen. Wer gern einen tieferen Einblick in Kultur und Geschichte der Region haben möchte, muss wenige Kilometer weiter einen Stopp am Museum Bramberg einlegen. Untergebracht in einem alten Bauernhaus aus dem 13. Jahrhundert zeigt die Ausstellung, wie einst die Bauern und Handwerker zu Füßen des Wildkogels lebten und arbeiteten. Der Weg windet sich weiter durch saftige Weiden und kleine Wälder vorbei an prächtig herausgeputzten Bauernhöfen mit überbordendem Blumenschmuck – kitschig schön wie aus dem Wandkalender. Immer wieder überquert man die junge Salzach, die nun zunehmend kleiner und schmaler wird. In Krimml heißt es nochmals einen Gang höher schalten. Bis zum Ziel an den Wasserfällen warten noch 150 Höhenmeter. Zum Finale geht es allerdings nur zu Fuß: Radverbot! Die Krimmler Wasserfälle sind eine Berühmtheit in Österreich, durchschnittlich 400 000 Besucher strömen im Jahr in den Oberpinzgau. Selbst Gäste aus Übersee sieht man hier tagtäglich staunen über die Kaskaden – und nass werden von der sprühenden Gischt. Mit einer Gesamtfallhöhe von fast 400 Metern stürzt die Krimmler Ache über drei Felsstufen ins Tal. Für dieses imposante Ziel lohnt sich auch eine längere Anreise, trotz des großen Andranges an manchen Tagen.

>>> ANFORDERUNG
170 km – 2770 hm – Mehrtagestour leicht

>>> ROUTE
Salzburg – Hallein – Golling – Pass Lueg – Werfen – St. Johann im Pongau – Schwarzach – Bruck – Niedernsill – Uttendorf – Mittersill – Hollersbach – Bramberg – Neukirchen – Krimml – Krimmler Wasserfälle.
Fahrradwanderer folgen den grünen Schildern mit weißer Schrift »Tauernradweg«.

>>> BESTE ZEIT FÜR DIE TOUR
Mai bis Anfang Oktober

>>>RÜCKTRANSPORT
Oberkofler Touristik, Taxiservice und Kleinbus-Shuttle, www.tauern-rad-weg.at

>>> E-BIKE-VERLEIH
Michi's Radladen, Moos 82, A-5431 Kuchl bei Golling, Tel. 0043-6244/20304, www.radladen.at

>>> GUT EINKEHREN
Café/Konditorei Braun am Unteren Markt in der Altstadt von Hallein, confiserie-braun.at
Braugasthof Hofbräu in Kaltenhausen bei Hallein, www.kaltenhausen.at
Döllerers Genusswelten am Markt 56 in Golling, www.doellerer.at
Café Maier am Marktplatz in Golling, www.cafemaier.at

>>> ANGENEHM ÜBERNACHTEN
Hotel Hohenstauffen in Salzburg, www.hotel-hohenstauffen.at
Hotel Gasthof Pass Lueg, www.passlueg.at/de
Landhotel Kaserer in Bramberg, www.kaserer.at
Ferienhotel Krimmlerfälle, www.krimmlerfaelle.at

>>> KARTEN & LITERATUR
Bikeline Radtourenbuch und Karte 1:50 000 »Tauern-Radweg – Entlang von Salzach, Saalach und Inn«, 152 Seiten
Kompass Fahrradführer 6646 »Tauernradweg – Entlang von Salzach, Saalach und Inn« 1:50 000, 144 Seiten

>>> ALLGEMEINE AUSKUNFT
Salzburger Land Tourismus, Postfach 1, A-5300 Hallwang bei Salzburg, Tel. 0043-662/6688-0, Fax 0043-662/668866, www.salzburgerland.com
Streckenbeschreibung, Höhenprofil, Unterkunftsadressen etc. unter www.tauernradweg.com

Bunt und belebt: Der Markt in Golling.

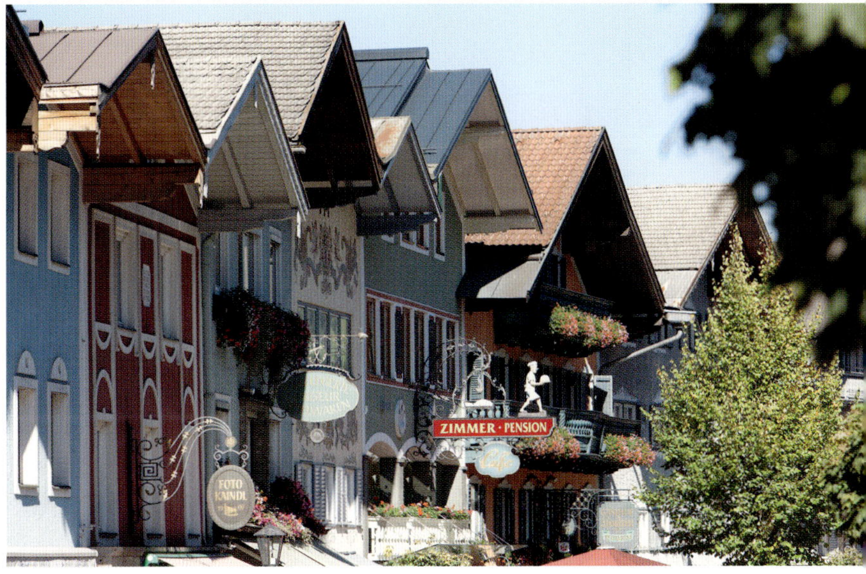

TENNENGAUER GENUSSWELT

11

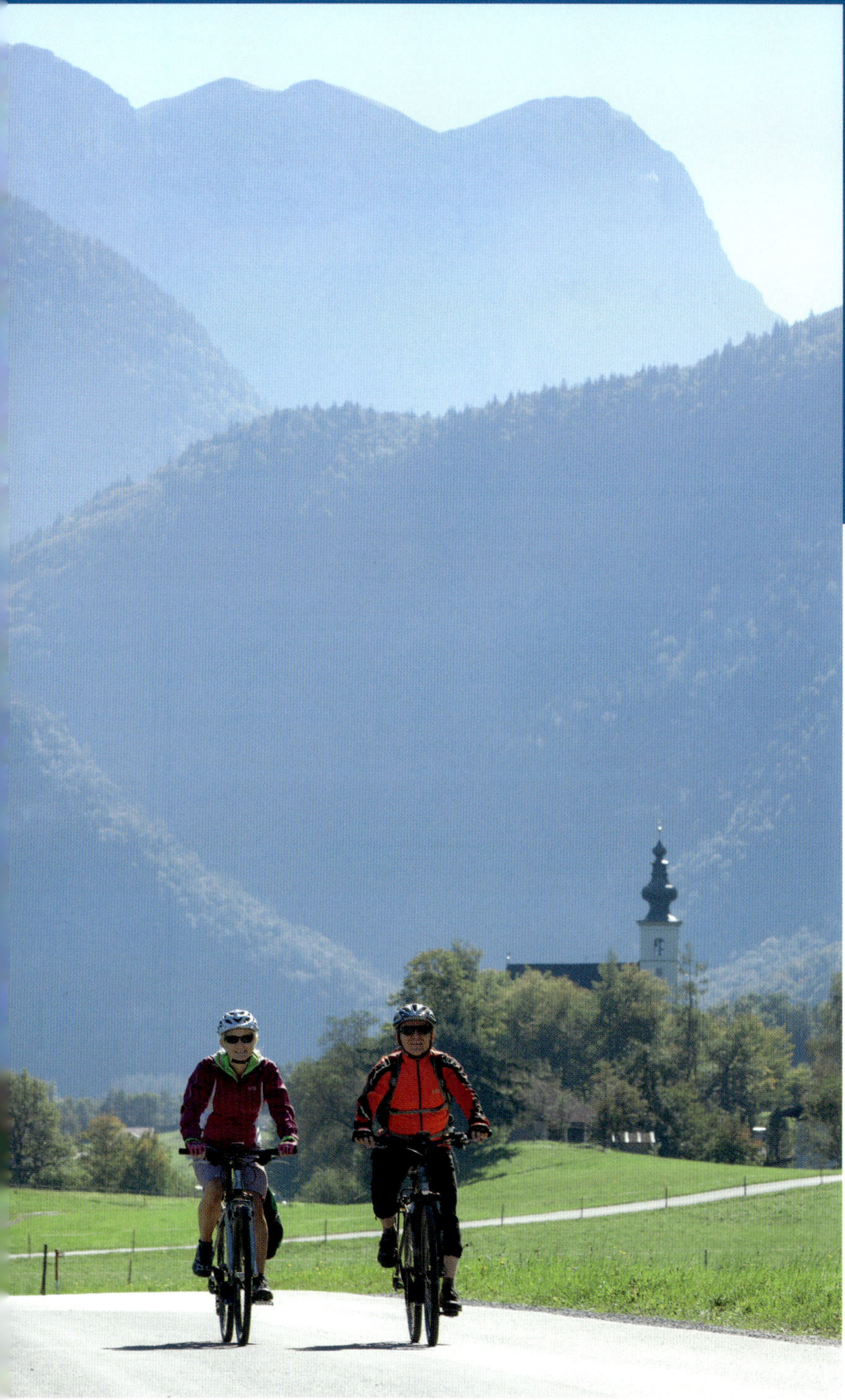

Zwischen Golling und Hallein locken gepflegte Radwege und einige lohnende Stopps für Leckermäuler.

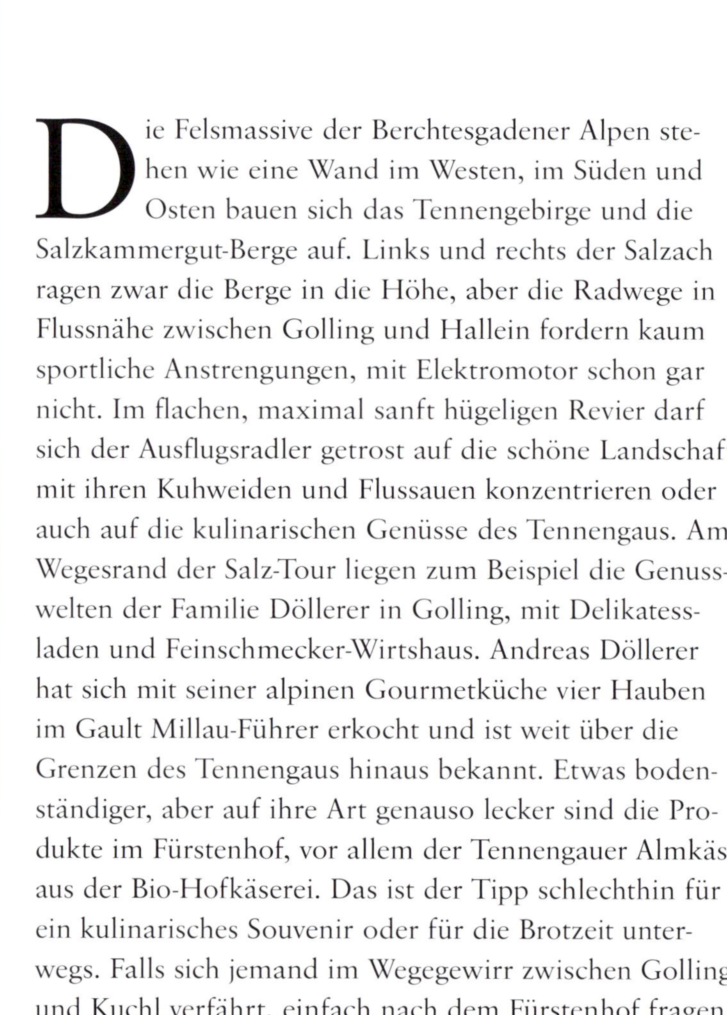

Im Salzachtal vor den Massiven der Berchtesgadener Alpen.

Die Felsmassive der Berchtesgadener Alpen stehen wie eine Wand im Westen, im Süden und Osten bauen sich das Tennengebirge und die Salzkammergut-Berge auf. Links und rechts der Salzach ragen zwar die Berge in die Höhe, aber die Radwege in Flussnähe zwischen Golling und Hallein fordern kaum sportliche Anstrengungen, mit Elektromotor schon gar nicht. Im flachen, maximal sanft hügeligen Revier darf sich der Ausflugsradler getrost auf die schöne Landschaft mit ihren Kuhweiden und Flussauen konzentrieren oder auch auf die kulinarischen Genüsse des Tennengaus. Am Wegesrand der Salz-Tour liegen zum Beispiel die Genusswelten der Familie Döllerer in Golling, mit Delikatessladen und Feinschmecker-Wirtshaus. Andreas Döllerer hat sich mit seiner alpinen Gourmetküche vier Hauben im Gault Millau-Führer erkocht und ist weit über die Grenzen des Tennengaus hinaus bekannt. Etwas bodenständiger, aber auf ihre Art genauso lecker sind die Produkte im Fürstenhof, vor allem der Tennengauer Almkäse aus der Bio-Hofkäserei. Das ist der Tipp schlechthin für ein kulinarisches Souvenir oder für die Brotzeit unterwegs. Falls sich jemand im Wegegewirr zwischen Golling und Kuchl verfährt, einfach nach dem Fürstenhof fragen. Den kennt dort eigentlich jeder.

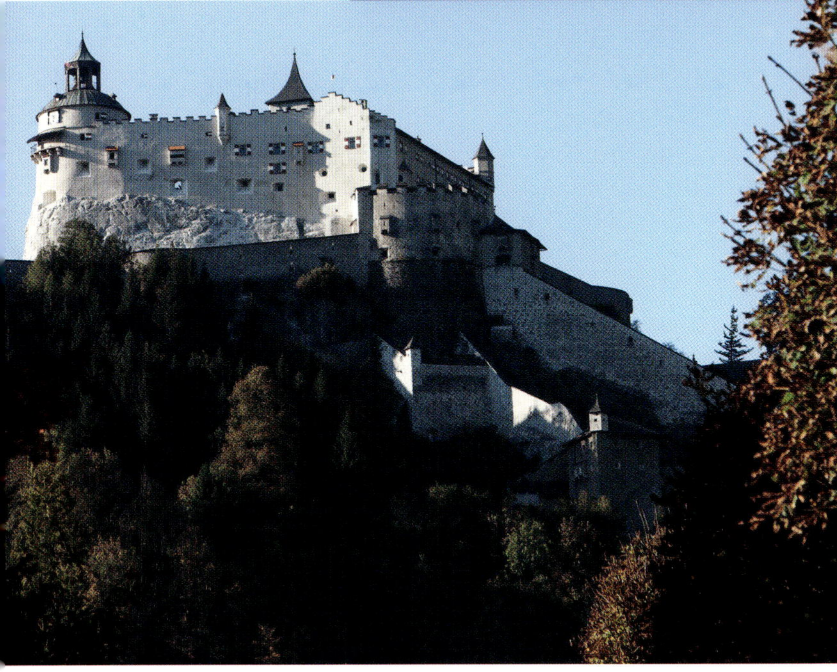

Von weitem schon zu sehen: Burg Hohenwerfen.

Auch kulturell bietet die Salz-Tour einiges. Nicht verpassen sollte der E-Bike-Tourist das bäuerlich geprägte Zentrum von Golling. Wer tiefer in die Geschichte eintauchen möchte, plant zudem einen Besuch im Museum der mittelalterlichen Burg Golling ein. In Hallein an der Salzach lohnt sich ein Bummel durch die denkmalgeschützte, schön restaurierte Altstadt, vor allem zum sehenswerten Rathaus. Weihnachtsfans schauen sicher im Stille-Nacht-Museum im ehemaligen Wohnhaus von Franz Xaver Gruber vorbei, des Komponisten des bekanntesten Weihnachtsliedes, erstmals gespielt am 24. Dezember 1818. Noch ein Kultur-Tipp: Das Keltenmuseum Hallein zählt zu den bedeutendsten Sammlungen mit Zeugnissen keltischer Kunst in Europa. Wer lieber etwas für die körperliche Entspannung tut, der legt auf der Tour einen längeren Stopp in der Heiltherme Bad Vigaun ein. Das mit 34 °C sprudelnde Wasser und die großzügige Saunalandschaft bedeuten Wellness pur. Vielleicht sollte man Start und Ziel gleich nach Bad Vigaun verlegen?!

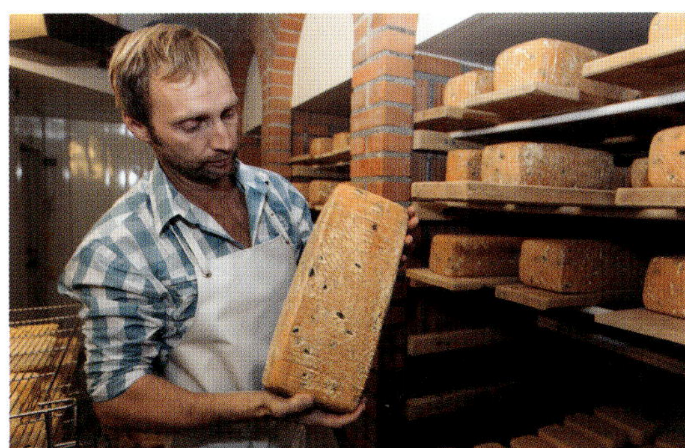

Der Fürstenhof in Kuchl macht nur Biokäse.

>>> ANFORDERUNG

28 km – 210 hm – Tagestour leicht

>>> ROUTE

Golling – Kuchl – Georgenberg – Bad Vigaun – Hallein – Seeleiten – Stockach – Lacher – Golling. Die Salz-Tour ist mit weißer Schrift auf grünen Schildern gekennzeichnet.

>>> BESTE ZEIT FÜR DIE TOUR

Mai bis Ende September

>>> E-BIKE-VERLEIH

Michi's Radladen, Moos 82, A-5431 Kuchl, Tel. 0043-6244/20304, www.radladen.at

>>> GUT EINKEHREN

Bio-Hofkäserei, Fürstenhof mit Hofladen und Käseverkostung, Fürstenweg 15, A-5431 Kuchl, Tel. 0043-6244/6475, www.fuerstenhof.co.at

Döllerers Genusswelten am Markt 56 in Golling, Tel. 0043-6244/4220, www.doellerer.at

>>> KARTEN & LITERATUR

Kompasskarte Wk15 »Tennengebirge, Hochkönig« 1:50 000

>>> ALLGEMEINE AUSKUNFT

Gästeservice Tennengau, Mauttorpromenade 8, A-5400 Hallein, Tel. 0043-6245/70050, www.tennengau.com

Tourismusverband Golling, Markt 51, A-5440 Golling, Tel. 0043-6244/4356, www.golling.info

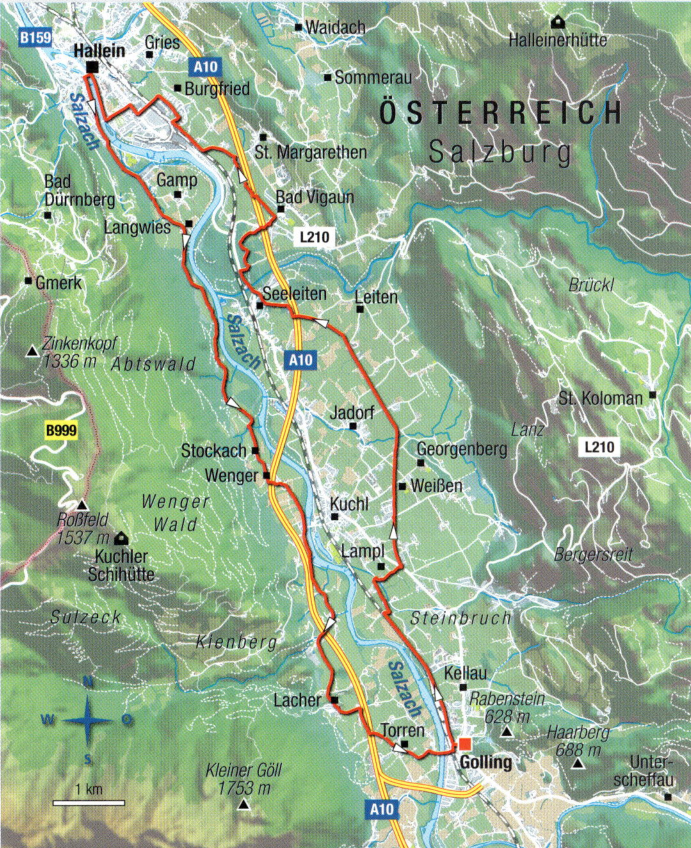

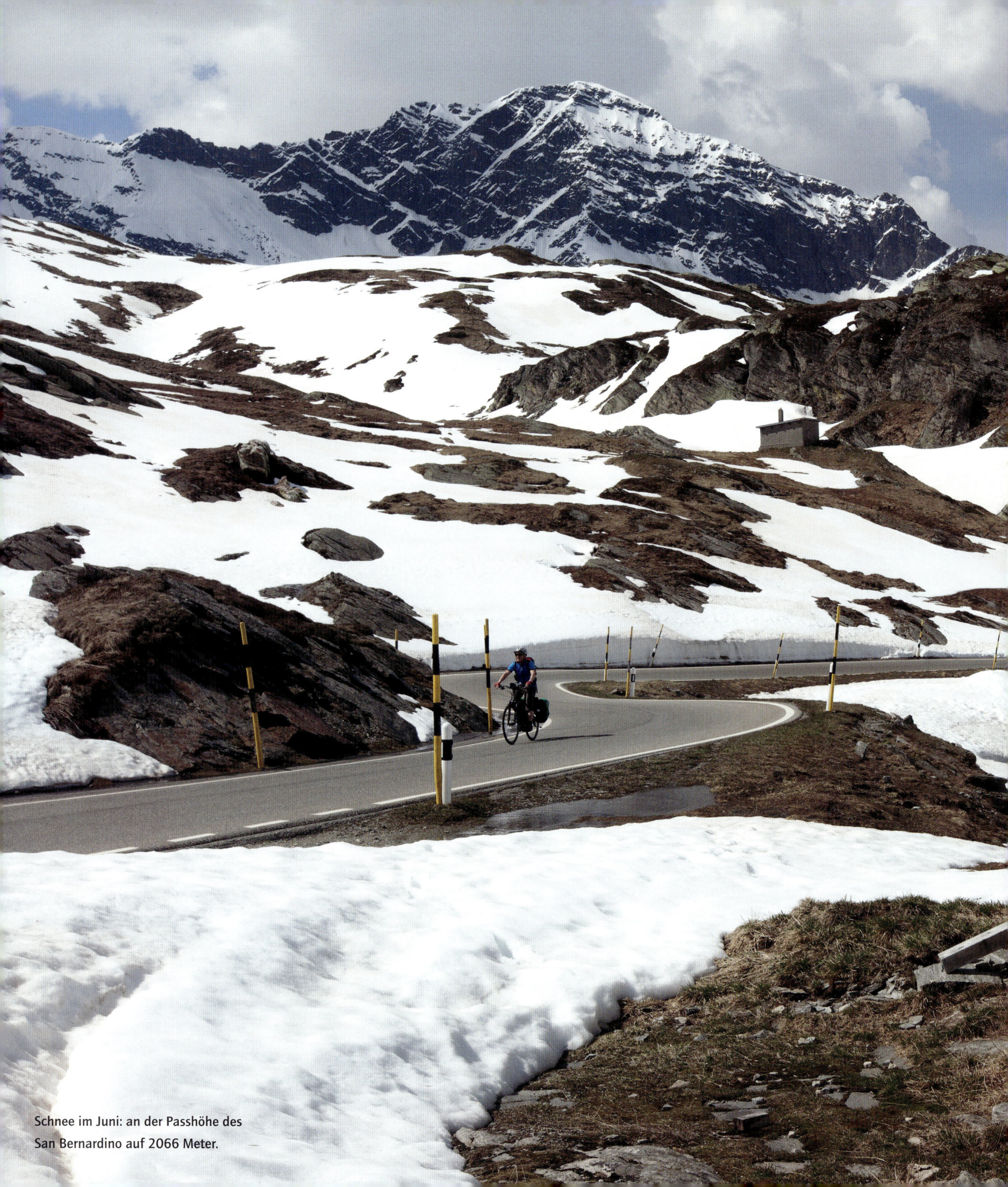

Schnee im Juni: an der Passhöhe des
San Bernardino auf 2066 Meter.

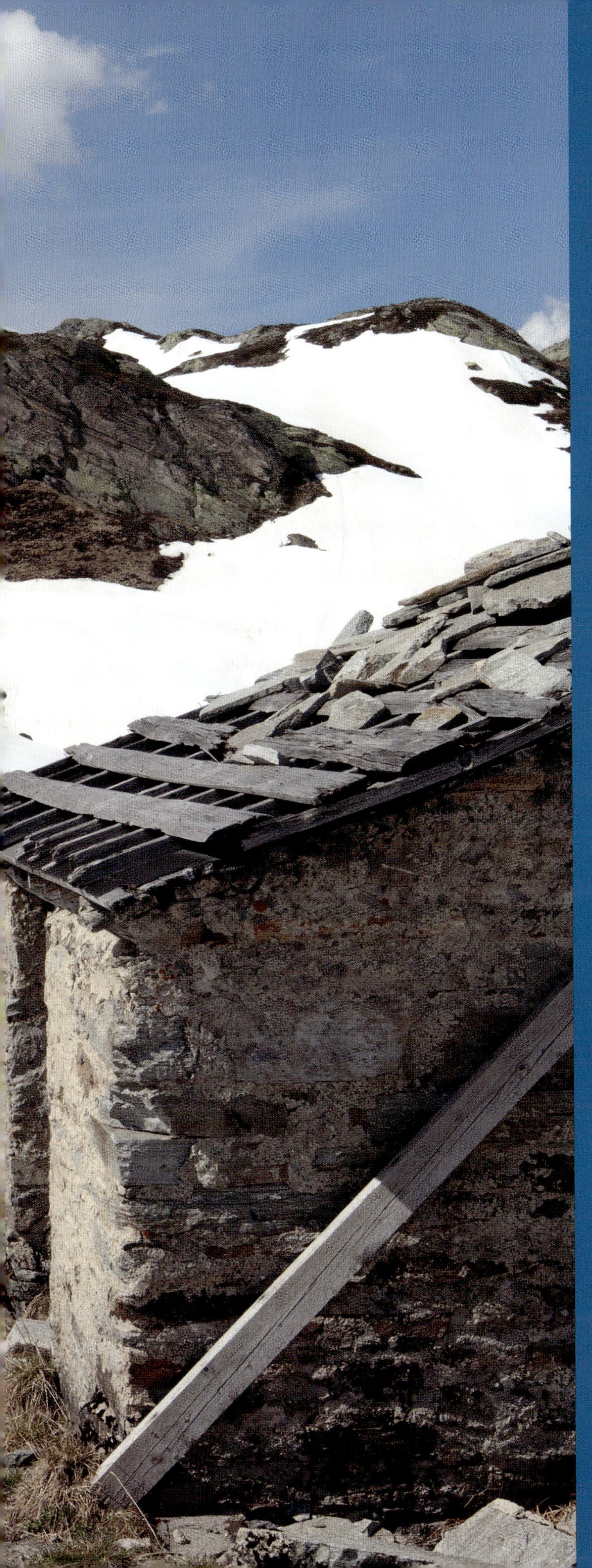

12

HOCH ÜBER DIE BERGE

Eine spannende Alpenreise vom Bodensee über den San-Bernardino-Pass zum Lago Maggiore.

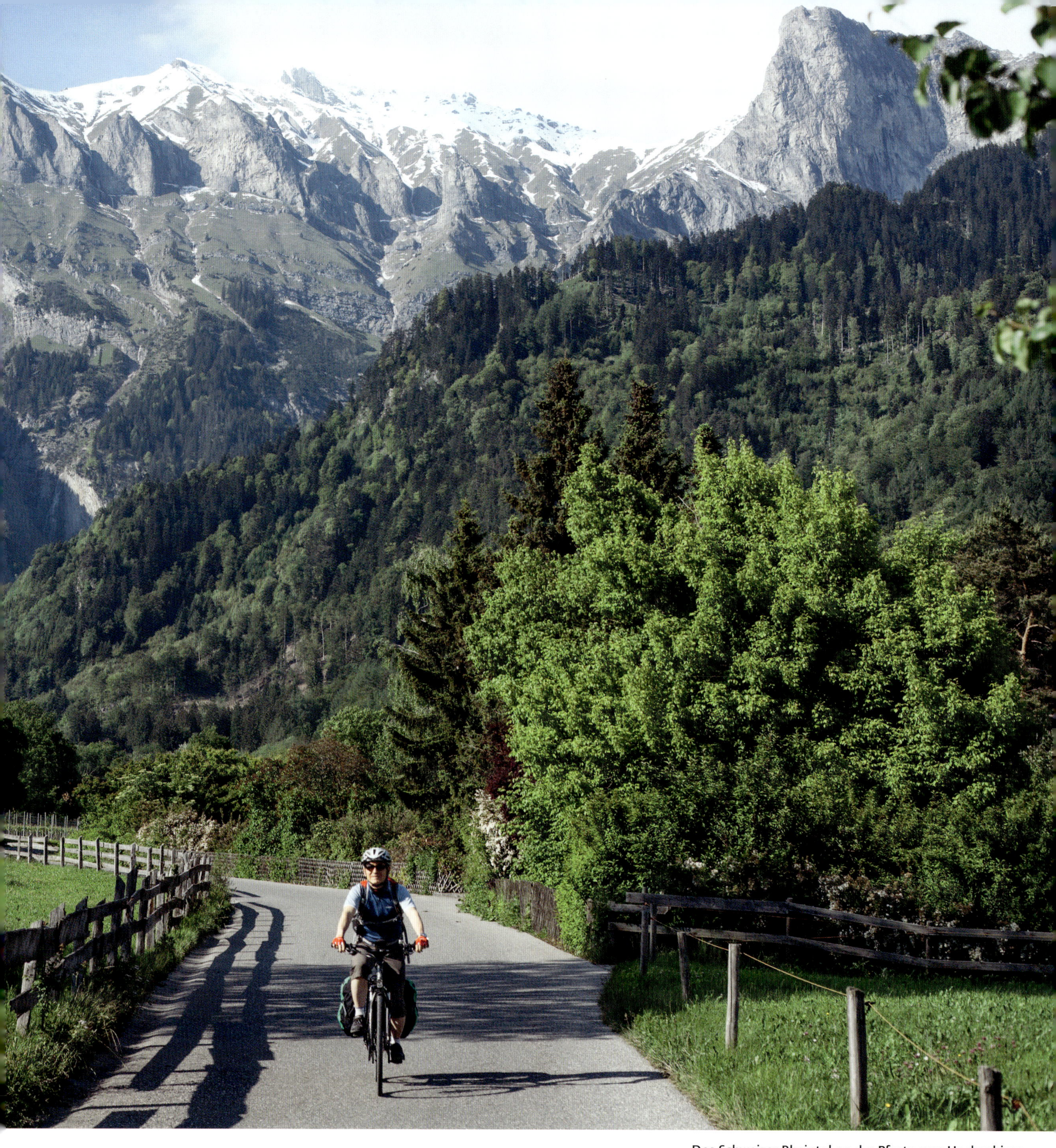

Das Schweizer Rheintal an der Pforte zum Hochgebirge.

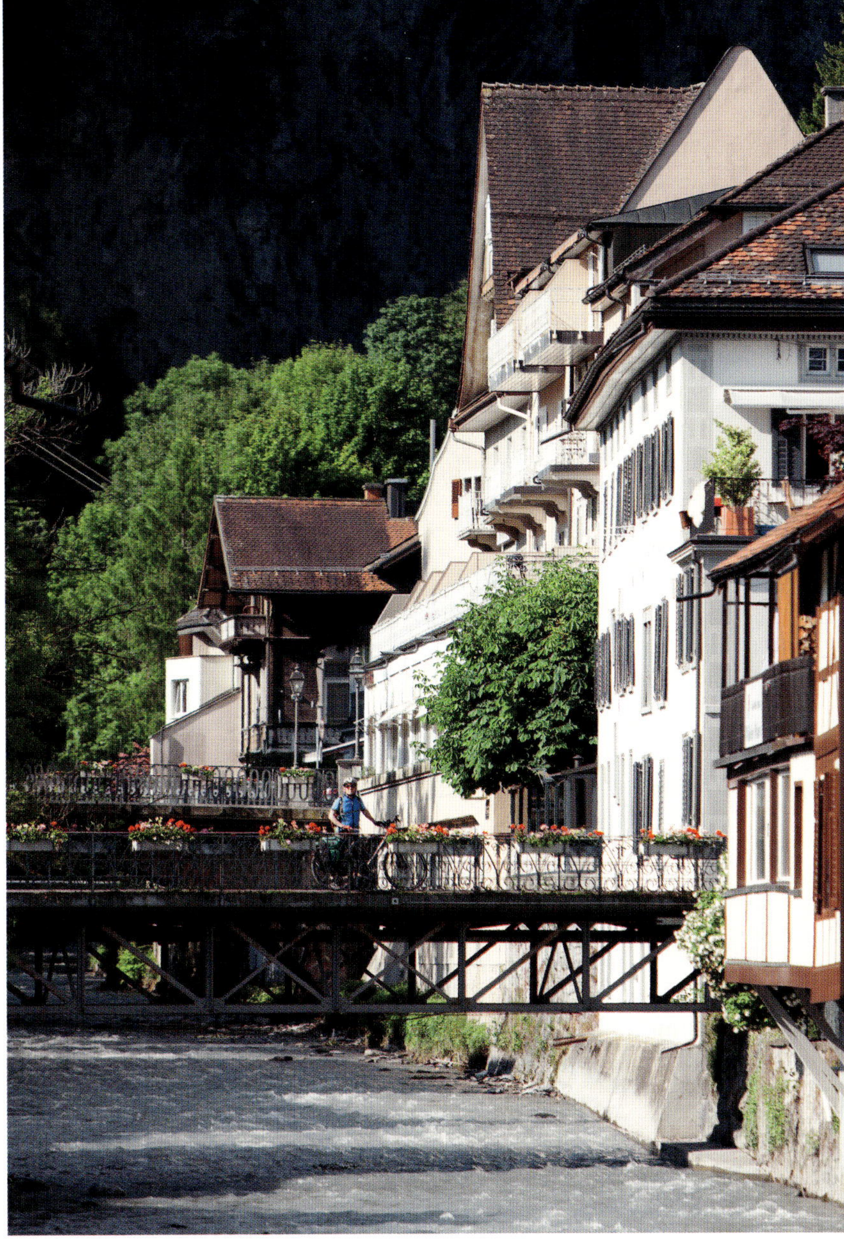

Bad Ragaz – Kurort mit Tradition am Ausgang der Taminaschlucht.

Fast im Sekundentakt passieren Radfahrer das Seerestaurant Salzmann beim Örtchen Fußach am Bodensee. So schön er ist, so beliebt ist der Radweg um den Drei-Länder-See. Da ziehen wir uns lieber für ein Päuschen ins nahe Rheindelta zurück. Ein wahres Naturjuwel und erster Höhepunkt unserer Transalp-Reise durch die Schweiz. Statt Radlerpalaver bevorzugen wir im Schilf Vogelgezwitscher und Fröschequaken als Geräuschkulisse. Im Süden leuchten die ersten Alpengipfel. Dort wollen wir hin und drüber hinweg ins Tessin. Der Rhein wird uns dabei lange begleiten hinein ins Hochgebirge - zu historischen Orten durch herrliche Landschaft. Allerdings radeln wir gegen den Strom, gegen den Radlerstrom, denn fast alle wollen rheinabwärts Richtung Deutschland und weiter.

Die kleinste Stadt der Schweiz ist mit zwei Gassen und nicht mal 100 Einwohnern so klein, dass wir fast durchgerauscht wären. Dabei verwöhnt Werdenberg seine Gäste mit einem Ambiente wie aus dem Geschichtsbuch: Auf einem Weinberg thront ein Schloss aus dem 13. Jahrhundert, zu seinen Füßen liegen ein großer Ententeich und der urige Ortskern mit reich verzierten Holzhäusern. Eigentlich kann man anfangs viele Kilometer auf dem Rheindamm zurücklegen, aber die beschilderte Radroute verläuft abwechslungsreicher, leicht hügelig durch Dörfer und Weingärten. Ab und zu wechseln wir das Ufer. So geht es ohne Grenzkontrolle durchs Fürstentum Liechtenstein nach Vaduz und Triesen, vorbei an Weiden voller Kühe mit gestutzten Hörnern. Bemitleidenswert sehen sie aus. Aber zum Glück ist das hier nicht die Regel.

Das altehrwürdige Bad Ragaz drängt sich förmlich als Übernachtungsort auf. Nicht wegen der noblen Hotels oder der dunkel-kühlen Taminaschlucht, sondern weil sich hier im modernen Thermalbad nach einer langen Tagestour so schön die Beine lockern lassen.

Im nahen Maienfeld soll sie gelebt haben, die berühmte Heidi, die Romanfigur von Johanna Spyri. Wir machen einen Bogen drum durch die Weinberge - »Heidiland« ist schon etwas zur Massenabfertigung verkommen. Schade! Denn gerade in der Weinstube Graubündens zeigt sich das Alpenvorland wie ein gigantisches Gemälde. Allerdings fordern die knackigen Steigungen erstmals etwas mehr Tretunterstützung. Schloss Marschlins am Eingang des Landquarttales wirkt wie ein mächtiger

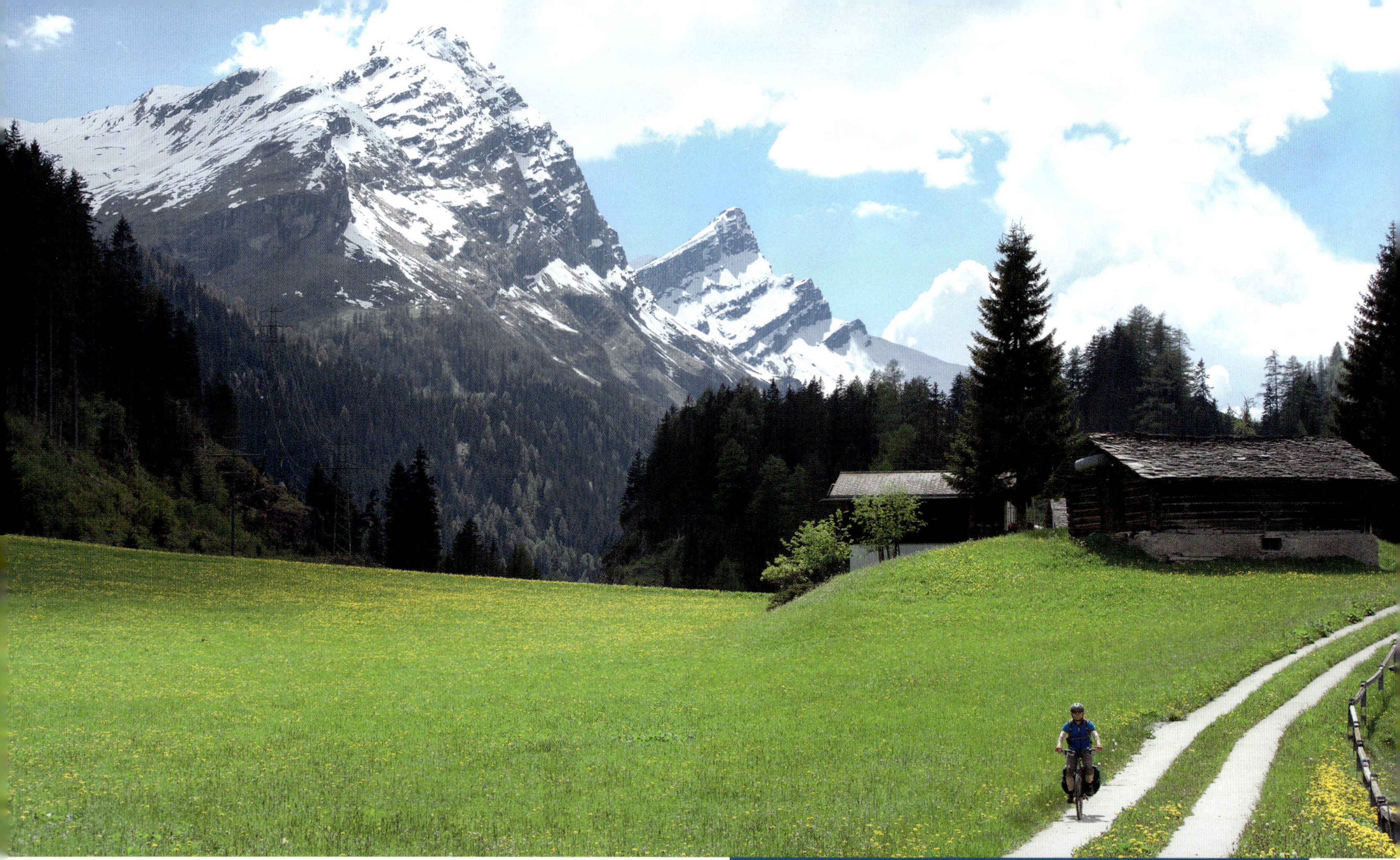

Hochgebirge wie aus dem Bilderbuch: das Val Schons kurz vor Splügen.

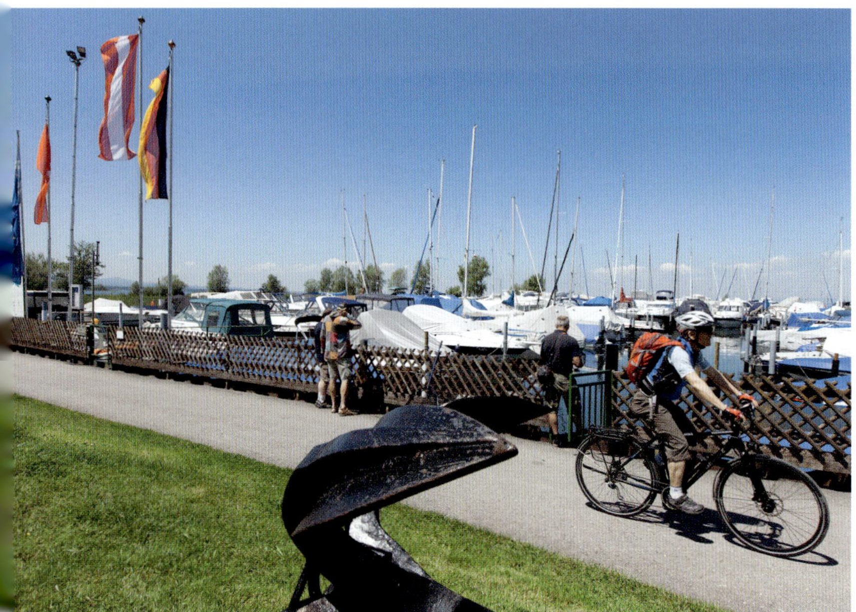

Yachthafen bei Fußach am Bodensee.

>>> NICHT VERPASSEN

> Werdenberg
Die kleinste Stadt der Schweiz beherbergt nicht mal 100 Einwohner und besteht aus zwei engen Gassen mit historischen Holzhäusern und Ortsmuseum sowie einem Schloss mit großem Ententeich. www.werdenberg.ch

> Bad Ragaz
Traditionsreicher Thermalkurort am Fuße des Pizol und am Ausgang der Taminaschlucht: angenehm für einen ausgedehnten Wellness-Stopp, aber auch nur für eine gemütliche Kaffeepause. www.badragaz.ch

> Via Mala Schlucht
Mythen und Schreckensgeschichten ranken sich um den einst »schlechten Weg« durch die 300 m tiefe Felsenklamm des Hinterrheins bei Thusis. Mehr als 300 Stufen führen hinab ins »Verlorene Loch«. www.viamala.ch

> Bellinzona
Drei Burgen, schöne Beispiele mittelalterlicher Wehranlagen und UNESCO-Weltkulturerbe, verdeutlichen die einst strategisch wichtige Lage am Südfuß von drei Alpenpässen. In der Altstadt beeindrucken zudem die Bürgerhäuser aus dem 18. Jahrhundert.

Wächter an der Pforte der Bergriesenwelt. Dabei patrouillieren rund ums ehemalige Wasserschloss heute keine Ritter mehr, sondern werkeln Ökobauern und suhlen glückliche Bioschweine.
Chur, die sympathische Metropole Graubündens, ist die letzte städtische Bastion, bevor es hinauf geht ins Hinterrheintal. Der richtige Ort, um vor den Bergetappen nochmals im Straßencafé zu sitzen und unter wehenden Schweizer Fahnen in die Sonne zu blinzeln. Manch einer wird zudem gern einen Abstecher in eines der vielen Museen zu Geschichte, Natur oder Weinbau machen.
Hinter Thusis wird es plötzlich eng und dunkel. Wir müssen durch die berühmt-berüchtigte Via Mala hindurch. Schaurige Sagen ranken sich um die düstere Schlucht des Hinterrheins – von Transport-Tragödien und Berggeistern. »Ihr müsst unbedingt die Treppen hinunter steigen ins ›Verlorene Loch‹ – es lohnt sich,« rät uns die Wirtin des Weissen Kreuzes in Thusis. Sie hat Recht. Ein tosendes Naturschauspiel erwartet den Besucher: 300 Meter hoch ragen links und rechts die Kalkfelsen empor und lassen nur wenig Licht in den kalten, feuchten Canyon mit seinen Windungen und gluckernden Strudeltöpfen. Welche Dramen sich wohl seit der Römerzeit an dieser gefährlichen Engstelle abgespielt haben? Autofahrer sehen heute im Tunnel gar nichts mehr von dieser Naturgewalt.
Leicht fröstelnd schrauben wir uns nach diesem Erlebnis weiter in die Höhe. Hinauf ins Val Schons oder Schamsertal, in die Welt der Dreitausender mit den ganzjährig weißen Schneehauben, zu den kitschig-schönen Bergdörfern mit den sonnengegerbten Holzhäusern und uralten

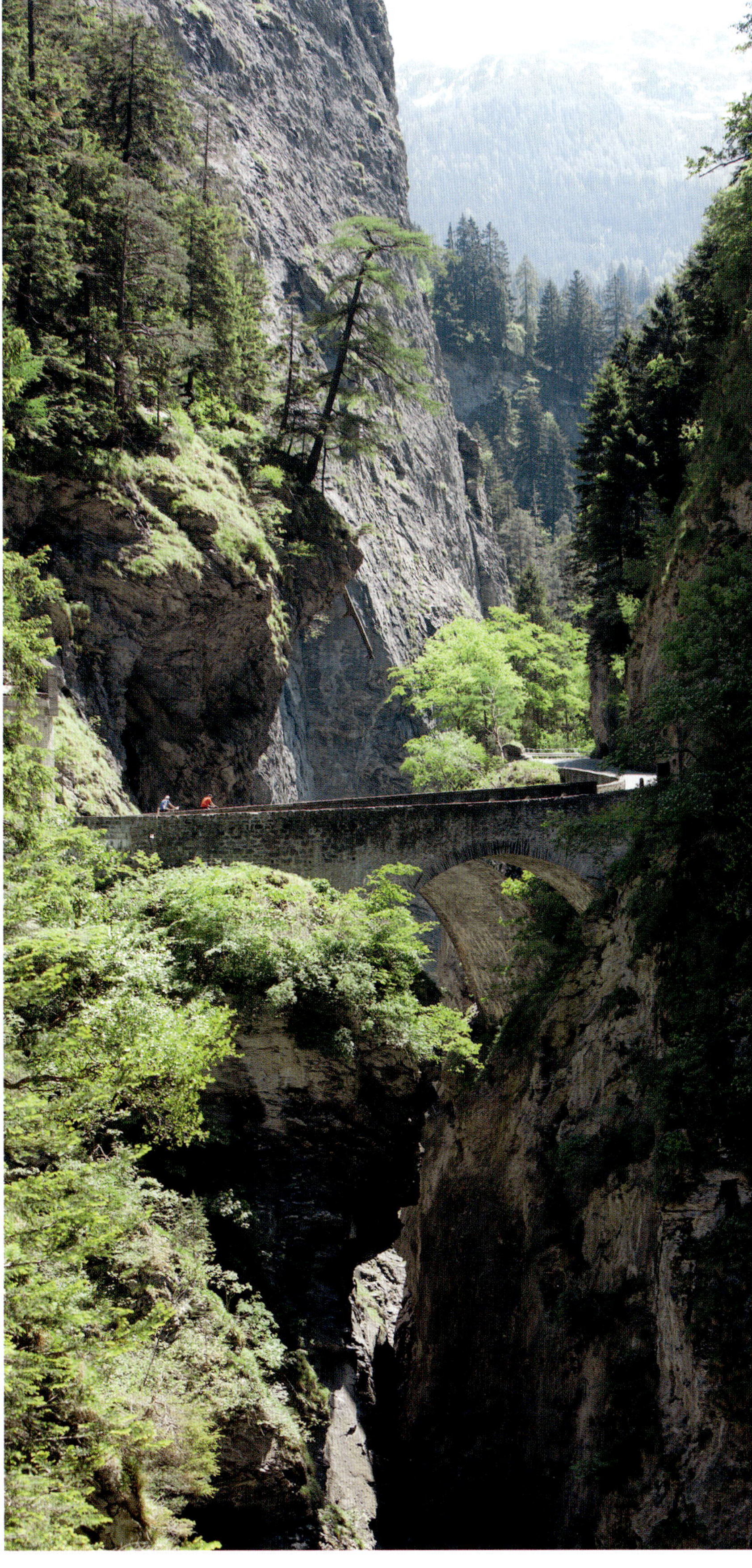

Sagen und Mythen umgeben die tiefe Schlucht an der Via Mala.

Der ewige Schnee der Dreitausender über den Dächern von Splügen.

Heute ein Biohof: Schloss Marschlins am Eingang des Landquarttales.

Ziel mit mediterranem Flair: Locarno am Lago Maggiore.

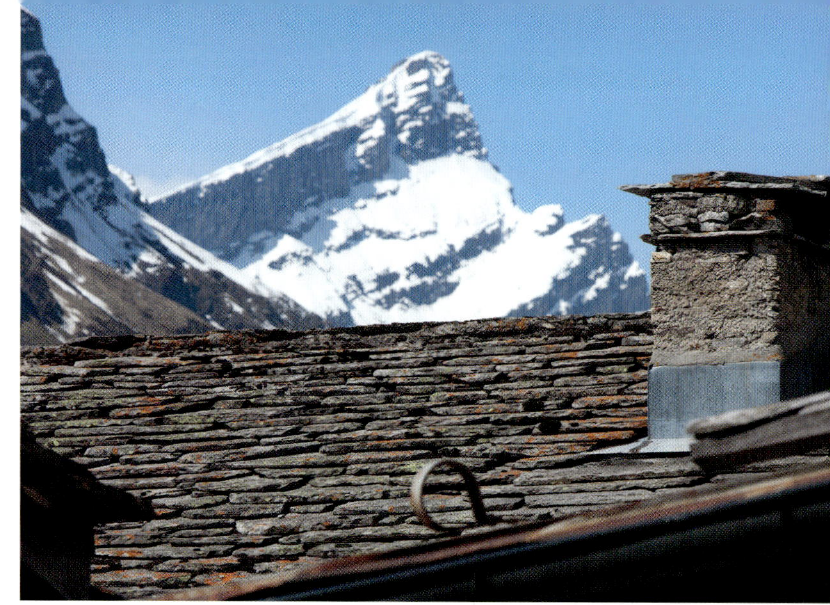

romanischen Kirchen. Splügen ist solch ein Prachtdorf wie aus dem Bilderbuch. Von dort sind es noch rund 20 Kilometer und 600 Höhenmeter bis zum höchsten Punkt unserer Alpenüberquerung. Das holländische Pärchen, das uns einige Kilometer begleitet hat, verabschiedet sich Richtung Splügenpass. Die beiden rüstigen Rentner wollen immerhin noch bis Rom – immer mit einem Lächeln im Gesicht. Und wir kurven kurz darauf die Serpentinen zum San Bernardino hinauf. Landschaft und Straße rauben uns den Atem. Vor allem weil ab und zu die Leitplanke am Abhang fehlt. Zum Glück scheint die Sonne, denn oben auf 2066 Meter Höhe liegt noch eine geschlossene Schneedecke. Das Albergo am Pass hat schon bessere Zeiten gesehen und ist wohl nur noch bei schönstem Sommerwetter geöffnet. Aber Leben ist trotzdem hier oben. Im Passsee plätschert einsam ein Entenpaar.

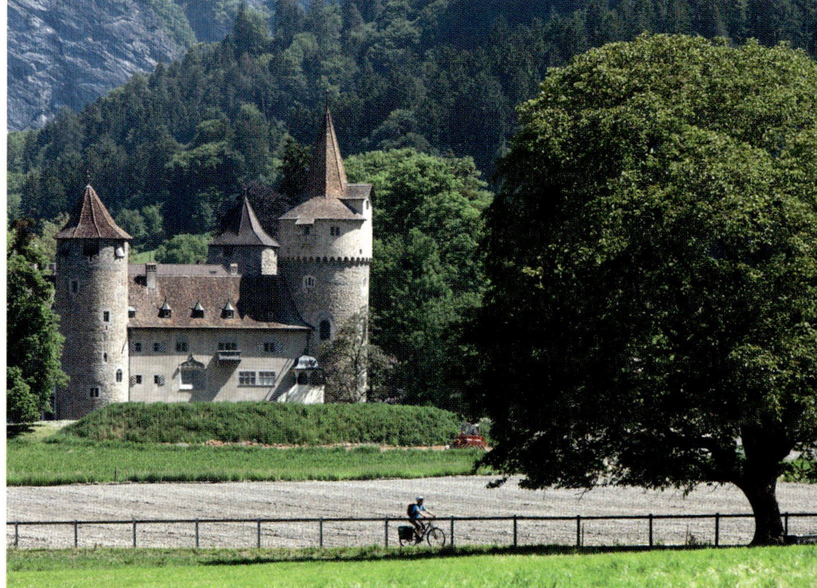

Dick eingepackt rollen wir hinunter in den italienisch geprägten Teil der Schweiz, allein schon an den Ortsnamen wie Mesocco und Soazza unschwer zu erkennen. Eine ganz andere Welt tut sich auf, auch wenn hier noch alpine Umgebung vorherrscht und von steilen Bergflanken hohe Wasserfälle herabstürzen. Das südliche Flair erzeugt Ferienstimmung, zumal nun alle großen Steigungen hinter uns liegen. In Bellinzona, der Metropole des Tessins mit ihren drei markanten Burgen, fühlt man sich schon bei Cappuccino auf der Piazza wie mitten in Italien. Und am nahen Lago Maggiore ist fast so viel los wie am Bodensee. Allerdings flanieren hier vor allem die Spaziergänger und noch nicht die Radler und E-Biker.

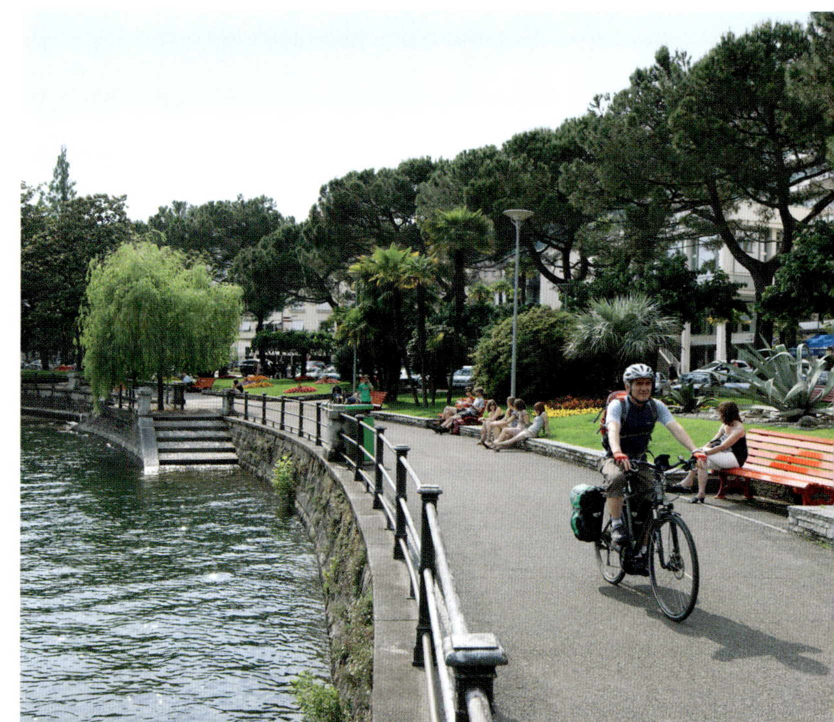

>>> ANFORDERUNG

290 km – 2100 hm – Mehrtagestour mittel bis schwer

>>> CHARAKTER

Knapp 300 km misst die Transalproute vom Rheindelta am Schweizer Bodenseeufer bis nach Locarno am Lago Maggiore. Man fährt überwiegend auf asphaltierten Radwegen und verkehrsarmen Nebenstraßen. Bis Bad Ragaz sind kaum Steigungen zu befürchten, danach wird es hügelig. Die Serpentinen zum San-Bernardino-Pass erfordern etwas Erfahrung im alpinen Straßenverkehr. Es fahren zwar nicht allzu viele Autos, aber die Fahrbahn ist an manchen Stellen nicht allzu breit und ohne Leitplanken.
Tipp: Wer keinen Ersatzakku im Gepäck hat, sollte spätestens ab Chur seine Etappen sehr gut planen. Denn die hügeligen bis steilen Wege zehren stark an den Akkureserven!

>>> ROUTE

Rorschach – St. Margrethen – Vaduz – Sargans – Bad Ragaz – Chur – Thusis – Splügen – San Bernardino-Pass – Mesocco – Bellinzona – Locarno
Die gesamte Strecke empfiehlt sich für fünf bis sieben Tagesetappen.

>>> BESTE ZEIT FÜR DIE TOUR

Die Saison für Alpenüberquerungen ist relativ kurz, vor allem wenn die Route über hohe Pässe, wie den San Bernardino (2066 m) führt. Die beste Zeit für die Tour vom Bodensee zum Lago Maggiore ist von Anfang Juni bis Anfang September.

>>> E-BIKE-VERLEIH

Verleiher für E-Bikes/Pedelecs gibt es u.a. in Rorschach, St. Margrethen, Sargans, Vaduz, Thusis und Bellinzona. Adressen sowie gute Radreise- und Touren-Tipps stehen unter www.veloland.ch

>>> ANGENEHM ÜBERNACHTEN

Hotel Schloss Ragaz, Schloss-Strasse, CH-7310 Bad Ragaz, Tel. 0041-81/3037777, www.schlossragaz.ch
Altehrwürdig und gediegen residiert man im Drei-Sterne-Haus in einem Park am Ortsrand von Bad Ragaz.
Hotel Weiss Kreuz, Neudorfstrasse 50, CH-7430 Thusis, Tel. 0041-81/650 08 50, www.weisskreuz.ch
Traditionsgasthaus mit guter Küche mitten in Thusis nahe der Via Mala.
Albergo Bellevue, CH-6565 San Bernardino, Tel. 0041-91/8321126, www.bellevue-sanbernardino.ch
Historisches Berghotel in San Bernardino auf der Alpen-Südseite am Fuße des Passes auf 1600 m Höhe. Der Wirt kennt sich gut aus mit den fahrbaren Wegen in der Region.
Boutique Hotel Villa Orselina, Via Santuario 10, CH-6644 Orselina-Locarno, Tel. 0041-91/7357373, www.villaorselina.ch
Mediterranes Flair am Sonnenhang über Locarno.

Weitere radfahrerfreundliche Unterkünfte in der Schweiz finden sich im Internet unter www.schweizmobil.ch/de/veloland.html

>>> KARTEN & LITERATUR

Zum Mitnehmen wohl etwas wuchtig, aber herrlich zum Schmökern und Planen: Baedeker Allianz Reiseführer »Schweiz«, 722 Seiten, 27,99 Euro.
Zur Orientierung: Kümmerly + Frey Radkarte »Schweiz – Suisse« 1:301 000, 19,80 Euro.
Interaktive Radkarten sowie viele Tourentipps für die ganze Schweiz finden sich im Internet unter www.veloland.ch

>>> ALLGEMEINE AUSKUNFT

Schweiz Tourismus, Mendelssohnstr. 87, 60325 Frankfurt am Main, Tel. 00800/100 200 29 (kostenfrei), www.myswitzerland.com, www.graubuenden.ch, www.ticino.ch

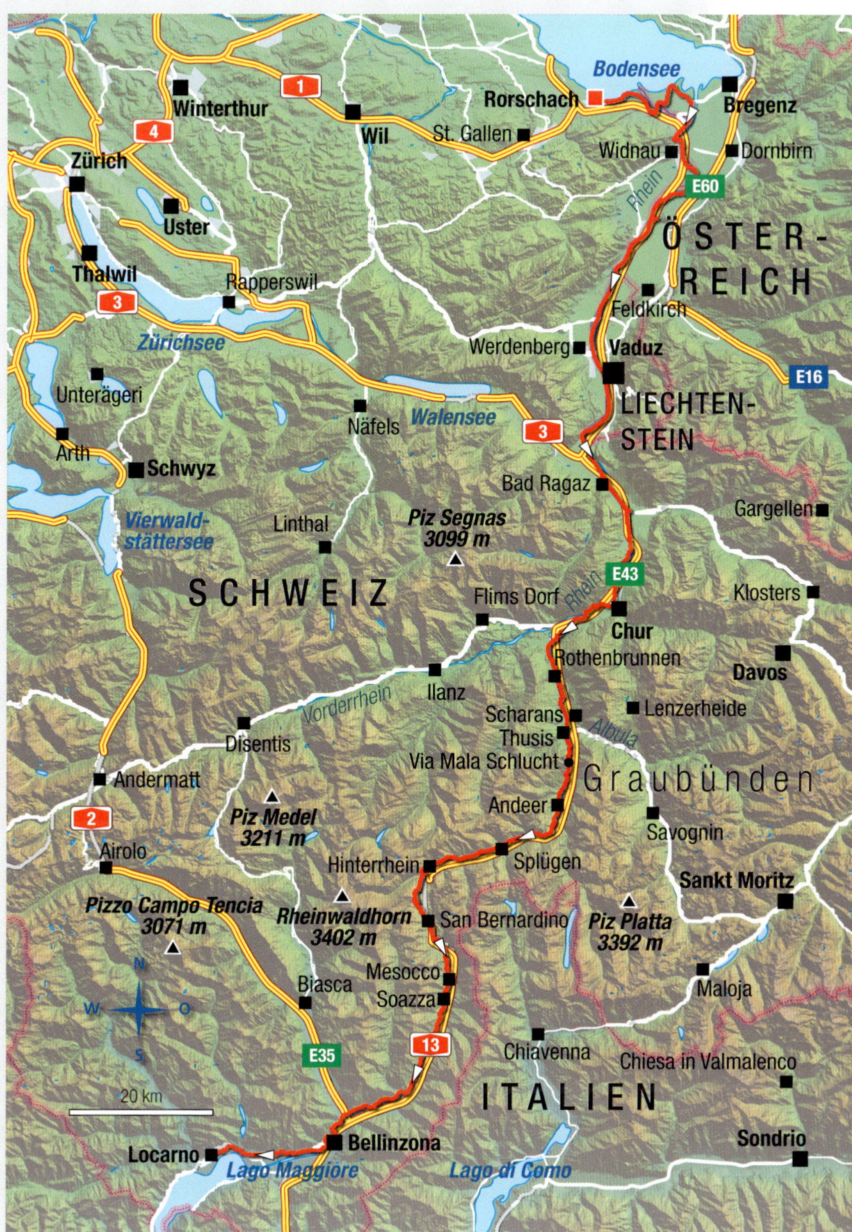

13

AUF DEN SPUREN DER RÖMER

Vom Allgäuer Alpenrand ins Etschtal – vorbei an den Königsschlössern, an Zugspitze und Ortler. Wunderschöne Passagen, die man immer wieder radeln möchte.

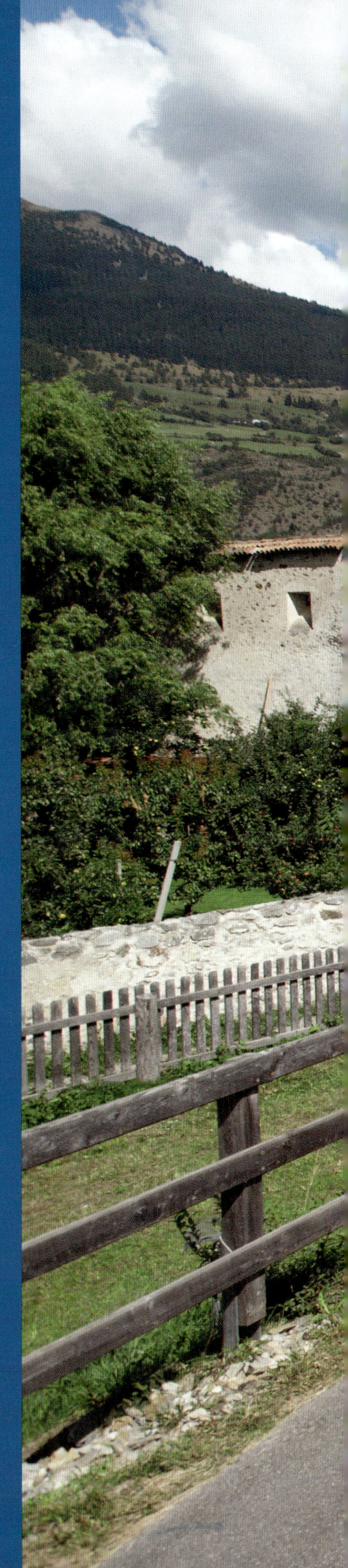

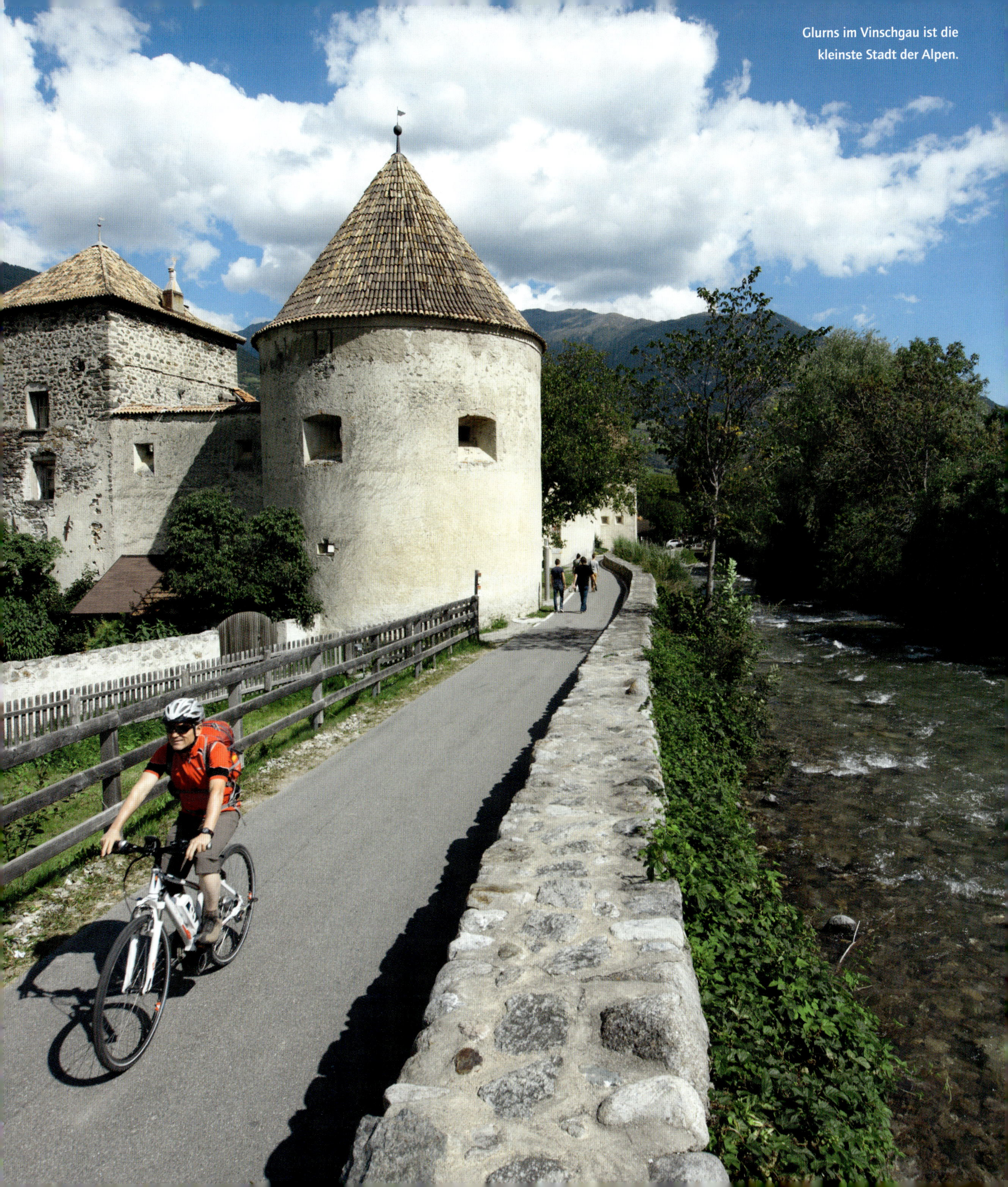

Glurns im Vinschgau ist die kleinste Stadt der Alpen.

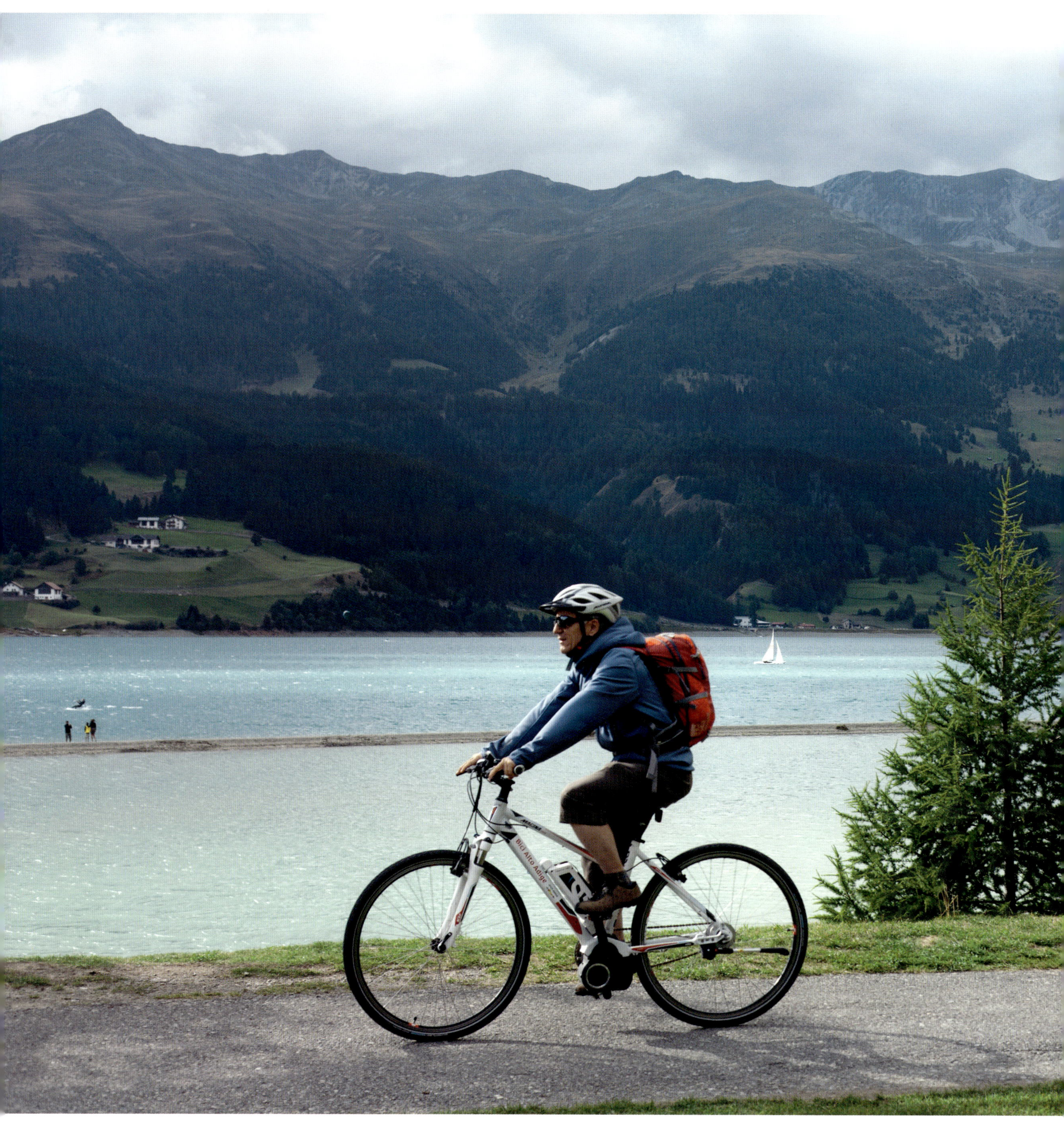
Bici Alto Adige

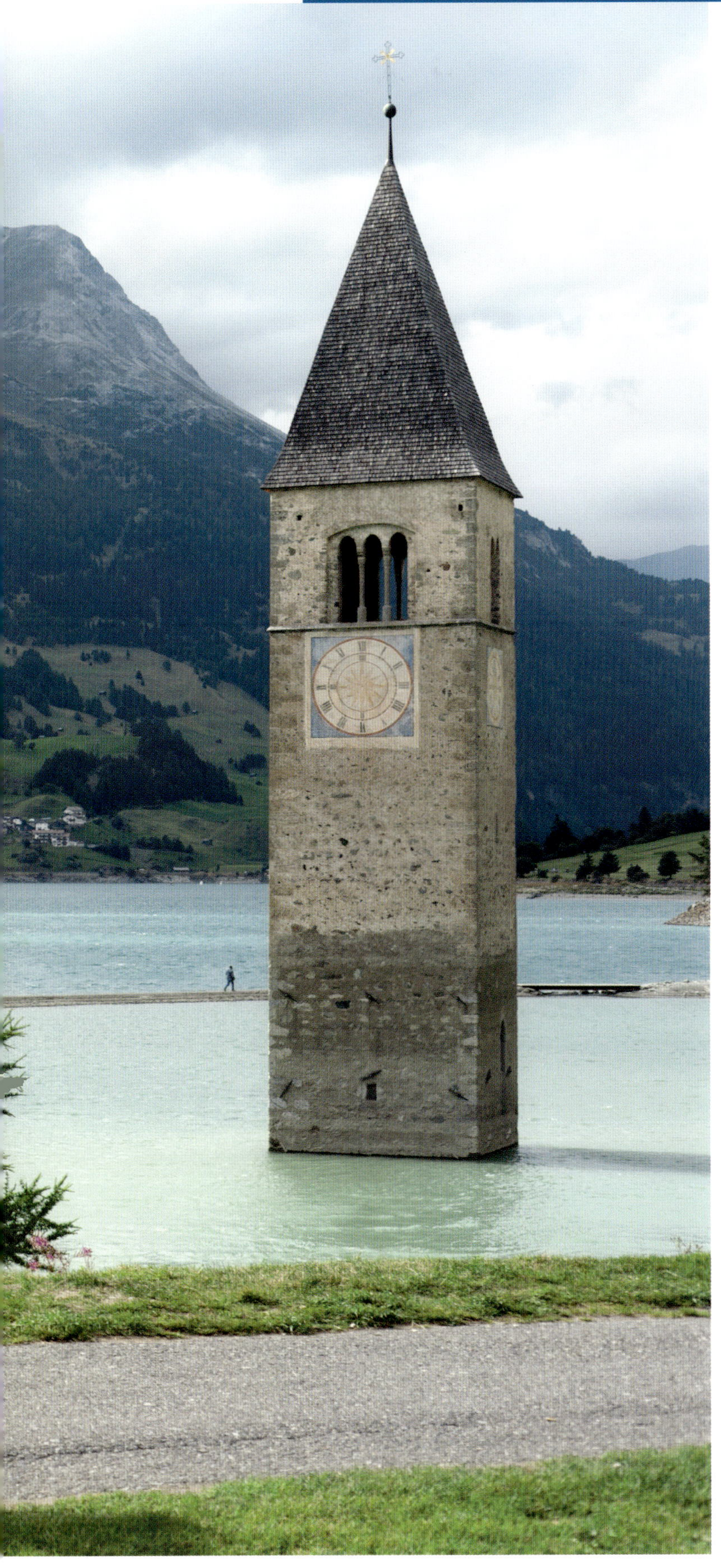

Berühmtes Mahnmal: der versunkene Kirchturm im Reschensee.

Was die Römer vor 2000 Jahren geschafft haben, wird einen geübten Freizeit-E-Biker, der sich auch auf nicht asphaltierten Wegen wohlfühlt, kaum vor unlösbare Probleme stellen. Immerhin gilt die Radroute Via Claudia Augusta von Süddeutschland an die Adria als die leichteste Alpenüberquerung per Fahrrad. Allerdings bedarf in diesem Fall das Wort »leicht« noch einer kurzen Erklärung. Es beruht nämlich nicht nur auf dem Umstand, dass der Weg über den Reschenpass, den niedrigsten Alpenpass Richtung Süden führt, sondern auch darauf, dass während der Saison für die steilen Anstiege und Passstraßen entlang der Route mehrere Bus-Shuttle zur Verfügung stehen. Der versierte Pedelec-Fahrer wird diese Hilfen aber höchstwahrscheinlich nicht benötigen.

Auf das mehr oder weniger sanfte Einrollen im Lechtal über 160 km von Donauwörth bis Füssen verzichten viele Alpenradler schon aus Zeitgründen. Wobei ein bisschen Warmfahren im herrlichen Alpenvorland nicht schaden kann, denn hinter der Tiroler Landesgrenze warten gleich einige Höhenmeter über Reutte hinauf in die Zugspitzregion.

Nichtsdestotrotz starten wir unsere kleine Alpenüberquerung in Füssen, allerdings nicht ohne zuvor noch einen Blick in die historische Altstadt und die nahen Königsschlösser Hohenschwangau und Neuschwanstein zu werfen. Das muss trotz des alltäglichen Besucherandranges einfach sein. Zu kitschig schön ist dieses

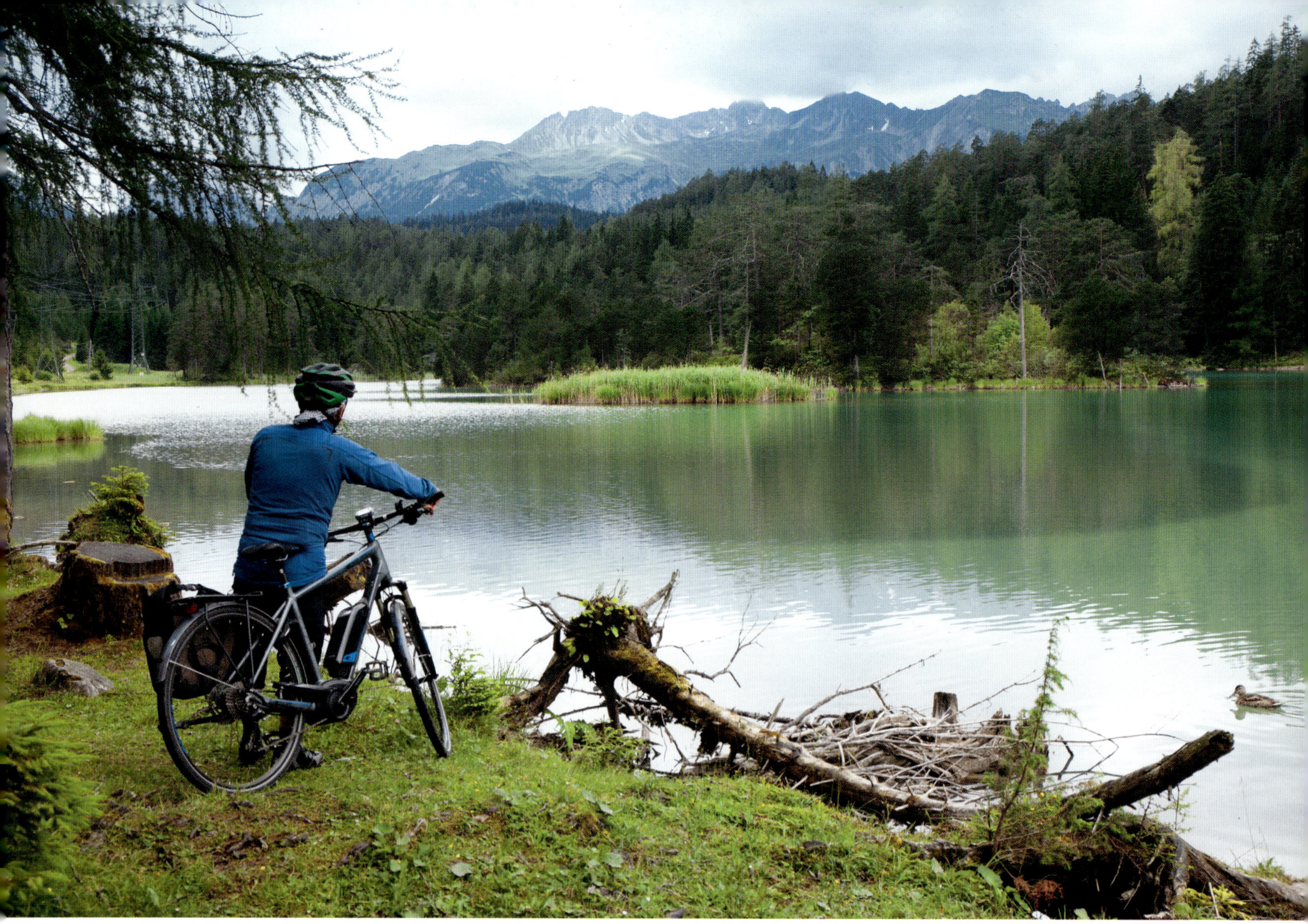

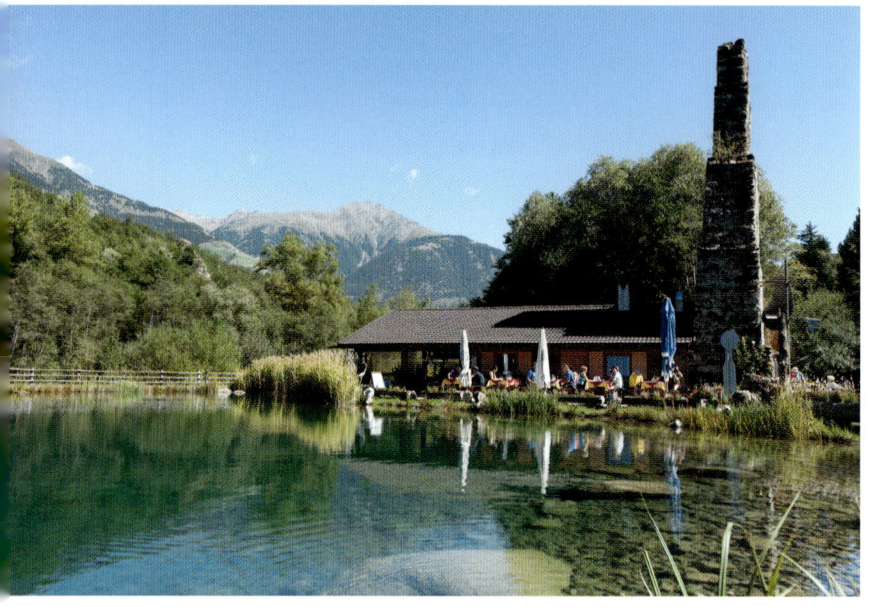

Lohnender Stopp am Radtreff Fischteich bei Laas.

Märchenschloss-Ambiente. Und danach eine kleine Atempause am idyllisch gelegenen Alpsee, wo sich auch König Ludwig II. gern in Gedanken verlor. Von dort führt ein Waldweg direkt hinüber nach Tirol mit Anschluss an die Via Claudia Augusta. An Reutte vorbei kann das E-Bike auf der 18 Kilometer langen Zwischentoren-Auffahrt nach Lähn-Wengle gleich mal zeigen, was in ihm steckt. Danach darf man etwas durchschnaufen und bei Ehrwald im Anblick der grandiosen Felskulisse aus Zugspitze, Sonnenspitze & Co. schwelgen. Unmittelbar darauf folgt die Auffahrt zum Fernpass, wo etwas Kondition und Fahrtechnik von Vorteil sind. Im Hochsommer laden am Wegesrand der Weißensee und der Blindsee zur kühlen Erfrischung, oder einfach nur zur kleinen Rast in dieser schönen Umgebung. Am Fernpass

mantisch liegt der Wildsee am Fern-
ss bei Biberwier.

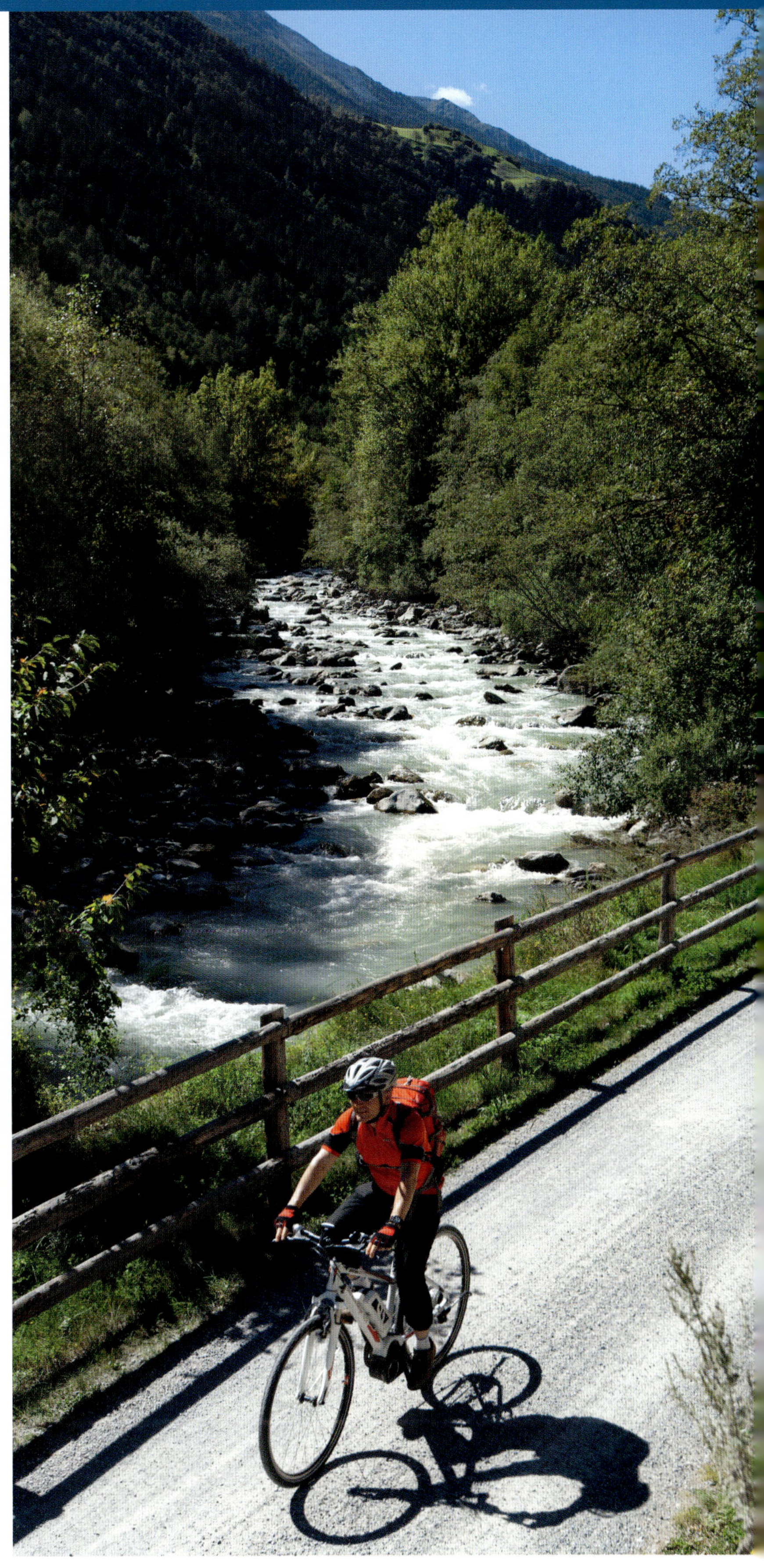

Zügig an der Etsch entlang: Radroute im Vinschgau.

heißt es dann Lenker und Bremsen festhalten für die steile Waldabfahrt.
Nach dem grandios zwischen Felsmassiven eingebetteten Fernsteinsee folgt erst einmal sorgenfreier Alpengenuss. Das weite Gurgltal bis Imst und das sanft ansteigende Inntal bis Pfunds und Martina lassen genügend Luft, um ringsherum Berge, Bauernhöfe und Burgen zu bewundern. An der Grenze zur Schweiz sollte man den kleinen Abstecher zur wuchtigen Grenzfestung Altfinstermünz am Inn nicht versäumen. Die Auffahrt über 500 Höhenmeter vom Inn zum Reschenpass will dann wieder getreten sein. Hier ist auch Akkuleistung gefragt. Wer den versunkenen Turm am Reschensee passiert und den Ortler im Blick hat, darf sich freuen. An der Etsch entlang geht es praktisch nur noch bergab durch den Vinschgau, das sonnenreichste und niederschlagsärmste Tal der Alpen. Die E-Bikes rollen quasi von selbst durch Apfelgärten und Weinreben, durchs idyllische Städtchen Glurns mit vollständig erhaltener Stadtmauer. Hoch oben blinken abgelegene Berghöfe in der Sonne. Ein Tipp: Wer sich mehr für diese attraktive Südtiroler Bergregion interessiert, findet in diesem Buch noch drei Tourentipps zu Vinschgauer Hochtälern und die Königstour zum nahen Stilfser Joch, dem zweithöchsten asphaltierten Gebirgspass der Alpen.
Am östlichen Ende des Vinschgaus kippt die Route über eine Geländestufe hinunter in die illustre Kurstadt Meran. Die weitere Strecke nach Süden führt zwar nach wie vor zwischen mächtigen Bergen hindurch, aber der Weg bleibt ziemlich flach. Lange Geraden an der Etsch

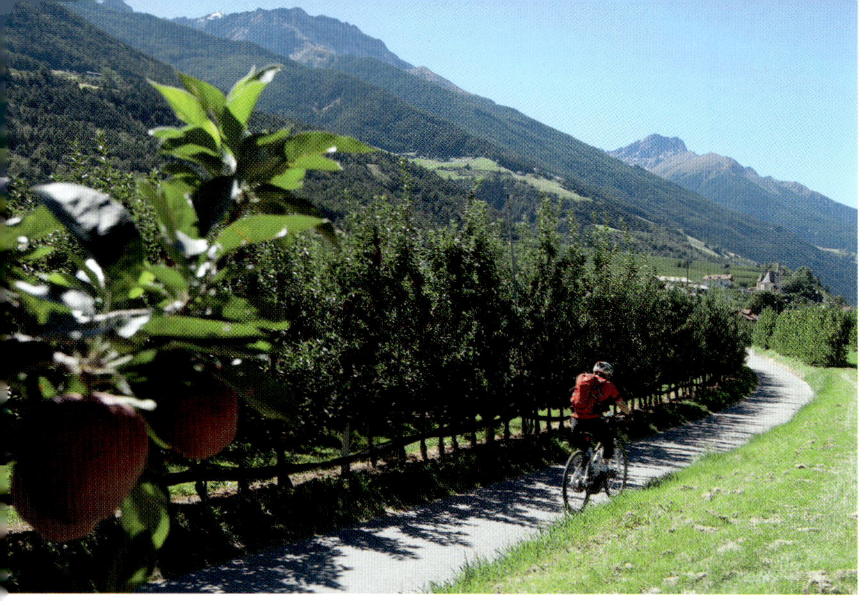

Mit viel Schwung durch die Apfelplantagen im Etschtal.

Von Wien über Rom bis New York – Laaser Marmor ist weltberühmt.

Attraktives Städteziel im Trentino: der Domplatz in Trento.

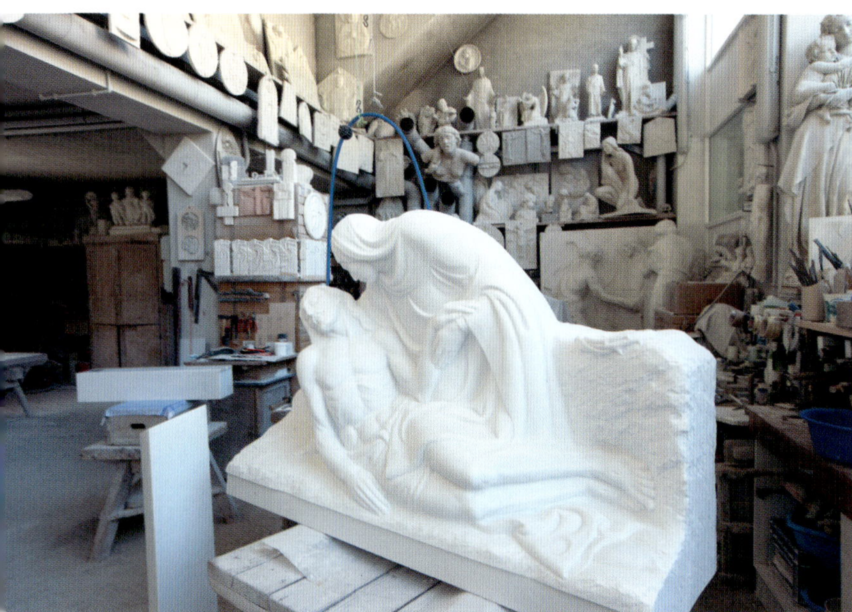

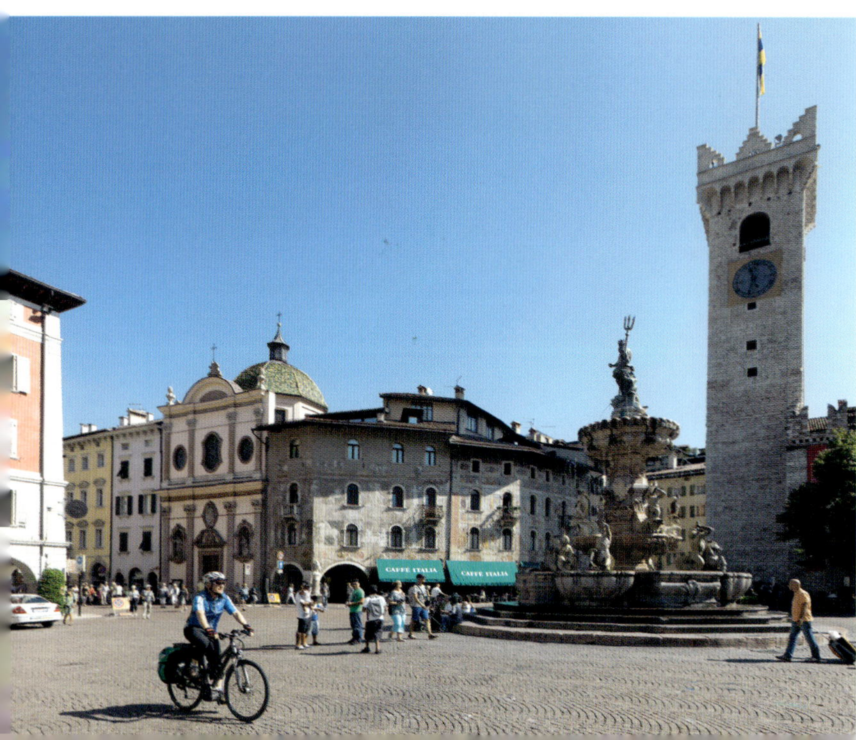

entlang bieten Gelegenheit, mal richtig Gas zu geben und die Haare fliegen zu lassen. Die Südtiroler Landeshauptstadt Bozen wird passiert, wenige Kilometer weiter südlich taucht rechts oben das Weindorf Tramin auf und kurz darauf geht es an der Salurner Klause über die deutsch-italienische Sprachgrenze hinein ins Weingebiet um Mezzocorona, wo die Trauben für den roten Teroldego und Marzemino angebaut werden. Wenn sich schließlich rechts oben die Gipfelantennen am Paganella-Massiv ins Blickfeld schieben, ist das Ziel Trento nicht mehr allzu weit.

Im Städtchen mit dem schönen historischen Zentrum rund um den Dom beenden viele ihre Transalp-Reise. Die eifrigen E-Biker rollen noch viele Kilometer auf der Römerroute weiter bis zum Po. Und wer noch nicht genug hat von Bergerlebnis und Höhenmeter, nimmt die Ostroute der Via Claudia Augusta unter die Räder, mit schönen Passsträßchen und sehenswerten Orten und gleitet schließlich durch die Ebene bis nach Venedig.

>>> ANFORDERUNG
318 km – 1980 hm – Mehrtagestour mittel

>>> ROUTE
Füssen – Schloss Neuschwanstein – Alpsee – Reutte – Lermoos – Biberwier – Fernpass – Imst – Landeck – Pfunds – Martina – Reschenpass – Glurns – Meran – Bozen – Neumarkt/Auer – Salurn/Salorno – Mezzocorona – Trento.
Die Route über die Alpen ist mit dem Symbol der Via Claudia Augusta in beide Richtungen gekennzeichnet.

>>> BESTE ZEIT FÜR DIE TOUR
Da der Reschenpass nicht allzu hoch liegt, kann man oft schon Ende Mai starten. Die Saison dauert in der Regel bis Mitte/Ende September.

>>> RÜCKTRANSPORT
Private Shuttle-Busse fahren von Mai bis Oktober u.a. von Trento und Bozen zurück nach Ehrwald und Füssen. Ab 85 Euro pro Person und Rad. Buchung online über www.viaclaudia.org

>>> GUT EINKEHREN
Ziegenhof Peter in Ehrwald: Käse, Joghurt, Molke und grandioses Bio-Eis aus Ziegenmilch direkt vom Bauernhof und zu kaufen im Dorfladen am Kirchplatz, www.ziegenpeterhof.at
Radtreff Brugg im Vinschgau bei Laas: Reste eines römischen Aquaedukts zieren das Ambiente am Fischteich, www.radtreff-brugg.com
Onkel Taa-Restaurant mit angeschlossenem k.u.k.-Museum in Töll/Partschins im Meraner Land. www.onkeltaa.com

>>> ANGENEHM ÜBERNACHTEN
Hotel Sommer in Füssen am Forggensee, www.hotel-sommer.de
Wellness- und Sporthotel direkt am Seeufer.
Hotel Post in Lermoos, www.post-lermoos.at
Das Traditionshaus mit Zugspitzkulisse.
Hotel Central in Nauders am Reschenpass, www.hotel-central.at
Hier treffen sich viele Alpenradler bei guter Tiroler Küche.
Pension Astoria in Prad am Stilfser Joch. www.pension-astoria.it
Radlerfreundliche Herberge, ruhig gelegen mitten im Dorf Prad.
Hotel Wilma in Nals zwischen Meran und Bozen, www.hotelwilma.com
Charmante Herberge im Etschtal.

>>> KARTEN & LITERATUR
Bikeline-Radtourenbuch »Via Claudia Augusta – von der Donau an die Adria« 1:75 000, 10. Auflage, Verlag Esterbauer, 180 Seiten, 14,90 Euro.
Interaktive Karte »Via Claudia MAPS« zur Routen- und Etappenplanung auf www.viaclaudia.org

>>> ALLGEMEINE AUSKUNFT
Via Claudia Info, info@viaclaudia.org, Tel. 0043-664/27 63 555, www.viaclaudia.org

>>> HIGHLIGHTS

> **Königsschlösser und Alpsee bei Füssen**

> **Ehrwalder Moos** Naturarena umrahmt von Zugspitze, Daniel, Sonnenspitze und weiteren wuchtigen Felsmassiven.

> **Blindsee am Fernpass** schnuckeliger Badesee zwischen Wald und Felsen.

> **Reschensee** mit Ortler-Kulisse und anschließender Abfahrt in den Vinschgau.

> **Glurns im Vinschgau** Die kleinste Stadt der Südalpen lockt mit mittelalterlichem Ambiente.

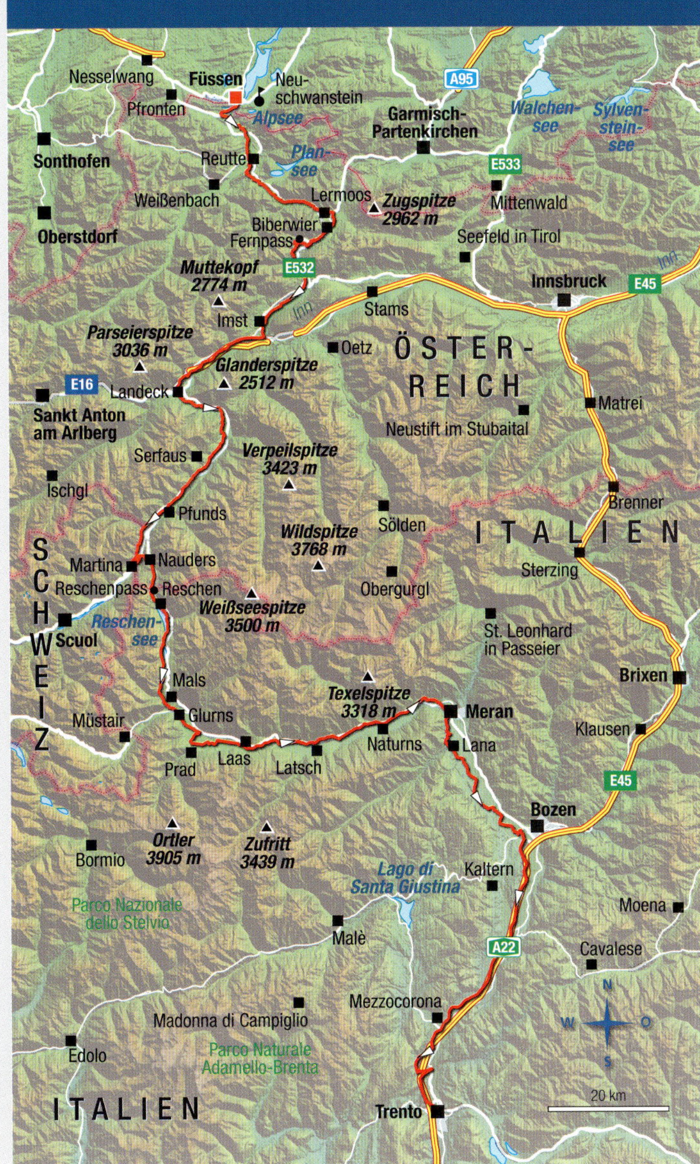

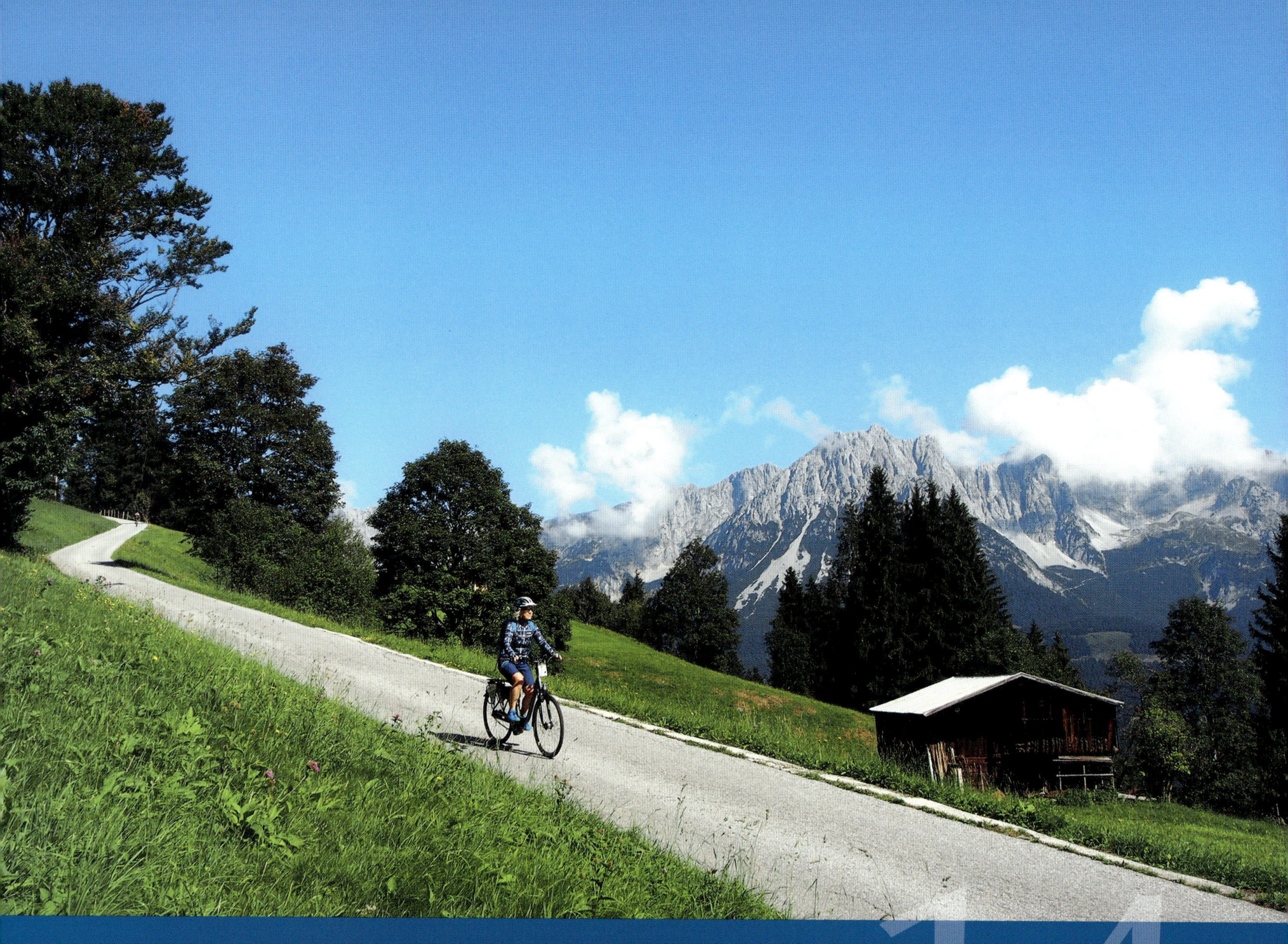

14

GRANDIOSE FELSWÄNDE

Der Wilde Kaiser bildet die beeindruckende Kulisse für eine Panorama-Runde auf den Spuren der TV-Serie »Der Bergdoktor«.

er Wilde Kaiser grüßt bei der Auf-
hrt zum Hartkaiser.

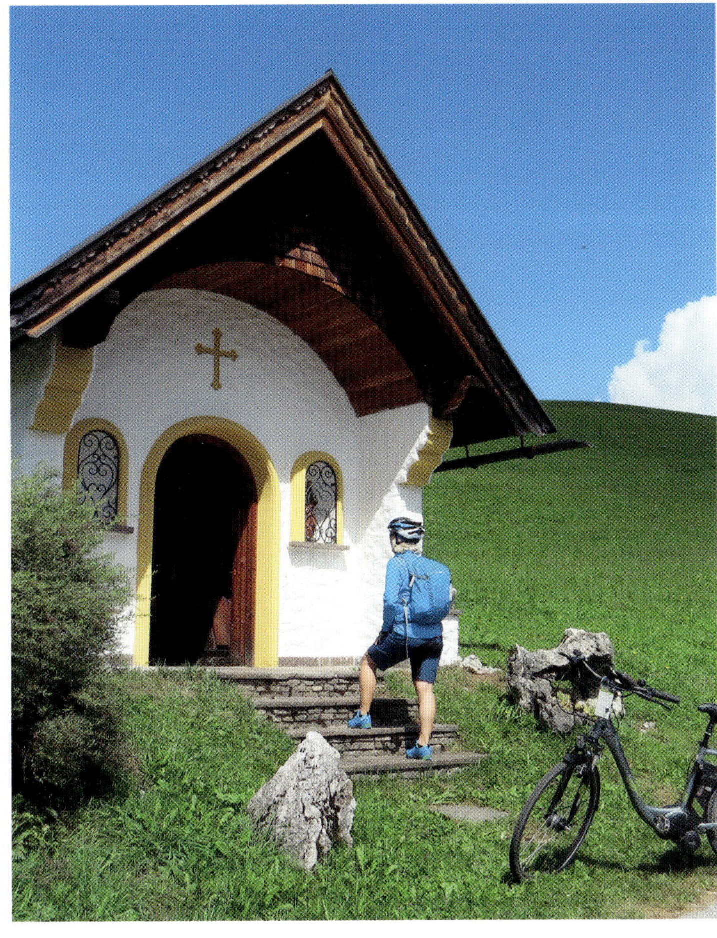

Stampfangerkapelle am Söller Bromberg.

Die beliebte deutsch-österreichische TV-Arztserie »Der Bergdoktor« spielt seit 2007 in Ellmau am Wilden Kaiser in Tirol. Der heimliche Star der Serie ist die grandiose Berglandschaft mit ihren wuchtigen Felswänden und bizarren Gipfeln. Warum sich nicht einmal mit dem E-Bike auf den Weg machen in die Dörfer und in die Berge zu den Drehorten? Allerdings sollte man nicht auf Tour gehen, wenn gerade gedreht wird oder Fan-Tage veranstaltet werden. Dann herrscht entweder zu viel Rummel oder interessante Orte sind weiträumig abgesperrt.

Unsere Bergdoktor-Runde startet am Kirchplatz in Going. Dort gibt es sogar eine kleine Infohütte mit vielen Details über den »Bergdoktor«. Außerdem steht neben dem Dorfbrunnen das schmucke Krämerhaus, das im Film den Gasthof Wilder Kaiser darstellt. Von Going geht es locker aufwärts ins Zentrum von Ellmau. Der Weg führt uns bis zur Kirche und weiter Richtung Hartkaiserbahn nach Faistenbichl. Gleich oben am kleinen Plateau das zweite Haus rechts ist die Praxis aus der Serie. Schon morgens um neun tummeln sich vor dem prächtigen Bauernhaus die Fans von »Dr. Martin Gruber«. Wir rollen wieder ein paar Meter zurück zur Talstation der Bergbahn und biegen ab in den Weißachgraben. Mehr als 700 Höhenmeter stehen an hinauf zum Hartkaiser. Es geht auf Asphalt und Schotter an sonnengegerbten Heuhütten und saftigen Almwiesen vorbei. Selbst mit Elektroantrieb kommt

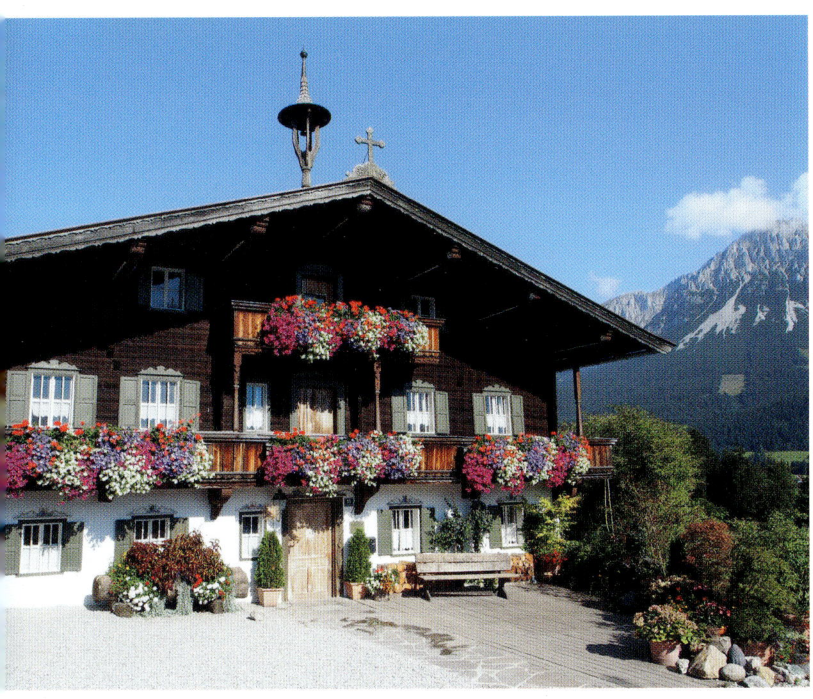

Die Film-Praxis des Bergdoktors in Ellmau.

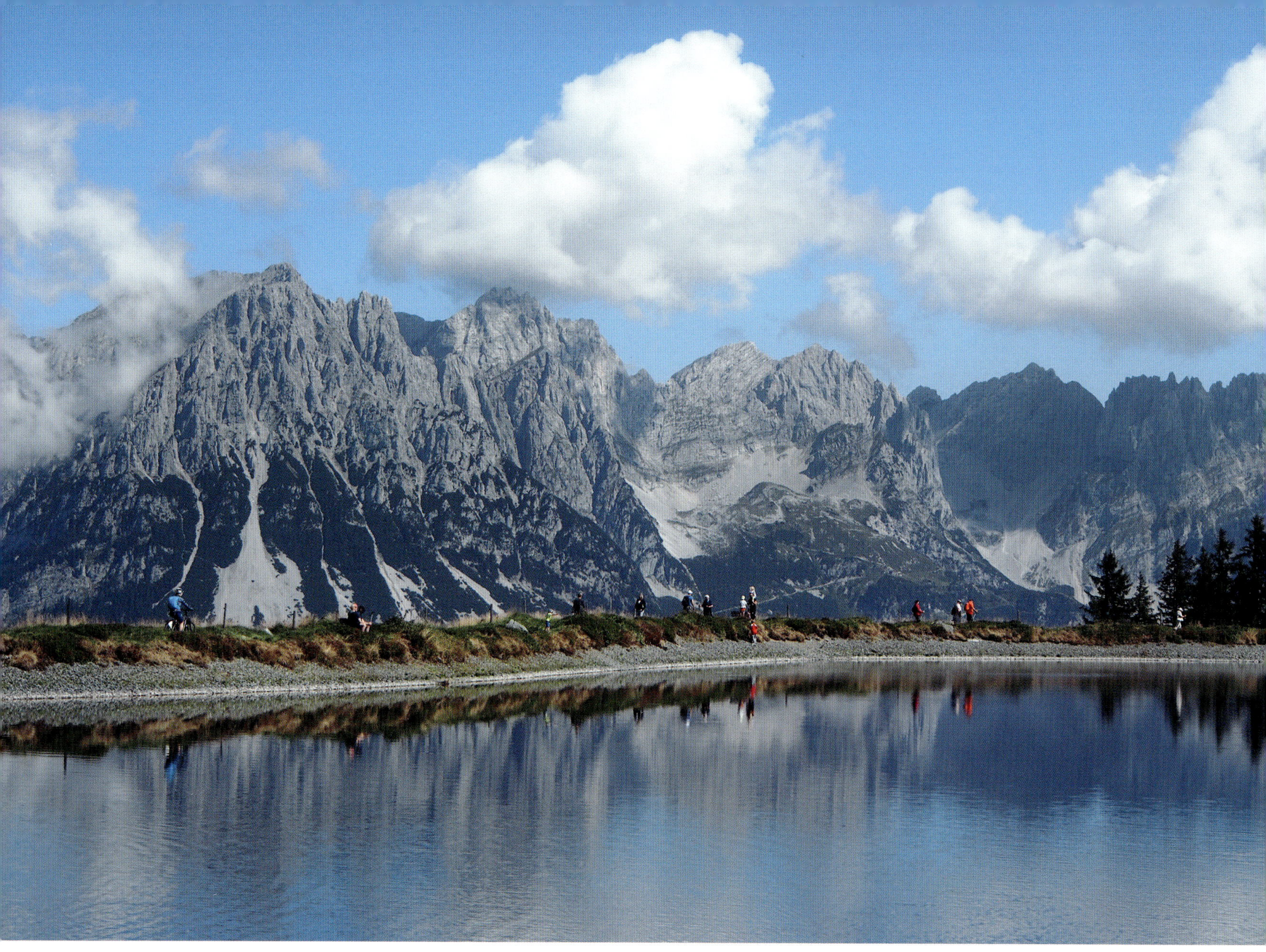

Die Wände des Wilden Kaisers als formatfüllende Kulisse.

man hier ins Schwitzen. Eine Rast bei der kleinen, urigen Ranhartalm sorgt für neue Energie. Sollte der Akku eine Aufladung benötigen, empfiehlt sich ein kurzer Abstecher zur Jochstub'n Alm. Der Blick zum Jochstub'n-See und zu den Felswänden des Kaisergebirges entschädigt für alle Mühe und Schweißtropfen. Die Route führt weiter über den Brandstadl zum Söller Bromberg und dort zum Alpengasthof Gruberhof. Hier wartet nicht nur eine weitere Akkuladestation, sondern auch eine exzellente Küche und ein herrlicher Blick hinüber zur Hohen Salve.

Auf dem kurvenreichen Weg ins Tal sollte man sich den Berghof Köpfing, das Wohnhaus der Bergdoktorfamilie nicht entgehen lassen. Aber, Vorsicht! Der Abstecher zum schmucken, uralten Bauernhaus erfordert etwas Fahrtechnik. Gegen einen Obulus darf man das Bauernhaus sogar besichtigen inklusive traumhafter Aussicht ins Tal. Viele Asphaltserpentinen führen hinunter zur Talstation Hochsöll, vorbei an der Stampfangerkapelle, wo auch schon Hansi Hinterseer drehte, und schließlich direkt ins Ortszentrum von Söll.

Stopp mit Blick auf Ellmau.

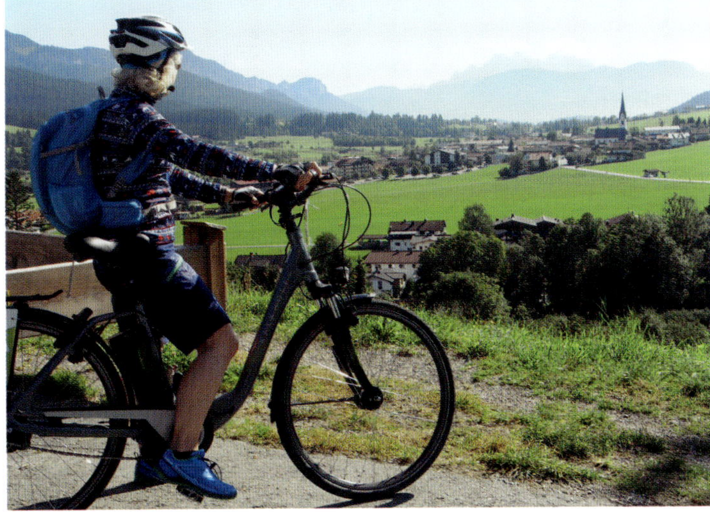

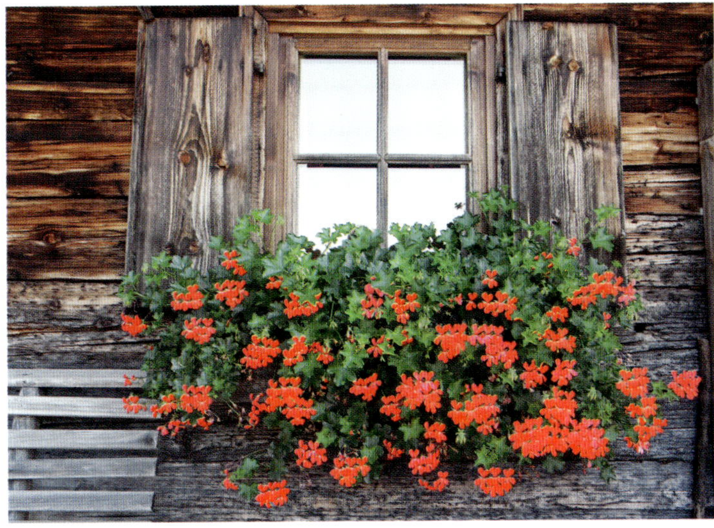

Der Blumenschmuck darf nicht fehlen.

Von dort folgen wir dem Radweg Richtung Scheffau und weiter nach Ellmau. Natürlich locken in all den Kaiser-Orten prächtige Gasthöfe zur ausgiebigen Pause in zünftiger Umgebung. Aber man kann auch im Bergdoktor-Ambiente speisen, denn im Gasthof Föhrenhof werden die Innenaufnahmen für das Film-Gasthaus »Wilder Kaiser« gedreht. Dazu biegt man zwischen Scheffau und Ellmau in den Ortsteil Auwald ab. Die Radwegschilder weisen schließlich den Weg zurück nach Ellmau und Going.

>>> ANFORDERUNG

36 km – 1150 hm – Tagestour schwer

>>> ROUTE

Going (Kirchplatz) – Ellmau (Kirche) – Faistenbichl (»Bergdoktor-Praxis«) – Talstation Hartkaiserbahn – Ranhartalm – Jochstub'n-See – Brandstadl – Alpengasthof Gruberhof – Abstecher Berghof Köpfing (»Bergdoktor-Wohnhaus«) – Talstation Hochsöll – Radweg Richtung Scheffau – Gasthof Blaiken – Bergbahn Scheffau – Radweg Richtung Ellmau – Abstecher Auwald Gasthof Föhrenhof (Innenaufnahmen Film-Gasthaus »Wilder Kaiser«) – Ellmauer Hof – Ellmauer Kaiserbad – Going

>>> BESTE ZEIT FÜR DIE TOUR

Juni bis Ende September

>>> E-BIKE-VERLEIH

Sport 2000 Fuchs, Alte Straße 3 in Ellmau, Tel. 0043-5358/2555, www.skifuchs.at
Going Sport, Dorfstr. 10 in Going, Tel. 0043-5358/3127, www.goingsport.at/sommer/rental

>>> GUT EINKEHREN

Gasthof Föhrenhof in Auwald/Ellmau, www.foehrenhof-ellmau.at
Berggasthof Jochstub'n, www.jochstubn.at;
Kummereralm (kleiner Abstecher vom Hartkaisergipfel), kummereralm.at

>>> KARTEN & LITERATUR

Kompasskarte WK9 »Kaisergebirge« 1:50 000

>>> ALLGEMEINE AUSKUNFT

Tourismusverband Wilder Kaiser, Dorf 35, A-6352 Ellmau, www.wilderkaiser.info

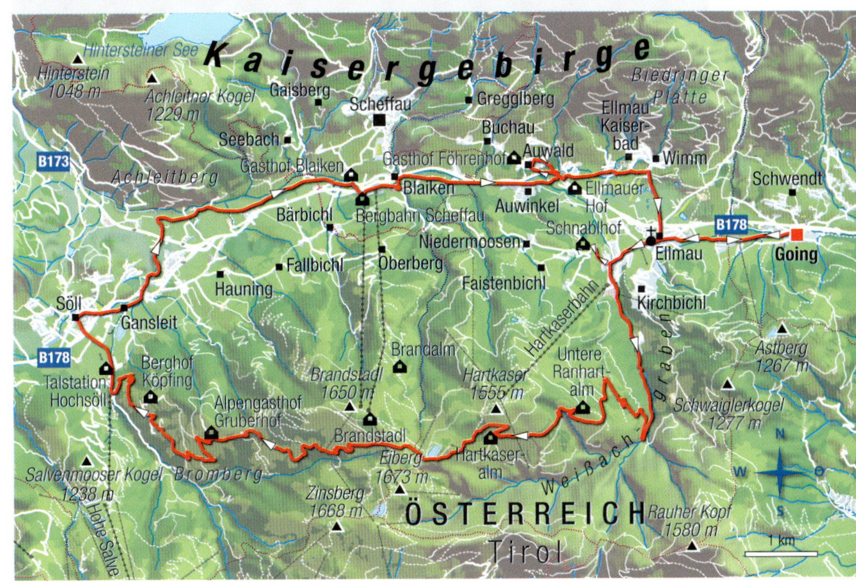

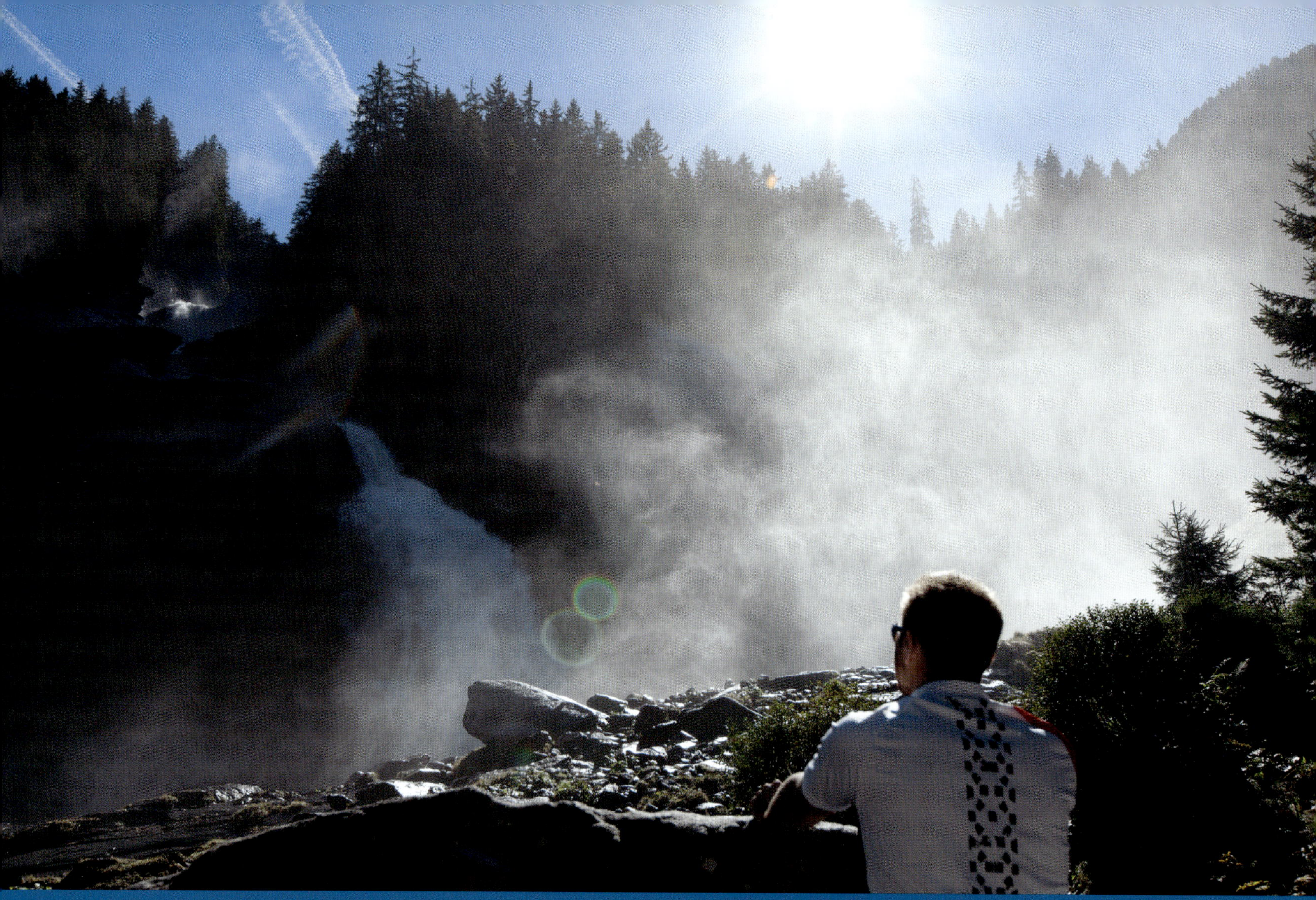

AM RANDE DER HOHEN TAUERN

Österreichs höchster Wasserfall, mächtige Felsmassive und Bilderbuch-Bauernhäuser säumen den Weg entlang der jungen Salzach.

15

e Krimmler Wasserfälle im
ttagslicht.

Diese Wasserfälle sind eine Berühmtheit in Österreich, durchschnittlich 500.000 Besucher strömen im Jahr in den Oberpinzgau. Selbst Gäste aus Übersee sieht man hier tagtäglich staunen über die Kaskaden und nass werden von der sprühenden Gischt. Mit einer Gesamtfallhöhe von fast 400 Metern stürzt die Krimmler Ache über drei Felsstufen ins Tal. Für dieses imposante Ziel lohnt sich auch eine längere Anreise, trotz des großen Andranges an manchen Tagen. So steht es schon im Reiseführer.
Wir starten am Bahnhof in Krimml, das ist die Endstation der Pinzgauer Lokalbahn, die auch gern Radler mitnimmt. Wer hier keine Lust hat für die drei Kilometer mit 150 Höhenmetern hinauf zu den Wasserfällen, der nimmt den Shuttle-Bus, andere nehmen den gekiesten Radweg jenseits des Gebirgsbaches. Denn die Krimmler Wasserfälle darf man keinesfalls verpassen. Für die kleine Wanderung direkt zu den Fällen (Radverbot!) sollte man mindestens eine Stunde Zeit einplanen und ein Schloss fürs E-Bike dabei haben. Danach erobern wir auf der sanft abfallenden Radroute das Salzachtal, eingebettet zwischen Kitzbüheler Alpen und dem Nationalpark Hohe Tauern. Der Weg orientiert sich an der Trasse des Tauernradweges und windet sich durch saftige Weiden

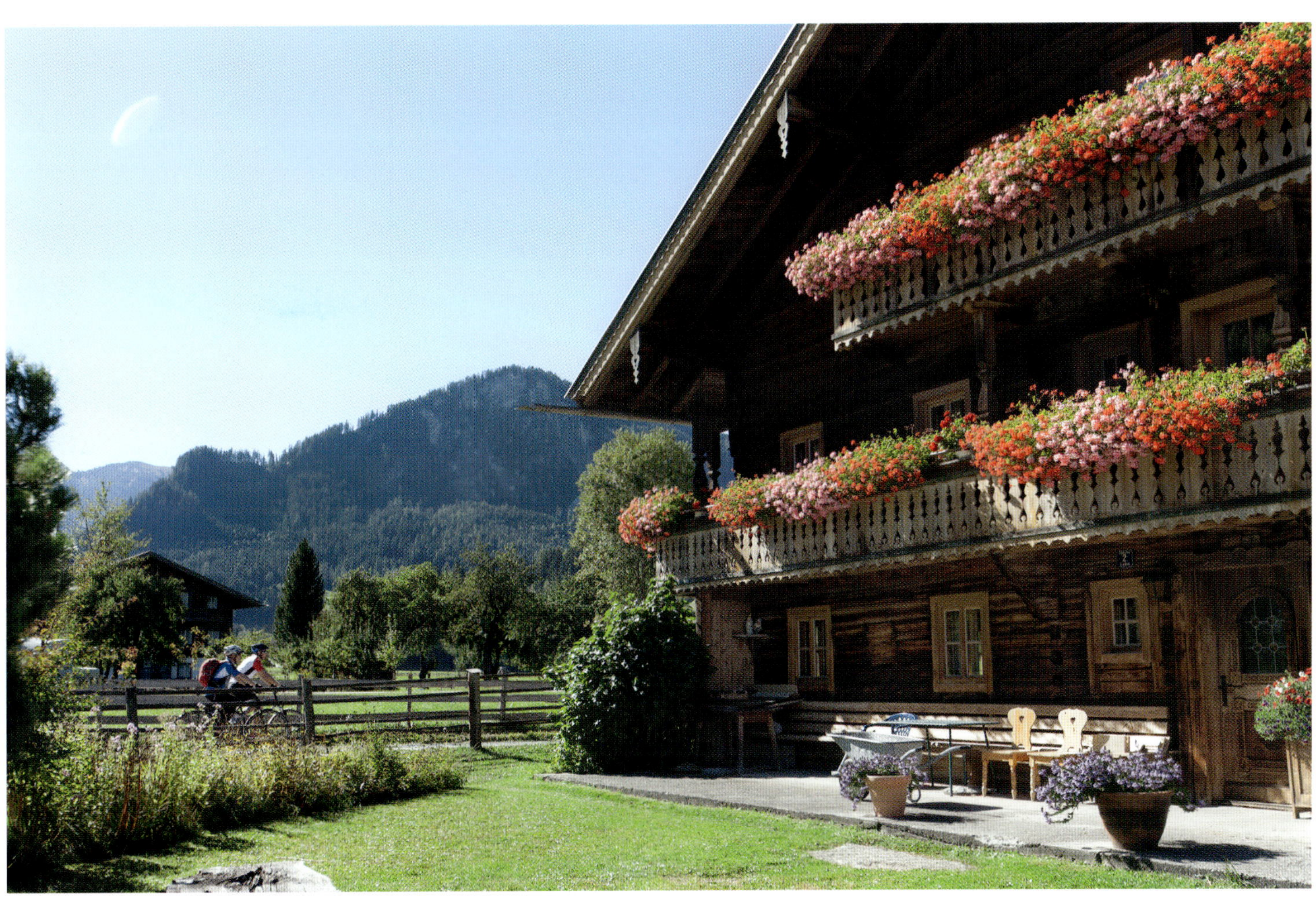

Kitschig-schön: alte Bauernhöfe im Oberpinzgau.

Und ganz oben blitzt der ewige Schnee der Hohen Tauern.

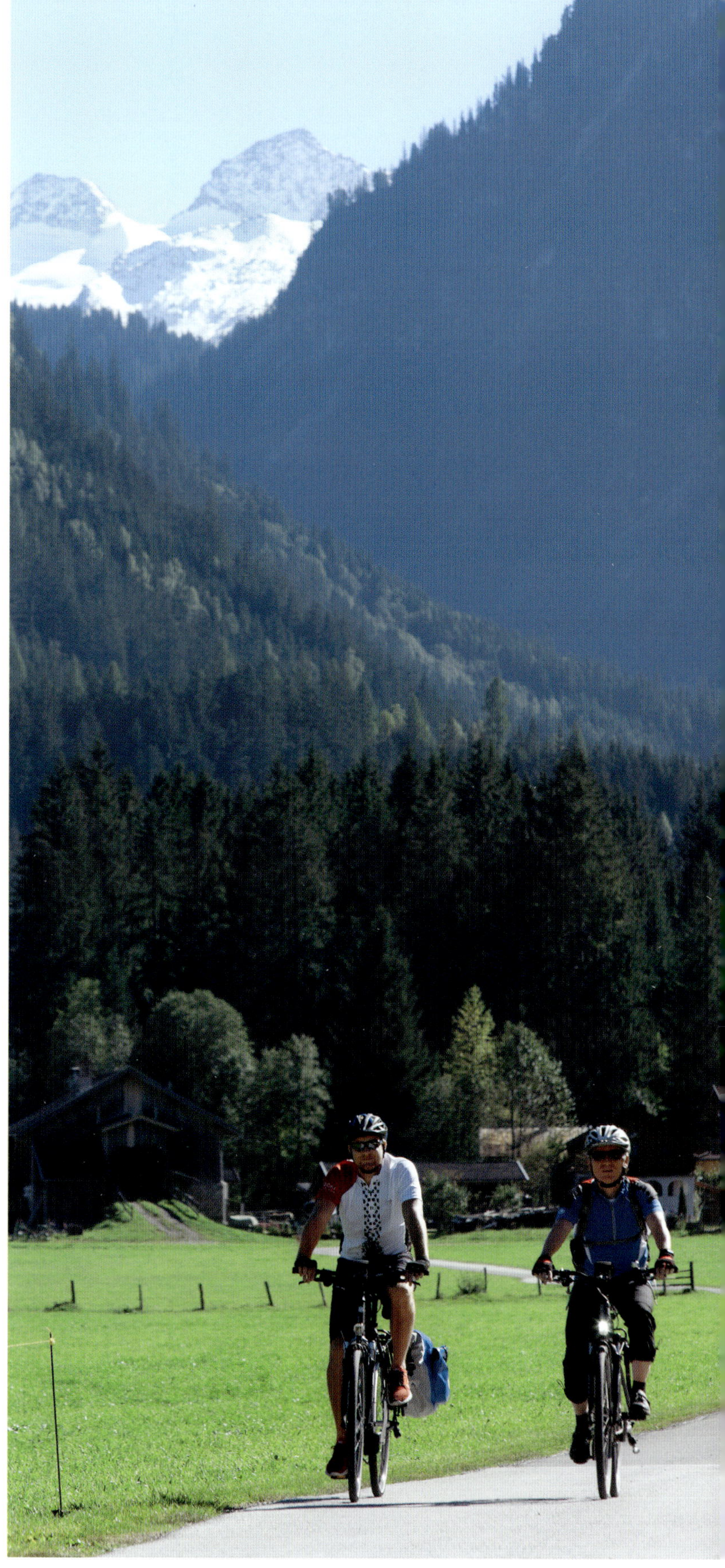

und kleine Wälder vorbei an prächtig herausgeputzten Bauernhöfen mit überbordendem Blumenschmuck – wie aus dem Wandkalender. Immer wieder überquert man die junge Salzach. Links und rechts in der Höhe blitzen die Gipfel der Zwei- und Dreitausender. Wer gern einen tieferen Einblick in Kultur und Geschichte der Region haben möchte, muss einen Stopp am Museum Bramberg einlegen. Untergebracht in einem alten Bauernhaus aus dem 13. Jahrhundert zeigt die Ausstellung, wie einst die Bauern und Handwerker zu Füßen des Wildkogels lebten und arbeiteten. Gänzlich anders präsentieren sich wenige Kilometer weiter östlich in Mittersill die Nationalparkwelten. Das Nationalparkzentrum ist ein modernes, interaktives Museum für die ganze Familie. In zehn Erlebnisstationen, vom Lawinen-Dom bis zur Gletscherwelt, die wie auf einer Wanderung durch den Nationalpark von einem Naturraum in den nächsten führen, lernt man die Vielfalt dieser Alpenregion kennen und verstehen.
Am Schloss Lichtenau vorbei geht es weiter nach Uttendorf, wo im prähistorischen Keltendorf ein Stück Geschichte festgehalten ist. Die Merkmale der frühen Bronzezeit bis hin zur Spätantike werden in den original nachgebauten Hütten gezeigt. Über Niedernsill und Piesendorf rollen wir nach Kaprun. Für einen willkommenen Wellness-Stopp sollte man sich hier das moderne Tauern-Spa im Hinterkopf behalten. Kurz vor Bruck verlassen wir das Salzachtal. Entlang der Trasse der Pinzgauer Lokalbahn gelangen wir schließlich an die Seepromenade nach Zell am See.

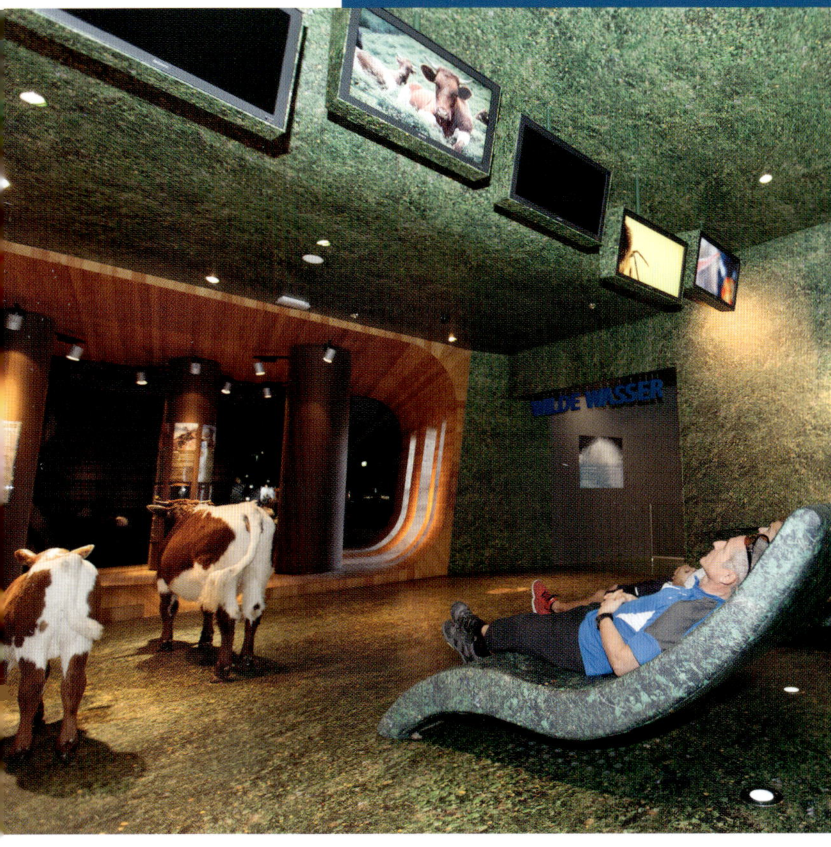

Das Nationalparkzentrum in Mittersill ist ein modernes Museum.

>>> ANFORDERUNG

65 km – 770 hm – Tagestour mittel

>>> ROUTE

Vorderkrimml – Krimmler Wasserfälle – Vorderkrimml – Neukirchen – Bramberg am Wildkogel – Hollersbach – Mittersill – Uttendorf – Niedernsill – Kaprun – Zell am See. Radfahrer folgen den grünen Schildern des Tauernradweges.

>>> BESTE ZEIT FÜR DIE TOUR

Mai bis Ende September

>>> E-BIKE-VERLEIH

Fahrrad-Center Zell am See, Kitzsteinhornstraße 1, A-5700 Zell am See-Schüttdorf, www.fahrrad-center.at

>>> TRANSPORT

Die Pinzgauer Lokalbahn bringt Radwanderer vom Bahnhof Zell am See bis nach Krimml. www.pinzgauerlokalbahn.at

>>> SEHENSWERT

Nationalparkwelten in Mittersill, www.nationalparkzentrum.at
Museum in Bramberg, www.museumbramberg.at

>>> KARTEN & LITERATUR

Kompasskarte WK29 »Kitzbüheler Alpen«, 1:50 000 und WK38 »Venedigergruppe – Oberpinzgau« 1:50 000

>>> ALLGEMEINE AUSKUNFT

Zell am See-Kaprun Tourismus, Brucker Bundesstr. 1a, A-5700 Zell am See, Tel. 0043-6542/770, www.zellamsee-kaprun.com, krimml-wasserfalldorf.at

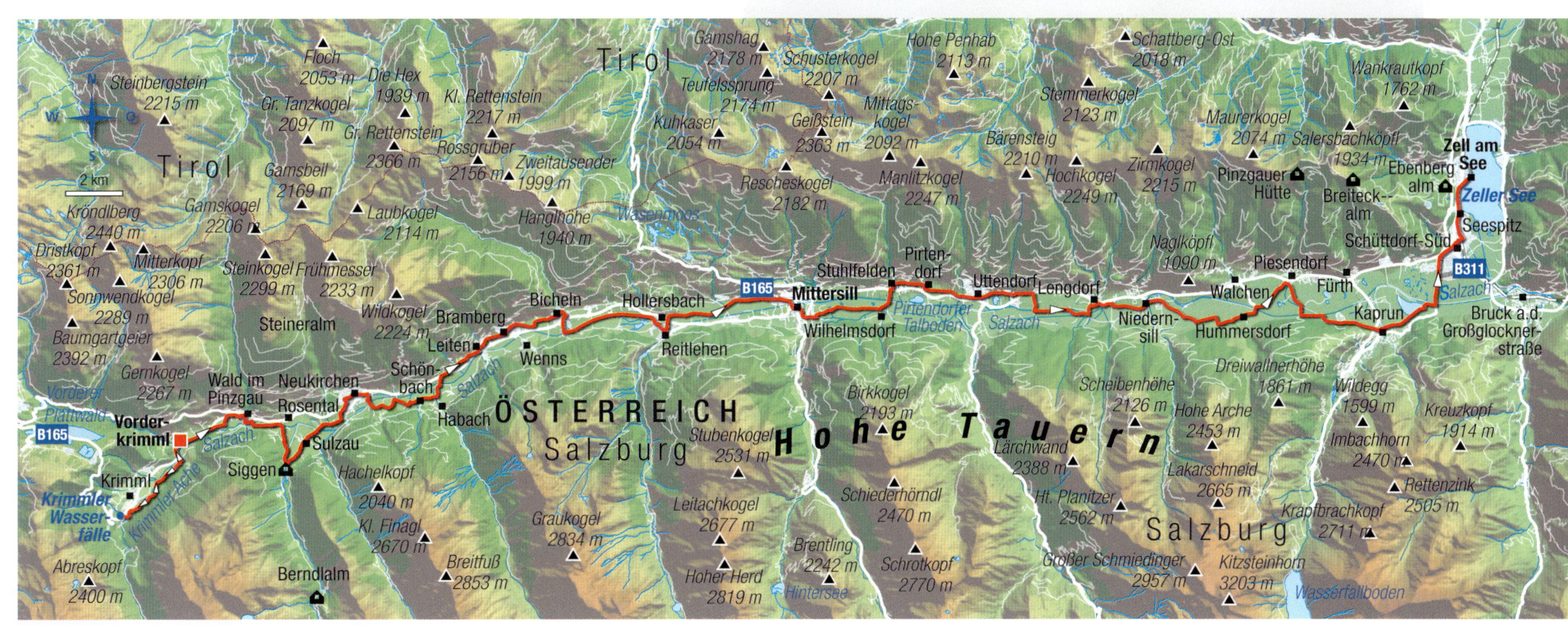

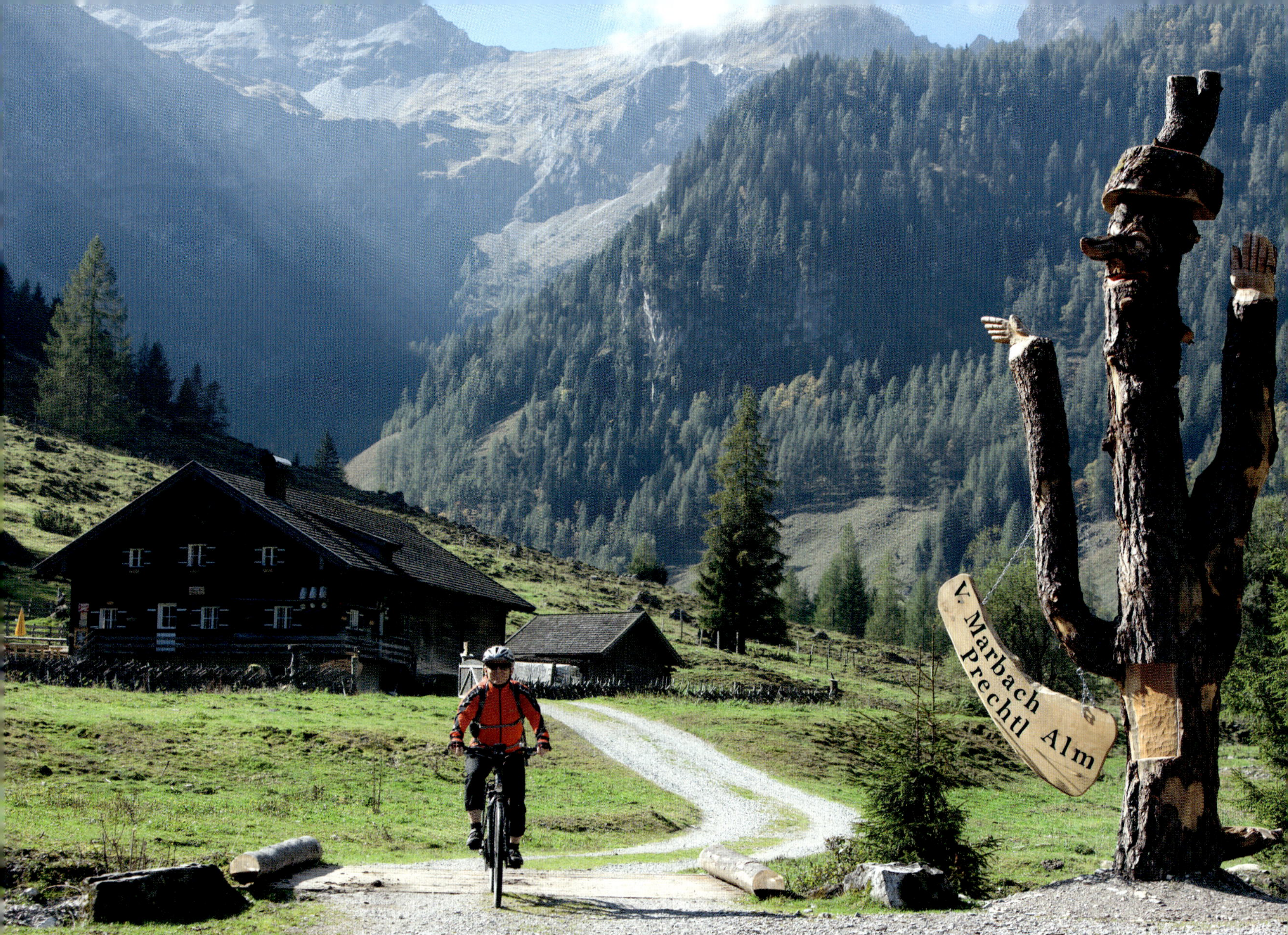

ZUR BILDERBUCHALM

Eine spannende Bergfahrt als alpiner Tagesausflug oder als Schnuppertour für eine Radreise auf dem Ennsradweg.

16

e Marbachalm liegt schon mitten der Bergwelt der Niederen Tauern.

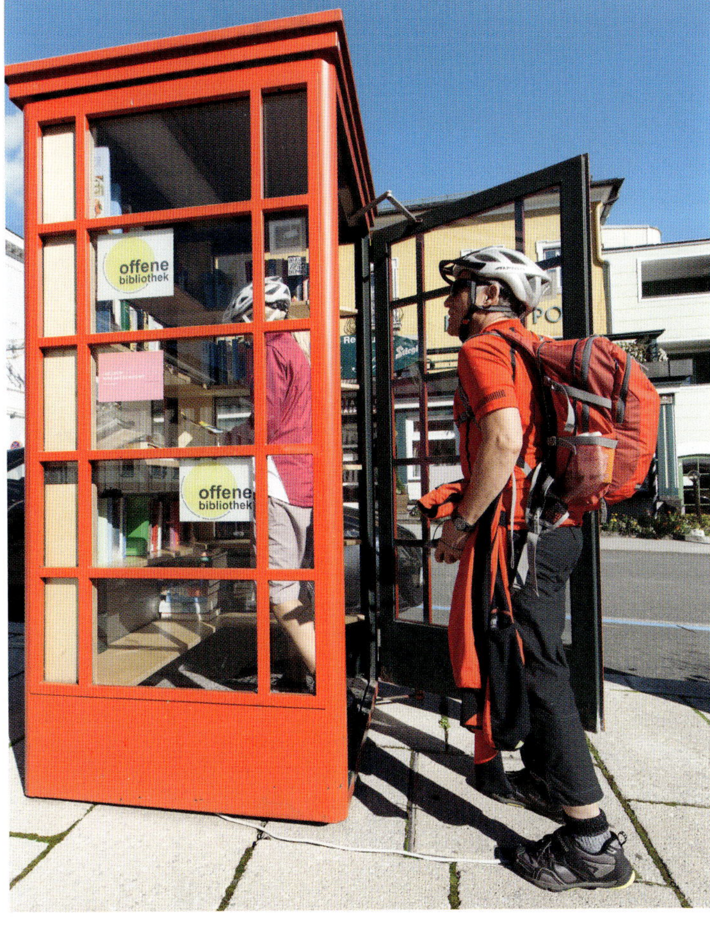

Gute Idee: öffentliche Mini-Bibliothek im Zentrum von Radstadt.

Der Name täuscht etwas. Radstadt hat nichts mit »Fahrradstadt« zu tun, auch wenn hier z. B. der 260 Kilometer lange Ennsradweg durchführt, eine der landschaftlich schönsten und jüngsten Flusswanderrouten Österreichs. Radstadt wurde bereits im frühen Mittelalter als Rastat oder Radestat erwähnt, was so viel wie Raststätte oder Pausenort für Fuhrleute bedeutete. Angenehm Pause machen kann man im historischen Städtchen mit seinen Schlössern, Kirchen und Türmen heute immer noch, etwa genüsslich im Kaffeehaus am alten Stadtplatz sitzen. Aber nach dem Cappuccino geht's dann los in Richtung der mächtigen Bergkulisse, die sogar Radstädter Tauern heißen. Die ersten Kilometer führt uns der Radweg flach bis sanft bergauf, meist in der Nähe des Flusses, der hier noch ein Flüsschen ist. Wir rollen mitten durch Altenmarkt mit seinen mächtigen alten Bauernhäusern und einem sehenswerten Heimatmuseum. Das urige »Hoamathaus« wurde bereits um 1408 errichtet und diente ursprünglich als Unterkunft für die Bergknappen, die in dieser Umgebung, vor allem in Flachau, Erz abbauten. Danach unterqueren wir mehrmals die Tauernautobahn auf dem Weg nach Reitdorf und zum Ski-Weltcuport Flachau, der Heimat des »Herminators«, von Ex-Skisuperstar Hermann Maier, nach dem hier sogar ein Platz benannt ist. Langsam verengt sich das Tal, die hohen Berge der Niederen Tauern rücken näher. Im Örtchen Flachauwinkl ist schließlich der Startpunkt des Ennsradweges erreicht. Nun wird's idyllischer, es geht durchs Marbachtal hinauf in die Berge.

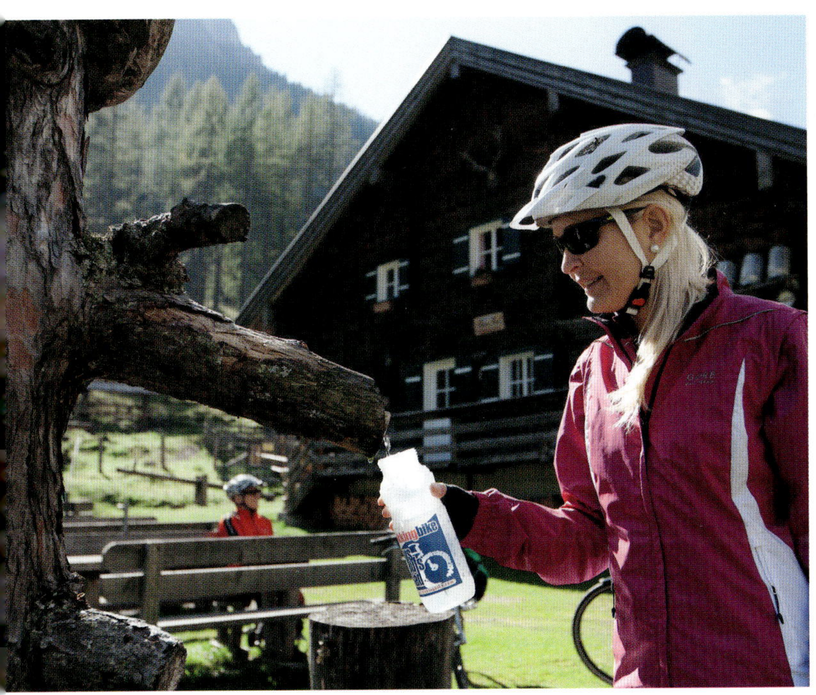

Frisches Bergwasser für die Trinkflasche.

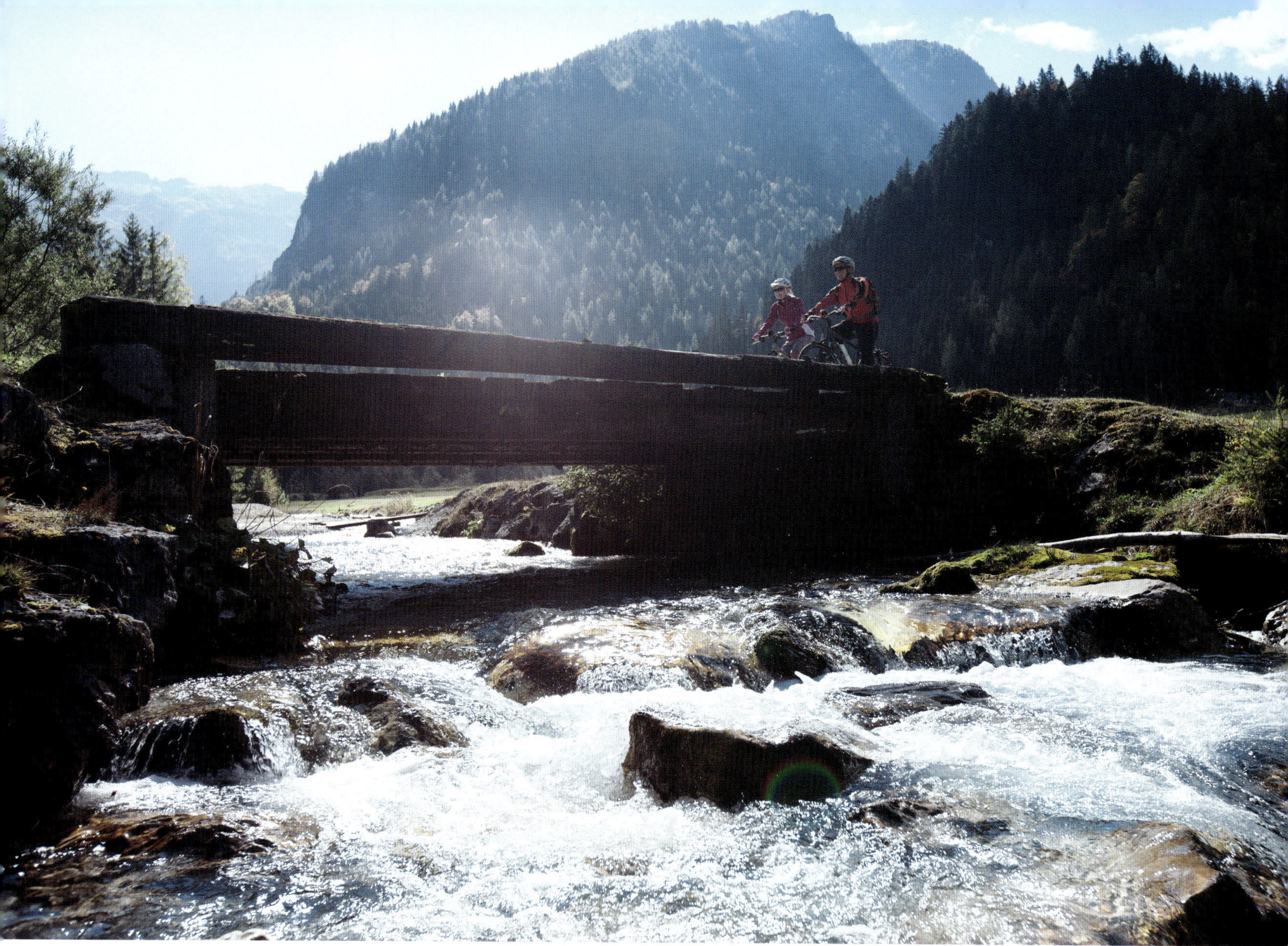

Mit Schwung über den Marbach bei Flachauwinkl.

Saftige Almwiesen und plätschernde Bäche begleiten uns bei der Auffahrt. Das Asphaltsträßchen geht über in einen Schotterweg. Zugegeben, die letzten Schotterkilometer durch den schattigen Bergwald sind recht ruppig und erfordern etwas mehr Motorunterstützung an den Steilpassagen. Aber umso schöner ist dann das Bilderbuch-Panorama und die Einkehr in der urigen Prechtlhütte auf der Vorderen Marbachalm. Selbstverständlich gibt's dort Leckeres aus hauseigener Produktion, vom Bauernbrot bis zum Bergkäse, vom Bio-Ei bis zum Obstschnapserl. Immerhin war die Prechtlhütte vor einigen Jahren auch Alm des Jahres im Salzburger Land. Und das lag nicht nur am schönen Ambiente und der grandiosen Landschaft, sondern auch an der regionalen Kost und der herzlichen Bedienung beim »Prechtlbauer«. Wer noch näher an die Zweitausender heran möchte, kann noch ein paar hundert Meter bergauf fahren oder besser gesagt rumpeln. Der Bergweg zu weiteren Almhütten und an den Fuß der Felswände zeigt sich nämlich ziemlich holprig. Der Rückweg ist dann wieder der Anfahrtsweg. So rollen wir nach einer deftigen Almjause wieder gemütlich zurück hinunter ins Tal der Enns.

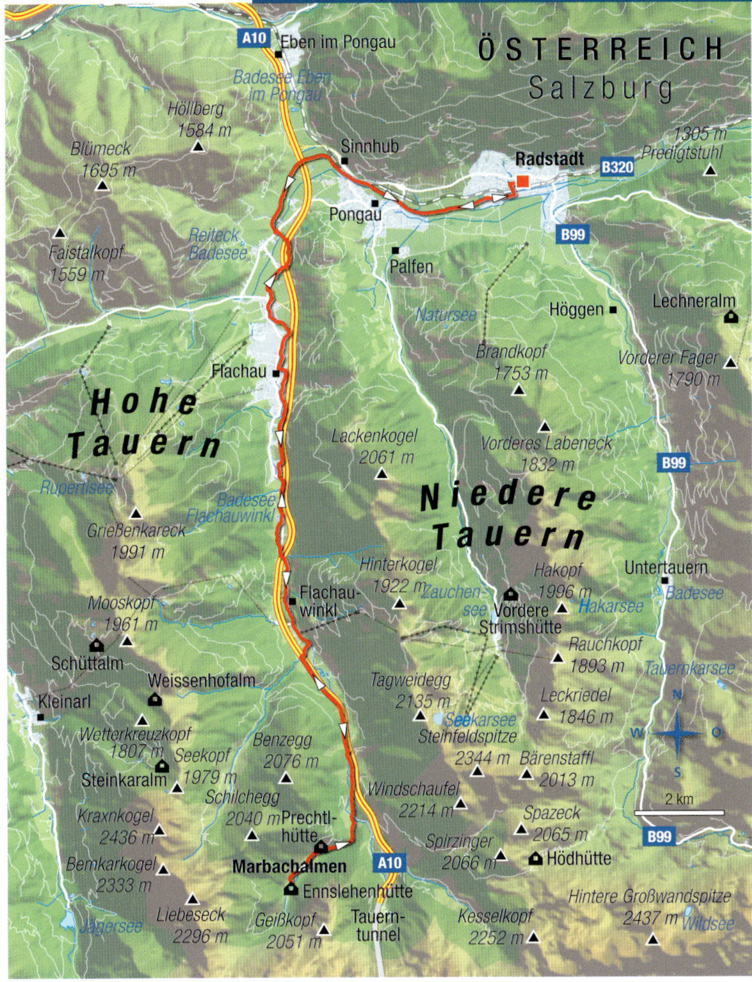

>>> ANFORDERUNG

50 km – 750 hm – Tagestour mittel

>>> ROUTE

Auf dem beschilderten Ennsradweg von Radstadt nach Altenmarkt, Reitdorf und Flachau bis Flachauwinkl. Weiter auf beschilderter Route bis zur Marbachalm (Prechtlalm). Auf dem Anfahrtsweg wieder zurück nach Radstadt.

>>> BESTE ZEIT FÜR DIE TOUR

Juni bis Ende September

>>> E-BIKE-VERLEIH

Wellnesshaus Reichelt und **Intersport Rappl** in Radstadt,
www.haus-reichelt.at/e-bike-verleih
www.rappl.at/intersport/de/bike/rad-verleih

>>> GUT EINKEHREN

Prechtlhütte auf der Vorderen Marbachalm, www.prechtlhof.at

>>> ANGENEHM ÜBERNACHTEN

Aparthotel Taxerhof in Radstadt, www.taxerhof.at

>>> KARTEN & LITERATUR

Kompasskarte WK31 »Radstadt, Schladming, Flachau«, 1:50 000

>>> ALLGEMEINE AUSKUNFT

Tourismusverband Radstadt, www.radstadt.com
www.steiermark.com/de/ennsradweg
Tourismusverband Flachau, www.flachau.com

Päuschen am Heimatmuseum in Altenmarkt.

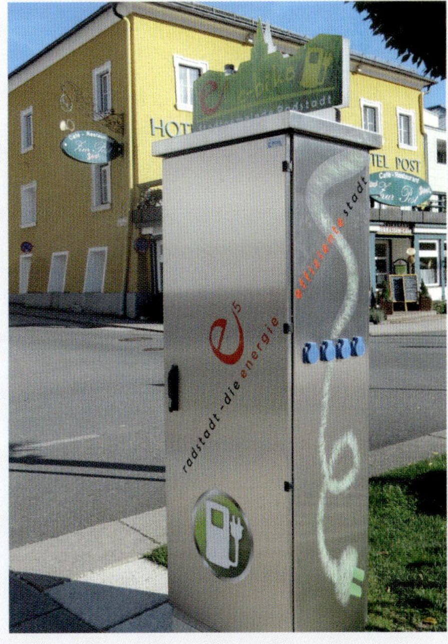

Elektrotankstelle im Ennstal.

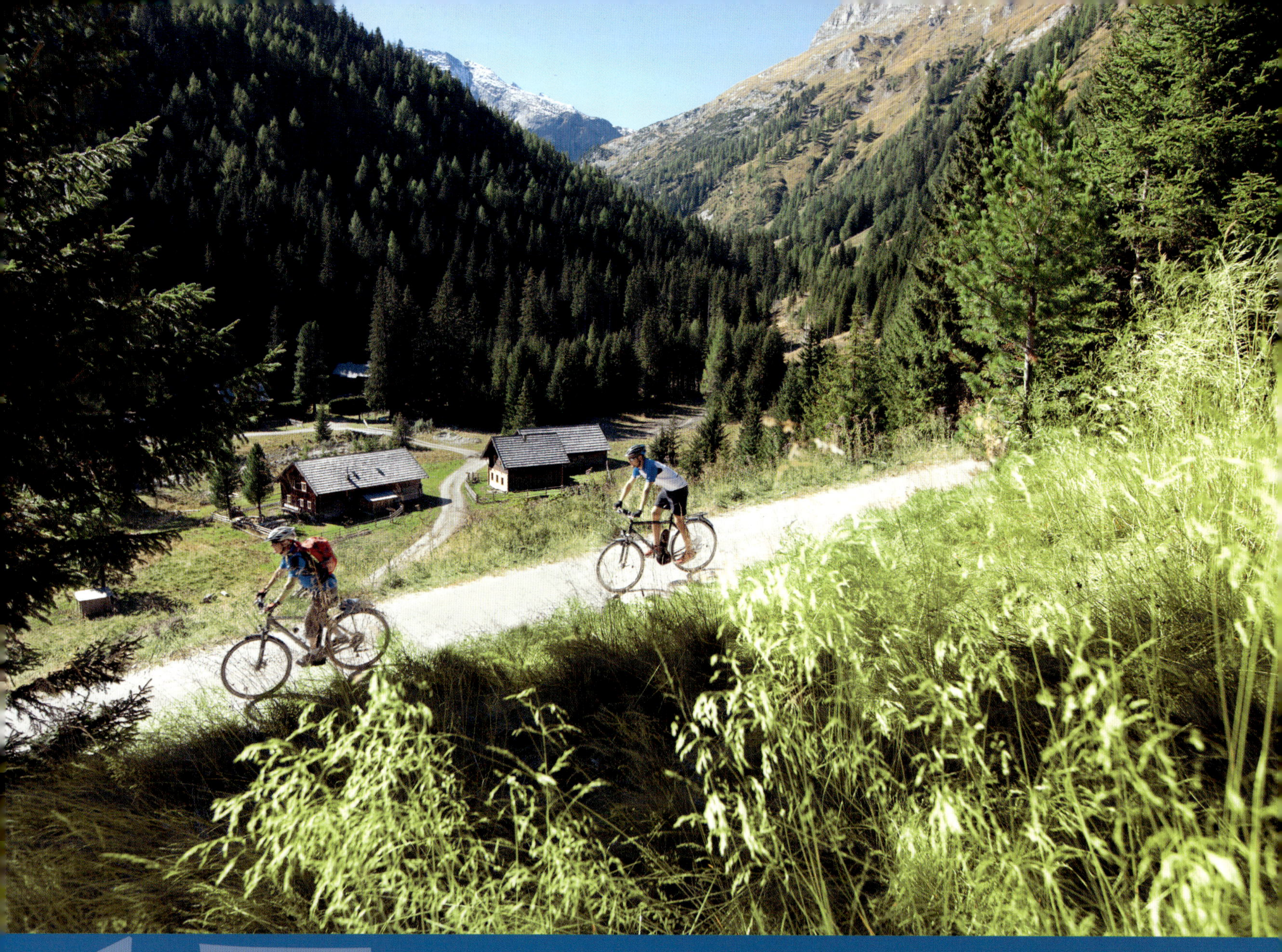

17

BERGHAUS MIT LADESTATION

Vom UNESCO-Biosphärenreservat Lungau an der jungen Mur entlang hinauf in die lieblichen Bergtäler des Nationalparks Hohe Tauern.

'gidylle am Rande des
tionalparks Hohe Tauern.

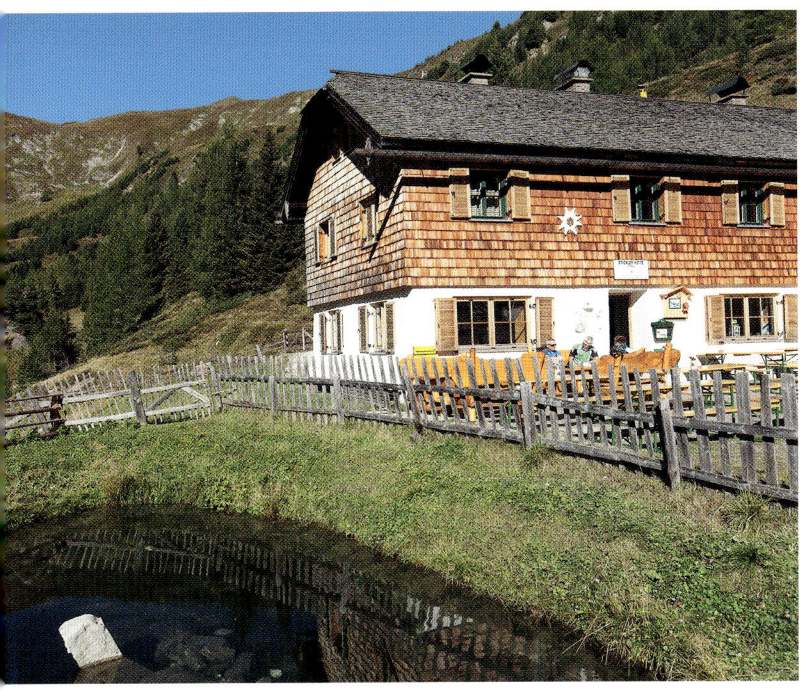

Unweit der Sticklerhütte entspringt die Mur.

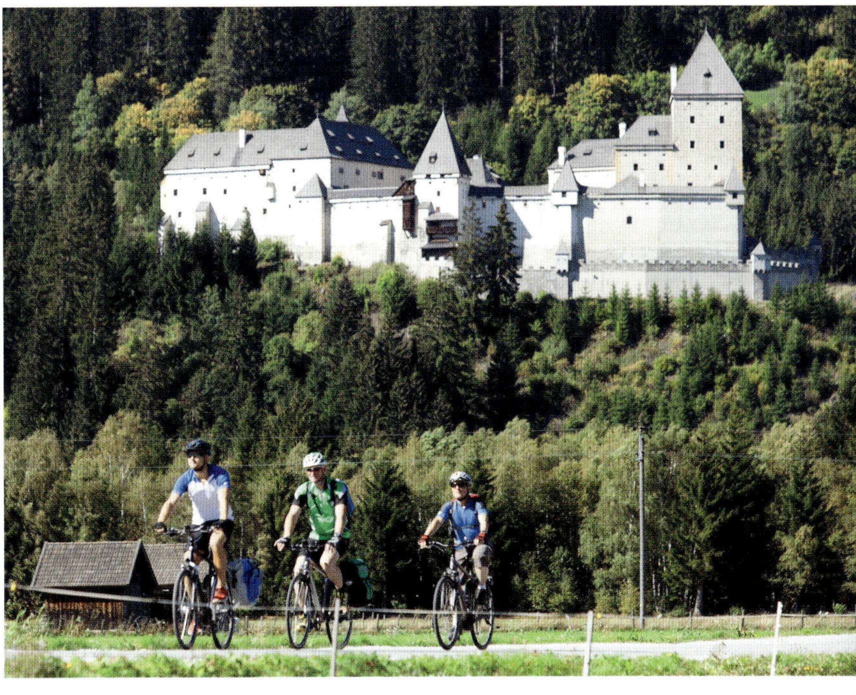

Schloss Moosham thront über dem Murtal bei St. Michael.

Der Lungau im Salzburger Land und das angrenzende Krakautal in der Steiermark gelten als höchstgelegene E-Bike-Region Österreichs. So behaupten es zumindest die Marketingstrategen. In den Hochtälern um St. Michael und Mauterndorf gibt's viele Radwege, fast 600 Kilometer E-Bike-taugliche Bergwege und unzählige Miet- und Ladestationen. Und hier beginnt auch eine der beliebtesten Radrouten Österreichs, der Murradweg, der auf über 450 Kilometer bis weit nach Slowenien hinein führt. Allerdings starten die meisten Radtouristen ihre Reise erst in St. Michael und verpassen dabei einen der attraktivsten Alpenabschnitte, den Weg zur Murquelle, besser gesagt, zur Sticklerhütte im Nationalpark Hohe Tauern. Klassische Tourenradler lassen den Abstecher ins Hochtal bewusst aus, weil ihnen die Auffahrt zu steil ist. Aber mit elektrischem Rückenwind bereitet der gut zu befahrende Bergweg keine konditionellen Probleme.

Wer noch etwas gemütlich einrollen möchte, der startet seinen Bergausflug nicht in Muhr, sondern schon in St. Michael, dem Feriendorf am Fuße des Katschberges. Dort hat sich die Mur schon recht ausgebreitet auf ihrem Weg nach Südosten. Der Weg flussaufwärts windet sich vorerst nur sanft steigend durch den Murwinkel Richtung Nationalpark Hohe Tauern, durch eine liebliche Alpenlandschaft, die zu Recht zum UNESCO Biosphärenreservat Lungau ernannt wurde. Im Dörfchen Muhr lohnt sich auf jeden Fall ein kleiner Stopp, schon allein wegen der vielen blumengeschmückten Holzhäuser. Hier beginnt ja auch offiziell die alljährliche Tour de Mur, das 300 Kilometer lange Volksradeln entlang der Mur bis nach Bad Radkersburg an der slowenischen Grenze. Aber wir schlagen von der Nationalparkgemeinde die andere Richtung ein. Schon bald hinter dem Ort windet sich das Sträßchen über Serpentinen durch Almen und liebevoll gepflegte Weiler. Vorbei an kleinen Stauseen

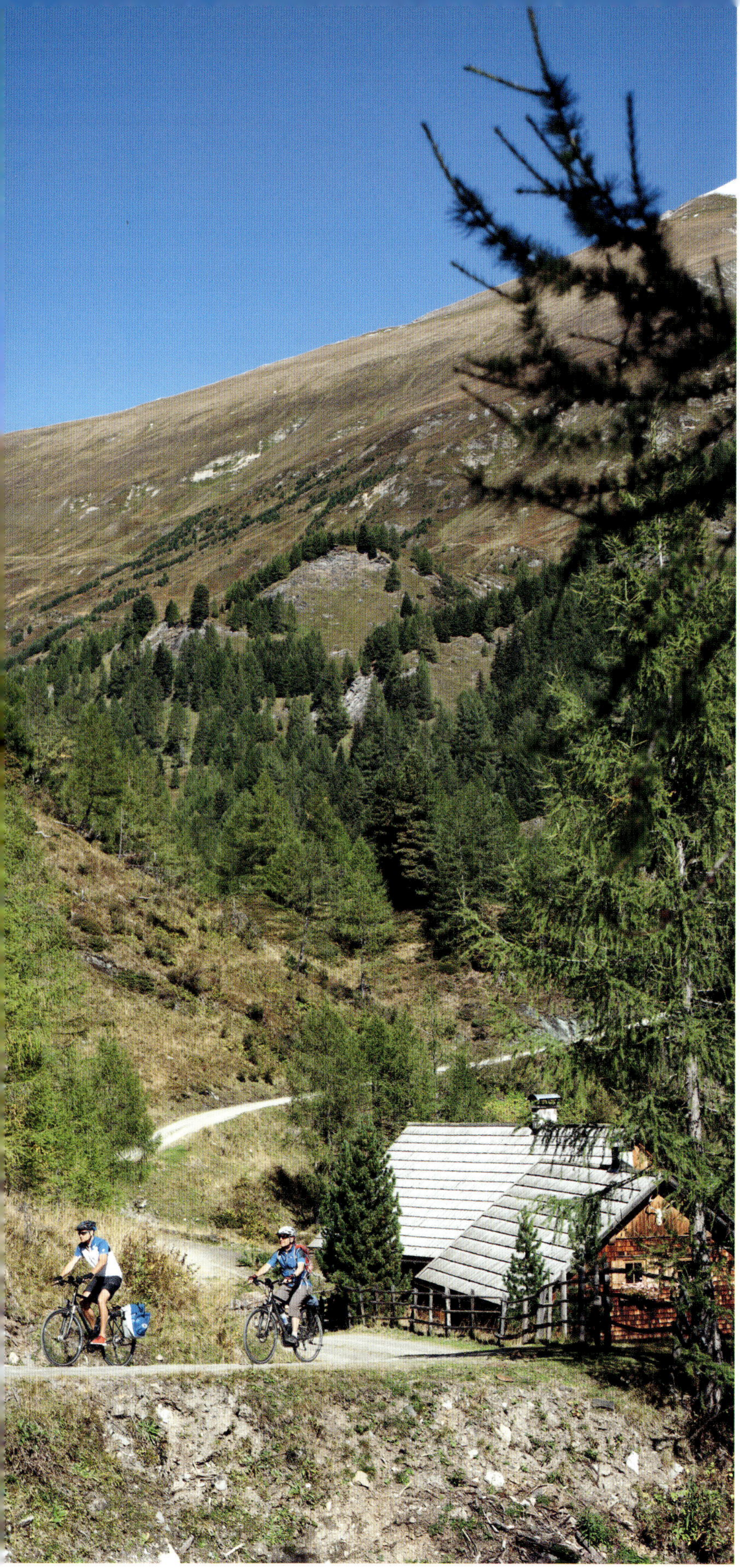

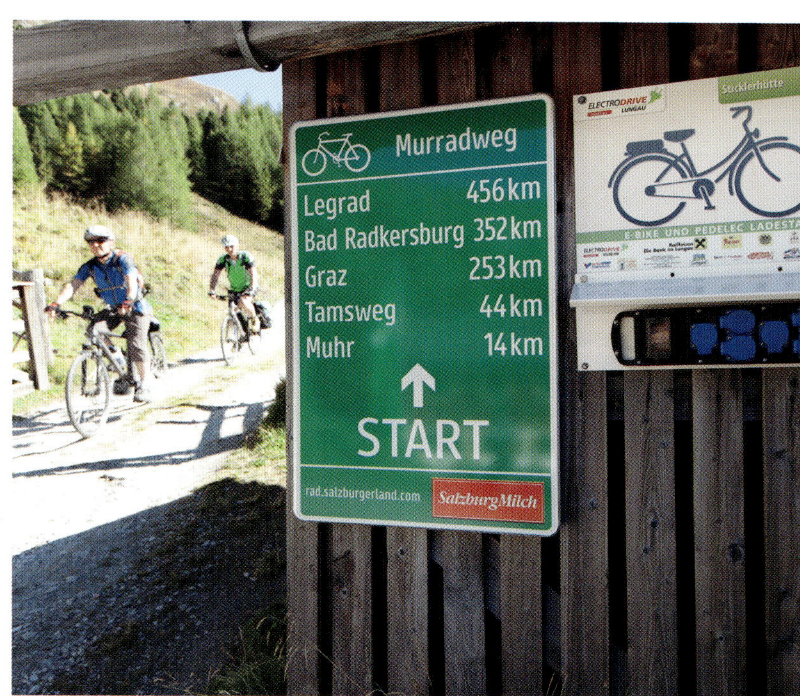

Ladestation auf 1750 Meter Höhe.

Abfahrt zwischen Almen und Jagdhäusern.

und einzelnen Bauernhöfen geht es in den Bergwald. Ab Arsenhaus dürfen dann keine Autos mehr fahren, zumal es auch nur noch auf einem Schotterweg weiter bergauf geht. Zwischen mächtigen Zweitausendern plätschert am Wegesrand die Mur, hier noch als kleiner Gebirgsbach. Über eine Felswand donnert ein Wasserfall – mindestens 70 Meter hoch. Auf 1750 Meter Höhe wartet schließlich die Sticklerhütte, ein stattliches Bilderbuch-Berghaus mit Holzschindeln verkleidet, mit kleinem Teich und Schäfchen im Gehege, mit großer Sonnenterrasse und hölzernem Brunnentrog. Und ganz modern – mit einer Akku-Ladestation. Wahre Naturfans übernachten gleich hier oben im wunderschönen Hochtal. Und wer es dann wirklich wissen will, nimmt die letzten Höhenmeter zu Fuß in Angriff und wandert noch etwa eine Stunde bis zur Murquelle auf knapp 1900 Meter Höhe am Ende des Hochtales. Danach schmeckt die deftig-leckere Lungauer Bergkost, wie Kaspressknödel und Lammbraten mit Kren, gleich doppelt gut. Die Rückfahrt von der Sticklerhütte führt dann bis auf einen winzigen Gegenanstieg nur noch bergab. Hierbei sind dann zumindest gute Bremsen gefragt.

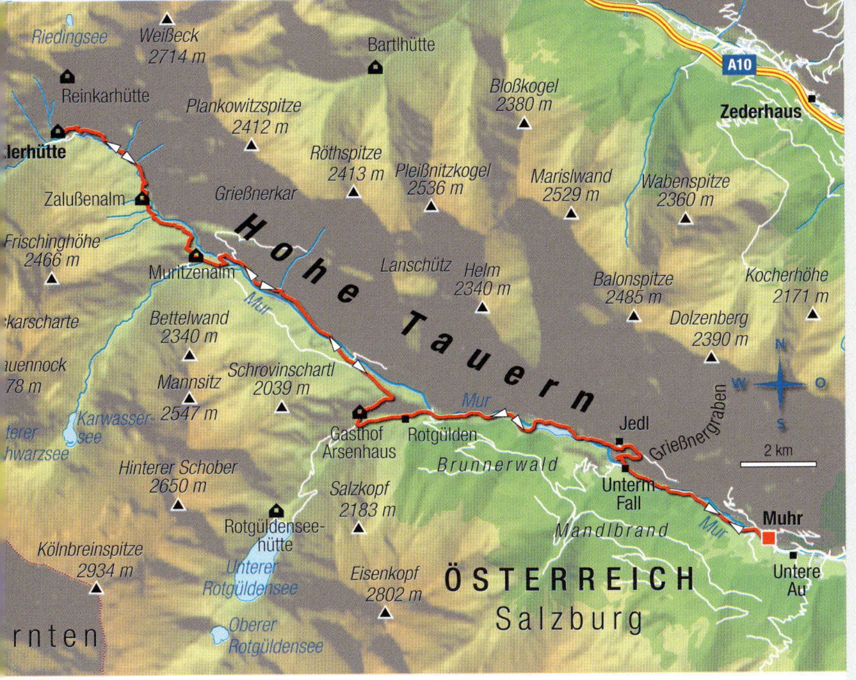

>>> ANFORDERUNG

29 km – 890 hm – Tagestour mittel

>>> ROUTE

St. Michael im Lungau – Muhr – Jedl – Arsenhaus – Muritzenalm – Sticklerhütte (auf dem Anfahrtsweg wieder zurück)

>>> BESTE ZEIT FÜR DIE TOUR

Juni bis Ende September

>>> E-BIKE-VERLEIH

Sport Friedrich und **Sport Rest** in St. Michael im Lungau

>>> GUT EINKEHREN

Sticklerhütte (geöffnet Anfang Juni bis Ende September), Alpenvereinshaus des OeAV auf 1750 m, www.alpenverein.at/sticklerhuette

>>> ANGENEHM ÜBERNACHTEN

Alpengasthof Jedl in Muhr, www.muhr-tourismus.at;
Sylpaulerhof in St. Michael, www.sylpaulerhof.com

>>> KARTEN & LITERATUR

Kompasskarte WK67 »Lungau – Radstädter Tauern«, 1:50 000

>>> ALLGEMEINE AUSKUNFT

Tourismusverband Muhr, Muhr 5, A-5583 Muhr,
www.muhr-tourismus.at, www.lungau.at, www.murradweg.com/de

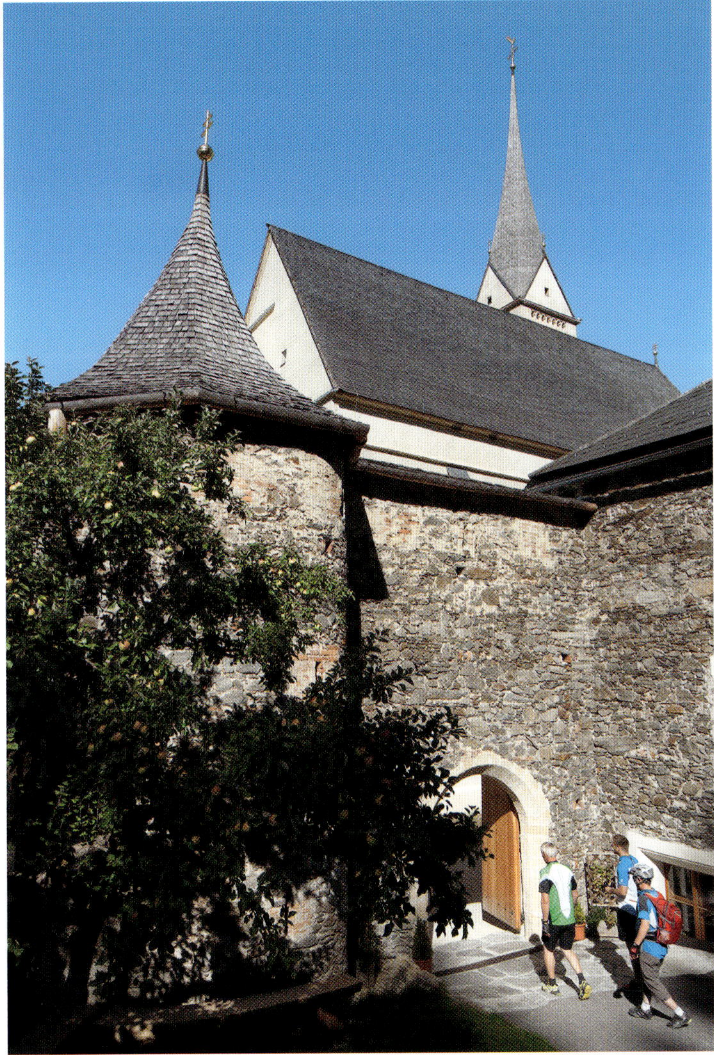

Wallfahrtskirche St. Leonhard bei Tamsweg.

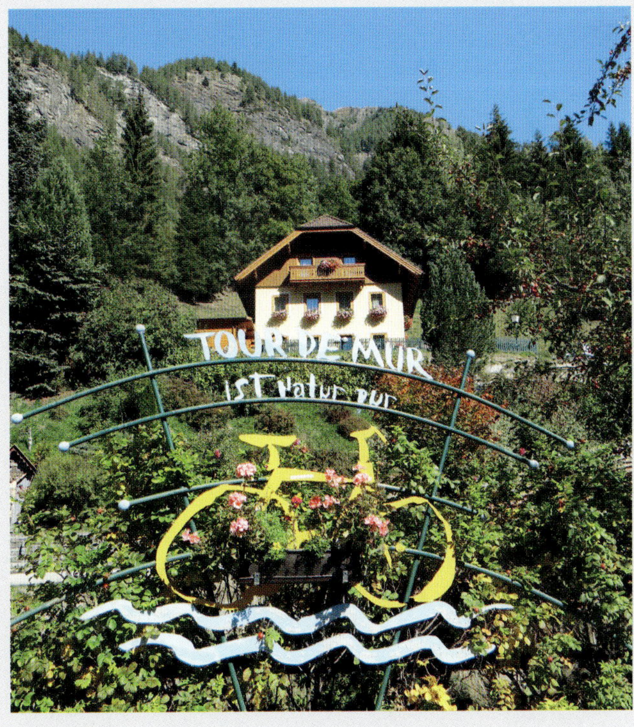

In Muhr beginnt die »Tour de Mur«.

ALPENCROSS FÜR GENIESSER

Der Alpe-Adria-Radweg von Salzburg nach Grado ist eine Alpenüberquerung auf die sanfte Tour. Anspruchsvolle Passfahrten muss hier keiner fürchten.

18

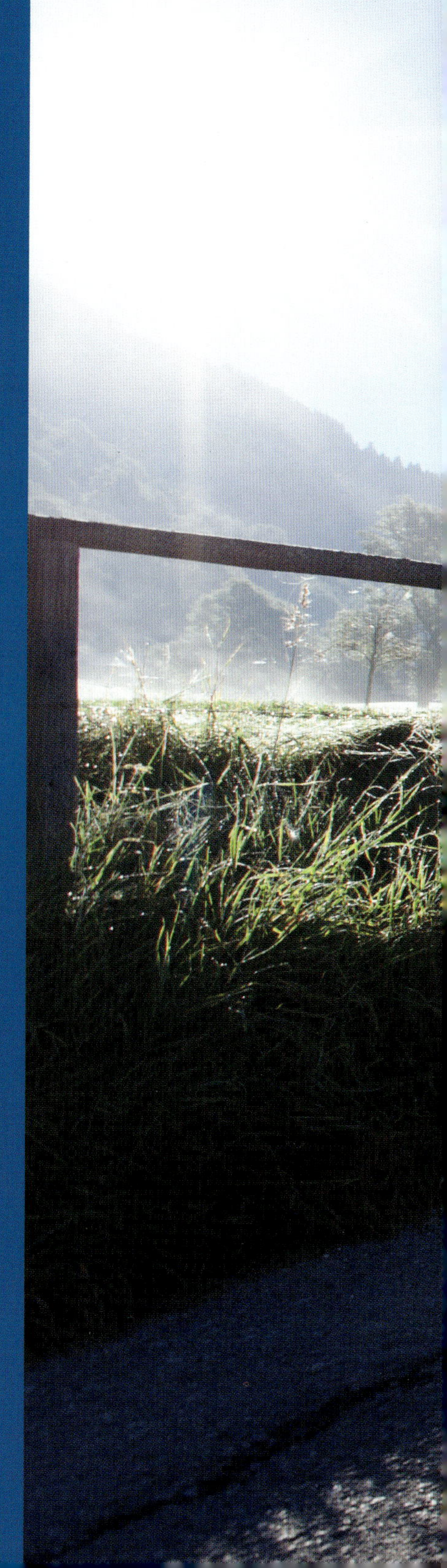

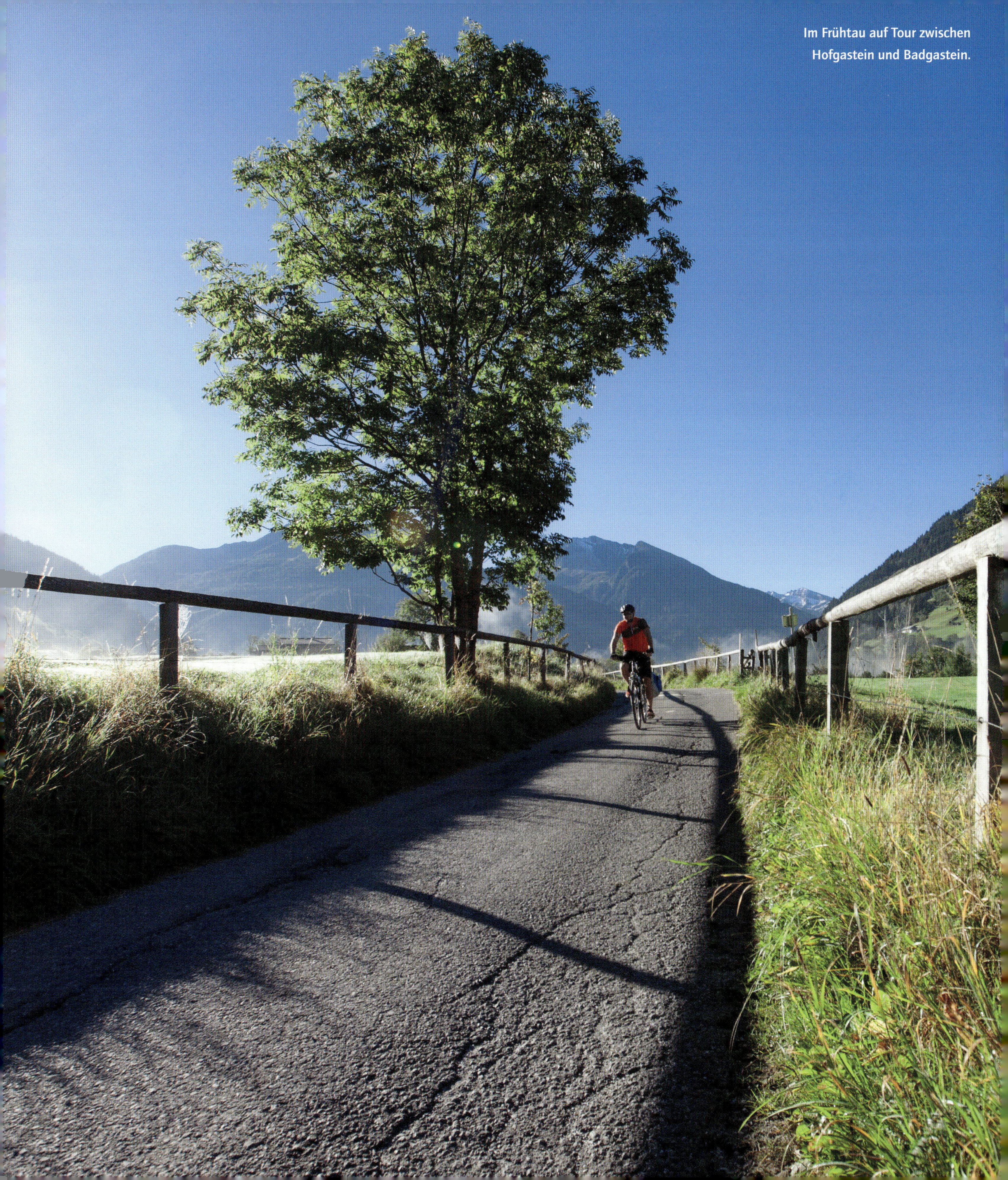

Im Frühtau auf Tour zwischen Hofgastein und Badgastein.

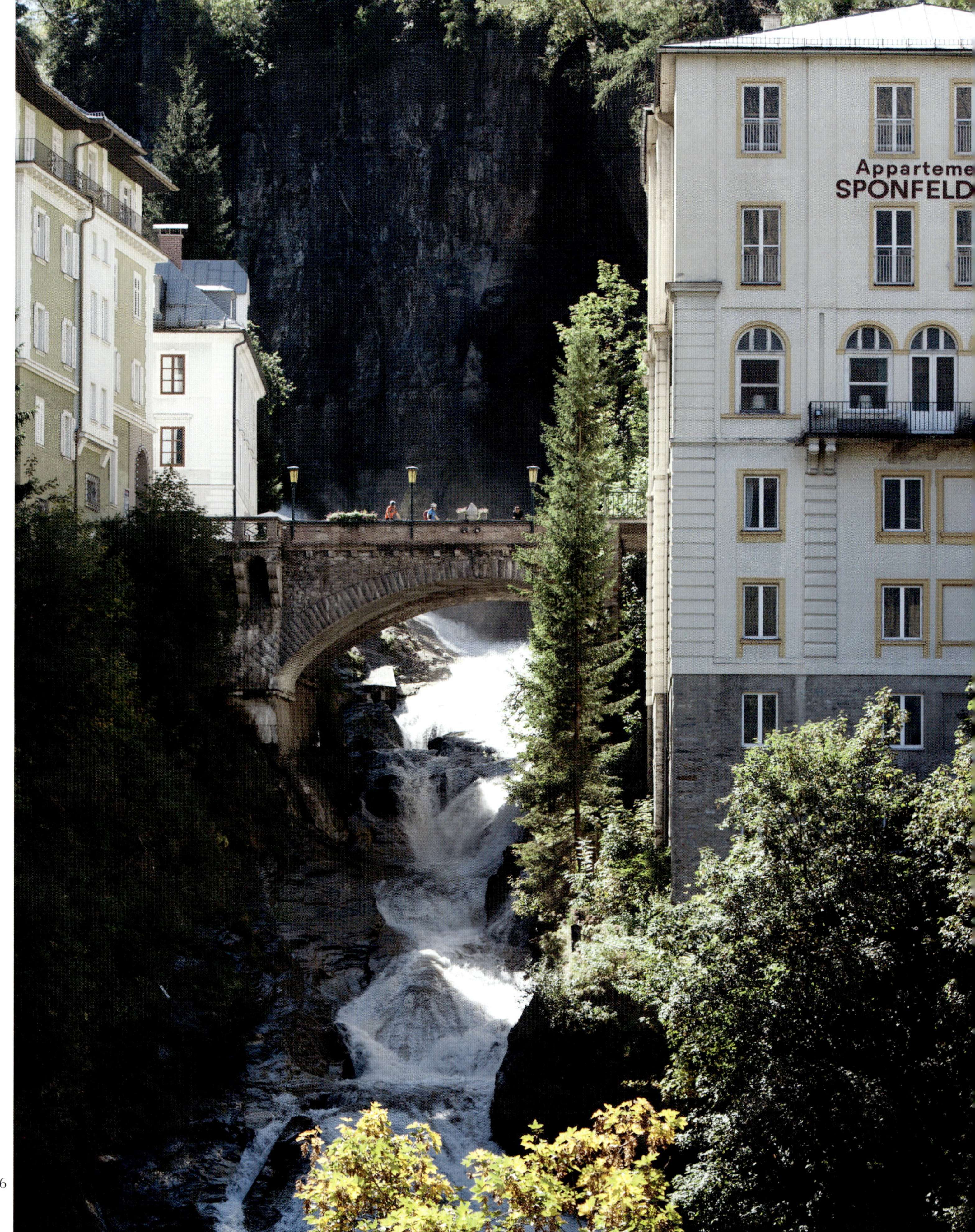
Apparteme
SPONFELD

er Wasserfall der Gasteiner Ache
nnert mitten durch Badgastein.

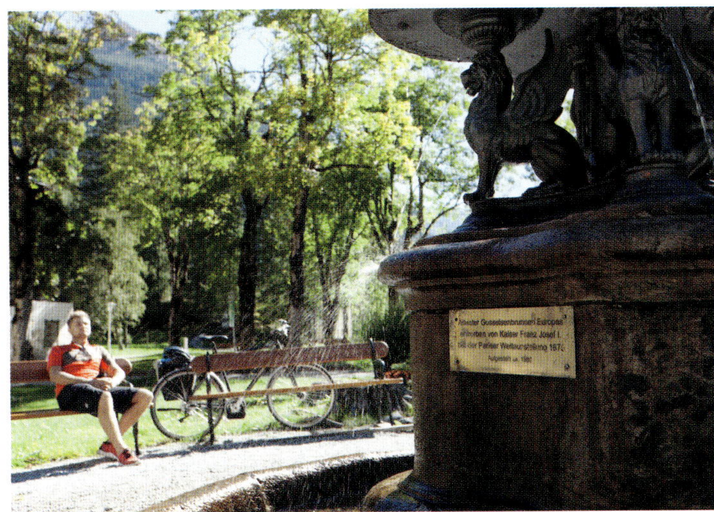

Päuschen im Museumsdorf Böckstein.

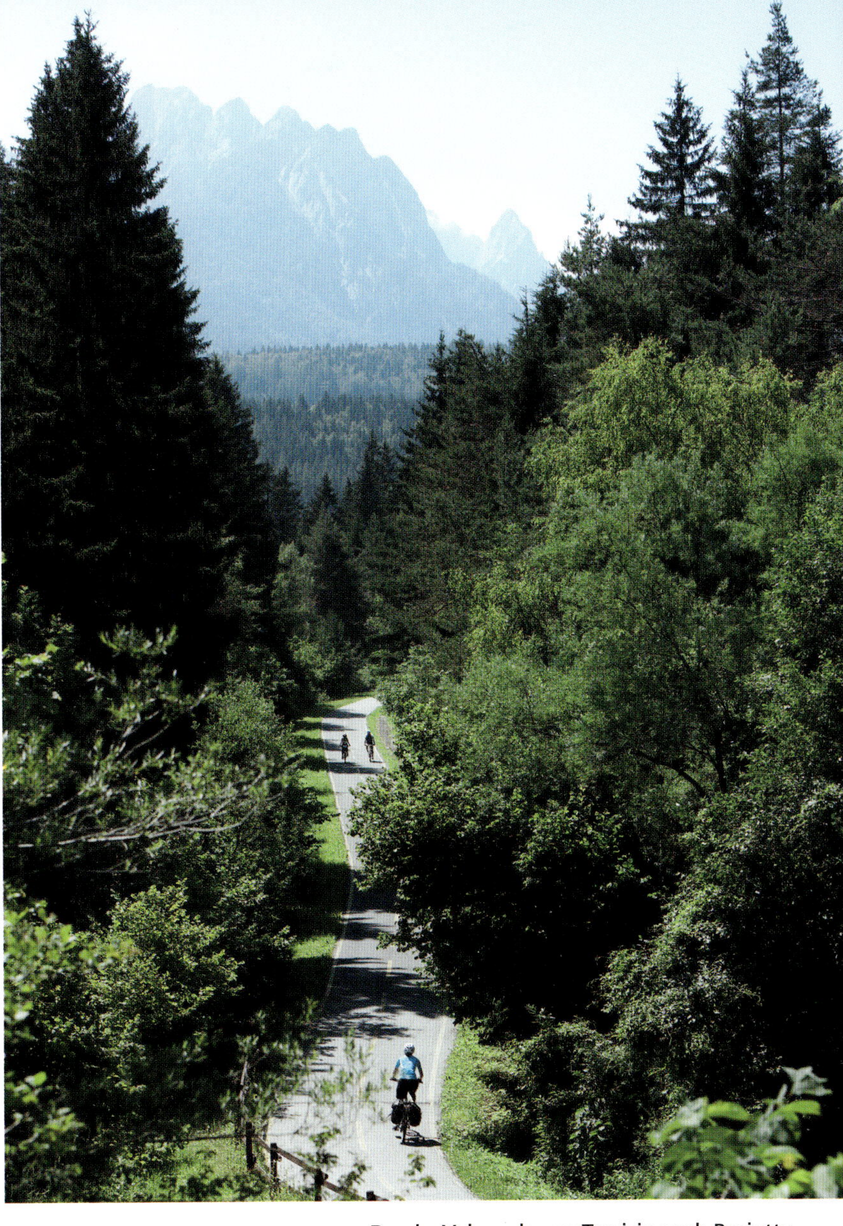

Durchs Valcanale von Tarvisio nach Resiutta.

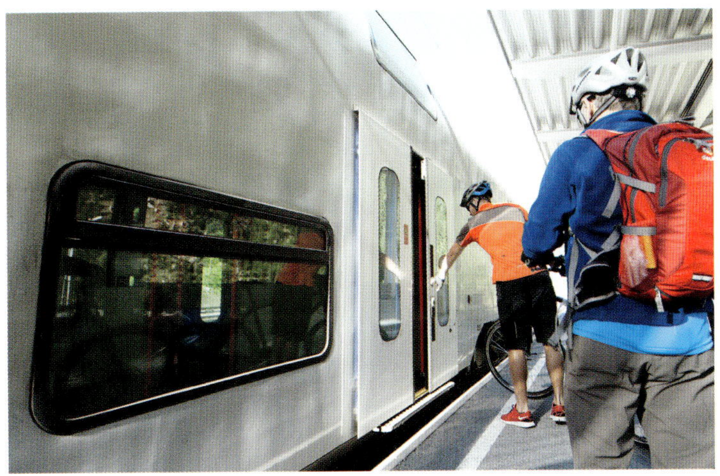

Mit dem Rad in den Zug an der Tauernschleuse.

Kulturell und kulinarisch zaubert diese Route dem E-Bike-Reisenden ein Lächeln ins Gesicht. Und in puncto Kondition lässt sie genügend Spielraum für die vielen Schönheiten am Wegesrand. Die 410 Kilometer wollen nur richtig in passende Etappen eingeteilt werden. Nicht ohne Grund wurde der Alpe-Adria-Radweg vor einigen Jahren auf der Fahrradmesse »Fiets en Wandelbeurs« in Amsterdam als Radroute des Jahres ausgezeichnet.

Eine Fahrt vom nördlichen Alpenrand bis ans Mittelmeer steht auf dem Programm. Auf dieser Transalp-Route führt der Weg übers Tauerngebirge, oder besser gesagt, durch die Tauern. Denn der Alpenhauptkamm wird bequem mit der Bahn durch die Tauernschleuse zwischen Böckstein im Gasteiner Tal und Mallnitz in Kärnten überwunden. Zwölf Minuten im Zug sitzen – und das Hochgebirge ist geschafft. Auch ein Grund, warum der Alpe-Adria-Radweg mittlerweile bei Reiseradlern recht beliebt ist.

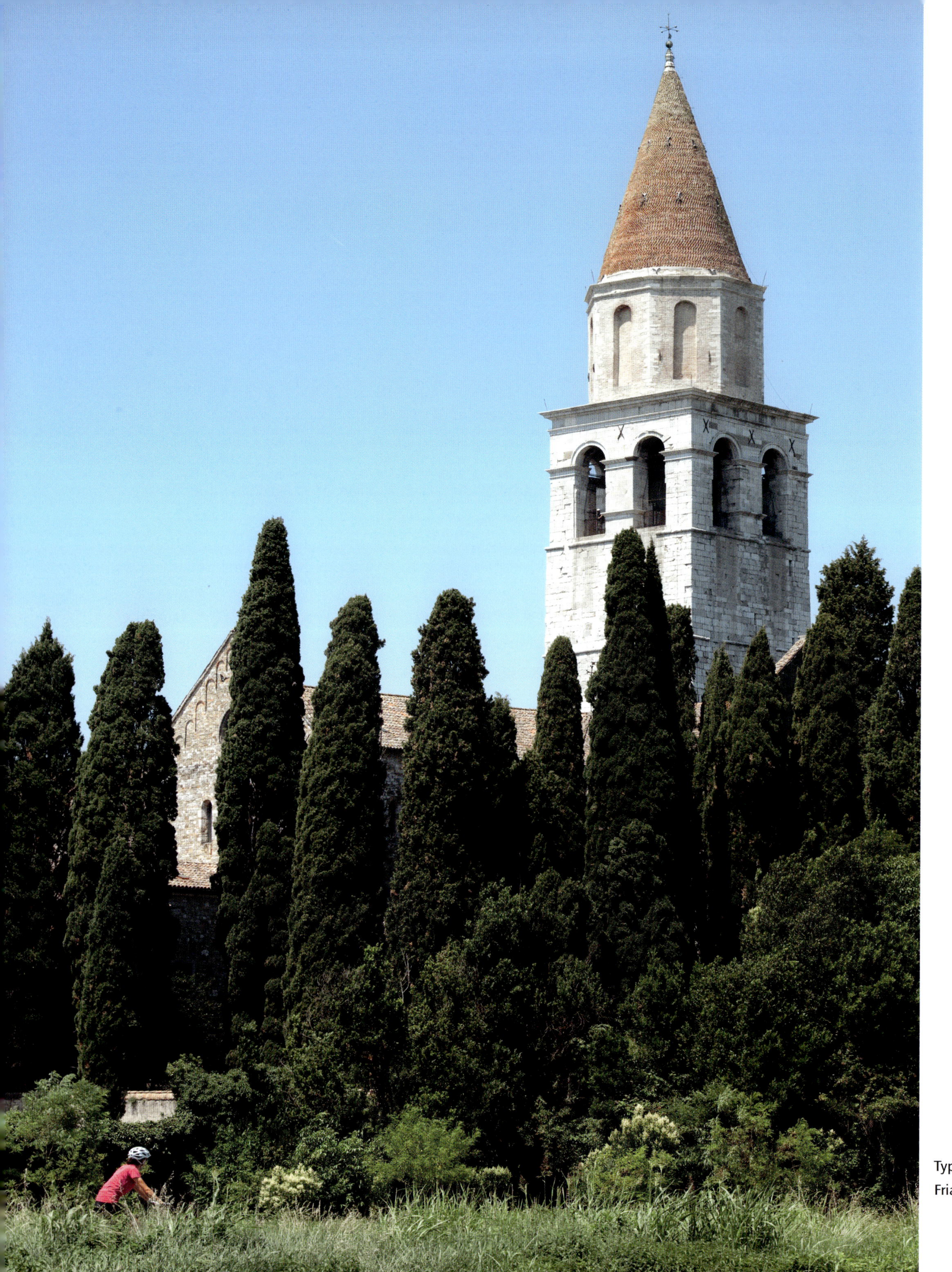

Typische Szenerie in Friaul-Julisch-Venetien.

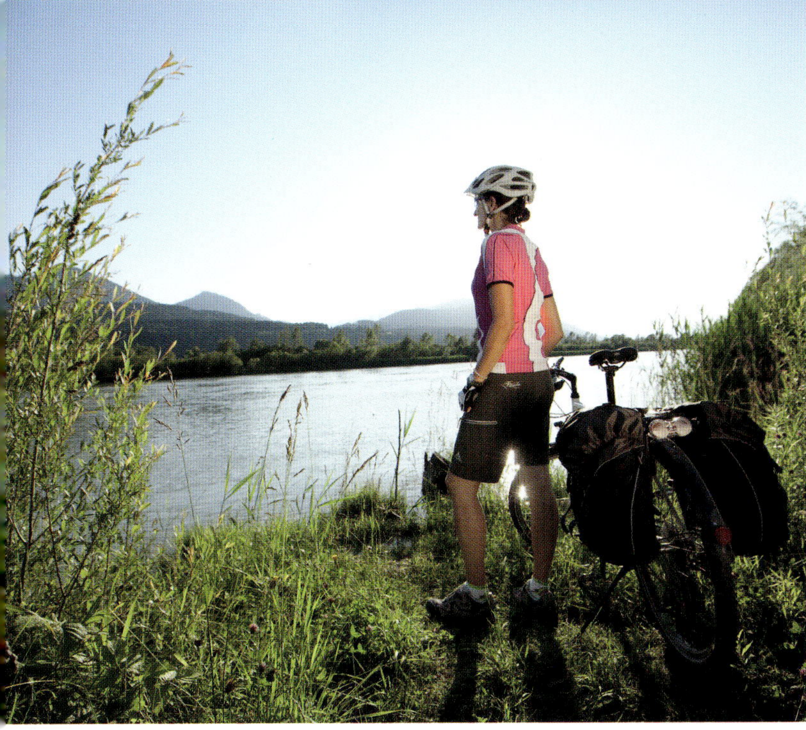

Rast am Fluss: Am Ufer der Drau bei Spittal.

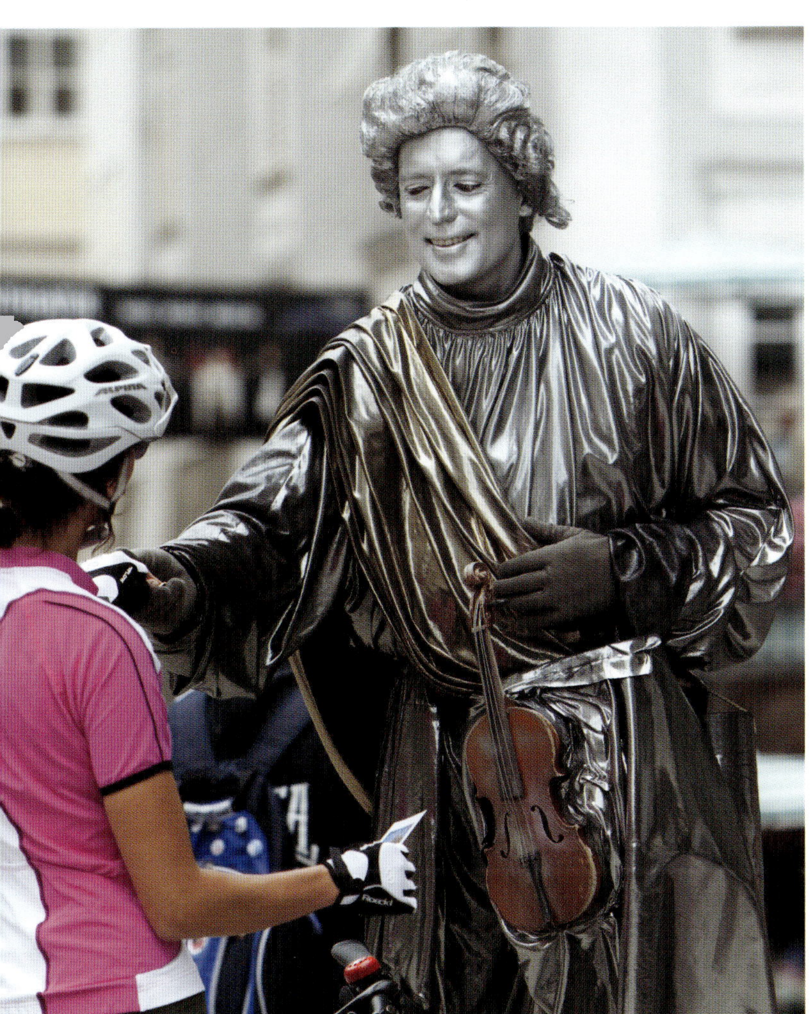

Startort Salzburg: Mozart trifft man hier überall.

Los geht's in Salzburg. Wer die Mozartstadt nicht kennt, dem empfiehlt sich zumindest eine kleine Stadtrunde. Die Infrastruktur ist hier auch schon auf E-Biker eingestellt. Am Mozartsteg ist übrigens zum ersten Mal auf dem Radwegschild das Ciclovia Alpe-Adria-Symbol zu sehen, dem die Radfahrer ab hier nach Süden folgen. Entlang der Salzach radelt man gemütlich dahin durch die beeindruckende Bergwelt des Salzburger Landes, rechts die Felsmassive der Berchtesgadener Alpen, links die Salzkammergut-Berge und geradeaus das Tennengebirge. Hinter Golling geht's zum ersten Mal richtig bergauf – knapp zwei Kilometer zum Pass Lueg. Kein Problem mit Pedelec! Tief unten tost die Salzach durch die sogenannten Salzachöfen, enge Schluchten, die der Fluss in den Fels gegraben hat.

Erstes Etappenziel ist für viele Alpe-Adria-Fahrer Werfen. Wer Zeit hat, macht noch einen Abstecher hinauf zur unübersehbaren Burg Hohenwerfen und in die Eisriesenwelt. Rund vier Stunden muss man für den Besuch der größten Besucher-Eishöhle der Welt mit ihrem verzweigten Höhlensystem einplanen.

Bei Schwarzach verlässt die Route das Salzachtal auf einem steilen Asphaltsträßchen Richtung Gasteinertal. Der Ausblick hinüber zum Hochkönig-Massiv entschädigt für ein paar Schweißtropfen. Im Tunnel ins Gasteinertal gibt es zwar einen Radstreifen, aber Abgase und Lärm sind etwas unangenehm. Zwischen Dorfgastein und Hofgastein kann man wieder in Ruhe durchatmen und das charmante Bergtal genießen. Erst der kurze Steilanstieg nach Bad Gastein lässt die meisten E-Biker zwei Gänge hochschalten. Aber vielleicht sollte man auch mal kurz

anhalten, wenn sich ein guter Blick bietet auf den Wasserfall, der zwischen den altehrwürdigen Hotels ins Tal stürzt. Der Gischtnebel soll sogar gesundheitsfördernd sein und verantwortlich für die gute Luft im berühmten Kurort. Obwohl viele der alten Kurhäuser und Villen renovierungsbedüftig sind, hat Bad Gastein nur wenig vom Charme vergangener Jahre verloren. Im nahen Museumsdorf Böckstein – unbedingt einen kleinen Stopp einlegen – sind die anstrengendsten Höhenmeter der Route bereits bewältigt. Denn der Alpenhauptkamm wird bequem mit der Bahn durch die Tauernschleuse gequert. Die Zugfahrt dauert gerade mal zwölf Minuten. Von Mallnitz führt die Route durch das Mölltal bis nach Spittal an der Drau. Kleine Buschenschänken, einfache Wirtshäuser direkt am Radweg, locken mit deftigen Brettljausen.
In Kärnten folgt die Via Alpe Adria größtenteils dem Drau-Radweg an die italienische Grenze nach Tarvisio. In großen roten Lettern begrüßt der Ciclovia Alpe Adria hier offiziell die Reiseradler aus Richtung Norden und führt sie auf die ehemalige Bahntrasse bis Venzone. Weiter geht's durch Wald den Julischen Alpen entgegen, danach öffnet sich bald das Tal der Fella. Immer wieder windet sich die Route durch ehemalige Eisenbahntunnel, über alte Brücken und unter den wuchtigen Pfeilern der Autobahn hindurch. Bis Osoppo führt der Weg entlang des Tagliamento, einem der letzten ungebändigten Flüsse der Alpen. Nach langen Strecken beeindruckender Berglandschaft stehen in den Städten Udine, Palmanova und Aquileia an der historischen Via Julia Augusta nochmals die Kultur und Architektur im Mittelpunkt.
Die letzten Kilometer auf der Brücke vom Festland zum Inselstädtchen Grado wirken schließlich wie eine zugige Zielgerade ans Meer. Nach 410 E-Bike-Kilometern ist die Adria erreicht.

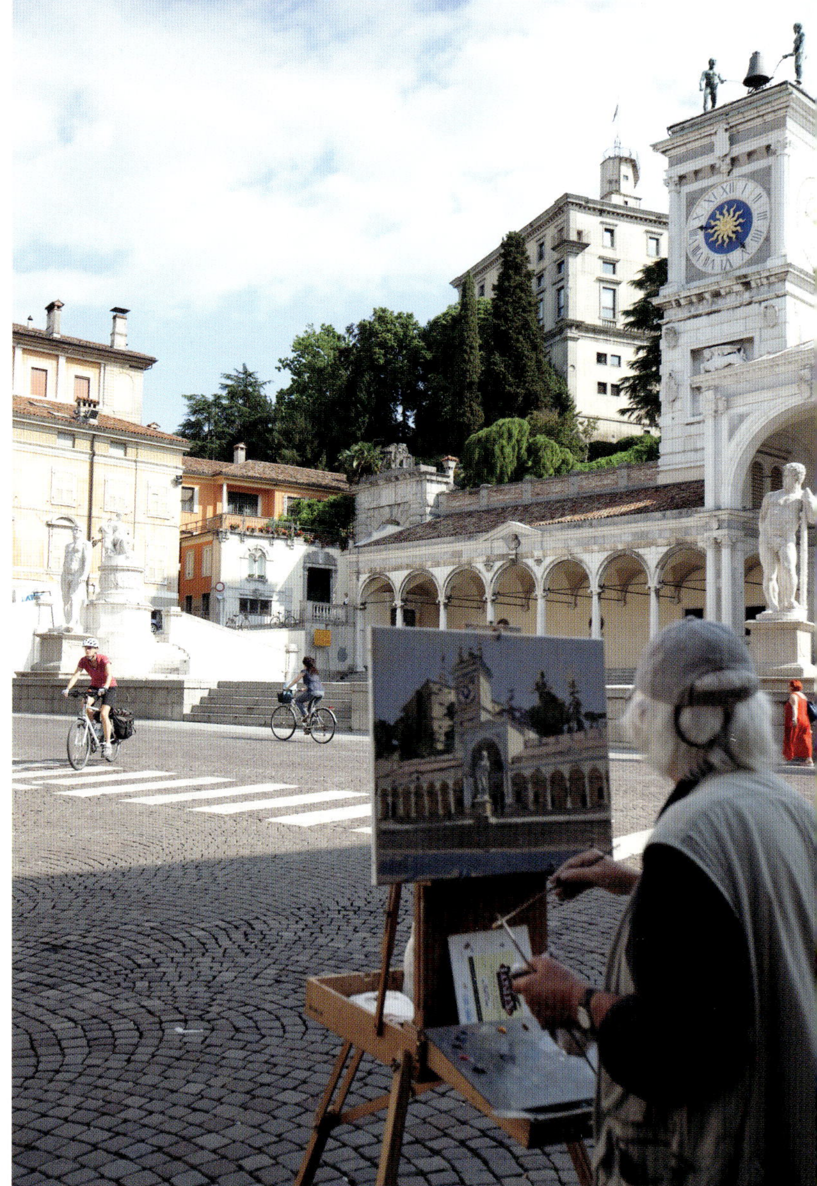

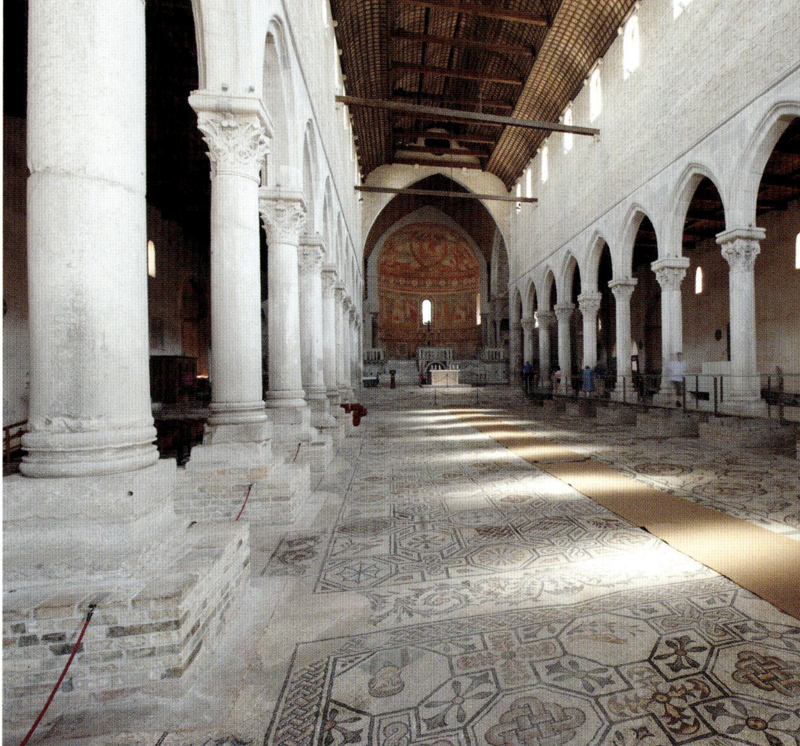

Die romanische Basilika von Aquileia ist Weltkulturerbe.

lisse für Maler:
Innenstadt von Udine.

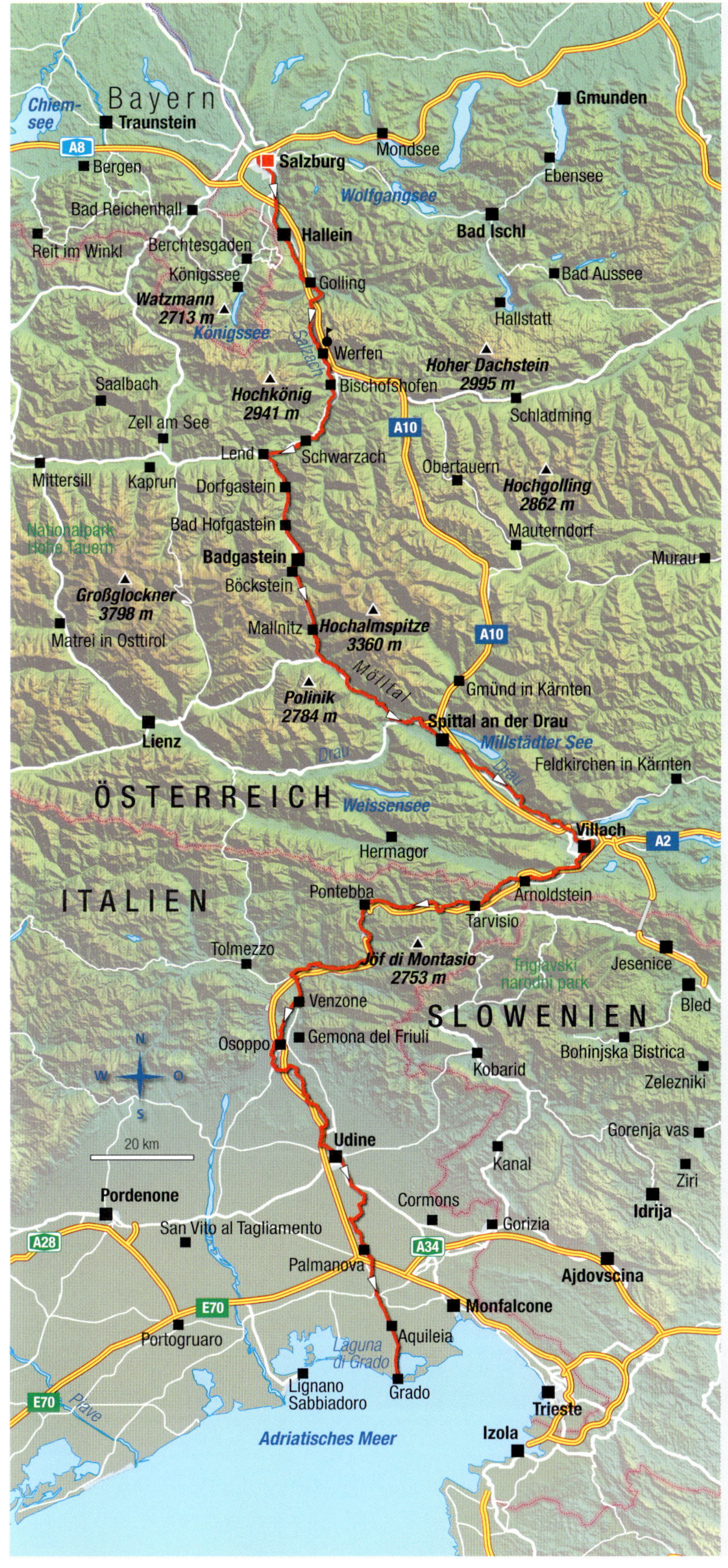

>>> ANFORDERUNG

410 km – 2417 hm – Mehrtagestour mittel

>>> ROUTE

Auf dem Alpe-Adria-Radweg wird der Alpenhauptkamm an der Tauernschleuse zwischen Böckstein und Mallnitz per Bahn-Shuttle überwunden. Stark befahrene Abschnitte können ebenfalls alternativ mit Bus und Bahn zurückgelegt werden. Ab der österreichisch-italienischen Grenze folgt der Weg der ehemaligen Bahntrasse. Ab Maggio Udinese verläuft die Route großteils auf Nebenstraßen, ab Udine auf der Route »Ippovia della Valle del Cormor« und ab Palmanova entlang der Via Julia Augusta nach Grado. Die Radwege sind nicht durchgehend asphaltiert.

>>RÜCKTRANSPORT

Da die Rückreise per Bahn etwas umständlich ist, empfiehlt sich ein individueller Rücktransport von Grado nach Salzburg, z. B. mit dem Shuttle-Service von Oberkofler Touristik, Tel. 0043-6542/21449, www.taxi-oberkofler.at, www.fahrrad-transport.com

>>> BESTE REISEZEIT

Das angenehmste E-Bike-Klima herrscht auf der Via Alpe Adria von Juni bis Mitte September.

>>> GUT EINKEHREN

Café/Konditorei Braun am Unteren Markt in der Altstadt von Hallein, confiserie-braun.at
Café Maier am Marktplatz in Golling, www.cafemaier.at
Braugasthof Hofbräu Kaltenhausen bei Hallein, www.kaltenhausen.at

>>> ANGENEHM ÜBERNACHTEN

Hotel Hohenstauffen in Salzburg, www.hotel-hohenstauffen.at
Landhotel Steindlwirt in Dorfgastein, www.steindlwirt.com
Villa Solitude in Bad Gastein, www.villasolitude.com
Hotel Mosser in Villach, www.hotelmosser.at
Hotel San Giorgio in Udine, san-giorgio.hotels-in-friuli.com/de/
Hotel Capri in Grado, de.hotelcaprigrado.info

>>> KARTEN & LITERATUR

Esterbauer bikeline »Alpe Adria Radweg«, Detailkarten im Maßstab 1:50 000, 132 Seiten.
Interaktive Tourenplanung zu Hause oder unterwegs unter www.alpe-adria-radweg.com

>>> ALLGEMEINE AUSKUNFT

Alle Informationen zum Alpe-Adria-Radweg inklusive aktueller Streckensperrungen, Übernachtungsverzeichnis, Bahnverbindungen und Radreiseveranstaltern auf www.alpe-adria-radweg.com

19

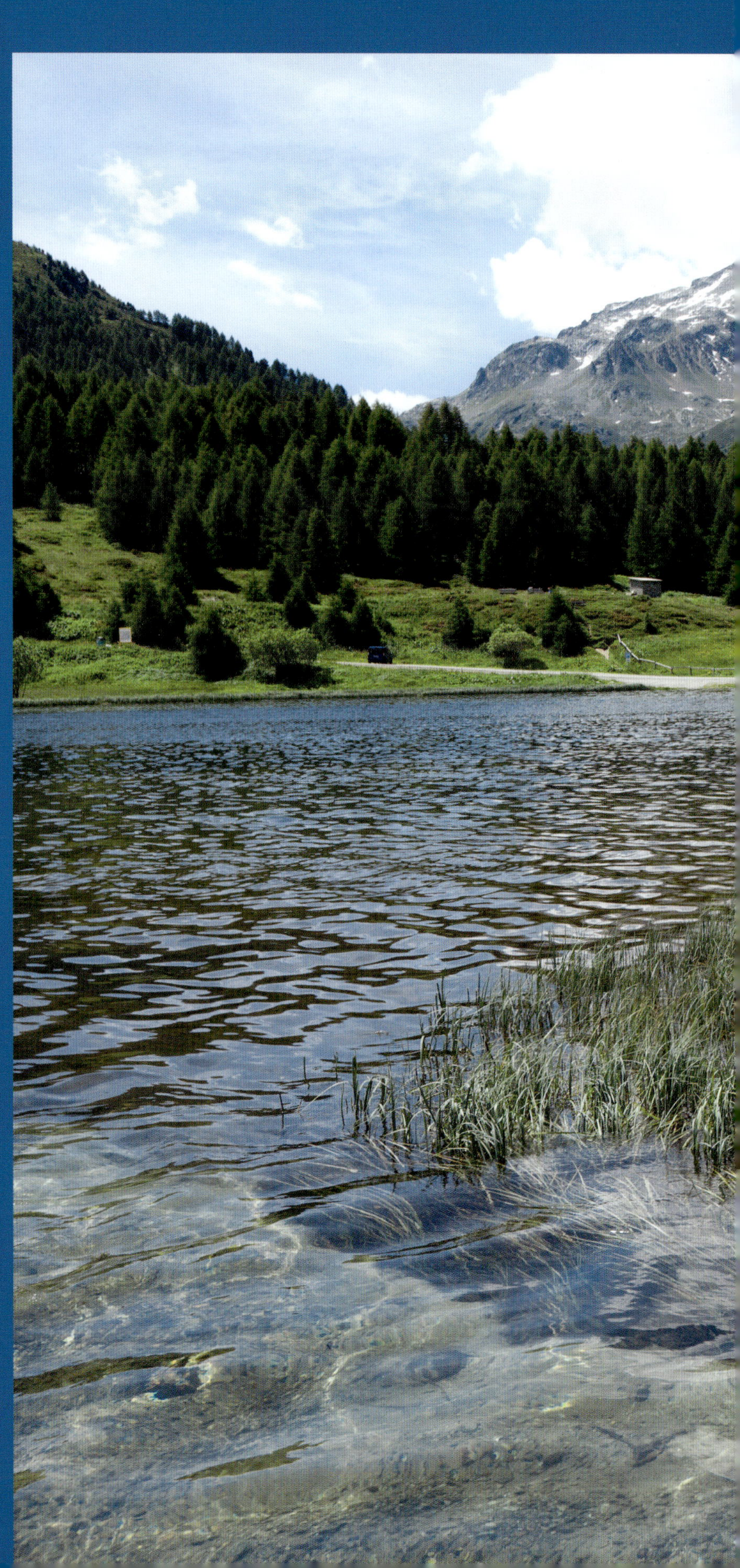

Vom Oberengadin nach Oberbayern – sportlicher Beginn und genussvolles Finale auf einem der ältesten Flussradwege Europas.

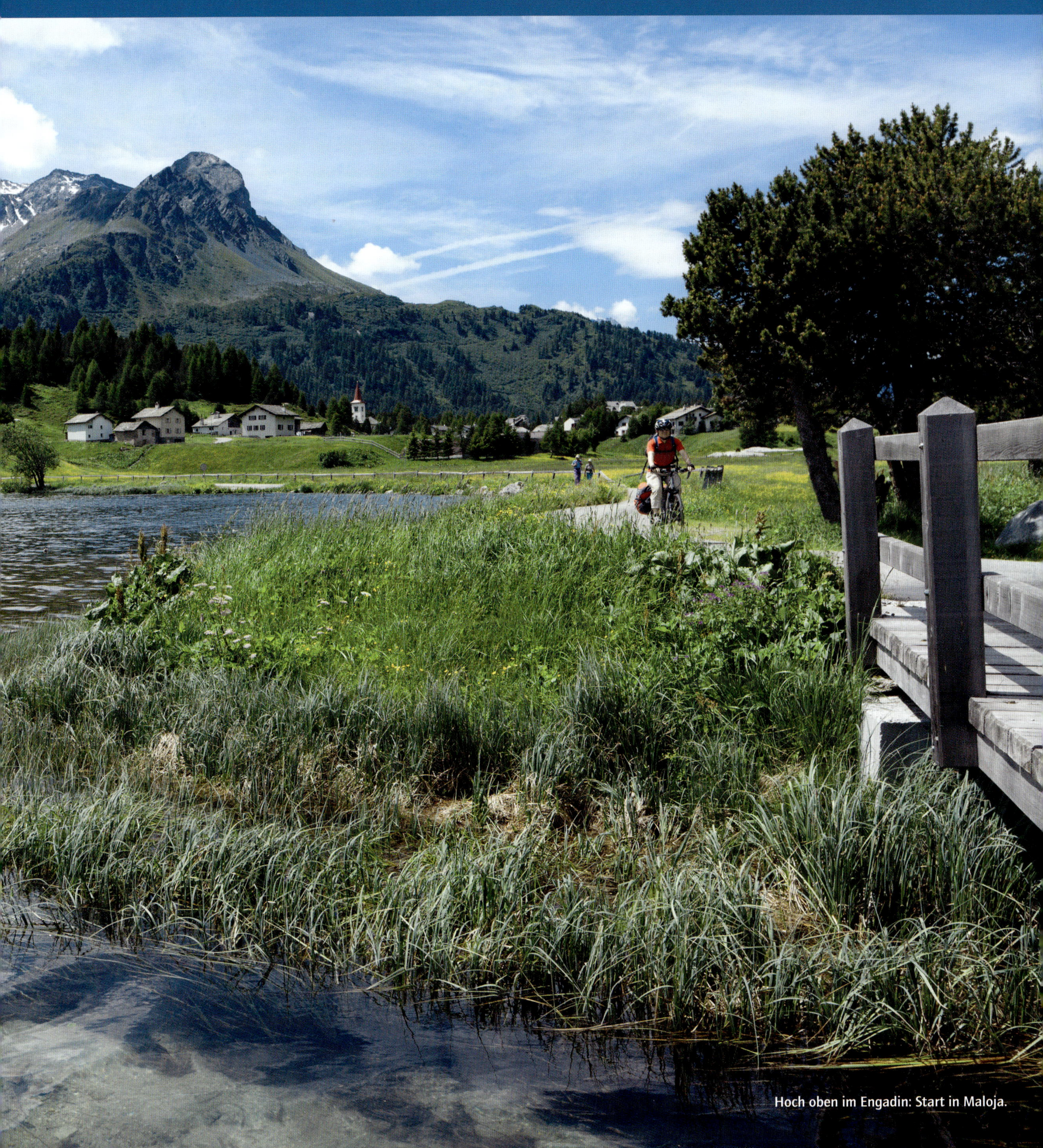

Hoch oben im Engadin: Start in Maloja.

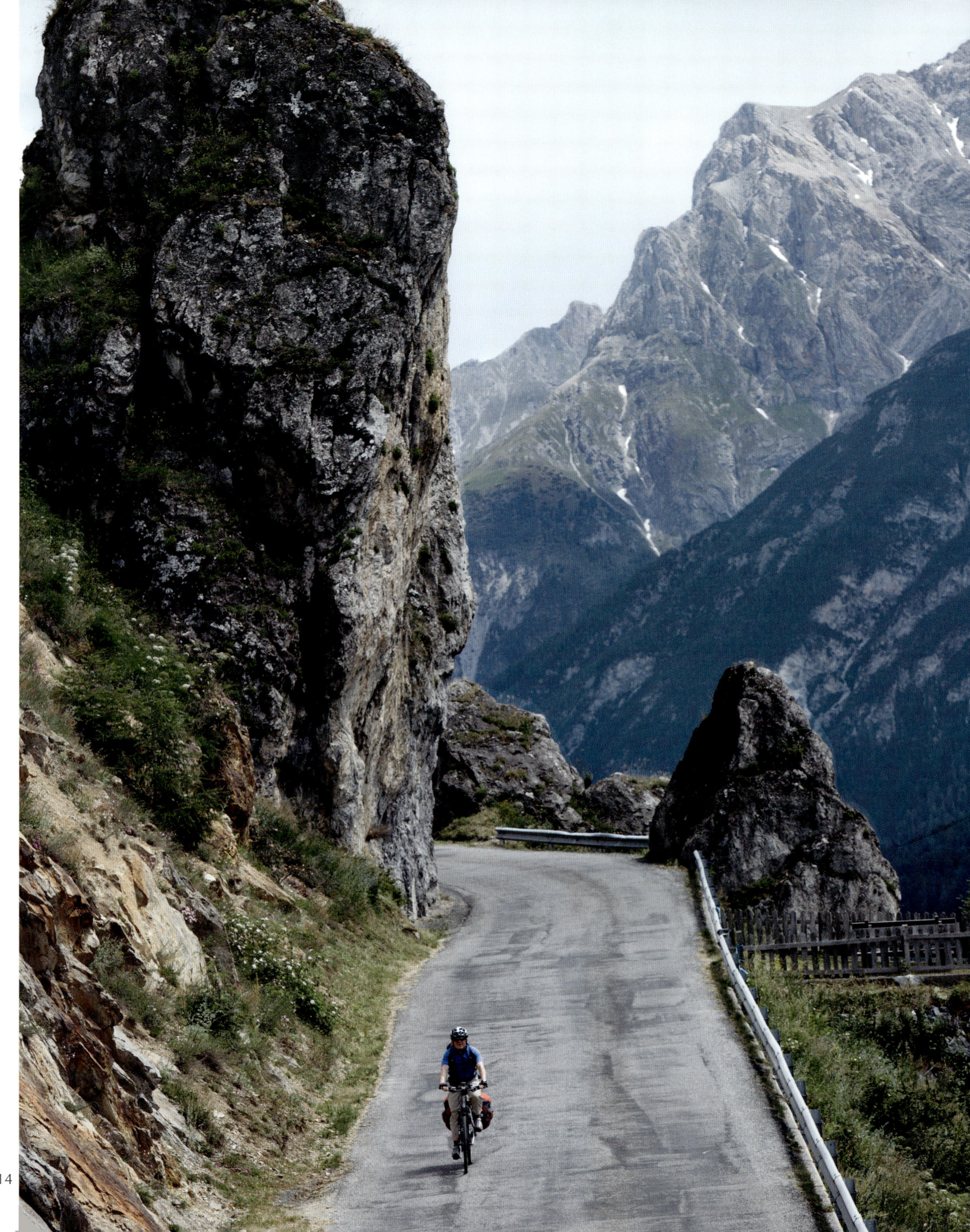

n Unterengadin verläuft die Route
och über dem Inn.

Alte Zollstation am Inn: Festung Finstermünz an der österreichisch-schweizerischen Grenze.

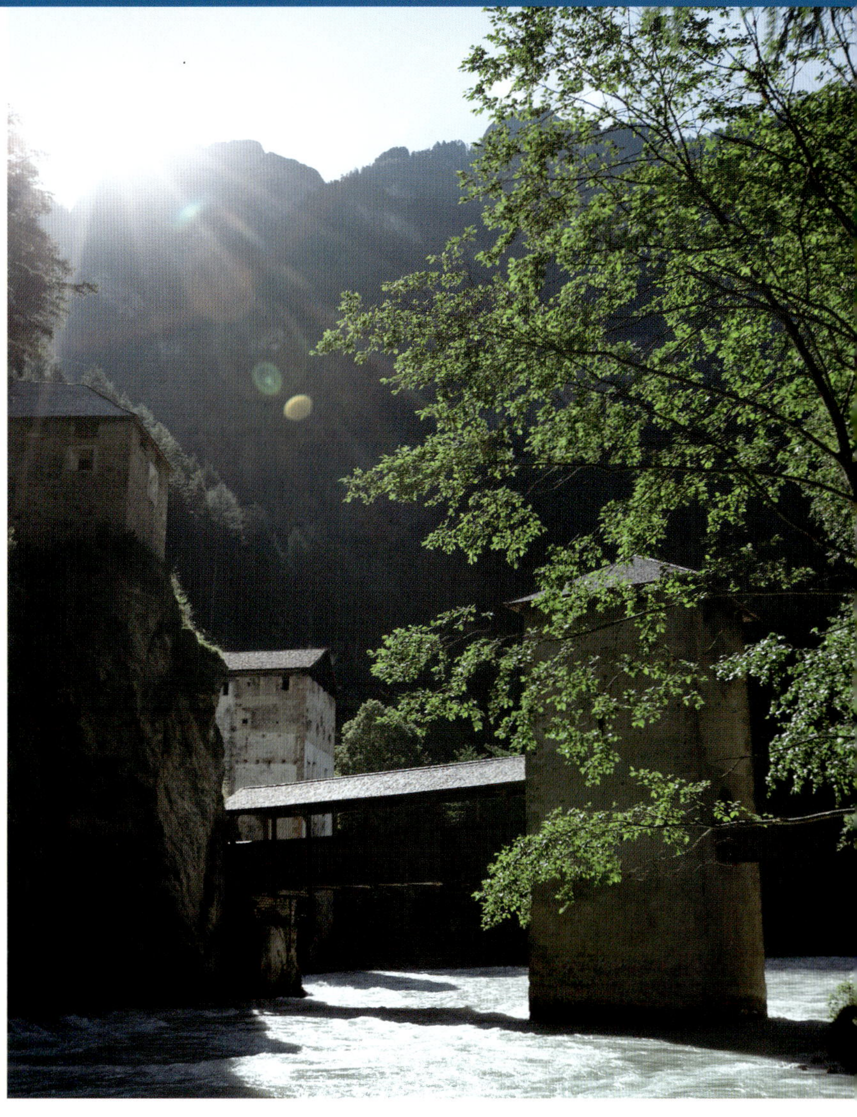

Erst mal staunen und diese Landschaft genießen. Keiner, der mit dem Radlerbus aus Landeck angekommen ist, sattelt am Malojapass sofort sein Rad und fährt los. Dieser einzigartige Rundblick: Im Westen fällt das Gelände steil ab. Wie ein überdimensionales Geschenkband schlängelt sich die Passstraße hinunter ins Bergell. In die andere Richtung dieses viel gepriesene Hochtal auf 1800 Meter, das seit Jahr und Tag Geldadel, aber auch Dichter und Maler anlockt – das Oberengadin. Und am Ortsrand das Gewässer, das unseren Tourverlauf vorgibt. Als Gebirgsbach stürzt der junge Inn über eine Felsflanke herab. Seine Quelle liegt oben auf 2400 Meter Höhe am Lunghinsee.

Es ist Sommer, aber Höhenlage und Wind verlangen nach langer Hose und Windjacke, zumindest für die ersten Kilometer an den drei Engadiner Seen entlang: Silsersee, Silvaplanersee, St. Moritzsee. Eigentlich sind es

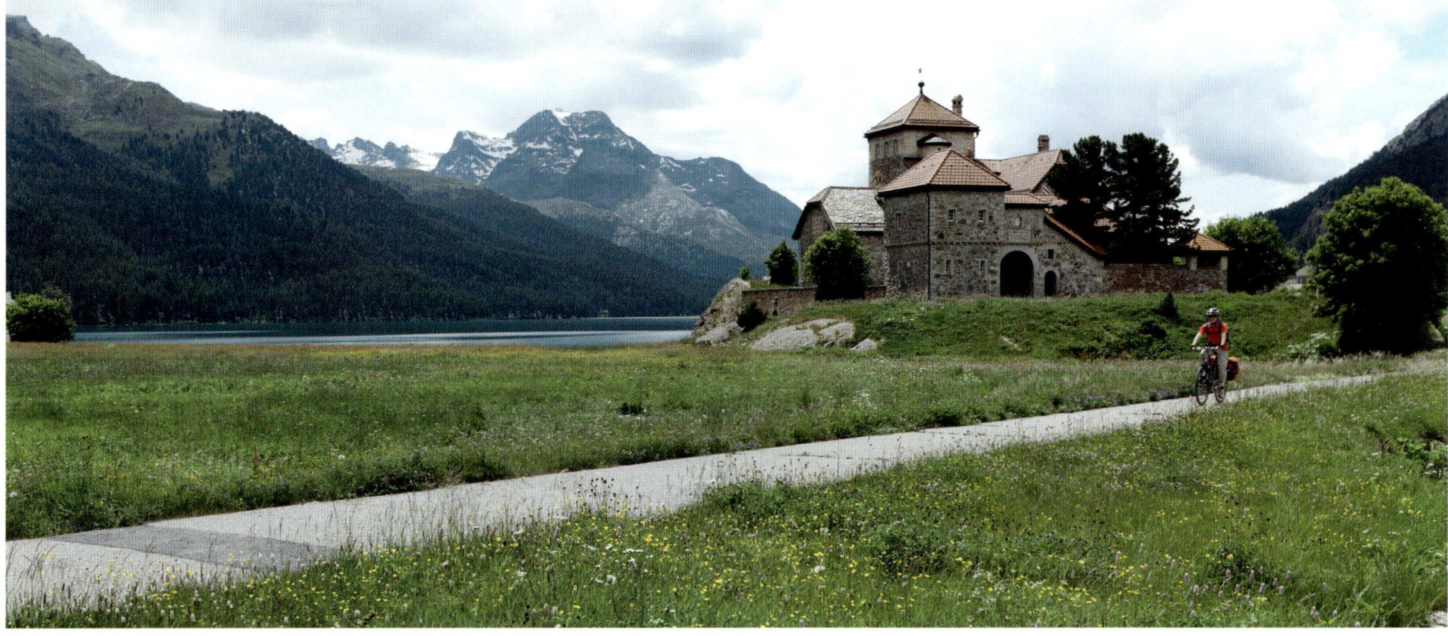

Grandiose Lage: Schloss Crap da Sass am Silvaplanersee.

Ein Dorf wie ein Museum: Guarda im Unterengadin.

Fotogene Häuserzeilen in Wasserburg am Inn.

Fahrradfähre über die Grenze – von Kufstein nach Kiefersfelden.

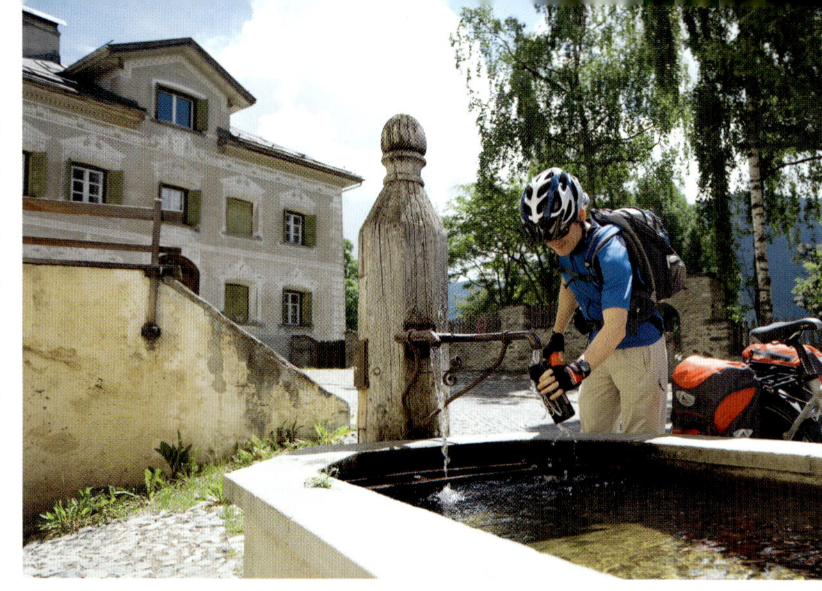

Bei Brannenburg in Oberbayern verlässt der Inn die Alpen.

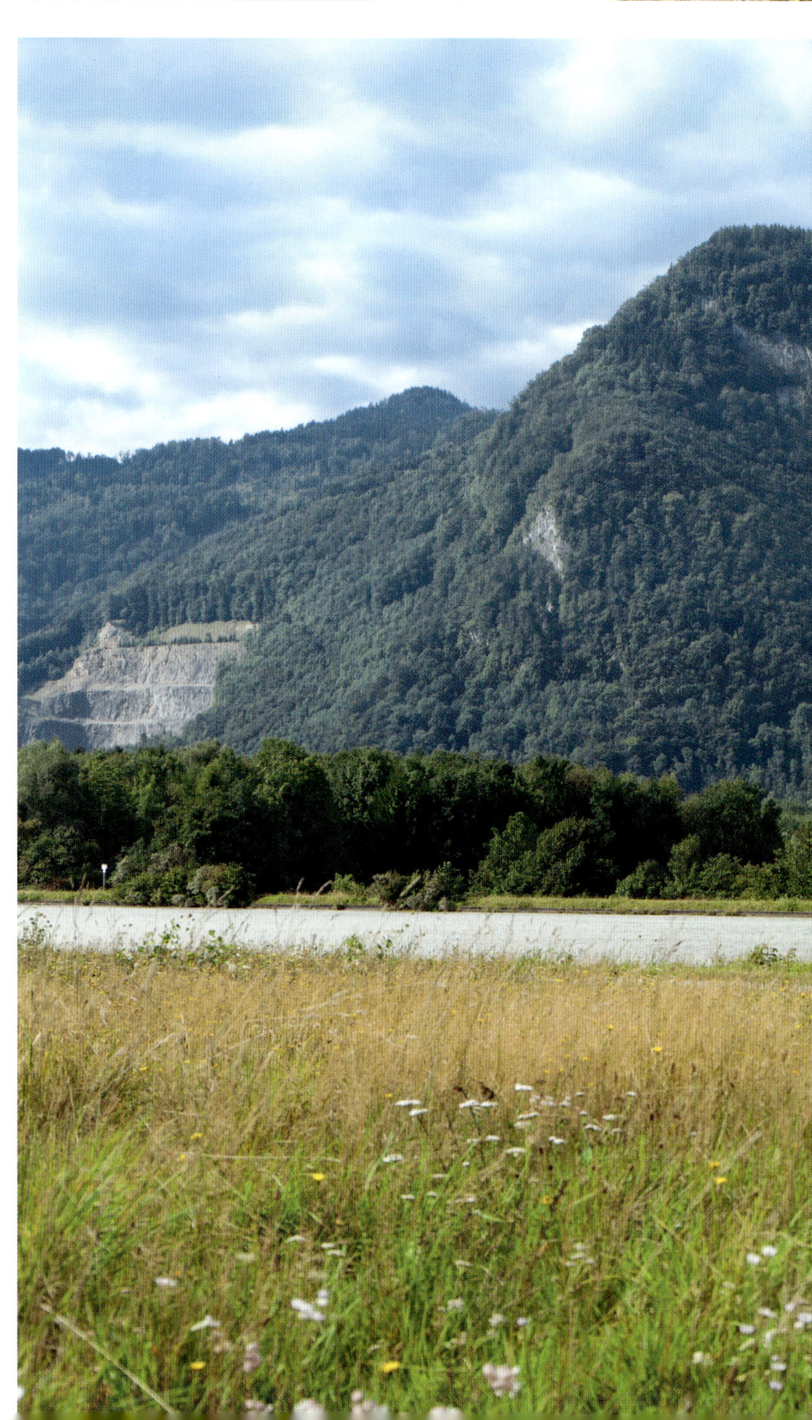

ja vier Seen, aber den kleinen Lej de Staz zählen wir nicht mit. Ab sofort begleitet uns auch das Rätoromanische, die vierte Amtssprache der Schweiz. Das heißt, unser frühzeitiger Stopp gleich in Sils gilt der »tuorta da nusch engiadinaisa«, der berühmten Engadiner Nusstorte, einer süßen Kraftspenderin.

Es geht fast eben dahin, mal auf Asphalt, mal auf festem Erdboden. Gut so, denn der Blick schweift allzu oft ab von der Fahrbahn. Das ist Radfahren wie durch eine überdimensionale Fototapete: oben die mächtigen Dreitausender von Corvatsch und Corviglia, dann wieder ein tosender Wasserfall, ein wagemutiger Kitesurfer auf dem See oder ein kleines Schloss am Ufer. St. Moritz lassen wir links liegen. Schon von weitem wirkt die Silhouette wenig anziehend. Aber die schönen Alternativen sind ja reichlich, wie etwa das mittelalterliche Kirchlein San Gian auf einem kleinen frei stehenden Hügel bei Celerina.

Der Inn hat nach 25 Kilometern schon eine stattliche Breite erreicht, fließt aber noch recht gemütlich dahin. Ob in La Punt, Chamues-ch oder Zuoz, in den Dörfern fallen die mächtig-prächtigen Engadiner Häuser auf, mit ihren kleinen, tief in die Mauer eingelassenen Fenstern

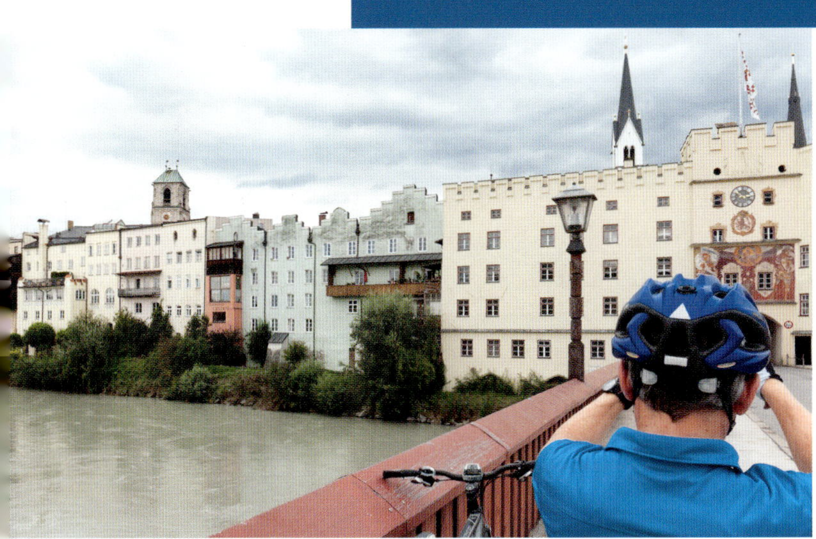

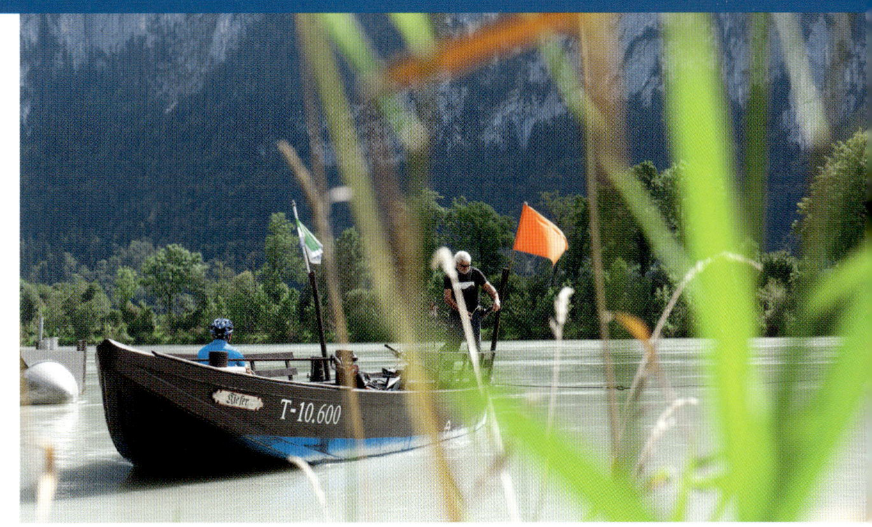
T-10.600

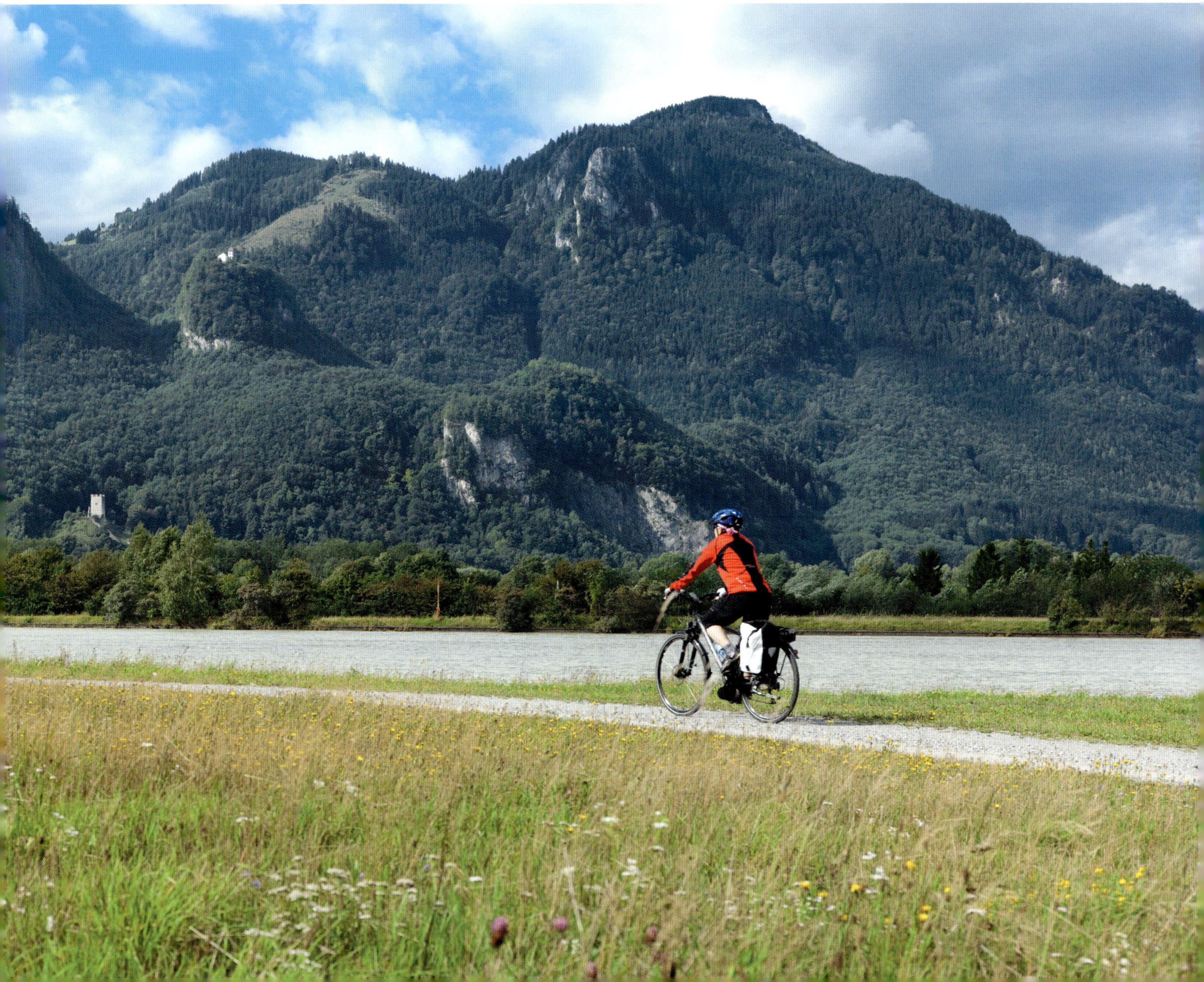

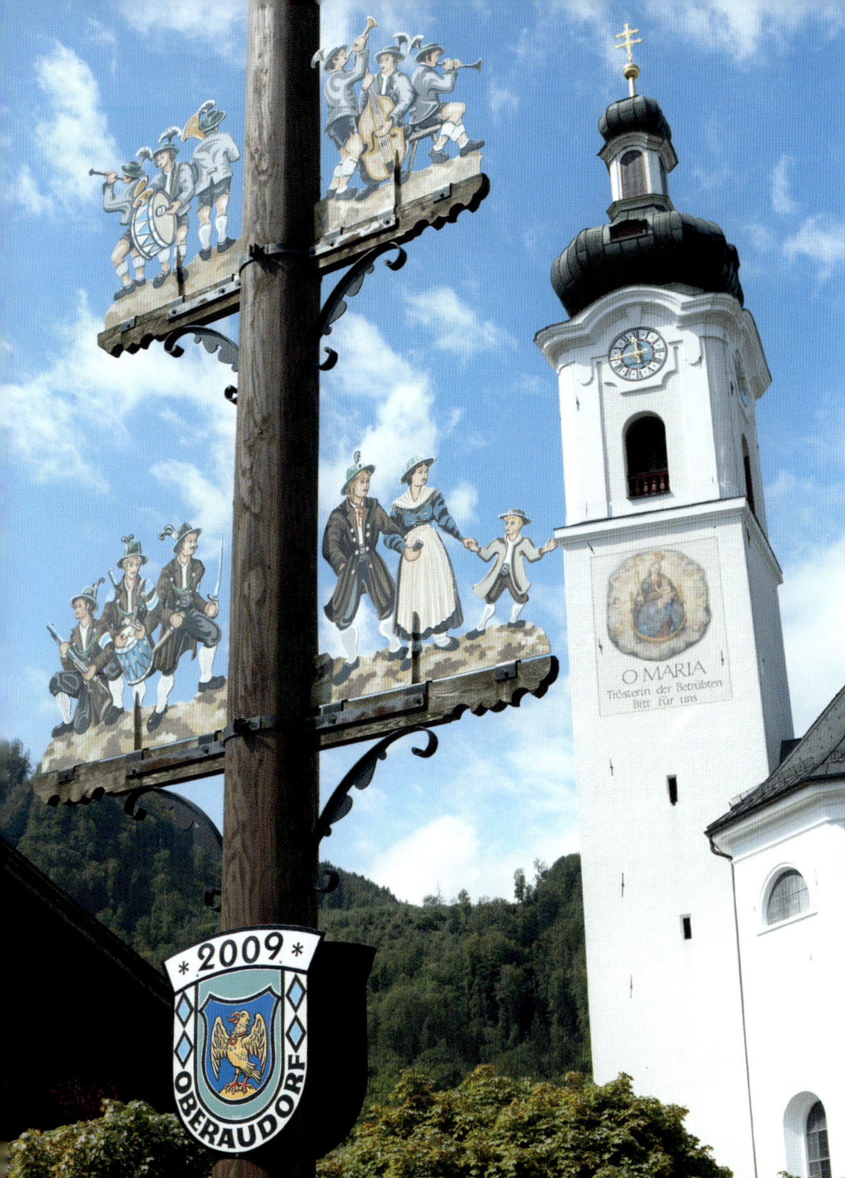

Bayern wie im Bilderbuch: Maibaum in Oberaudorf.

Die Kronburg bei Zams war einst e
Wachposten über dem Innta

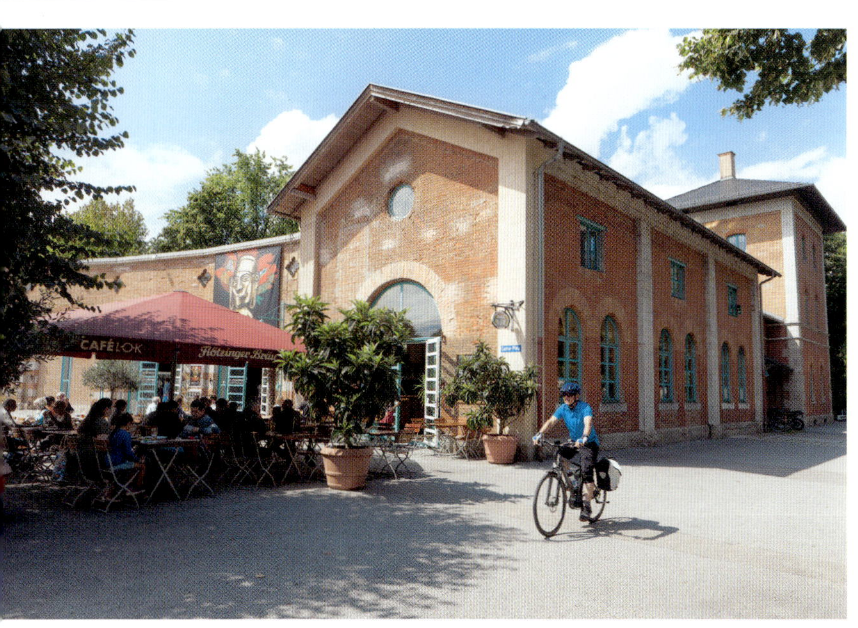

Der Rosenheimer Lokschuppen ist heute ein Kulturzentrum.

und einem großen Holztor. Fenstereinfassungen, Torbögen und Hauskanten sind oft mit »Sgrafitti« verziert – Ornamente aus sogenanntem Kratzputz.

Zernez ist das erste Dorf im Unterengadin und Eingang zum Schweizer Nationalpark. Eigentlich hat hier jedes Dorf eine kleine Kulturattraktion, wie in Zernez die spätgotische St. Sebastian-Kapelle und das Schloss Planta Wildenberg oder in Susch die Festung Rohan. Man sollte das bei der Reiseplanung berücksichtigen.

Hinter Lavin wartet der Inn-Radweg mit seiner kleinen Bergprüfung auf: Ein Feldweg zieht sich fünf Kilometer durch Wiesen hinauf nach Guarda auf eine aussichtsreiche Sonnenterrasse. Kein Wunder, dass die Bergler bei dem Ausblick ihr Dorf »Guarda« getauft haben, was soviel bedeutet wie »Schau!« Guarda und Ardez, wenige Kilometer weiter am Berg gelegen, zählen zu den best erhaltenen Dörfern im Unterengadin – fast schon wie lebende Museen. In Ftan endet der Bergausflug.

In Serpentinen rollen wir auf einem Asphaltsträßchen sechs Kilometer ins Tal Richtung Scuol. Ständig im Blick das Schloss Tarasp, das majestätische Wahrzeichen des Unterengadins.

An der schweizerisch-österreichischen Grenze, dort, wo sich der Inn durch eine gewaltige Felsenschlucht zwängt, müssen wir ein paar Kilometer auf die belebte Straße. Aber zur Belohnung entpuppt sich der Innradweg auf Tiroler Seite zur Genussradelstrecke. Gemütliches Dahinrollen auf vorzüglichem Asphaltband durch ein breites Bergtal und durch sympathische Dörfer, wie das mittelalterliche Pfunds oder das lebendige Ried. Erst kurz vor

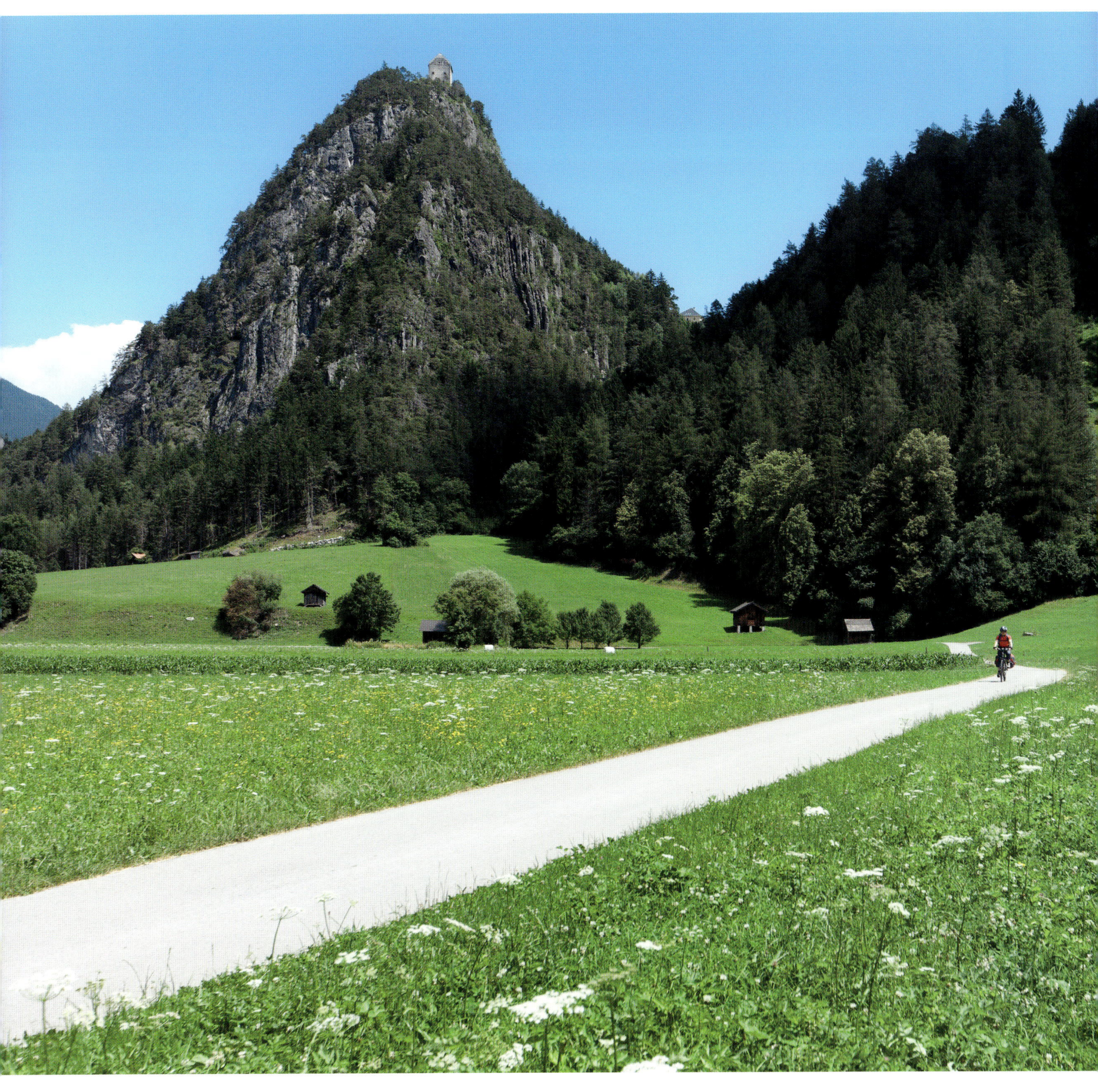

dem Städtchen Landeck, wenn der Inn sich wieder durch eine Talenge zwängen muss, gestaltet sich der Weg wieder etwas anspruchsvoller. Aber nur wenige Kilometer, danach immer wieder angenehmes Traumtour-Treten vor imposanter Alpenkulisse, meist noch eine der vielen Burgen im Blick, wie die Kronburg bei Imst, dem Bergstädtchen mit den vielen Brunnen. Bis Innsbruck und darüber hinaus summieren sich rasant die Kilometer. Wer es noch nicht kennt, muss natürlich einen Abstecher zum Goldenen Dachl machen. Andere Radler bevorzugen einen ausgiebigen Stopp in der Altstadt von Hall oder etwas später in den glitzernden Svarowski Kristallwelten in Wattens. Bei Schwaz grüßt das mächtige Schloss Tratzberg vom Fuße des Karwendels und in Kufstein von weitem die Festung auf ihrem Felskogel. Ganz nostalgisch wechseln dort die Radler mit der Holzbootfähre über den Inn nach Kiefersfelden, das oberbayerische Grenzdorf. Aber für die restlichen 70 Kilometer könnte man auch auf beiden Innufern Richtung Norden dahinrollen. Neben den sehenswerten Städten Rosenheim und Wasserburg liegen noch jede Menge anderer Highlights am Weg. Dazu zählen die typisch oberbayerischen Luftkurorte Oberaudorf und Flintsbach. Außerdem auf einem Hügel das Bilderbuchdorf Neubeuern mit seinem markanten Schloss und schmucken Marktplatz und schließlich Rott am Inn mit seiner berühmten Klosterkirche aus dem Rokoko.

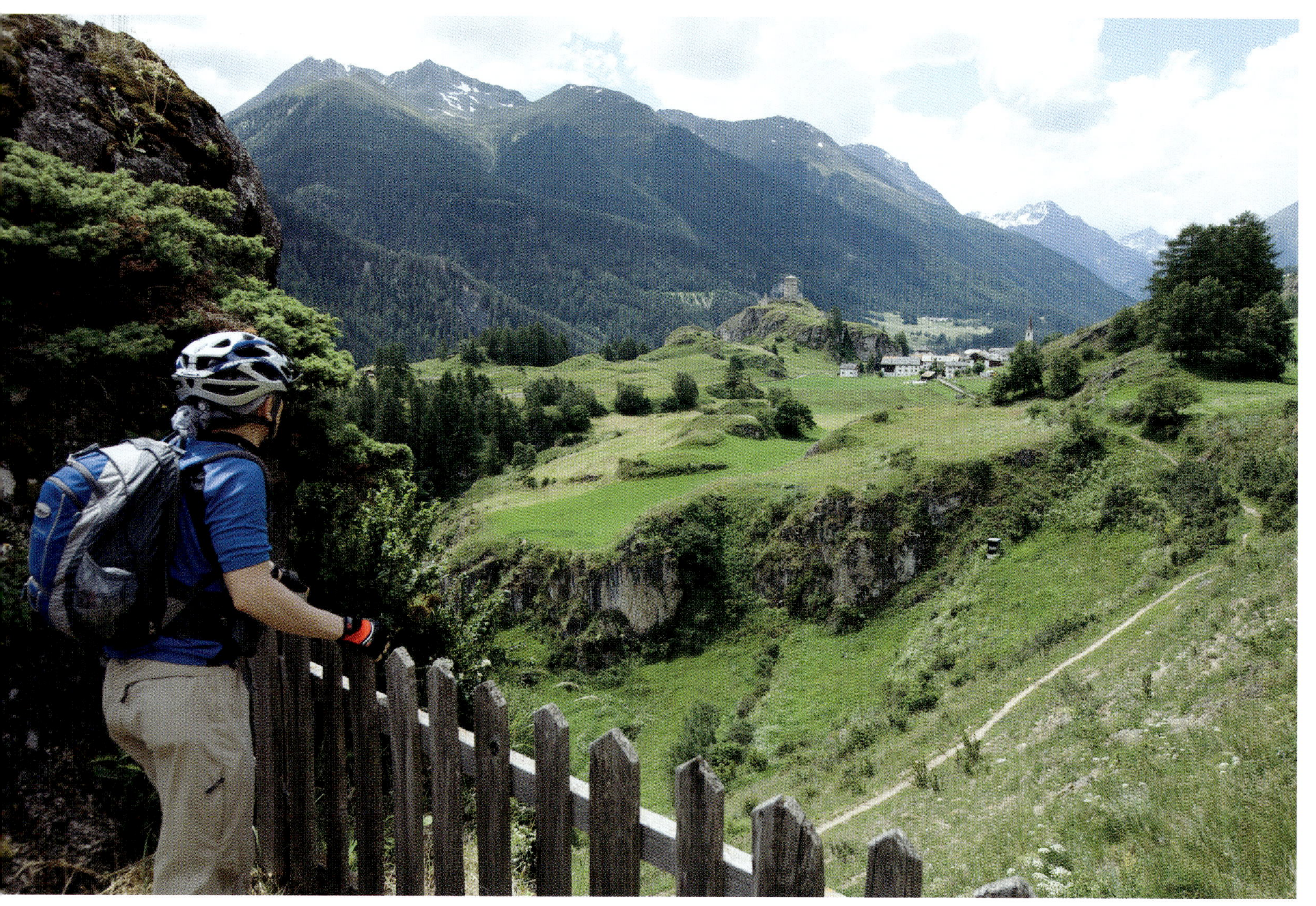

Im Unterengadin muss der Innradweg in die pittoreske Bergwelt ausweichen.

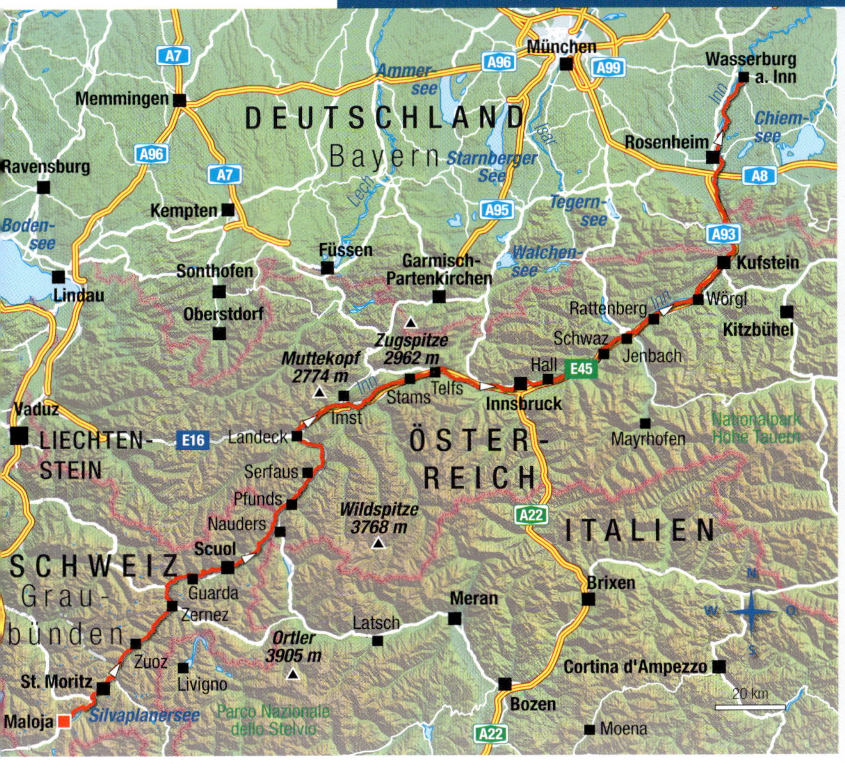

>>> ANFORDERUNG

Route: 390 km – 1800 hm – Mehrtagestour leicht

>>> ROUTE

Maloja – St. Moritz – Guarda – Scuol – Pfunds – Landeck – Imst – Stams – Telfs – Innsbruck – Hall – Jenbach – Kufstein – Rosenheim – Wasserburg. Die Route ist in beide Richtungen gekennzeichnet.

>>>BUS-SHUTTLE

Von Mai bis Oktober bietet Schmid Reisen und www.innradweg.com einen Bus-Transfer von Innsbruck und Zams/Landeck bis Maloja, www.bikeshuttle.at

>>> BESTE REISEZEIT

Da der Startort Maloja über 1800 Meter hoch liegt, herrschen oft lange Winter. Die beste Reisezeit verkürzt sich deshalb auf Anfang Juni bis Anfang September.

>>> HIGHLIGHTS

Oberengadiner Seenplatte bei St. Moritz
Bergdorf Guarda im Unterengadin
Festung Finstermünz bei Pfunds in Tirol
Zisterzienserkloster Stift Stams
Innsbruck – Altstadt
Hall – Altstadt
Svarowski Kristallwelten in Wattens
Festung in Kufstein
Bootsfähre über den Inn bei Kiefersfelden
Wasserburg – Altstadt

>>> E-BIKE-VERLEIH

Suvretta Sports in St. Moritz,
www.suvretta-sports.ch

>>> ANGENEHM ÜBERNACHTEN

Hotel Chesa Rosatsch in Celerina, www.hotelrosatsch.ch
Hotel Gasthof Traube in Pfunds/Tirol, www.traube-pfunds.at
Hotel Auderer in Imst, www.auderer.at
Gasthof Blaue Quelle in Erl bei Kufstein, www.blauequelle.at
Gasthof Ochsenwirt in Oberaudorf, www.ochsenwirt.com
Gasthof Schneiderwirt in Nußdorf/Inn, www.schneiderwirt.de
Gasthof Fischerstüberl in Attel bei Wasserburg,
www.fischerstueberlattel.de

>>> KARTEN & LITERATUR

Bikeline Radtourenbuch und Karte 1:75 000
»Inn-Radweg 1 – Vom Malojapass nach Innsbruck«, 100 Seiten
Kompass Fahrradführer »Innradweg – Von Innsbruck nach Passau« 1:50 000, 156 Seiten

>>> ALLGEMEINE AUSKUNFT

www.innregionen.com (Wichtige Infos zum Innradweg, von Anreise bis interaktive Karte)

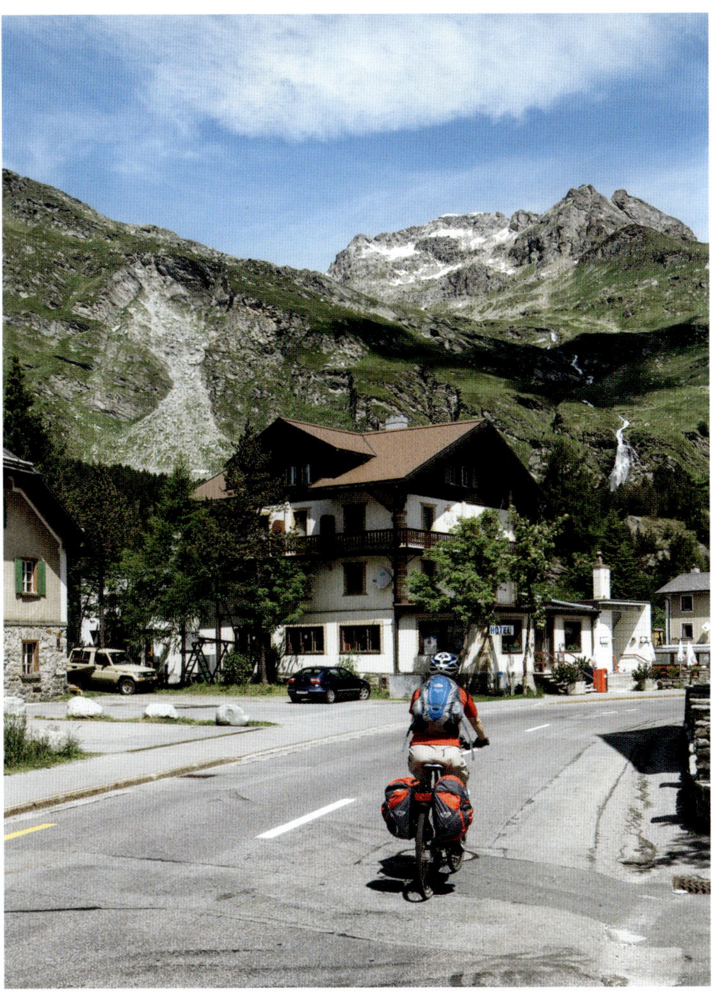

Oberhalb von Maloja entspringt der Inn.

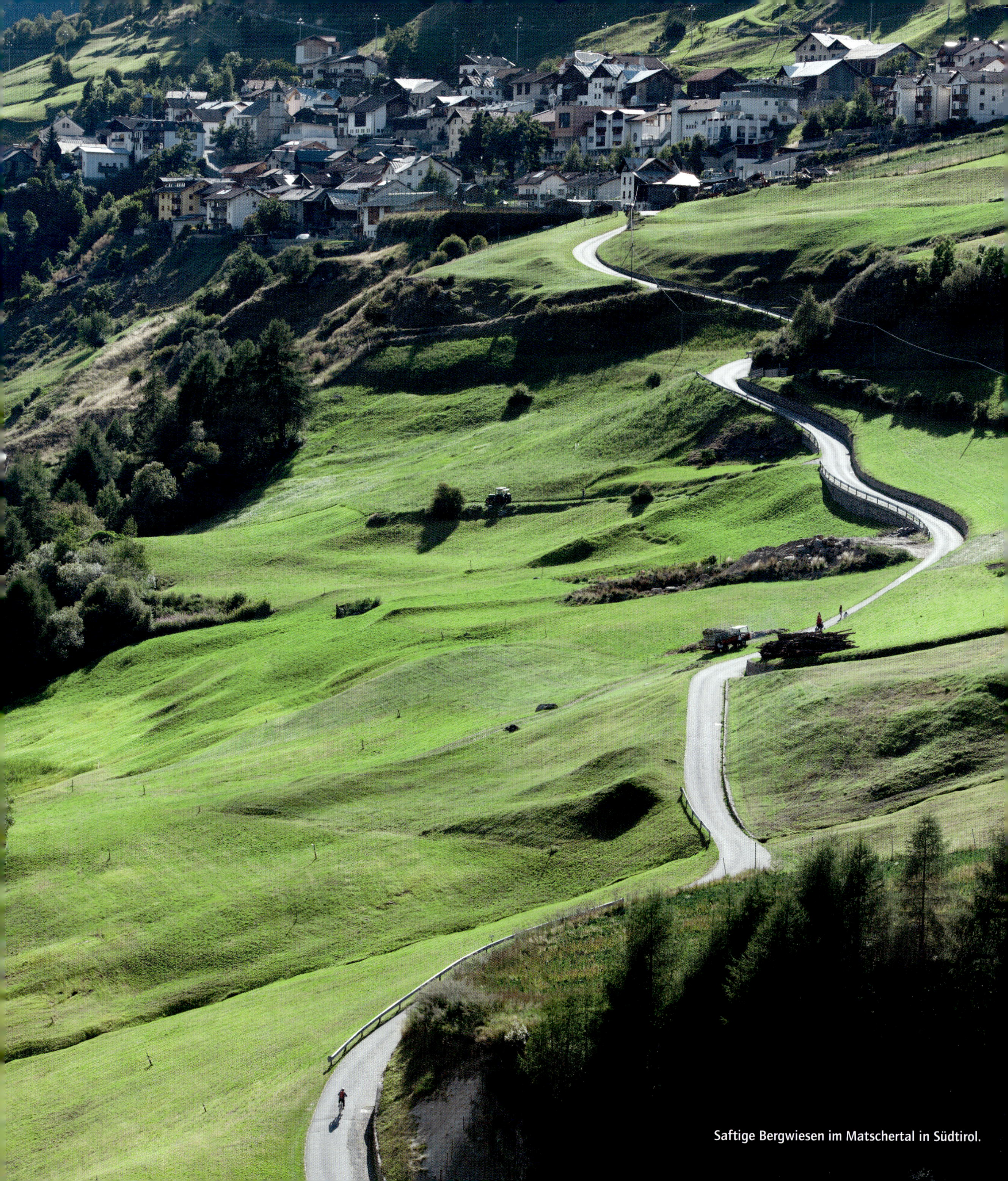

Saftige Bergwiesen im Matschertal in Südtirol.

ZU RITTERBURGEN UND BERGERDBEEREN

Mit Motorunterstützung können auch weniger sportliche Radler zu herrlich gelegenen Almen hinauf fahren oder abgelegene Hochtäler erobern. Ein ideales Testgebiet ist der obere Vinschgau in Südtirol.

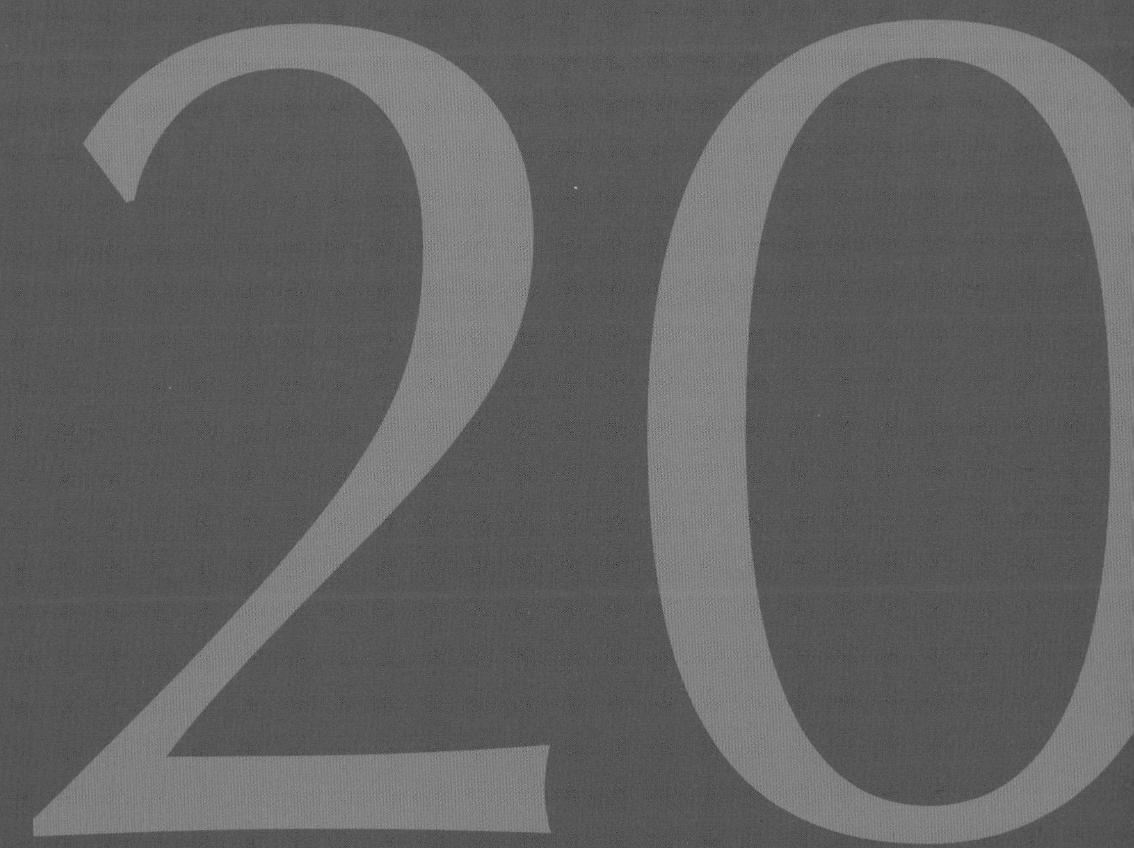

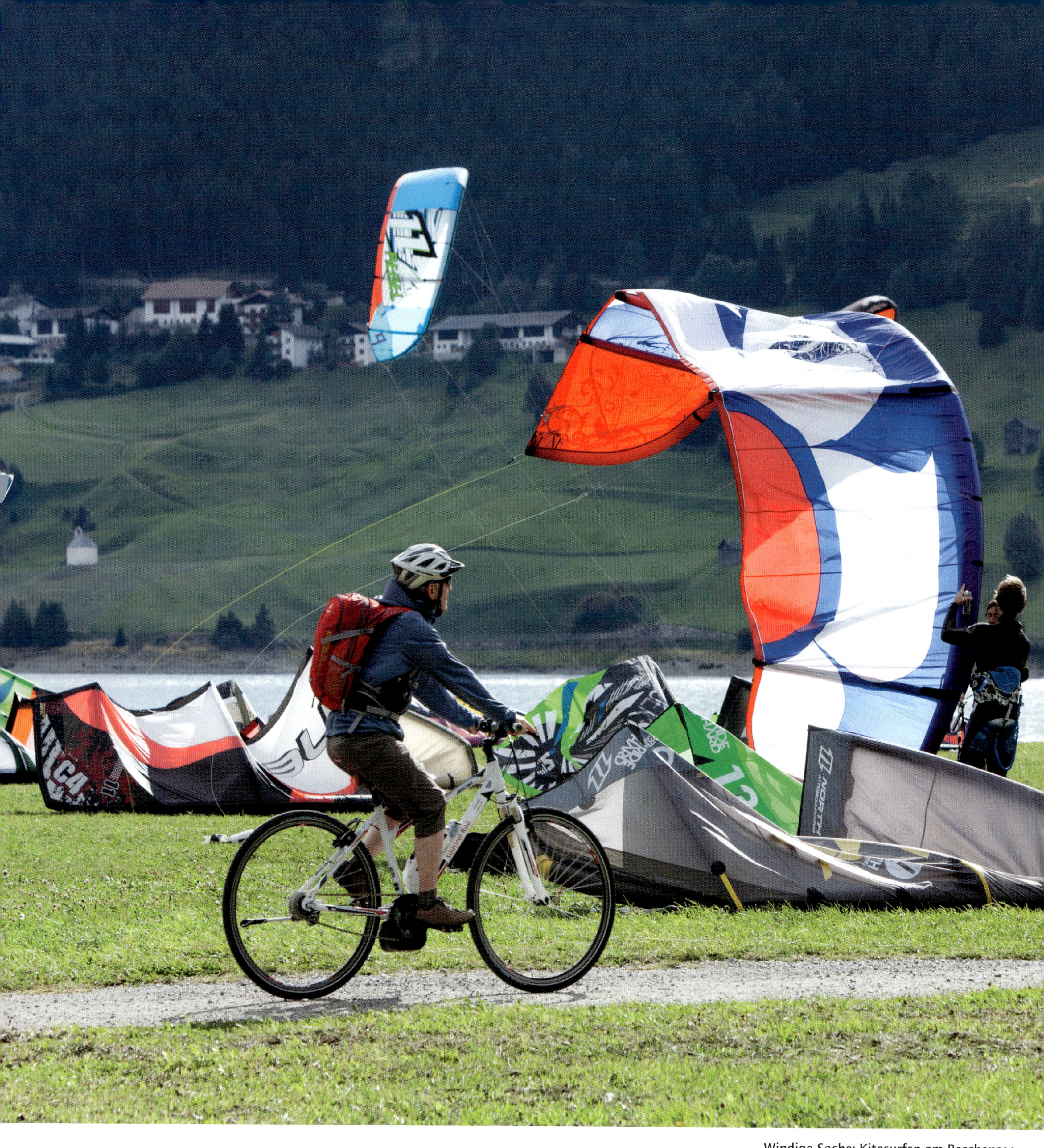

Windige Sache: Kitesurfen am Reschensee.

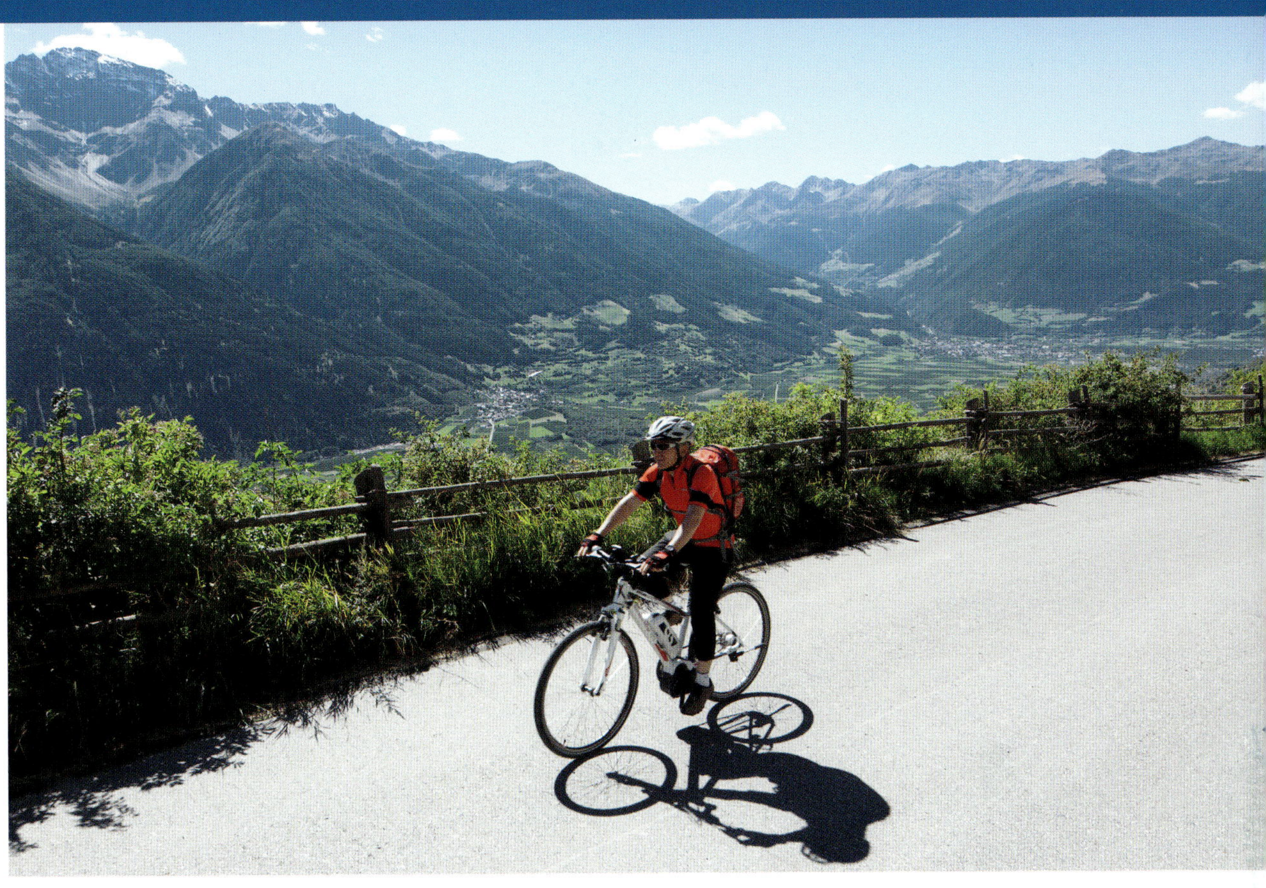

Wie eine Panoramastraße verläuft eine Route hoch über dem Vinschgau.

Unter der Brücke plätschert die Etsch, oben am Radweg rollen die Fernradler am Fluss entlang. Aber sie werden gleich alle abbremsen. Denn wir stehen an der Stadtmauer von Glurns. Und an der kleinsten Stadt der Südalpen fährt keiner vorbei. Irgendwie erinnert Glurns mit seinen Türmen und der vollständig erhaltenen Stadtmauer an die Dörfchen im berühmten Brettspiel Carcassonne – natürlich im positiven Sinne. Mittelalterliche Stadttore, Gassen und Laubengänge waren schon oft Kulisse für Kinofilme. Kein Wunder, dass das Wehrstädtchen auch schon mal als Rothenburg Südtirols bezeichnet wird.
Aber wenn man so in der Sonne sitzt und die Blicke kreisen, möchte man auch zu gern links und rechts des Tales hinauf in die Berge zu abgelegenen Dörfchen und Höfen, zu Ritterburgen und alten Kirchlein. Siegi Weissenhorn, der Vinschger Bike-Guru, weiß die Hard- und Software für unser Ansinnen: »Dort hinauf? Des packts ihr leicht – mit den modernen, leichten Cross-E-Bikes!« Siegi Weissenhorn gründete die große Fahrrad-Verleihstation am Bahnhof in Mals, verfasste detaillierte Bike-Guides für den Vinschgau und darüber hinaus, außerdem entwickelte er mit seinem Wissen mehrere Fahrradkarten zur Region. Zum E-Bike gibt uns Siegi gleich noch drei interessante Tourentipps mit auf den Weg.
Der Himmel am Ufer des Reschensees hängt nicht voller Geigen, sondern voller bunter Schirme; die Schirme von Kite-Surfern. Entsprechend stark weht dem Radler auch der Passwind entgegen. Unsere Drei-Almen-Eingewöhnungstour ins Langtauferertal beginnt dort, wo der berühmte Kirchturm aus dem Stausee ragt, beim Dorf Graun auf rund 1500 Meter Höhe. Nach wenigen Fahrminuten taleinwärts ist vom Wind kaum noch etwas zu spüren. Von der Landstraße führt die Route über eine Brücke auf einen Schotterweg zu Alm Nummer eins, der Kaproner Alm. Der Höhenweg Nr. 15 bringt den E-Biker vorbei an Alm Nummer zwei, der Masebenalm. Ganz schön frisch hier oben im Reich der Bergriesen!

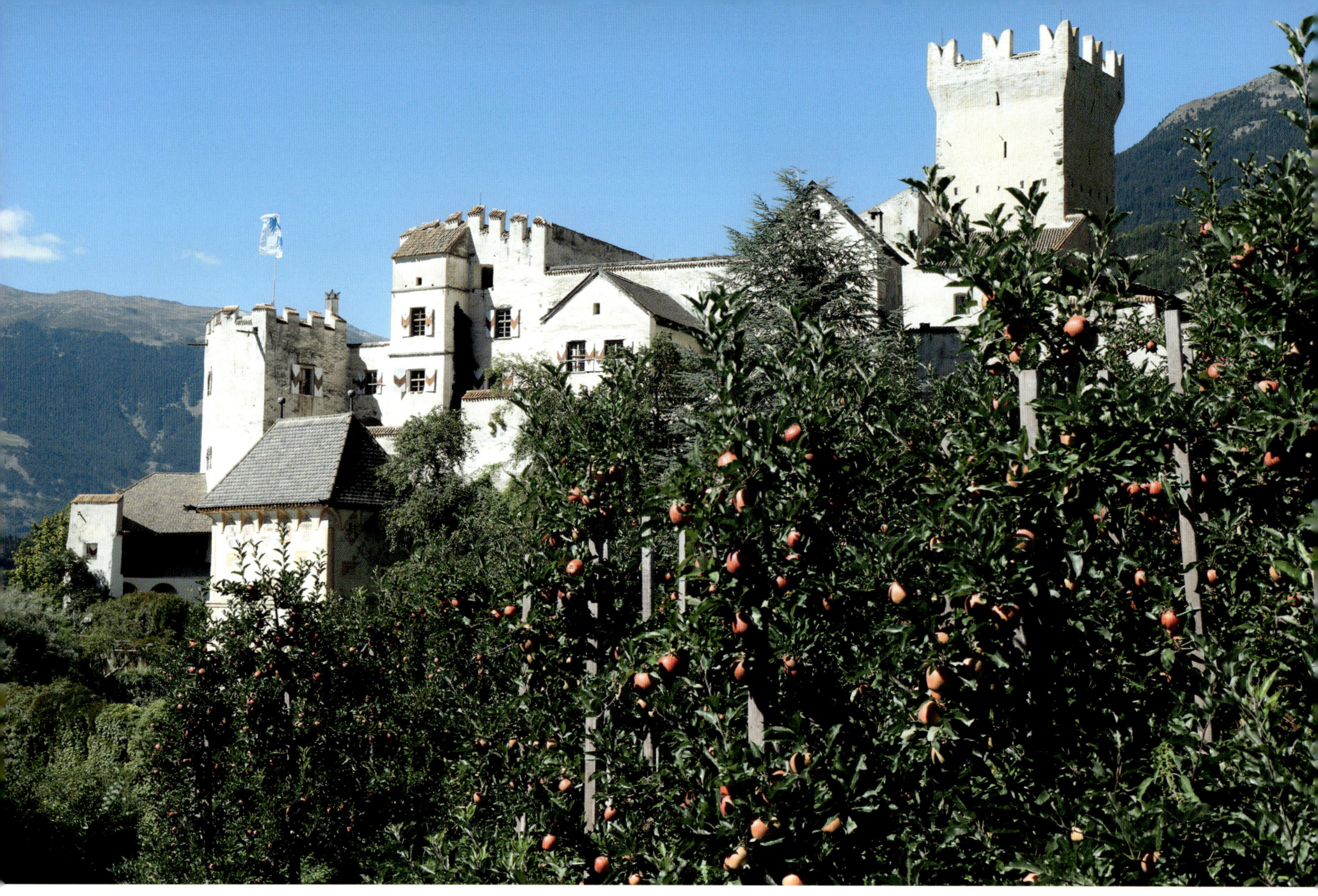

Die Churburg war das einstige Machtzentrum im Vinschgau.

Danach rollen wir wieder zurück zum Talboden zur Alm Nummer drei, der Melager Alm im Talschluss zu Füßen der Dreitausender Weißkugel und Weißseespitze. Für die Rückfahrt nehmen wir lieber die Landstraße, denn die Schotterwege gehen doch etwas in Arme und Beine.

Raubritter und Bergerdbeeren heißen die Stichworte unserer zweiten Tour. Aber hier hat uns Siegi mit seinem Routenvorschlag wohl etwas zu viel zugemutet. Deshalb entscheiden wir uns nach einem Blick in die Karte einfach für die Bergstraße ins Matschertal. Sie führt oberhalb der Ruinen von Schloss Ober- und Untermatsch weit hinein ins bergbäuerliche Hochtal bis zum Straßenende am einsamen Almgasthof Glieshof auf 1900 Meter Höhe. Dort gibt's im Sommer die süßen Matscher Bergerdbeeren zum Dessert. Zurück rollen wir über den Weiler Tial zum Aviunshof und weiter ins Dörfchen Matsch. Viel los ist nicht auf dem schmalen Asphaltband, aber gut dass wir mit dem Rad unterwegs sind. Flachlandautofahrer kommen hier oben mächtig ins Schwitzen, vor allem auf den Wegabschnitten ohne Leitplanke.

Aller schönen Touren sind drei! Frei nach diesem Motto wollen wir noch zum Schludernser Berg. Die einen nennen die Runde »Vinschger Sonnenstraße«, die anderen »Tanas Panorama«. Den Radler erwartet in der Tat meist

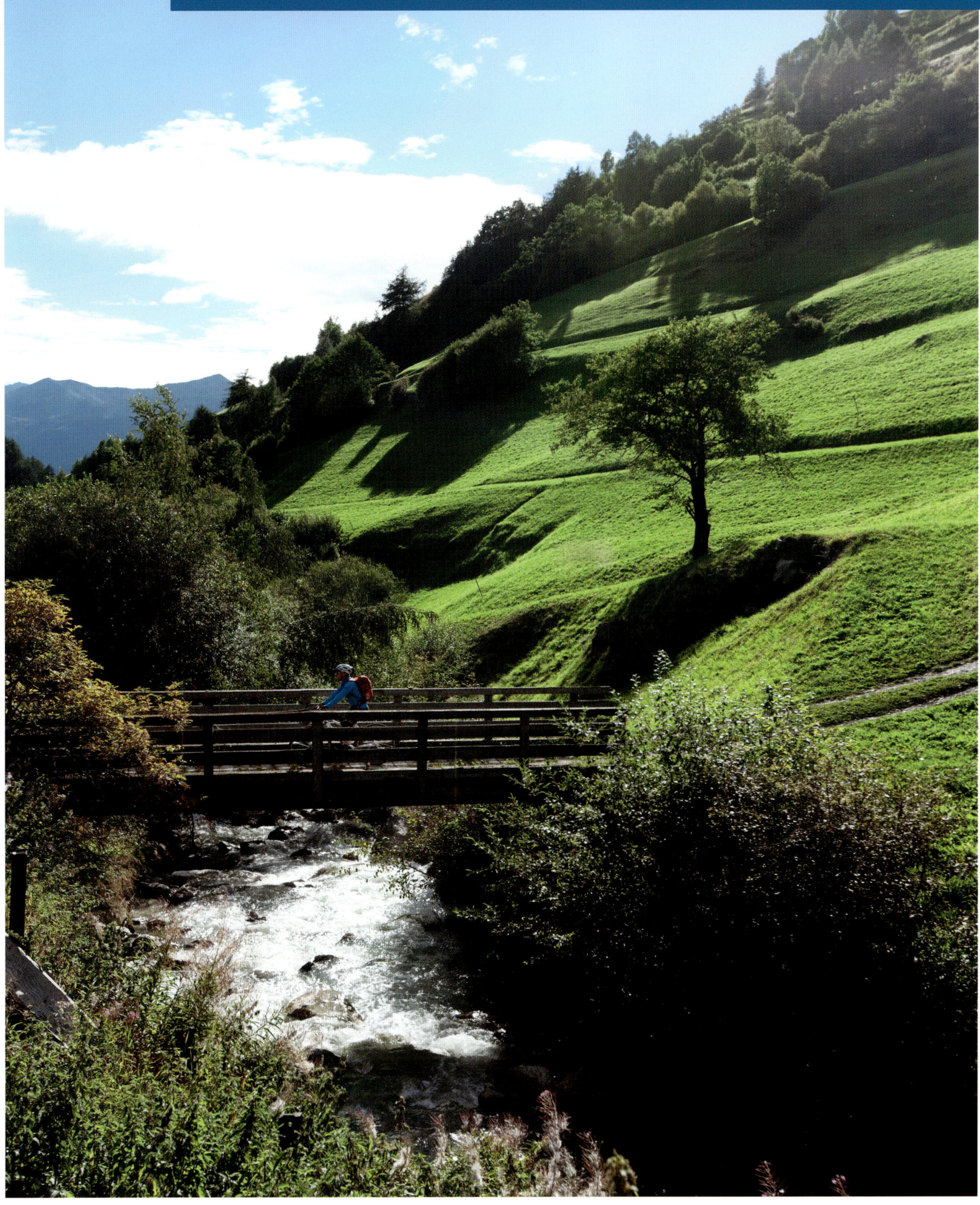

Bergbauernland bei Matsch.

eine sonnengeflutete Tour mit grandiosem Ausblick über den oberen Vinschgau. Wer sich für Kultur interessiert, macht gleich nach dem Start in Schluderns einen Stopp an der Churburg, gegründet im 13. Jh. vom Fürstbischof von Chur und heute ein historisches Museum mit der größten privaten Rüstkammer der Welt. Durch Obstgärten und Bergwiesen zieht sich das Sträßlein steil hinauf am Schludernser Berg. An dieser garstigen Rampe werden die meisten E-Biker auf Full-Power-Unterstützung schalten müssen. Aber auf rund 1500 Meter Höhe windet sich der asphaltierte Weg dann wieder mit Ortlerblick und Vinschgau-Panorama gemütlich am Hang entlang – nicht immer mit Leitplanken, aber immer schön breit zum Radeln. Hinter dem Bergdorf Tanas mit seinem sehenswerten St.-Peter-Kirchlein neigt sich die Höhenstraße wieder langsam über Serpentinen ins Tal nach Allitz und Laas, dem Ort mit dem berühmten weißen Marmor. Bevor es auf dem Vinschgerradweg wieder zurück Richtung Schluderns geht, machen wir noch einen kulinarischen Abstecher zum Radlertreff am Fischteich. Ein paar Zusatzkilometer, die sich lohnen, denn nicht nur die geräucherte Forelle ist ein Gedicht. Kein Wunder, dass sich hier die Radler die Klinke in die Hand geben.

Im Langtauferer Tal führt der Weg weit in die Welt der Dreitausender.

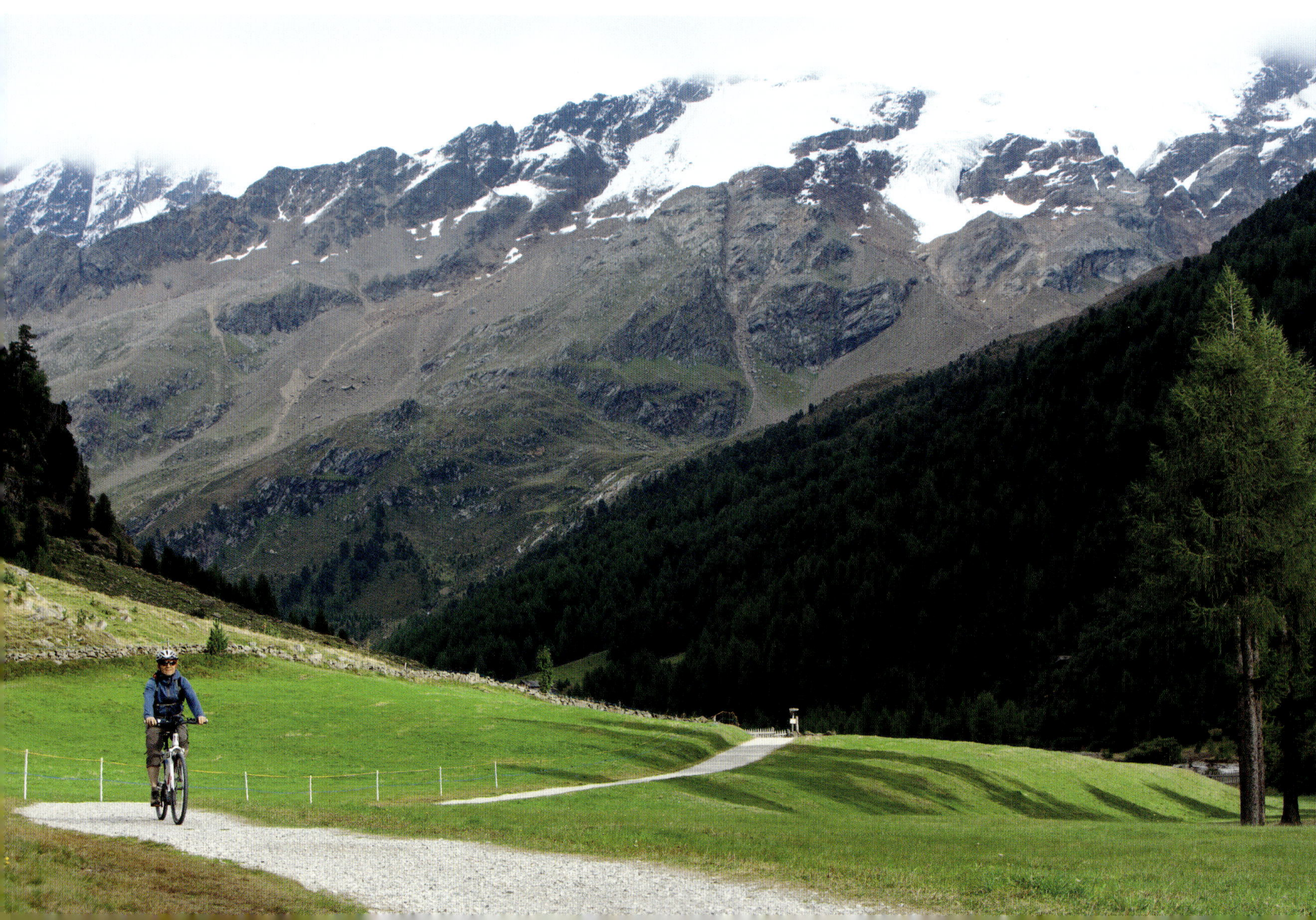

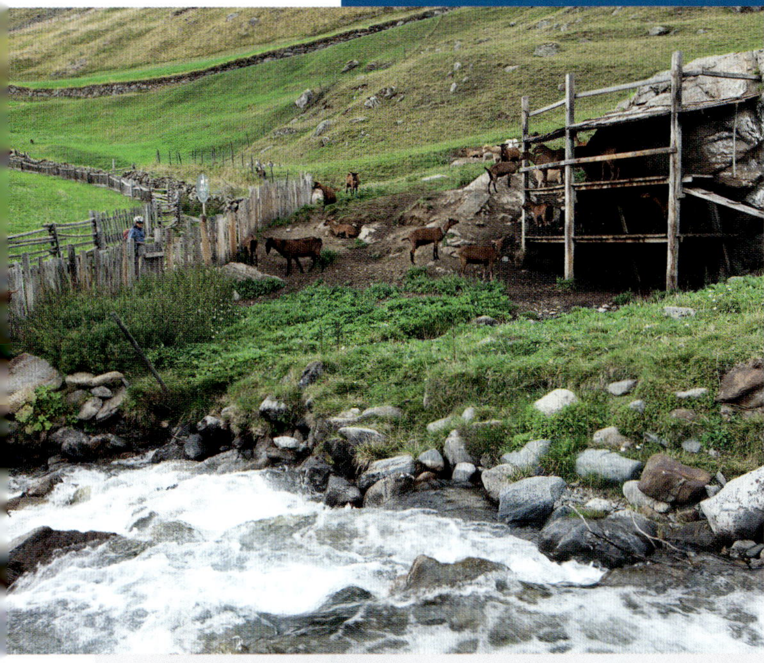

Almziegen bei Melag.

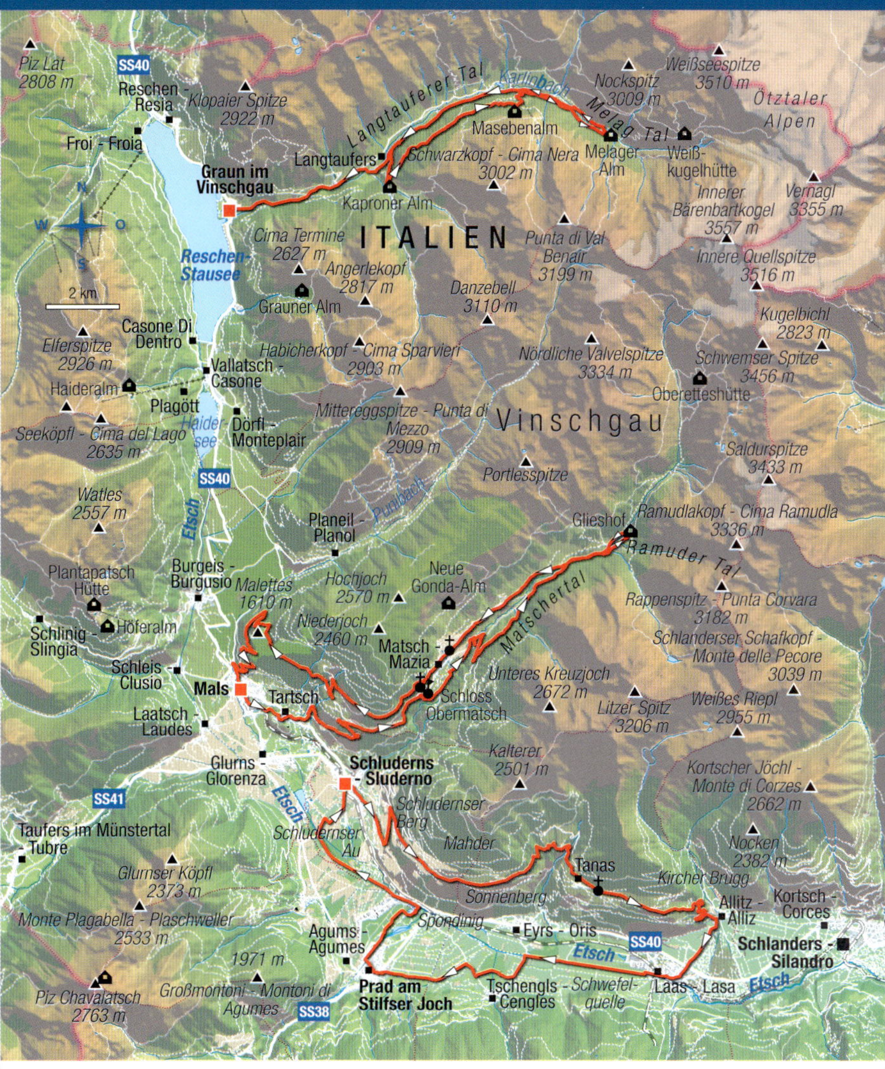

>>> ANFORDERUNG

Langtauferertal – 27 km – 700 hm – leicht bis mittel
Matschertal – 47 km – 1300 hm – mittel bis schwer
Vinschger Sonnenstraße – 36 km – 800 hm – mittel

>>> BESTE ZEIT FÜR DIE TOUREN

Ende Mai bis Ende September

>>> E-BIKE-VERLEIH

Bei **Südtirol Bike** am Bahnhof Mals, außerdem bei Südtirol-Rad in Mals. Zur Auswahl stehen normale Pedelecs, aber auch E-Mountainbikes und E-Crossbikes, www.suedtirolbike.info, www.suedtirol-rad.com

>>> GUT EINKEHREN

Melager Alm (1975 m) im Langtauferertal
Almhotel Glieshof am Talende im Matschertal, www.glieshof.it
Radtreff Fischteich Brugg in Kortsch bei Schlanders direkt am Etschradweg, radtreff-brugg.com

>>> ANGENEHM ÜBERNACHTEN

Pension Astoria in Prad am Stilfser Joch, www.pension-astoria.it

>>> KARTEN & LITERATUR

Kompasskarte WK52 »Vinschgau – Val Venosta« 1:50 000 und Drei-Karten-Set WK670 »Vinschgau – Val Venosta« 1:25 000

>>> ALLGEMEINE AUSKUNFT

Gästeinformation Vinschgau mit Büros in Glurns, Mals, Prad, Graun, Schlanders, Taufers und Kastelbell, Tel. 0039-0473/831190, www.vinschgau.net

Bergkapelle auf 1800 Meter Höhe beim Glieshof.

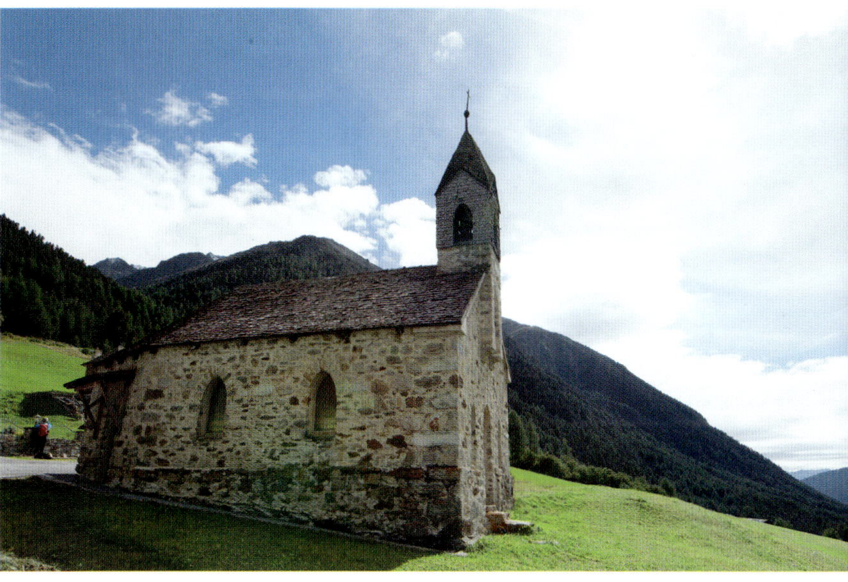

21

IM SCHATTEN VON KÖNIG ORTLER

Das Stilfser Joch zwischen Vinschgau und Veltlin gilt unter Rennradfahrern als der König der Alpenpässe. Mit dem E-Bike schaffen auch Normalsportliche die 48 Serpentinen und 2000 Höhenmeter.

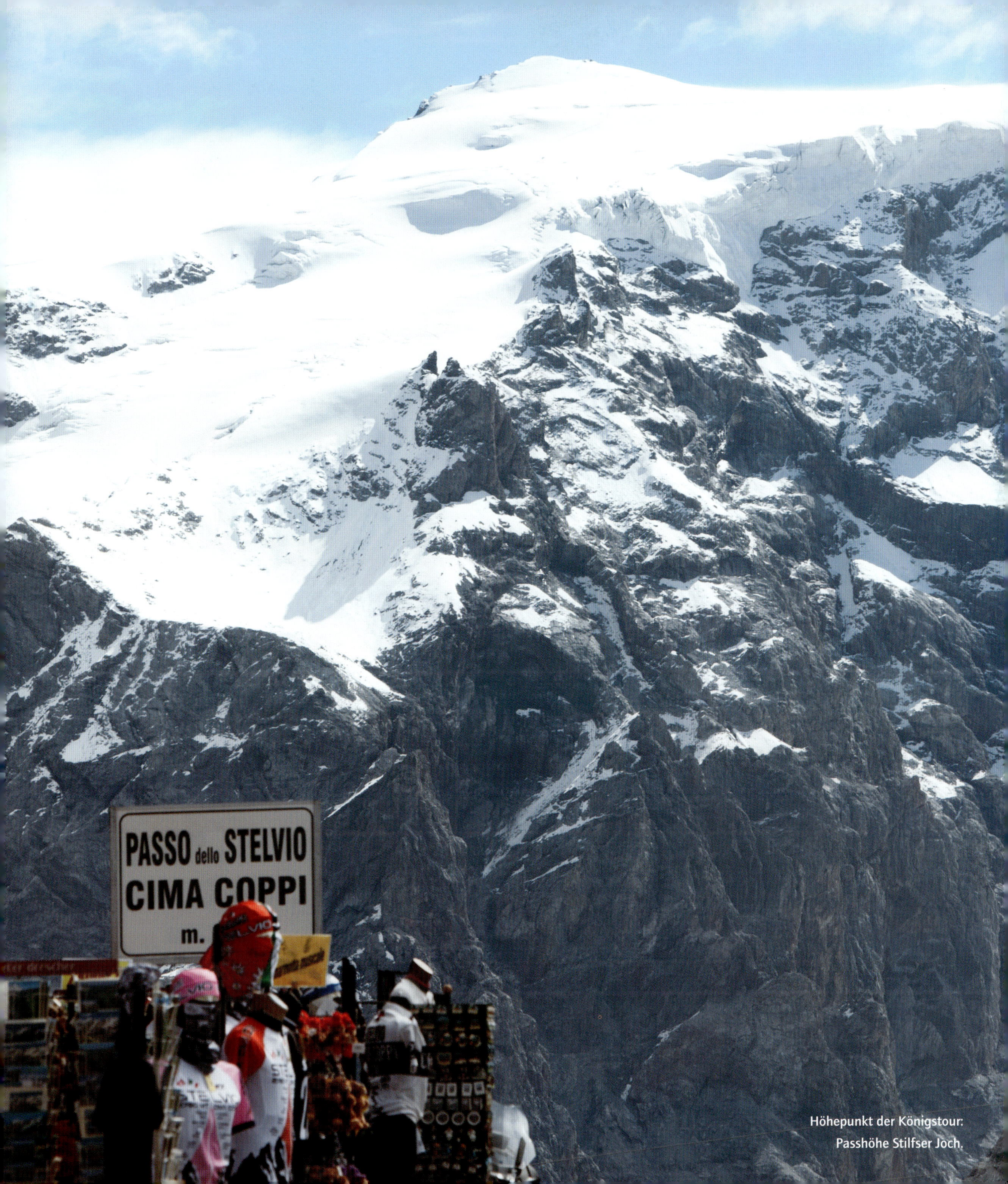

Höhepunkt der Königstour:
Passhöhe Stilfser Joch.

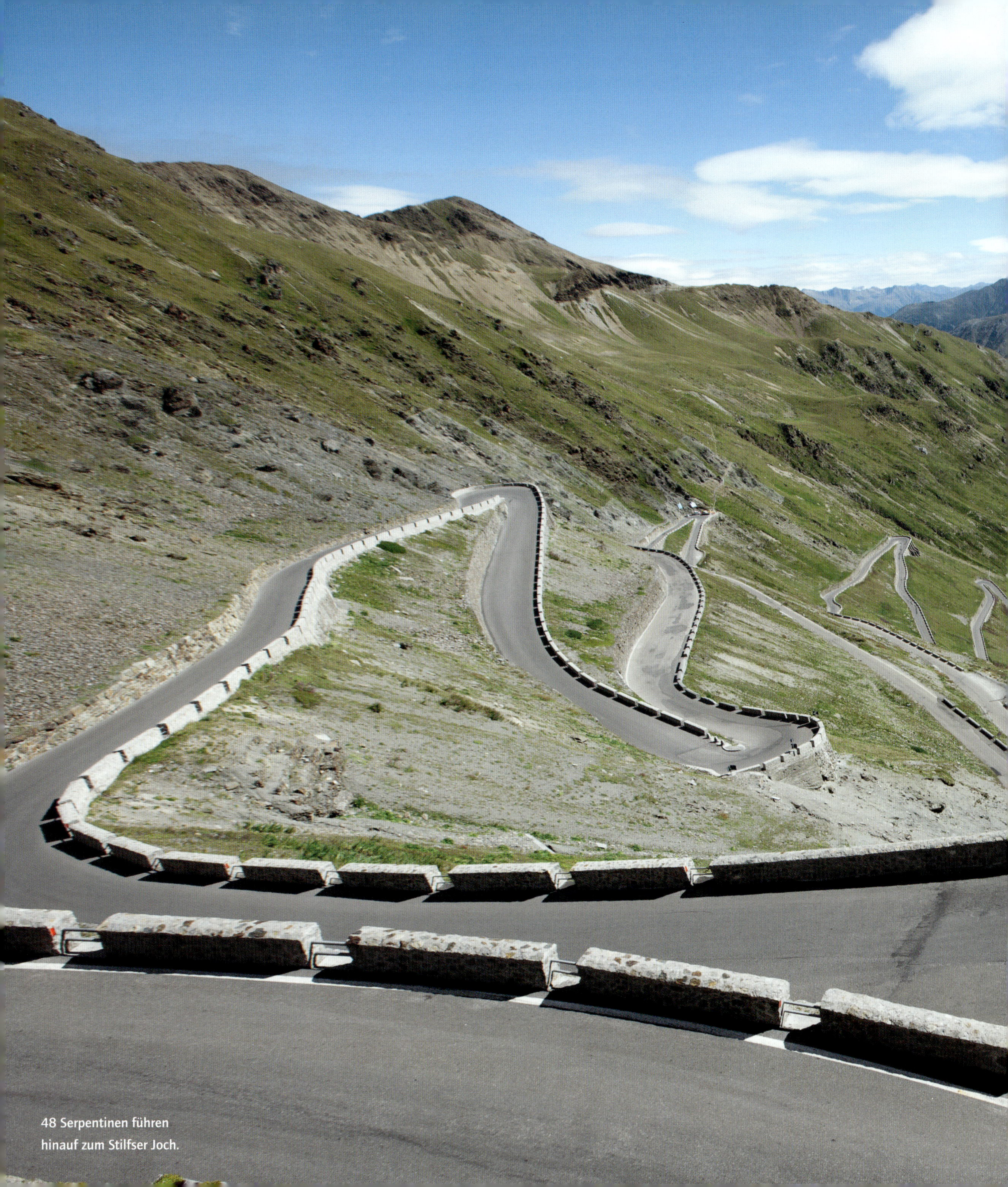

48 Serpentinen führen hinauf zum Stilfser Joch.

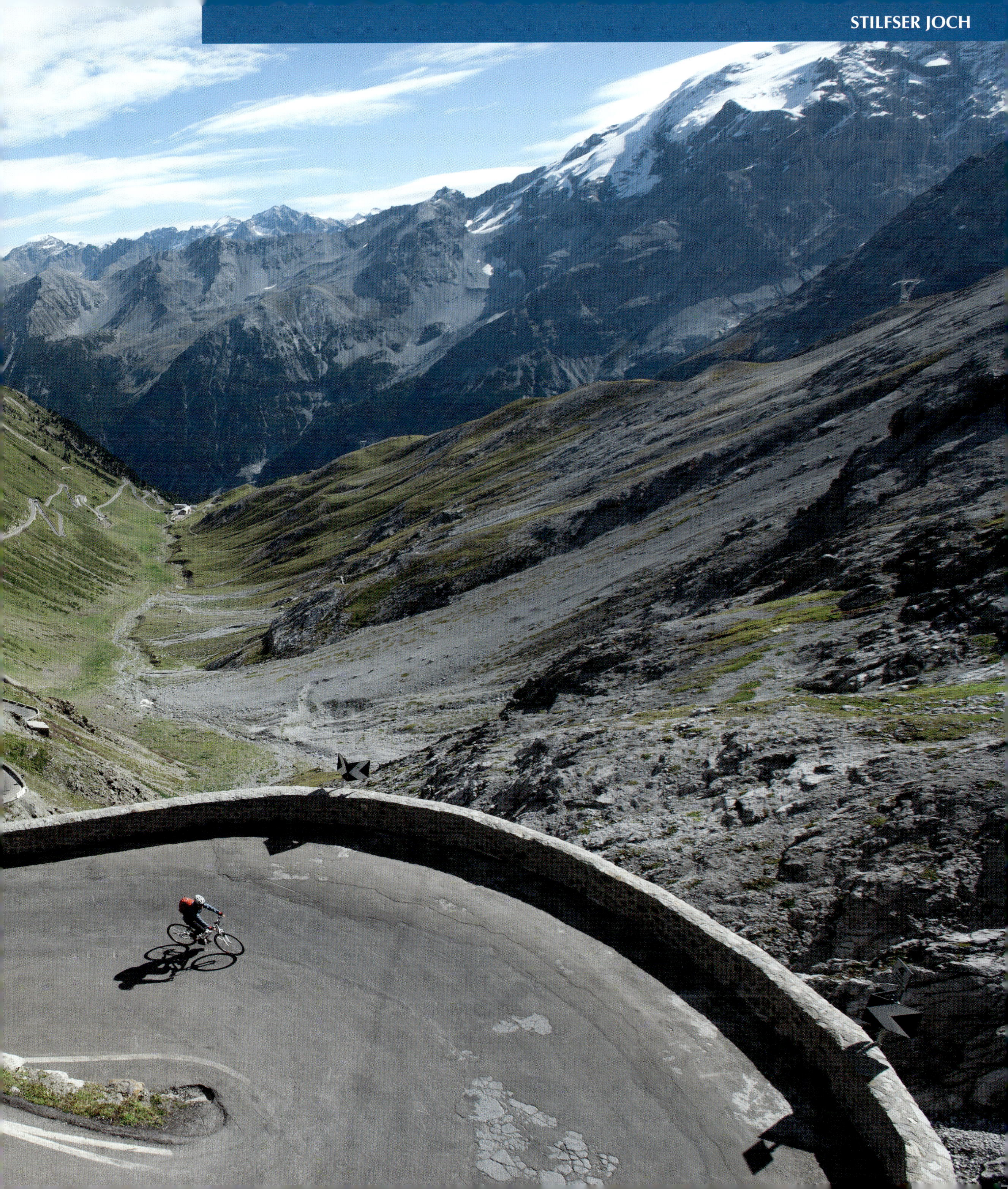

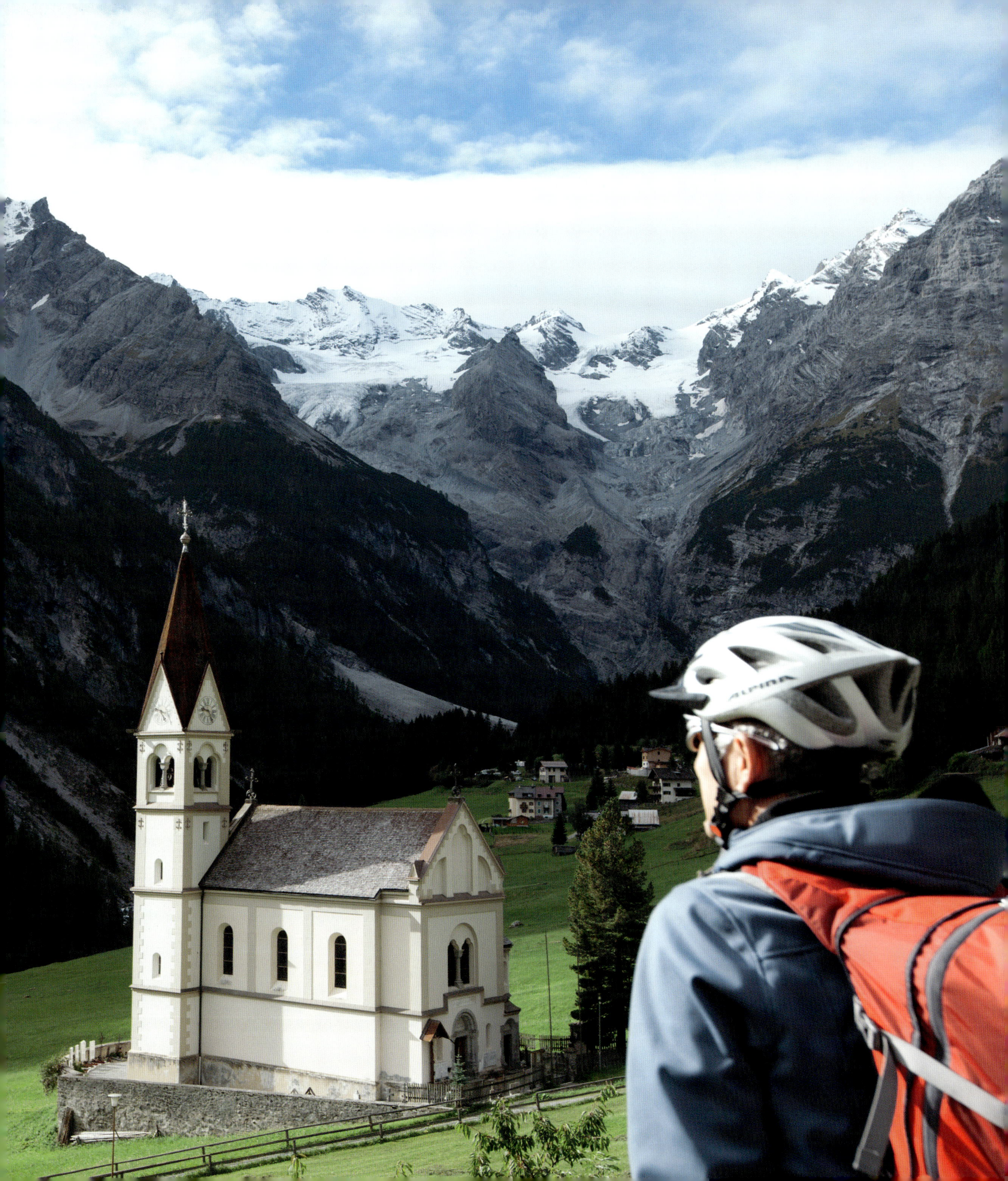
ALPINA

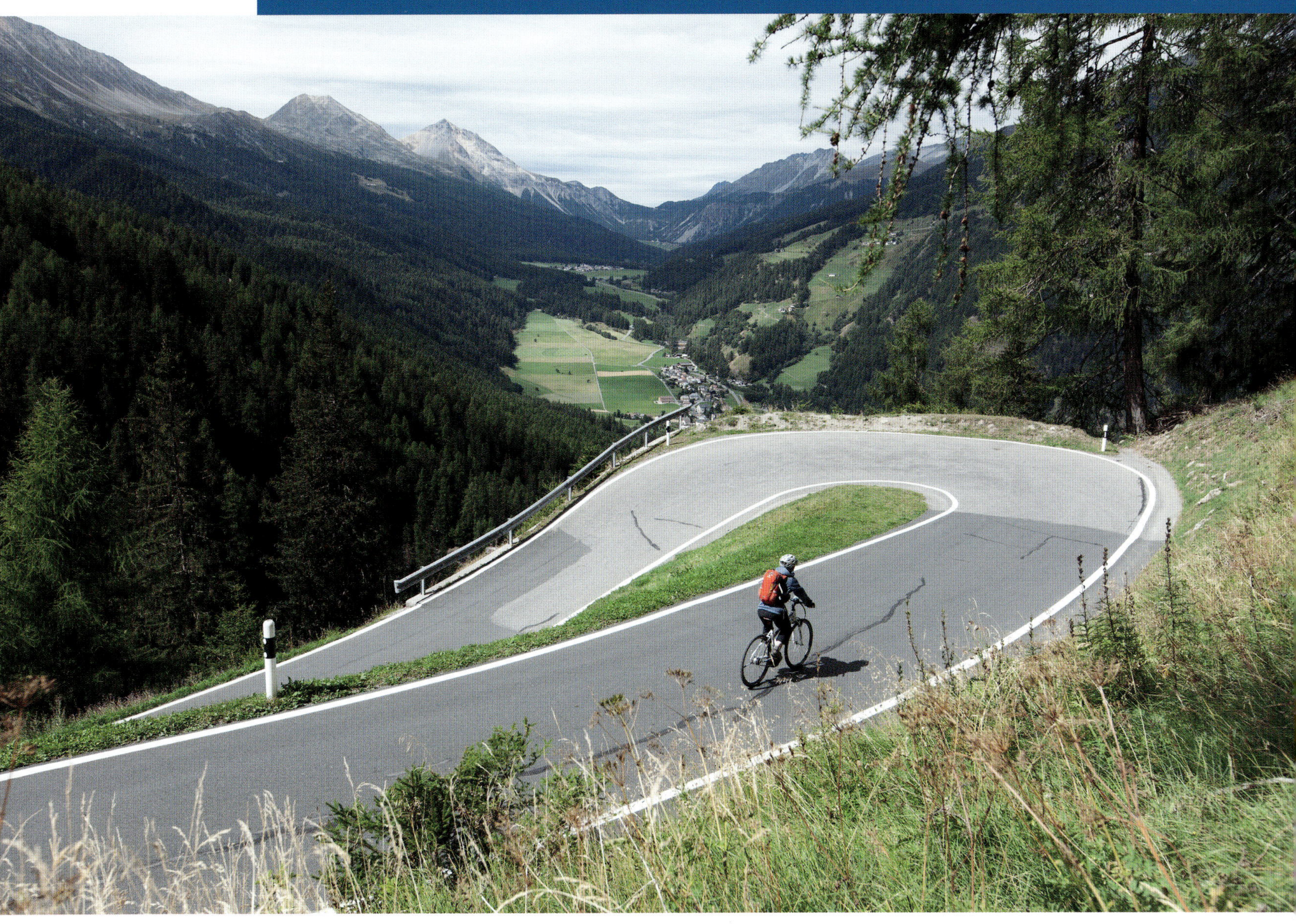

Abfahrt in die Schweiz auf dem Umbrailpass.

ergdorf Trafoi am Ortler.

Diese Tour flößt vielen Radfahrern Respekt ein – schon lange vor dem Losfahren. Die Daten zum zweithöchsten Alpenpass Europas sprechen für sich: 25 Kilometer bergauf. Fast 2000 Höhenmeter wollen gemeistert sein, dazu 48 Serpentinen mit bis zu 15 Prozent Steigung. Das bedeutet auch für den E-Biker eine nicht alltägliche Herausforderung. Und die Frage: Schafft der Akku diese außergewöhnliche Beanspruchung? »Des packts ihr leicht – und die neuen Cross-E-Bikes sowieso,« ermuntert uns Siegi Weissenhorn, Bike-Guide und Touren-Guru aus Mals. Er hat hier im Drei-Länder-Eck schon alles abgefahren, was geht – mit dem Mountainbike, mit dem Rennrad und mittlerweile auch mit dem Pedelec. Eigentlich wollten wir am autofreien Stelvio Day Ende August unser Unternehmen Stilfser Joch starten. Aber statt unzähligen Radlern nehmen wir dann doch lieber ein paar Autos und deren Abgase in Kauf und starten drei Tage später an einem Dienstag. Prad – Stilfser Joch – Umbrailpass – Münstertal – Prad lauten die Eckpunkte unserer Königsetappe.

St. Johannes: Ältestes Bauwerk in Taufers.

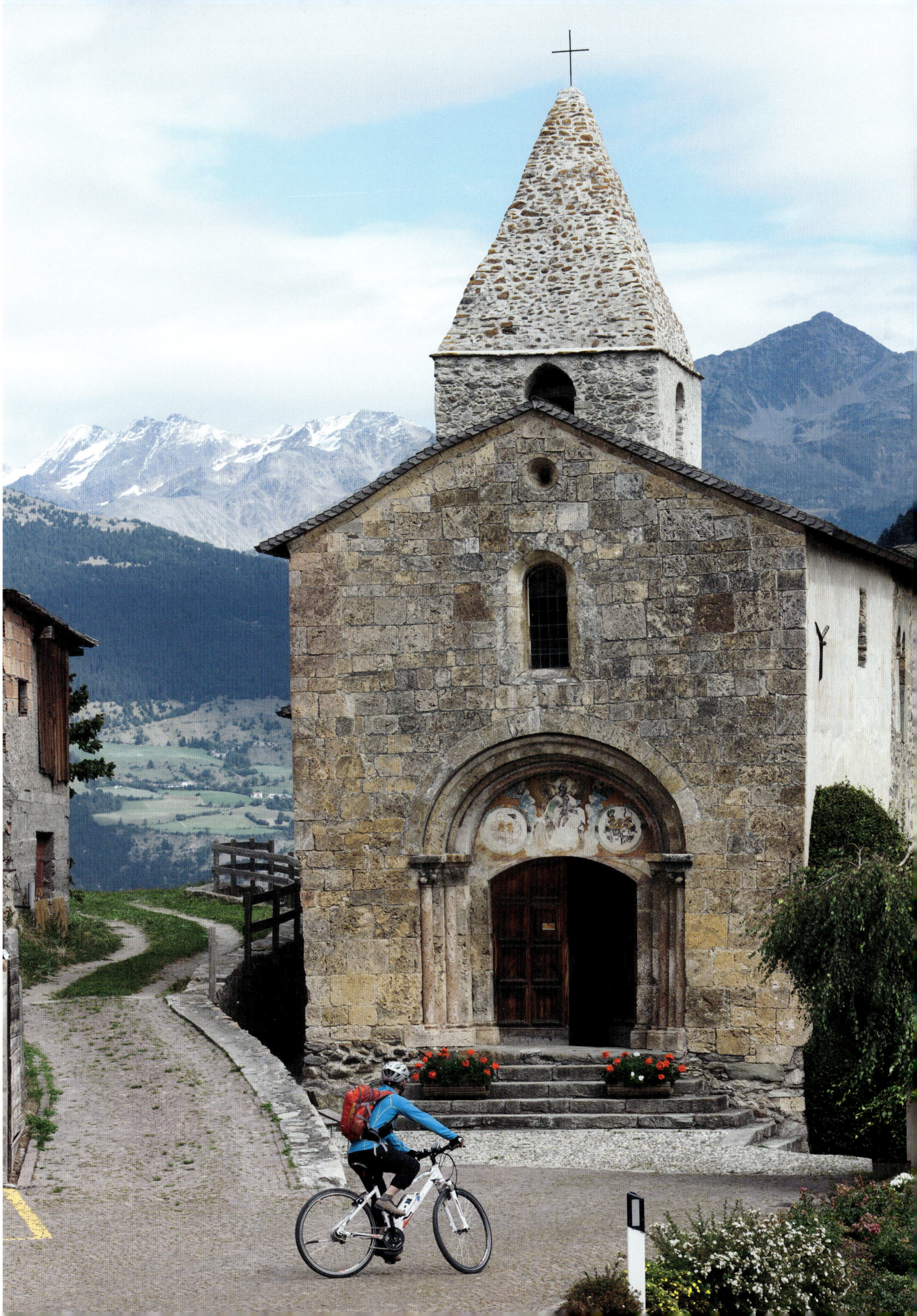

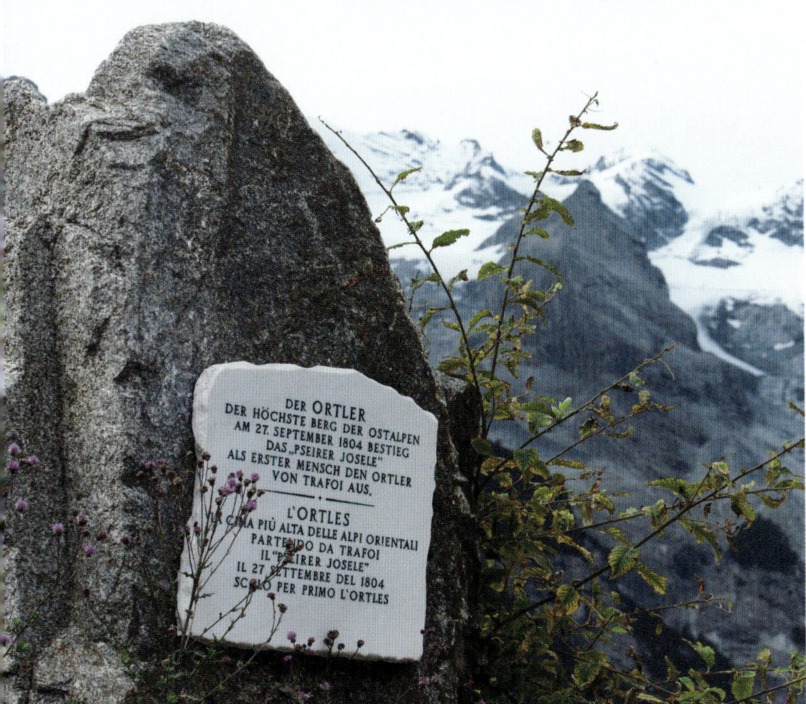

Gedenkstein in Trafoi für den Erstbesteiger des Ortlers.

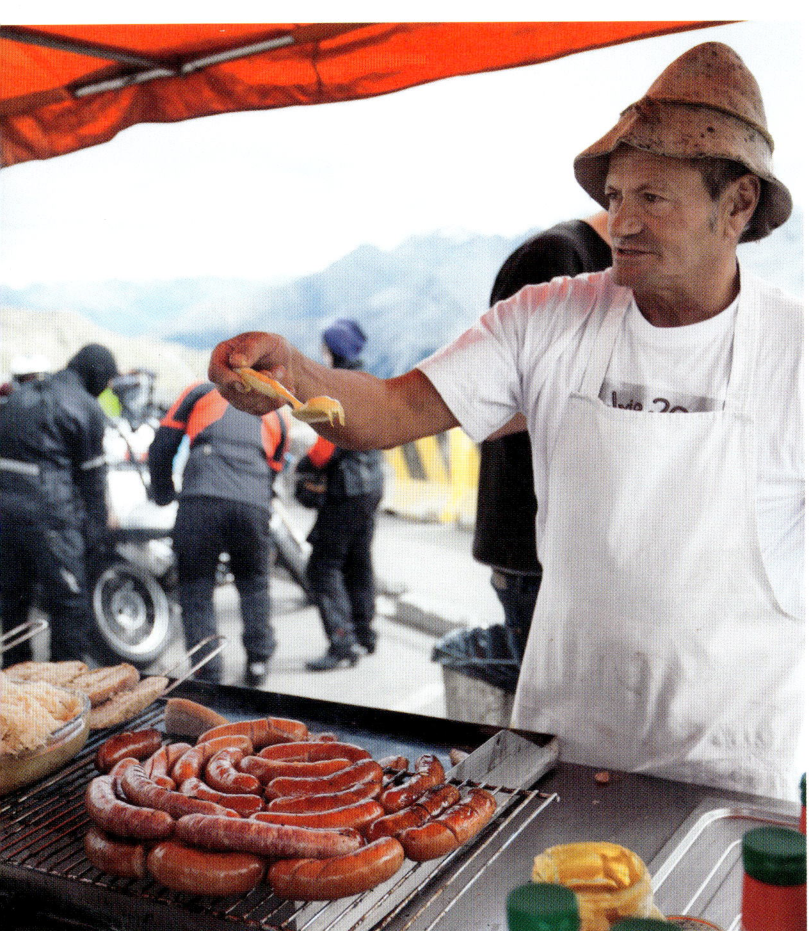

Schmeckt viel besser als es aussieht: Bratwurst mit Kraut an der Passhöhe.

Morgens um neun ist die Welt noch in Ordnung. Alles passt: Es verspricht sonnig zu werden. Und nach mehreren Eingewöhnungstouren im Vinschgau stimmt wohl auch die Kondition. Nur der Rucksack wiegt etwas schwer auf dem Rücken. Aber auf einen Ersatzakku wollen wir nicht verzichten, und warme Kleidung sowie Wechseltrikot und Regenschutz verstehen sich im Hochgebirge von selbst. Die ersten Kilometer von Prad hinaus am Suldenbach entlang verlaufen noch relativ flach. Ideal zum Warmfahren und um sich langsam daran zu gewöhnen, mit nur wenig Motorunterstützung zu fahren. Also steht der Schalter nur auf Eco-Modus oder maximal auf Stufe eins. Der Akku soll ja nicht schon bei der Hälfte der Tour schlapp machen. Schon bald wird das Tal schmäler, die Straße steiler, die Luft kühler. Im 100-Seelen-Dörfchen Gomagoi auf 1267 Meter zweigt die Straße ins Hochtal von Sulden ab. Ab hier beginnt die Nummerierung der 48 Kehren hinauf zum Joch, teilweise sogar mit Höhenangaben. Gut zur Orientierung, aber für so manchen Motorlosen bedeutet das auch die Steigerung des Frustfaktors. Bis Trafoi hält sich die Kurverei in Grenzen, doch ab dem Ortsausgang windet sich die Straße wie ein Bandwurm dem Himmel entgegen. Bei zweistelligen Steigungsprozenten bringt der Eco-Modus nur noch sanfte Unterstützung. Spätestens jetzt mutiert die Genusstour zum sportlichen Unternehmen. Machen wir bei Ex-Skistar Gustav Thoeni einen Stopp oder erst an der Franzenshöhe? Sowohl als auch! Die ersten 600 Höhenmeter ließen sich zwar noch ganz gut treten, aber Thönis kleines Skisportmuseum im Hotel Bella Vista und das schmucke Bergdorf lohnen allemal eine Pause.

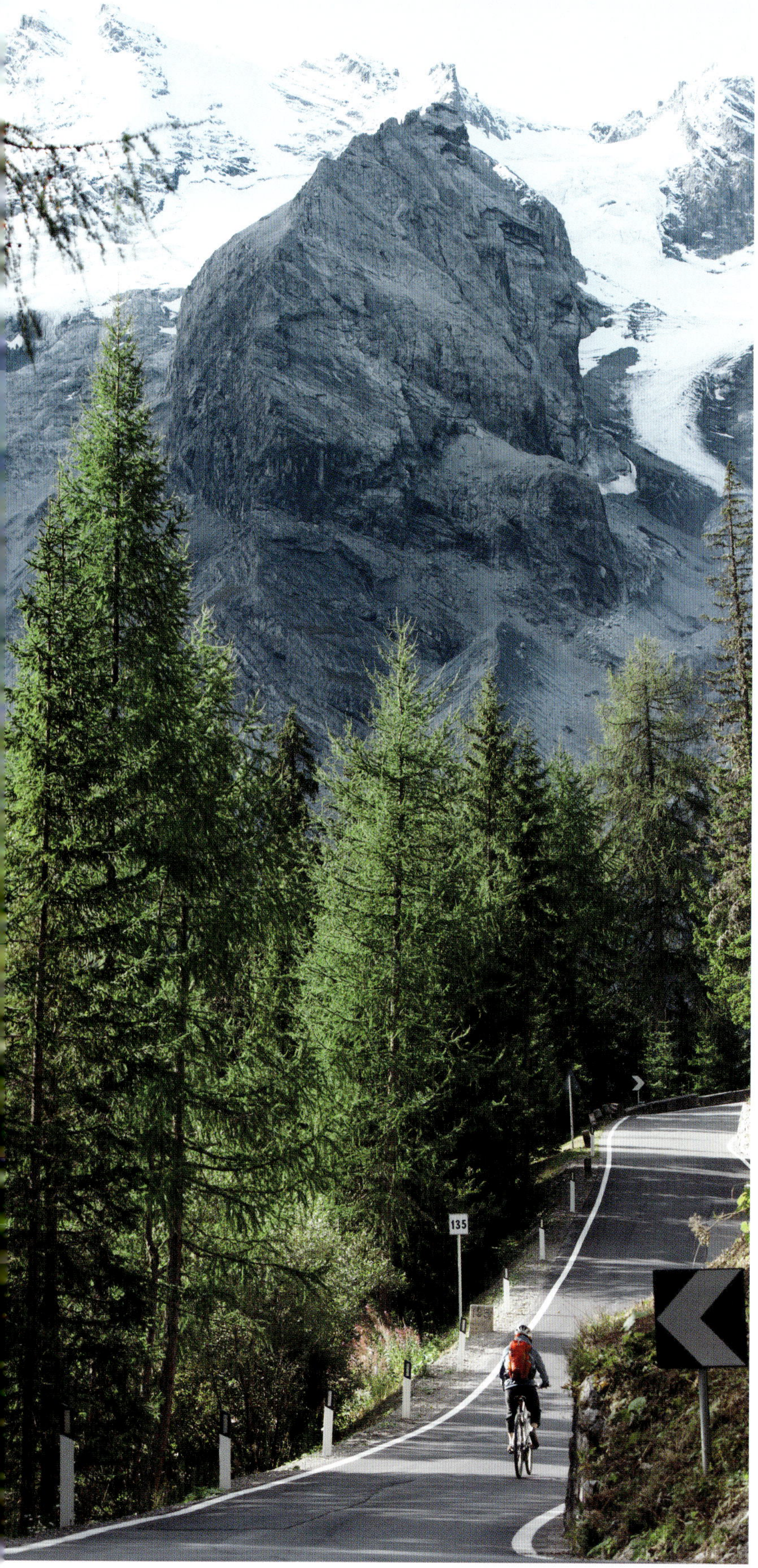

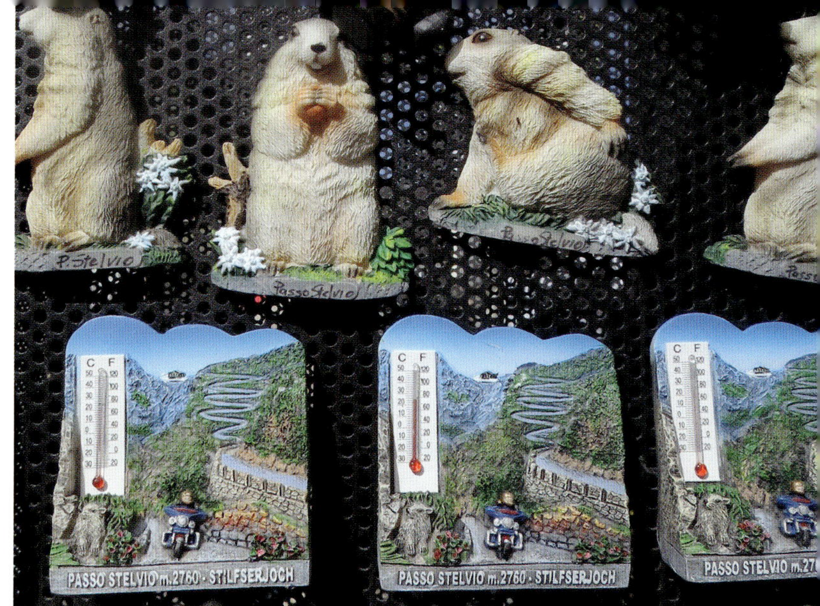

Souvenirs für Stelvio-Besucher.

Schon kurz hinter Stilfs wird die Straße ziemlich steil.

Das Berghotel Franzenshöhe, 15 Kurven später, schmiegt sich auf 2188 Meter einsam in die Felsen. Es hat dem Äußeren nach auch schon bessere Zeiten erlebt. Aber für einen Koffeinschub mittels Cappuccino liegt es ideal. Zwei Drittel der Höhenmeter liegen an Kehre 22 hinter uns. Kondition und Akku bewegen sich noch im grünen Bereich. Der Weiterweg scheint geradezu in die senkrechten Felsen gesprengt. Das mächtige Ortler-Massiv im Rücken, vor uns die Jochserpentinen – irgendwie wirkt das bedrohlich und faszinierend zugleich. Noch sechs Kilometer und schier endlos viele Kurven himmelwärts, dann stehen wir oben. Europas höchster Rummelplatz auf 2757 Meter Höhe empfängt uns am Scheitel zwischen Südtirol und Lombardei mit eiskalten Windböen. Die Besucher drängen sich vor Souvenirständen mit Stelvio-Finisher-Trikots und vor dem Denkmal von Fausto Coppi, Italiens Radfahrer-Legende. Ein einziges Menschengewusel vor hochalpinem Panorama. Wir stellen uns bei Richardl's Wurstwagen an. Sein »Stelvioburger« – grobe Bratwurst vom Gomagoier Metzger, mit Senf und Sauerkraut im Vinschger-Brötchen – schmeckt selbst einem

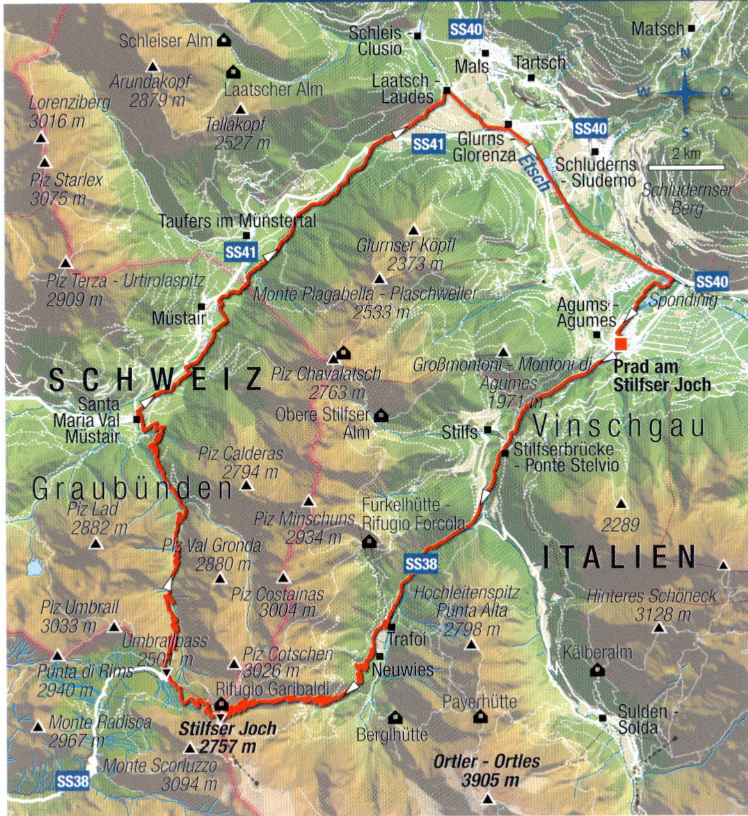

Fast-Vegetarier himmlisch gut. Sozusagen die kleine kulinarische Belohnung für zweieinhalb Stunden Strampeln und Schwitzen. Und die Akkuanzeige am E-Crossbike zeigt sogar noch einen Balken – von fünf. Das sollte für den weiteren Weg reichen. Steil hinunter ins Schweizer Münstertal braucht man sowieso in erster Linie die Bremsen und an manchen Stellen gute Nerven, da am Umbrailpass abschnittsweise die Leitplanken am Abgrund fehlen. Ein kurzer Stopp in aussichtsreichen Haarnadelkurven dient gleichzeitig dem Kühlen der Bremsen. Sicherheit geht vor. Dass wir nun durch die Schweiz fahren, zeigt sich nur an ein paar roten Fahnen mit weißem Kreuz in Vorgärten in Santa Maria. Selbst an der nahen Grenze zurück in den Vinschgau will niemand einen Ausweis sehen. Irgendwann machen sich die 2000 Höhenmeter rauf und runter doch in Beinen und Händen bemerkbar. Die Bewegungen werden immer langsamer und schwerer. Aber die letzten flachen Kilometer auf dem Radweg über Taufers und Glurns zurück nach Prad treten sich fast von allein. Und die Antwort für Bike-Guide Siegi fällt uns dabei auch gleich ein: »Leicht war's net, aber schee!«

>>> ANFORDERUNG

66 km – 2050 hm – Tagestour schwer

>>> BESTE ZEIT FÜR DIE TOUR

Die Passstraße ist von Ende Mai bis Ende Oktober geöffnet. Im August ist Hochsaison. Es ist mit vielen Autos und Motorrädern zu rechnen.

>>> E-BIKE-VERLEIH

Bei **Südtirol Rad** und Südtirol Bike in Mals. Zur Auswahl stehen normale Pedelecs, aber auch E-Mountainbikes und E-Crossbikes von Kalkhoff, Focus und KTM, www.suedtirol-rad.com
Sport Fahrner in Prad, www.sportfahrner.com, Baldi Sport in Prad, www.baldisport.it

>>> GUT EINKEHREN

Restaurant Gallia in Gomagoi, www.hotel-gallia.it
Hotel Bella Vista in Trafoi, www.bella-vista.it
Tibethütte am Stilfser Joch, www.tibet-stelvio.com
Hotel Chavalatsch in Taufers, www.chavalatsch.com

>>> ANGENEHM ÜBERNACHTEN

Pension Astoria in Prad am Stilfser Joch, kleines, modernes Haus, ruhig im Ortszentrum gelegen, www.pension-astoria.it

>>> KARTEN & LITERATUR

Kompasskarte WK52 »Vinschgau – Val Venosta« 1:50 000 und Drei-Karten-Set WK670 »Vinschgau – Val Venosta« 1:25 000

>>> ALLGEMEINE AUSKUNFT

Gästeinformation Vinschgau mit Büros in Glurns, Mals, Prad, Graun, Schlanders, Taufers und Kastelbell,
www.vinschgau.net

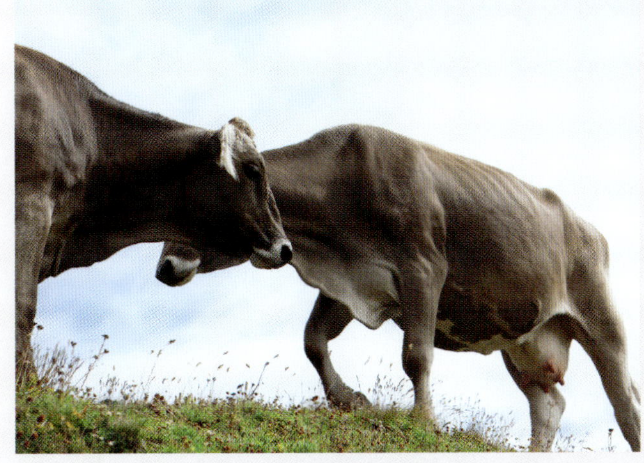

Vieh und Hochalm unweit der Passhöhe.

22 WEINRADELN IM GEBIRGE

Genussrunde durch die Reben rund um Kaltern und Tramin

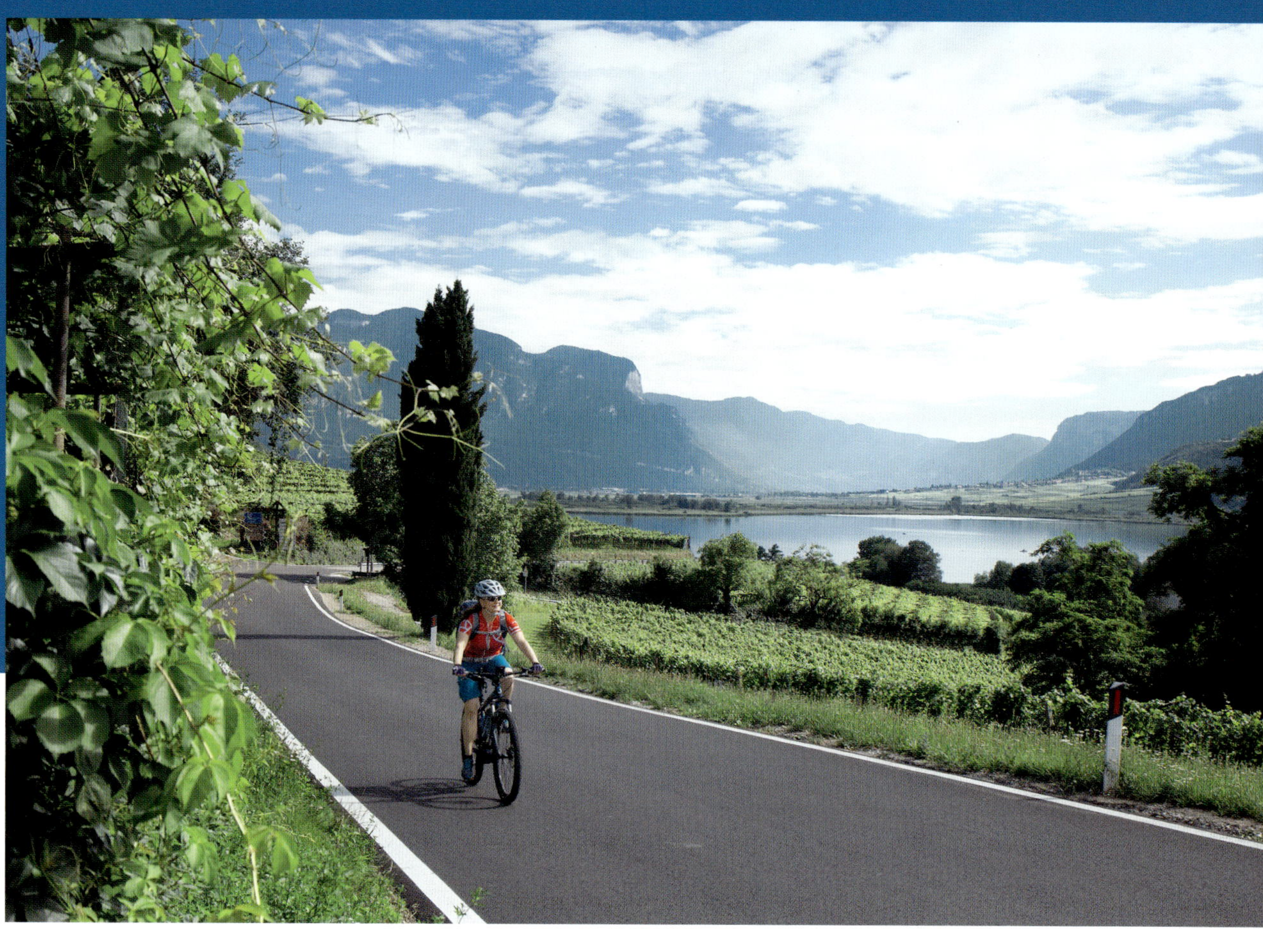

Der Kalterer See liegt inmitten von Weinbergen.

Noch liegt ein leichter Dunstschleier über dem tiefblauen Wasser als wir morgens leicht fröstelnd von Kaltern hinunter zum Kalterer See sausen. Auf die Motorunterstützung unserer geliehenen E-Bikes können wir erst einmal verzichten. Locker rollen wir am See auf kleinen Wirtschaftswegen vorbei, die fast nur von Bauern zum Wein- und Obstanbau genutzt werden. Richtung Süden geht es fast immer leicht bergab. Eine reine Genusstour.

Bis zu unserem Umkehrpunkt in Mezzocorona verläuft die Route abwechselnd zwischen Weinbergen und Obstplantagen. Hier im Trentino herrscht bereits das typische norditalienische Flair, auch die Architektur hat hier nicht mehr viel mit dem Südtiroler Baustil gemein. Die Mittagspause sollte nicht zu üppig ausfallen, denn auf unserem Rückweg warten noch einige schöne Orte. Flussaufwärts an der Etsch entlang merkt man nun am lauter werdenden Summen die hilfreiche Motorunterstützung. Fast immer führt der Weg über den Damm. Links die Etsch, rechts Apfelplantagen soweit das Auge reicht. Jeder Baum trägt schwer an seiner Last mit den aromatischen Früchten. Zigtausende Tonnen Äpfel werden in Südtirol jedes Jahr geerntet. Die Bäume sind gedrungen beschnitten, sodass der Blick problemlos darüber über das gesamte Etschtal auf beiden Seiten des Flusses bis hin zu den Berghängen reicht.

Schilder weisen darauf hin, wenn sich vom Dammweg ein Abstecher in einen der kleinen Orte lohnt. Über Salurn, der südlichsten Gemeinde Südtirols, thront die Haderburg. Den Ortskern schmücken prunkvolle Re-

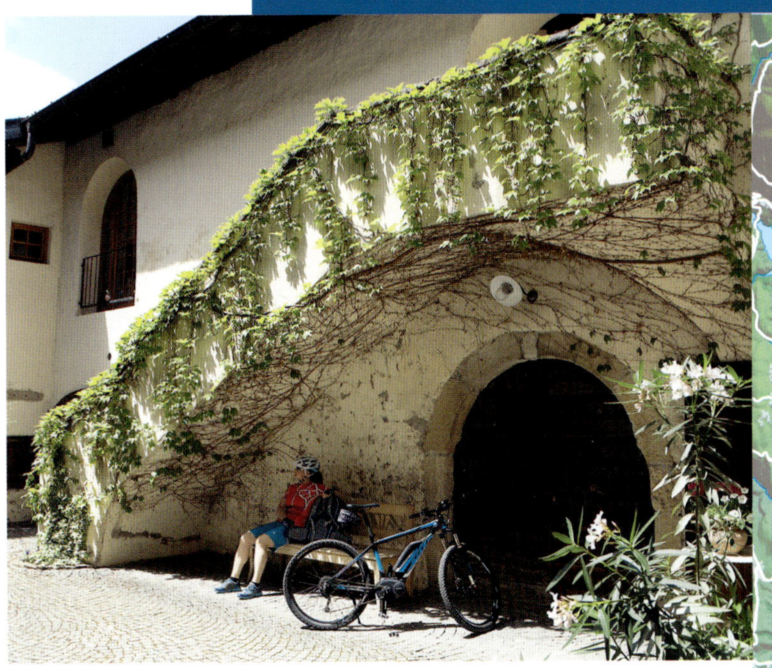

Radlerpause in Neumarkt.

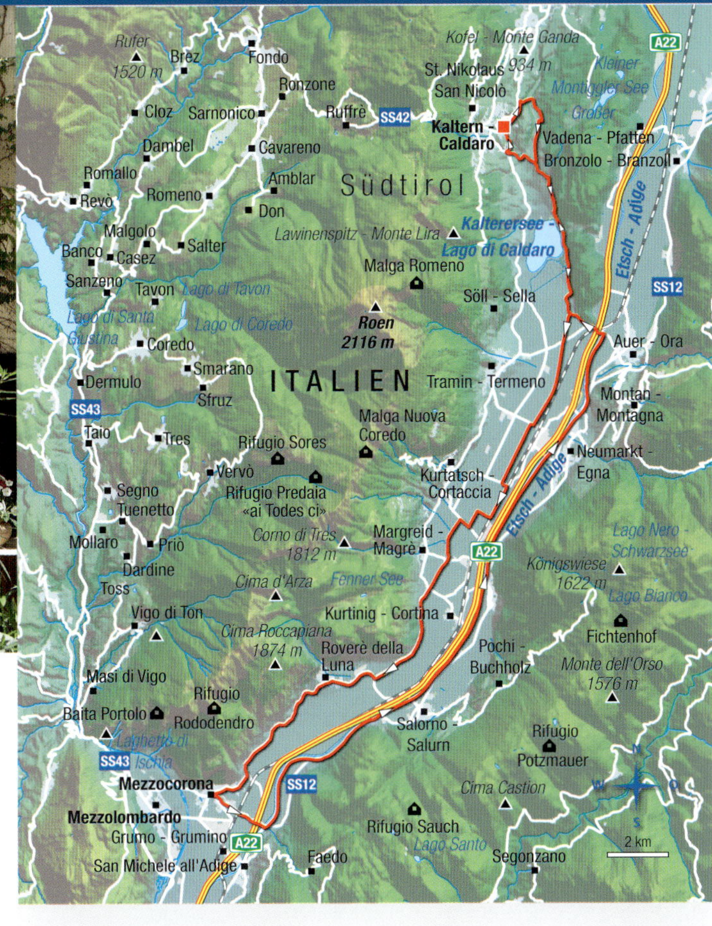

naissance-Fassaden und viele Torbögen, denen sogar ein Fest gewidmet ist. In Neumarkt bummeln wir durch die schönen Laubengänge. Kurz hinter dem Ort verlassen wir den Etschradweg, wechseln die Flussseite und radeln auf unserem Anfahrtsweg vorbei am Kalterer See bald steil hinauf zurück nach Kaltern. Im Tourismusbüro geben wir unsere geliehenen E-Bikes zurück. Der Vorteil des Büros: Es liegt direkt am pittoresken Marktplatz. Ideal, um sich nach der Tour in einem der Cafés noch einen Aperitif mit ein paar leckeren Snacks zu gönnen.

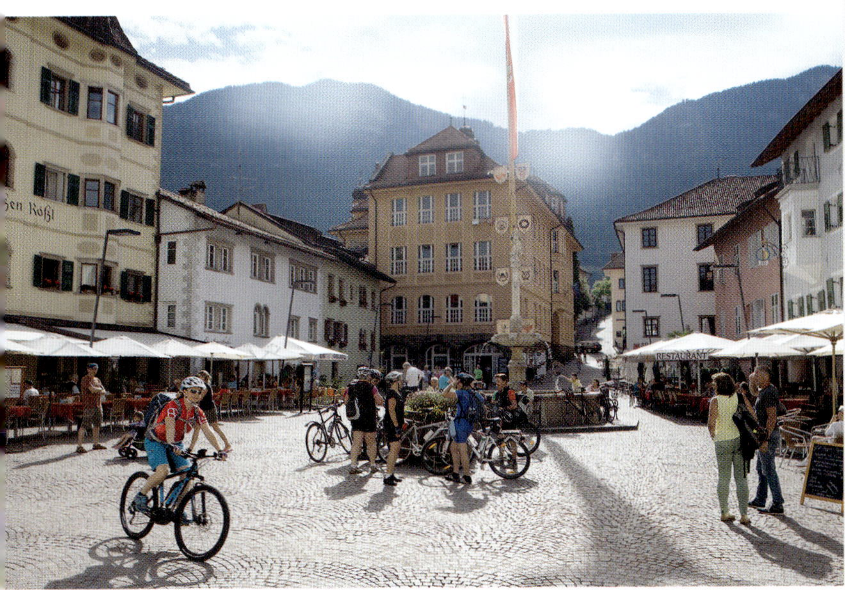

Der Marktplatz von Kaltern.

>>> ANFORDERUNG

66 km – 494 Hm – Tagestour leicht

>>> ROUTE

Kaltern – Kalterersee – Roveré della Luna – Mezzocorona – Salurn – Neumarkt – Auer – Kalterersee – Kaltern

>>> BESTE ZEIT FÜR DIE TOUR

Mai bis Mitte Oktober

>>> E-BIKE-VERLEIH

Tourismusbüro Kaltern, Tel. 0039-0471/96 31 69;
Südtirol Rad Verleihstelle in Kaltern am Rottenburgerplatz, www.suedtirol-rad.com

>>> GUT EINKEHREN

Kaltererhof in Kaltern, Südtiroler und Trentiner Küche im historischen Gebäude, www.kaltern.com/de/info/kalterer-hof.html

>>> ANGENEHM ÜBERNACHTEN

Pension Remichhof in den Weingärtern unweit des Kalterersees, www.remichhof.it

>>> ALLGEMEINE AUSKUNFT

Tourismusverein Kaltern am See: www.kaltern.com/de
Ferienregion Südtirols Süden: www.suedtirols-sueden.info/de

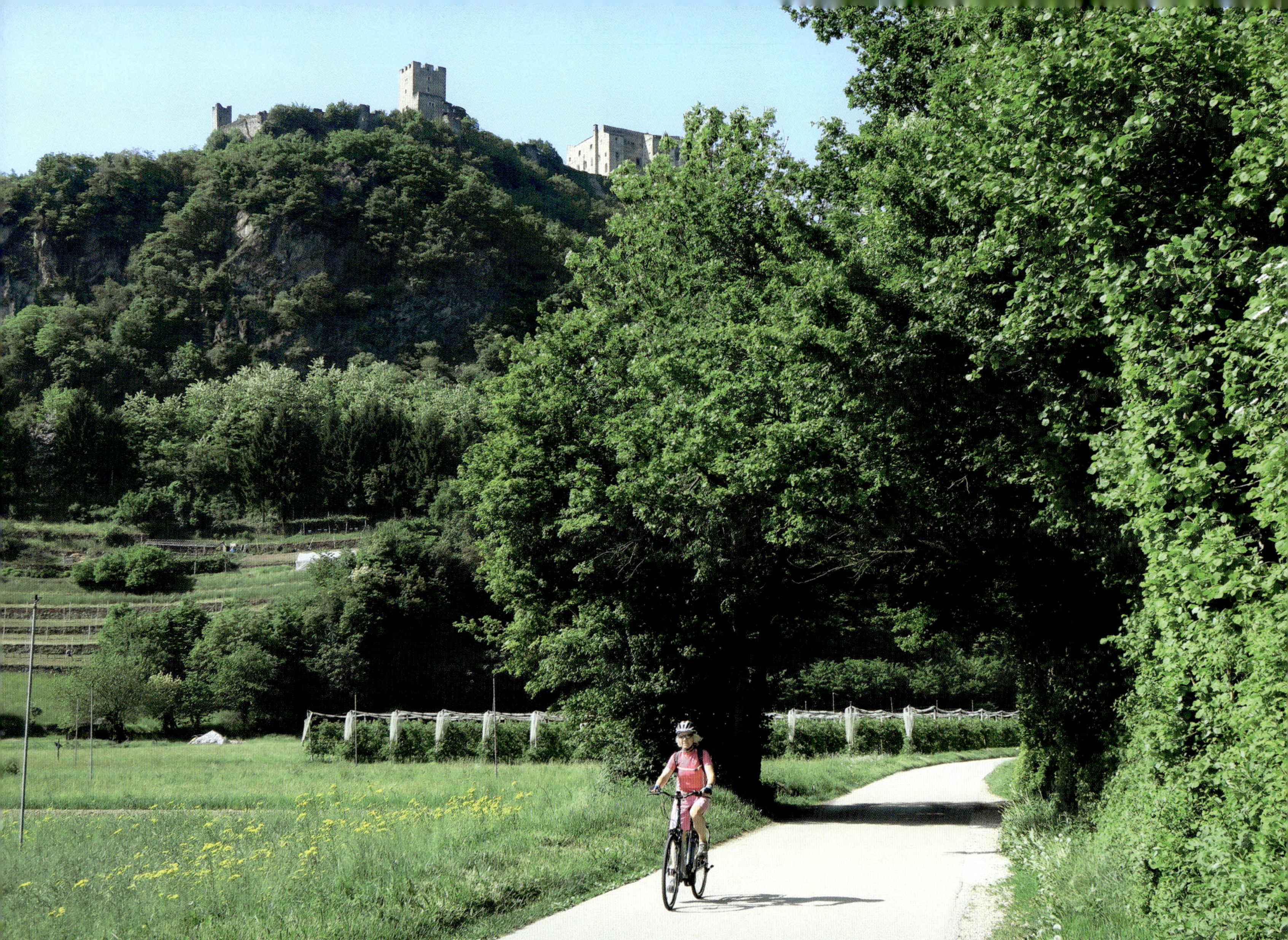

KLEINE SEENRUNDE

Östlich von Trento liegen zwei charmante Badeseen zwischen Bergen und Weingärten. Drumherum führt eine locker-leichte E-Bike-Tour.

23

Castel Pergine ist heute
n Schlosshotel.

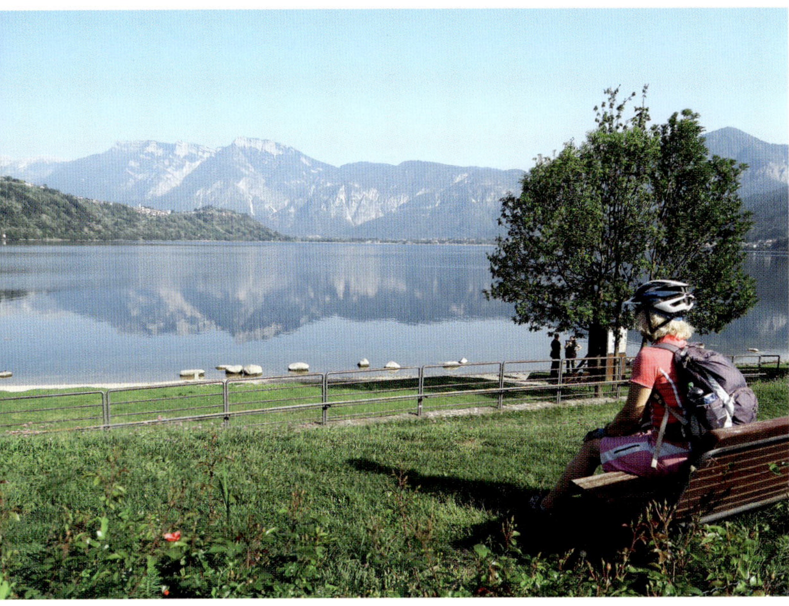

Pause mit Bergblick am Lago di Caldonazzo.

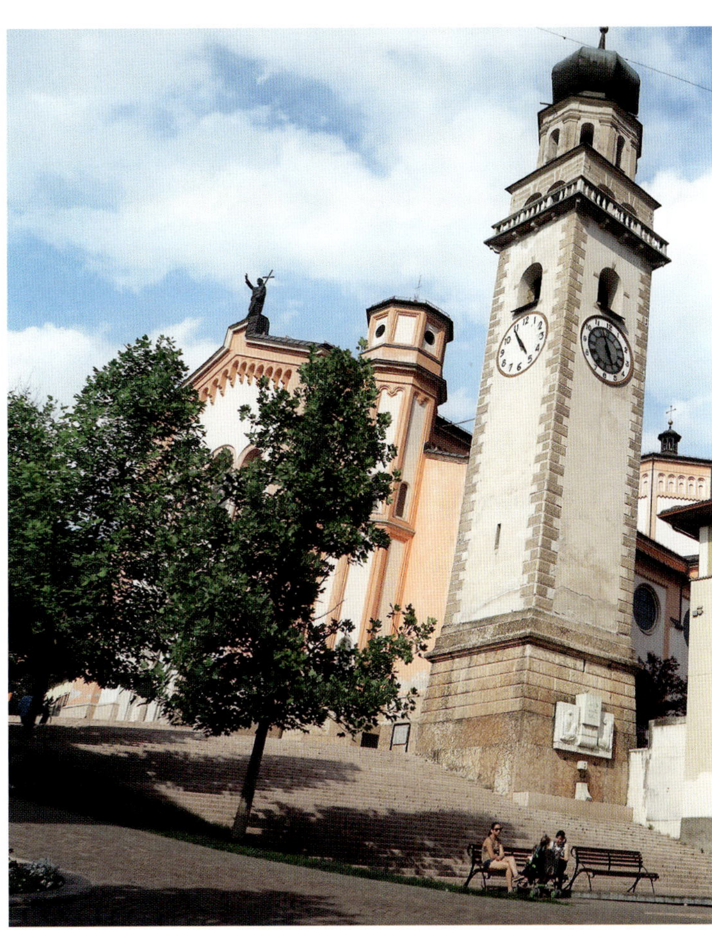

Im gemütlichen Zentrum von Levico Terme.

Warum denn immer zum Gardasee fahren? Auch wenige Kilometer östlich des Etschtales liegen attraktive Ziele. Kommt man von Trento hinauf ins Valsugana, offenbart sich eine einladende Szenerie: Am nördlichen Horizont bauen sich die Felswände der Dolomiten auf, davor glitzern silbern die Wasserflächen des Lago di Caldonazzo und daneben des kleineren Lago di Levico, beide eingebettet in Weingärten und Wälder. Und hier und da reckt sich ein Kirchturm eines alten Trentiner Dörfchens in die Höhe. An den beiden Badeseen herrscht im Sommer quirliger Badebetrieb. Wer es klein und übersichtlich mag, bevorzugt den Lago di Levico, nur durch einen waldigen Hügel vom Lago di Caldenazzo getrennt. Überdimensionale historische Fotografien an den Außenwänden des Lido di Levico erinnern an die guten alten Tage, als das Strandbad der Treffpunkt schlechthin war - zum Flirten, Tanzen, für Dolce Vita und Amore. Auch heute steigen vor allem am Wochenende noch lebhafte Beach Partys mit Barbecue und heißer Musik. Das ideale Tagesfinale nach einer kleinen Übersichtsrunde um die gemütlichen Bergseen.

Unsere nette Aufwärmtour startet im Centro von Levico Terme. Schnell noch einen Espresso in der Bar neben der Kirche und dann schwungvoll auf die Landstraße Richtung Pergine Valsugana. Die SP228 führt oberhalb des Levicosees durch den Wald. Nach diversen Kurven und Geraden biegen wir ab hinunter zu ein paar einsamen

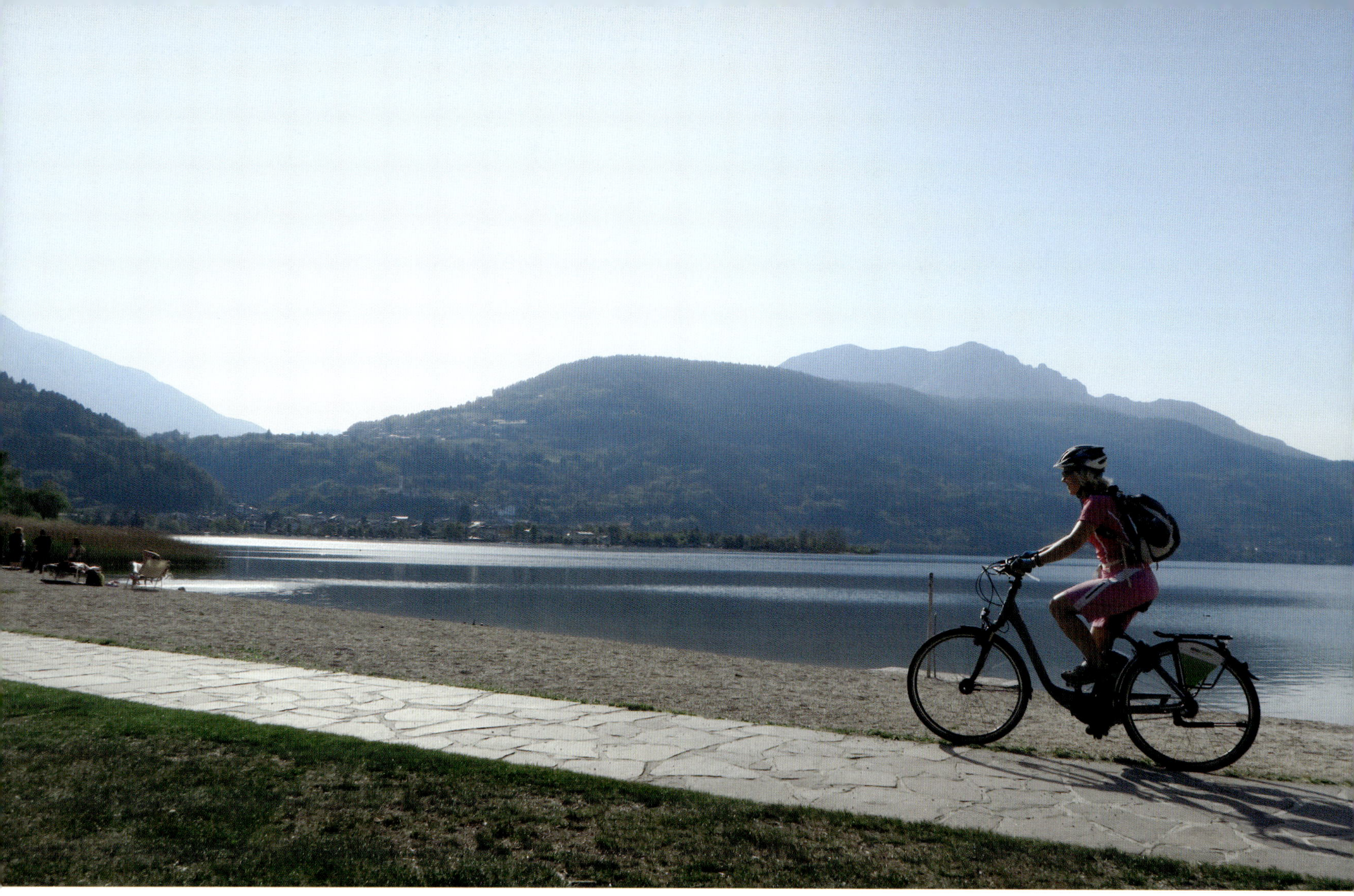

Am Strand des kleinen Lago di Levico.

Häusern und fahren weiter nach Pergine. Wuchtig drängt sich plötzlich der Hügel mit dem Castello di Pergine ins Bild. Unser Weg führt rechts daran vorbei. Wer Zeit und Lust hat, powert steil hinauf zum kleinen Schlosshotel mit Ausblick und gönnt sich in den historischen Gewölben eine niveauvolle Pause. Einen guten Cappuccino gibt's allerdings auch in den Arkaden im sympathischen Pergine am Eingang ins Fersental. Wahrscheinlich möchten die meisten jedoch lieber in der Sonne am See sitzen. Dazu gibt es noch reichlich Gelegenheit. Denn nach einem kleinen Radwegslalom durchs Dörfchen Canale leitet der Valsugana-Radweg die Radler direkt am Ufer des Lago di Caldonazzo entlang nach Calceranica al Lago. Cafés, Campingplätze und Strandbäder reihen sich nebeneinander. Wir überqueren den Brentafluss und wechseln hinüber zum kleinen Nachbarsee von Levico, der sich schnuckelig zwischen die bewaldeten Hügel schmiegt. Nun noch ein paar sanfte Höhenmeter und das Zentrum von Levico Terme ist wieder erreicht. Wer auf den Geschmack gekommen ist, findet in den Karten und auf der Website des Tourismusbüros Valsugana weitere interessante E-Bike-Routen hinauf in die Berge: zum Beispiel auf dem Kaiserjägerweg zum Hochplateau von Luserna, zum Bergkurort Terme di Vetriolo oder ins Fersental, wo noch ein seltener alemannisch-bairischer Dialekt gesprochen wird.

>>> ANFORDERUNG
24 km – 360 hm – Tagestour leicht

>>> ROUTE
Levico Terme (Zentrum) – SP228 am Levicosee entlang – Abzweig links hinunter Richtung Barucchelli – wieder auf SP228 – rechts unterhalb des Hügels mit dem Castello di Pergina vorbei – Einmündung Hauptstraße – links durch Pergine – weiter auf Radweg nach Susa und Canale – Valsugana-Radweg am Lago di Caldonazzo entlang – Claceranica al Lago – Lido di Caldonazzo – Lago di Levico – Levico Terme

>>> BESTE ZEIT FÜR DIE TOUR
April bis Oktober

>>> E-BIKE-VERLEIH
Valsugana Rent Bike (10 Verleihstellen im Valsugana), valsuganarentbike.com
In den Hotels in Levico Terme (siehe oben).

>>> GUT EINKEHREN
An den Seen und im Zentrum von Pergine und Levico Terme finden sich viele nette Cafés und Bars.

>>> ANGENEHM ÜBERNACHTEN
Hotel Cristallo in der Via G. de Vettorazzi, 2 in Levico Terme, www.hotelcristallotrentino.it/de
Hotel Al Sorriso Green Park am Lago di Levico in Levico Terme, www.hotelsorriso.it/de

>>> KARTEN & LITERATUR
Kompasskarte WK75 »Valsugana – Trento – Piné – Levico – Lavarone« 1:50 000

>>> ALLGEMEINE AUSKUNFT
APT Valsugana, Viale Vittorio Emanuele III,3, I-38056 Levico Terme, Tel. 0039-0461/727700, www.visitvalsugana.it/de und www.visittrentino.it/de

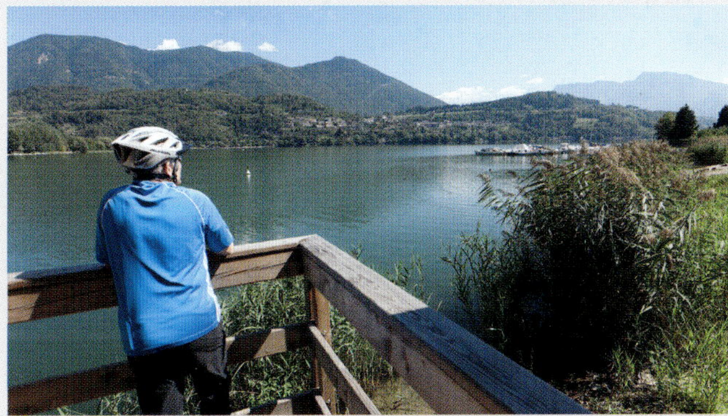

Dolomitenblick am Lago di Caldonazzo.

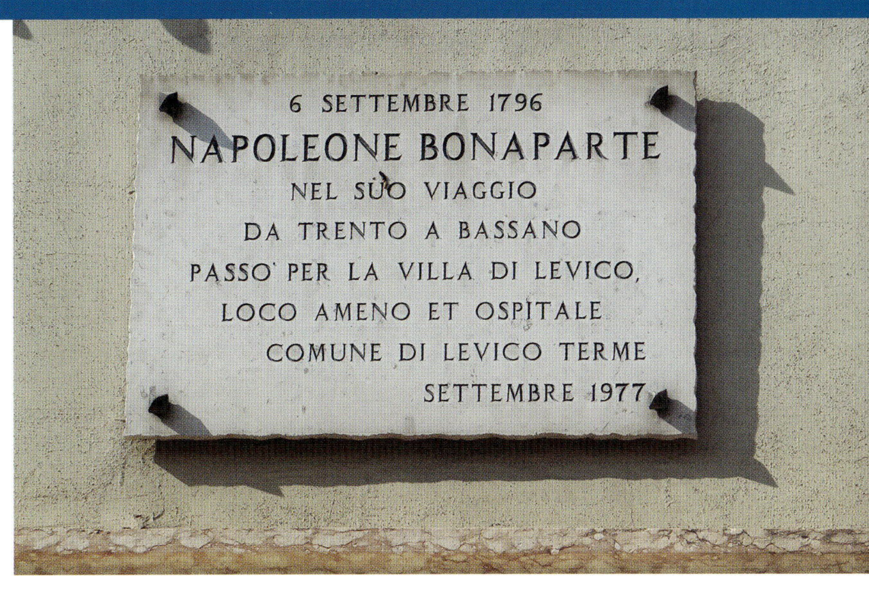

Auch Napoleon war schon in Levico Terme.

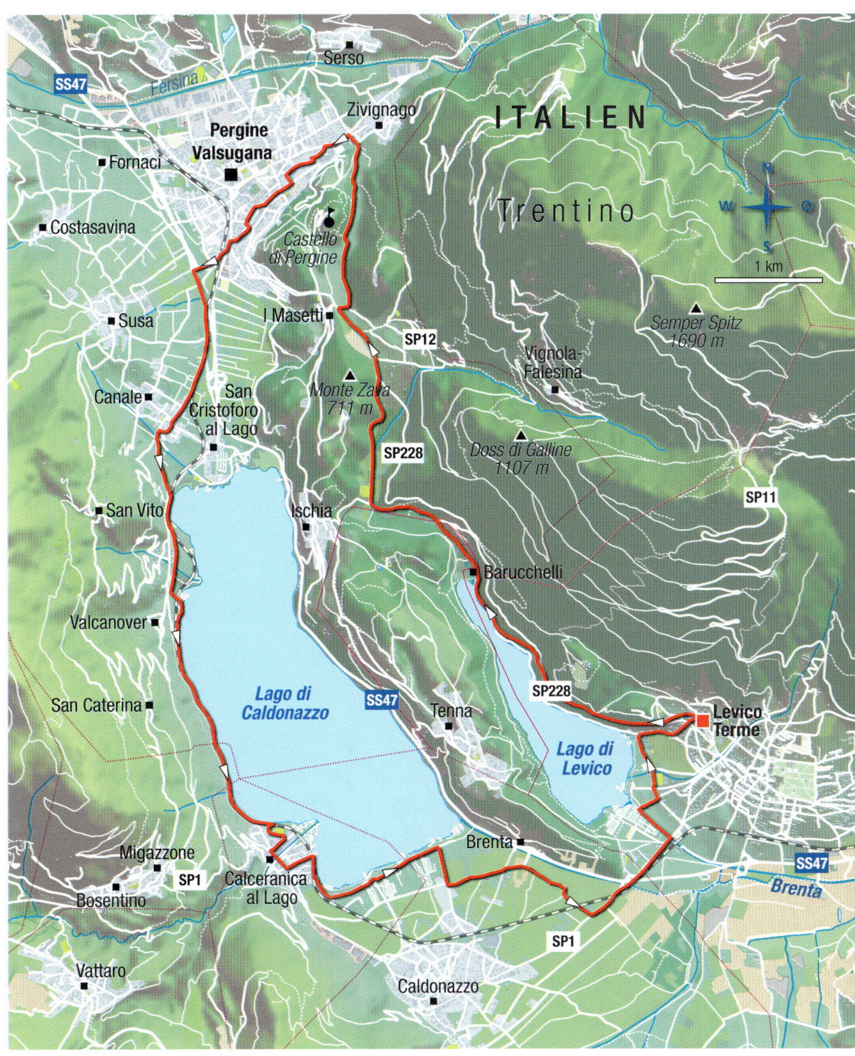

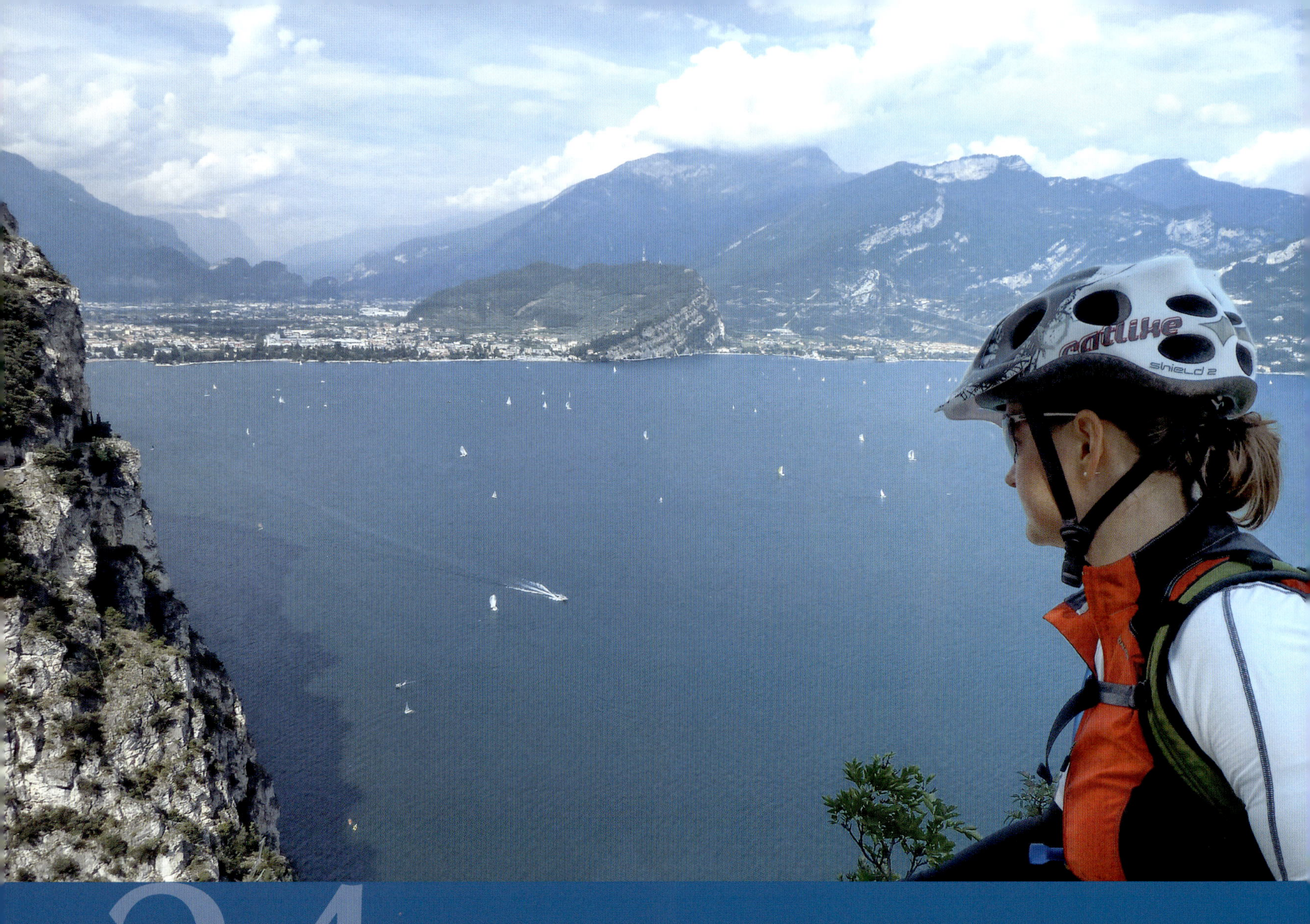

24

HOCH ÜBER DEM GARDASEE

Das Valle di Ledro ist die ruhige Antwort auf den Trubel zwischen Riva und Torbole. Hinauf geht es über die alte Ponalestraße und einen spannenden Radweg.

efblick auf das Nordufer
s Gardasees.

Der Gardasee hat seine besonderen Reize für Radfahrer. Es muss ja nicht gleich der Tremalzo-Pass sein, die Kultstrecke für jeden Mountainbiker. Die Ponalestraße zählt genauso zu diesen außergewöhnlichen Radstrecken in den Alpen und sie lässt sich mit dem E-Bike ganz gut befahren, auch wenn die Routenführung durchaus schwindelerregend ist. Fast unvorstellbar, dass auf diesen in die Felsen gehauenen Serpentinen und durch die schmalen Tunnels einst die Autos fuhren. Das Ponalesträßchen führt auf knapp sechs Kilometern von Riva am Nordufer des Gardasees hinauf ins Dorf Biacesa am östlichen Eingang des Ledrotales und überwindet dabei einen Höhenunterschied von rund 350 Meter. Kaum ein Biker fährt nach dem Start am idyllischen Hafen von Riva die Ponale in einem Zug durch. Immer wieder möchte man in den Felsgalerien stehen bleiben – zum Schauen und Fotografieren. Zu spektakulär sind die Ausblicke in die Tiefe auf den Gardasee und hinüber zum Massiv des Monte Baldo. Nach den Ponale-Serpentinen führt die Route in den schmalen Einschnitt des Ledrotales. Nur wenige hundert Meter muss man auf die Landstraße, dann führt ein Feld- und Waldweg

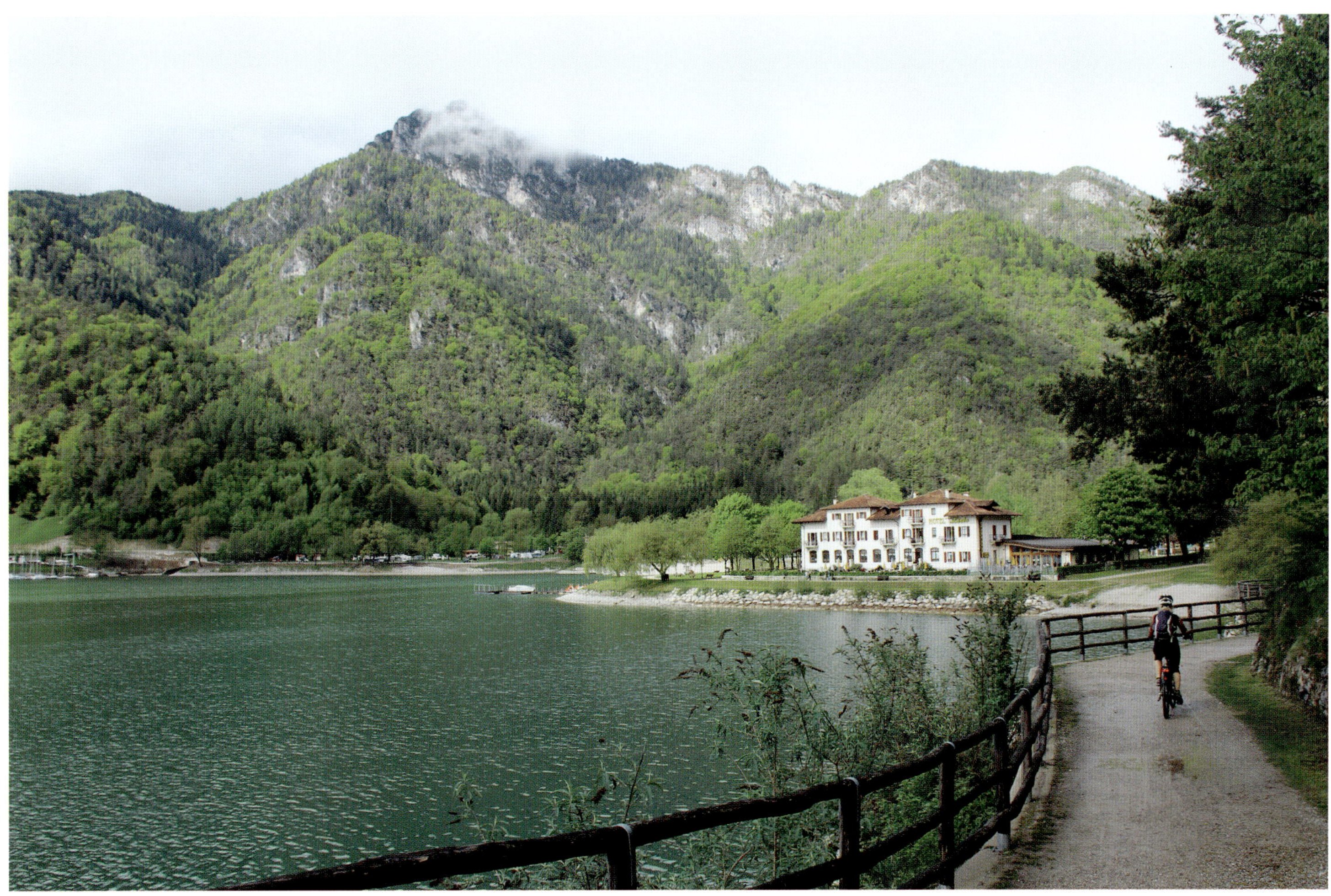

Bergidyll und Traditionshotel am Lago di Ledro.

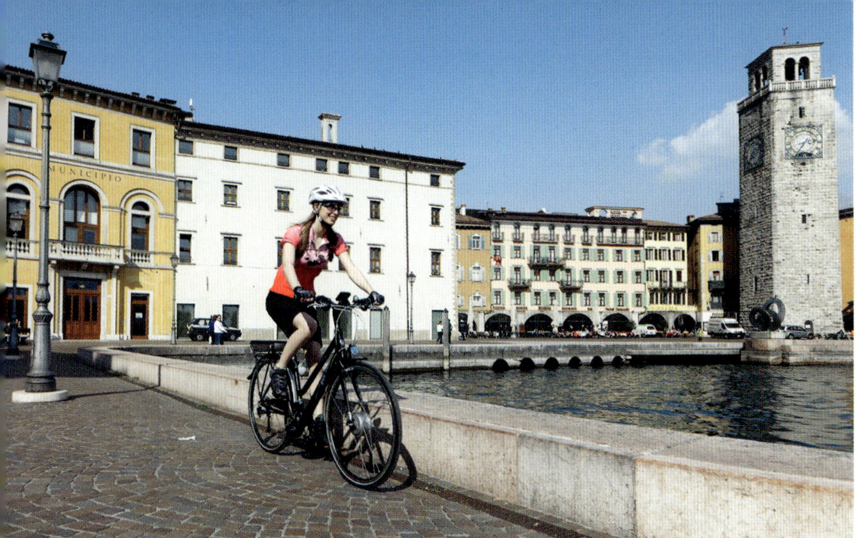

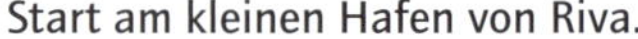

Start am kleinen Hafen von Riva.

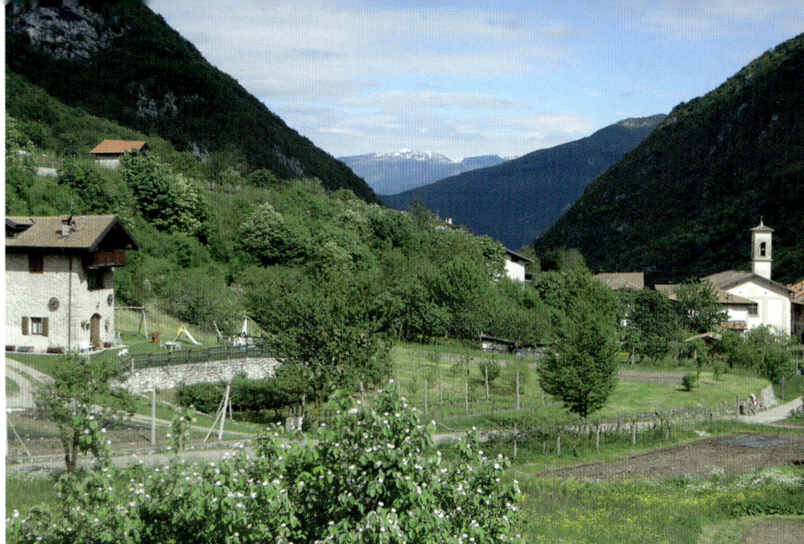

Das Dörfchen Pre im Süden des Ledrosees.

hinauf ins Trentiner Bergtal. Die Route am Dörfchen Biacesa vorbei ist manchmal nach starken Regengüssen etwas ausgefahren, aber nicht schwierig. Nur die Steilrampe von Pre hinauf nach Molina di Ledro erfordert etwas Gleichgewichtssinn. Dafür darf man sich auf alte Steinbrücken, rustikale Bauernhäuser und kleine Weinberge freuen. In Molina di Ledro blitzt dann plötzlich der Ledrosee türkis zwischen den Bergwäldern hervor. »Bei uns ist eigentlich nur im Juli und August etwas mehr los, weil viele italienische Familien zum Badeurlaub an den Ledrosee kommen. Immerhin liegt die Wassertemperatur dann sogar höher als im nahen Gardasee, rund 600 Meter tiefer,« erzählte uns Stefania vom Tourismusbüro. »Nur die Mountainbiker sieht man von Mai bis Oktober. Allerdings stoppen die Bergradler höchstens auf einen Cappuccino am See auf dem beschwerlichen Weg hinauf zum Tremalzopass.« Unsere Radroute orientiert sich allerdings am Talverlauf. Sanft schwingt sich der beschilderte Radweg durchs grüne Tal, meist weit entfernt von der Hauptstraße, an Bauernhöfen vorbei und an Sägewerken. Hier oben dominiert nicht mehr der Tourismus. Die Menschen leben vornehmlich von der Holzwirtschaft. Immerhin kommen mehr als 40 Prozent der gesamten italienischen Holzproduktion aus den Bergwäldern des Trentino. Unser Ziel ist der Lago d'Ampola, ein idyllisches Biotop unter Naturschutz, umringt von dichtem Schilfgras. Die Frösche quaken, die Enten schnattern, die Bienen summen, wie in einem Naturfilm von National Geographic. In einem Holzgebäude am Seeufer erklärt eine kleine Ausstellung das Wachsen und Gedeihen dieser Fauna und Flora. Auf der Anfahrtsroute geht es wieder zurück, allerdings mit zwei Kulturstopps: Als 1929 zur Stromgewinnung der Wasserspiegel des Ledrosees abgesenkt wurde, kamen unzählige Pfähle aus der Bronzezeit zum Vorschein. Das Pfahlbauten-Museum am Seeufer in Molina zählt mittlerweile zum Weltkulturerbe der UNESCO. Mehr als 4000 Jahre jünger ist »Ledro Land Art«, ein Kunstwanderweg im Tal von Pur hinter dem Südufer des Sees. Mehrere Trentiner Künstler verbinden mit ihren Skulpturen Landschaft und Kreativität. Da stehen plötzlich Kühe aus Steinkolossen, anderswo kriecht eine Riesenschnecke aus Eisen, oder es liegen verstreut überdimensionale Hände aus Holz. Ein ungewohntes Bild im Bergwald, aber nicht störend, sondern ein angenehmer Kontrast, harmonisch integriert in die alpine Welt des Valle di Ledro.

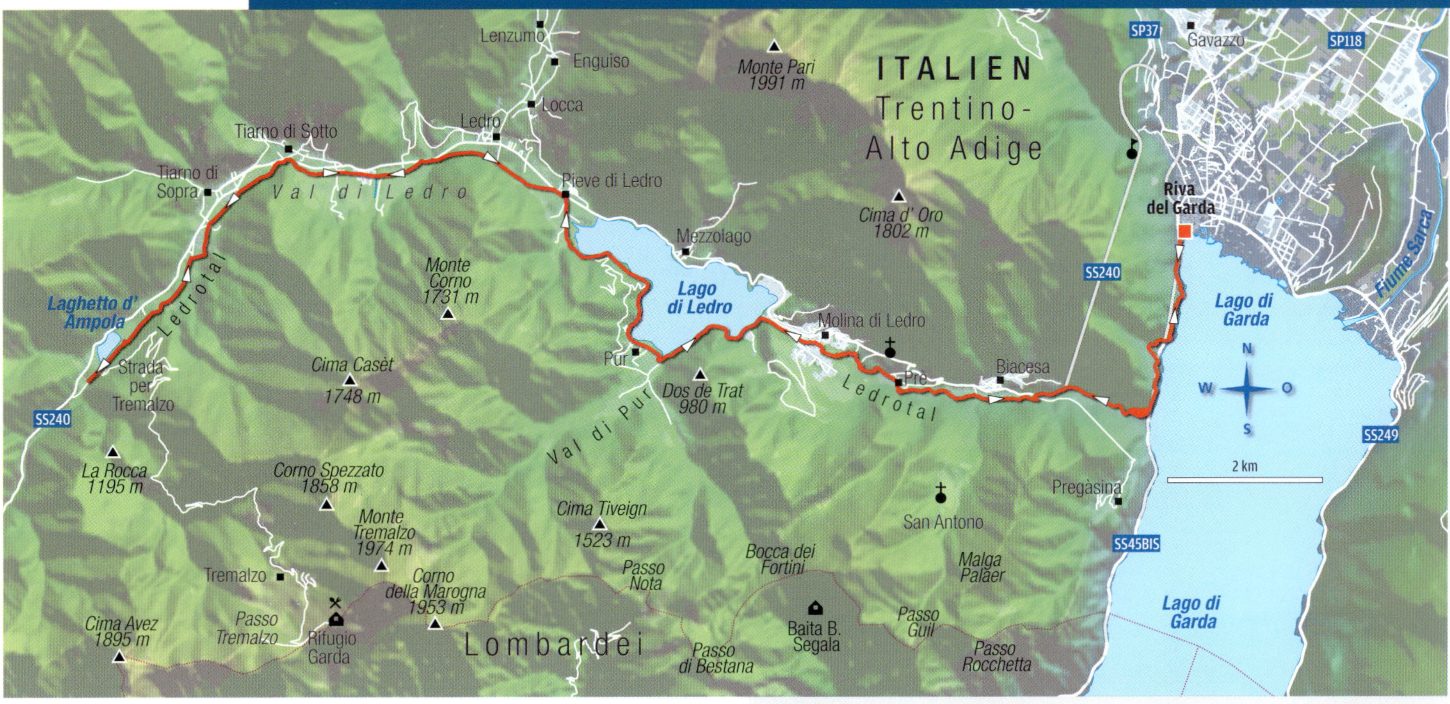

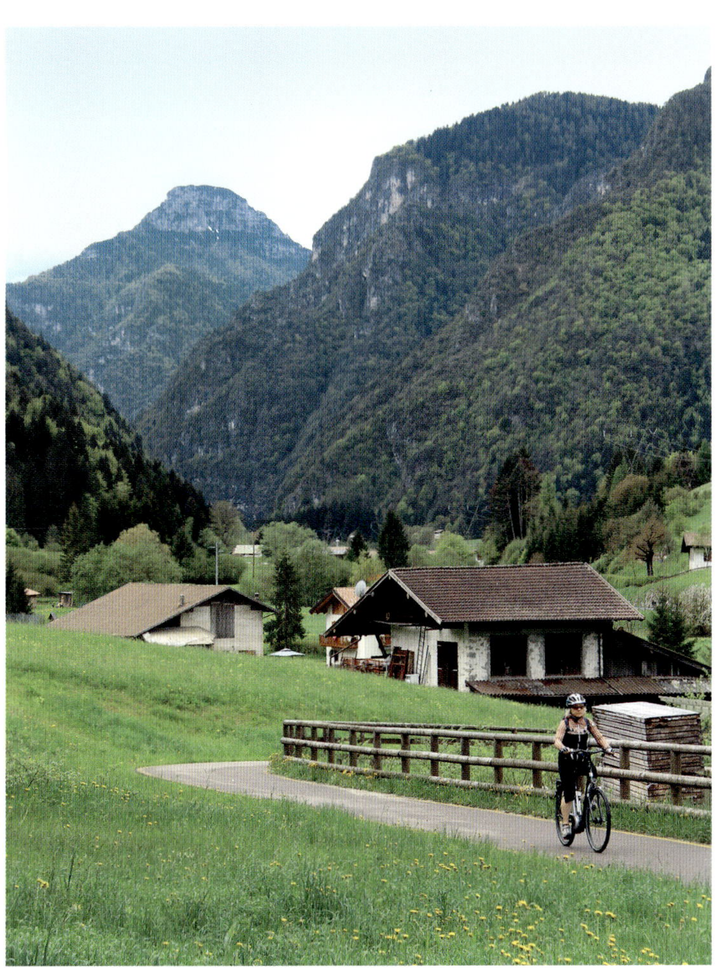
Der Radweg im hinteren Ledrotal.

>>> ANFORDERUNG

48 km – 885 hm – Tagestour schwer

>>> ROUTE

Vom Hafen in Riva zum Ortsausgang Richtung Limone – Auffahrt auf der Ponale-Straße Richtung Pregasina – am Wegekreuz rechts Richtung Lago di Ledro – am Tunnelausgang auf die Straße, nach 200 m links Richtung Pregasina und gleich wieder rechts auf den Radweg zum Lago di Ledro. Der Radweg führt beschildert durchs Ledrotal bis zum Lago d'Ampola. Auf der Anfahrtsroute zurück.

>>> BESTE ZEIT FÜR DIE TOUR

April bis Oktober

>>> E-BIKE-VERLEIH

Happy Bike in der Viale Rovereto 72 in Riva del Garda, www.happy-bike.it;
Ufficio Turistico di Pieve, www.vallediledro.com/it/noleggio-e-bike

>>> GUT EINKEHREN

mehrere Lokale direkt am See in Molina di Ledro sowie im Dorf Pieve di Ledro.

>>> ANGENEHM ÜBERNACHTEN

Hotel Lido Ledro in Pieve di Ledro am See, www.hotellidoledro.it

>>> KARTEN & LITERATUR

Kompasskarte »Alto Garda e Ledro: Riva del Garda, Malcesine, Torbole, Limone« 1:25 000

>>> ALLGEMEINE AUSKUNFT

Consorzio per il Turismo Valle di Ledro, Via Nuova 7, I-38067 Ledro (TN), www.vallediledro.com

25

LA STRADA DEL MARE

Von den Alpen an die Adria – eine kurzweilige Reise durch die Kulturgeschichte Norditaliens.

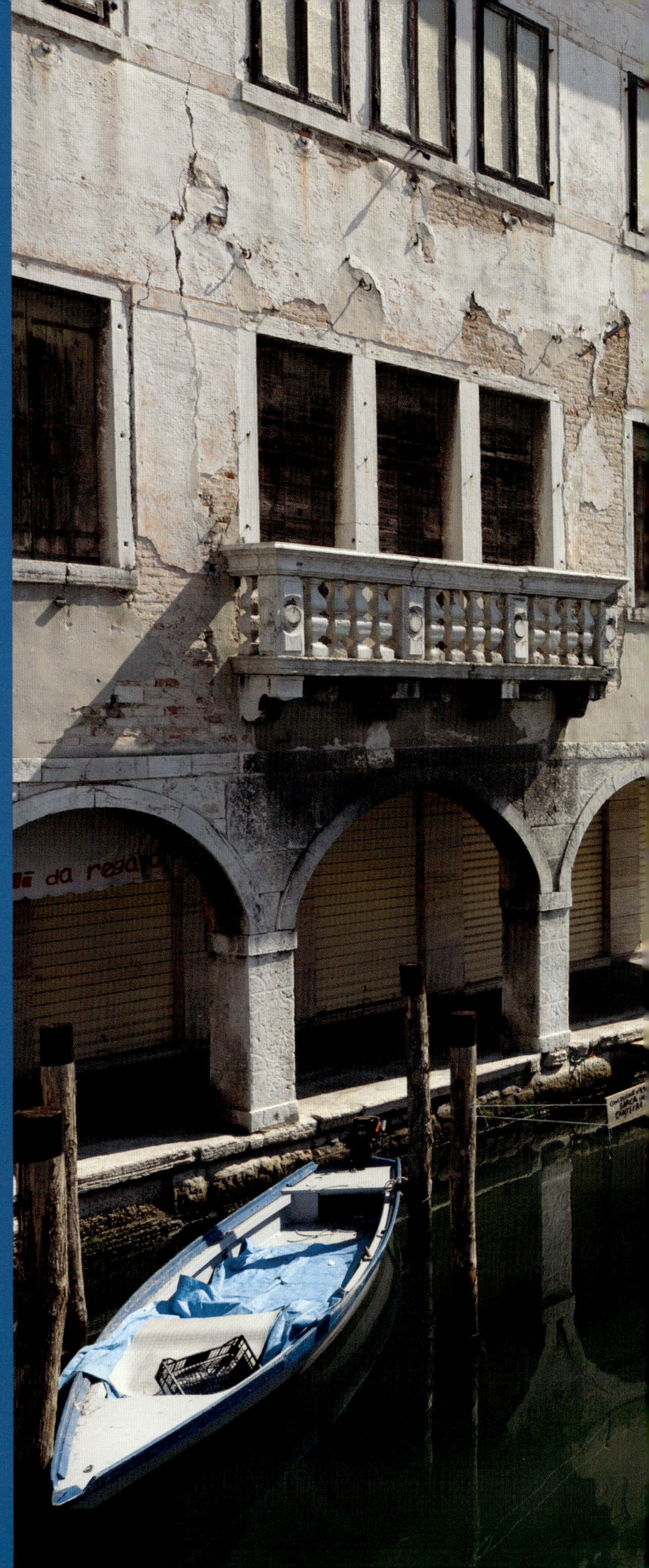

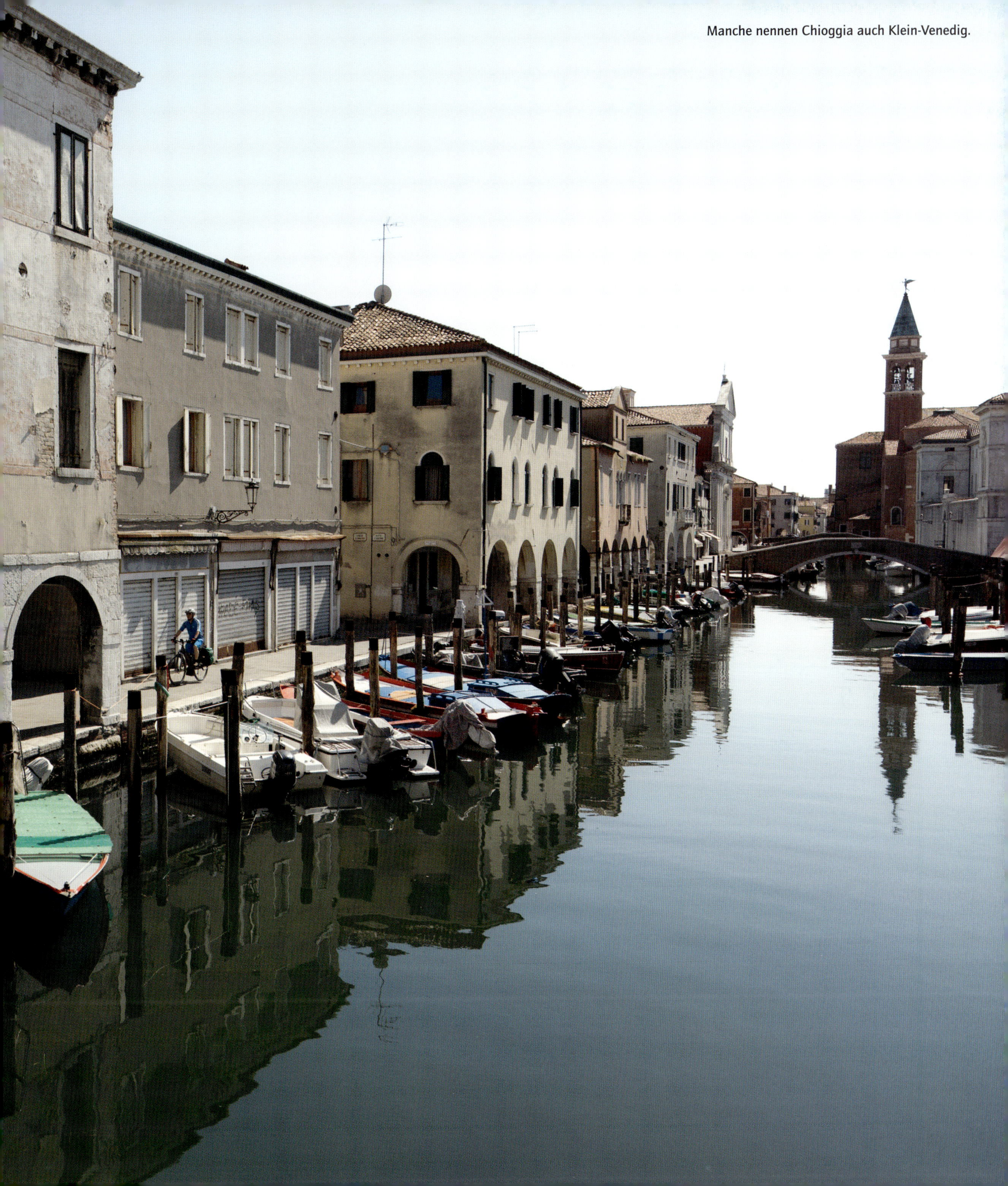
Manche nennen Chioggia auch Klein-Venedig.

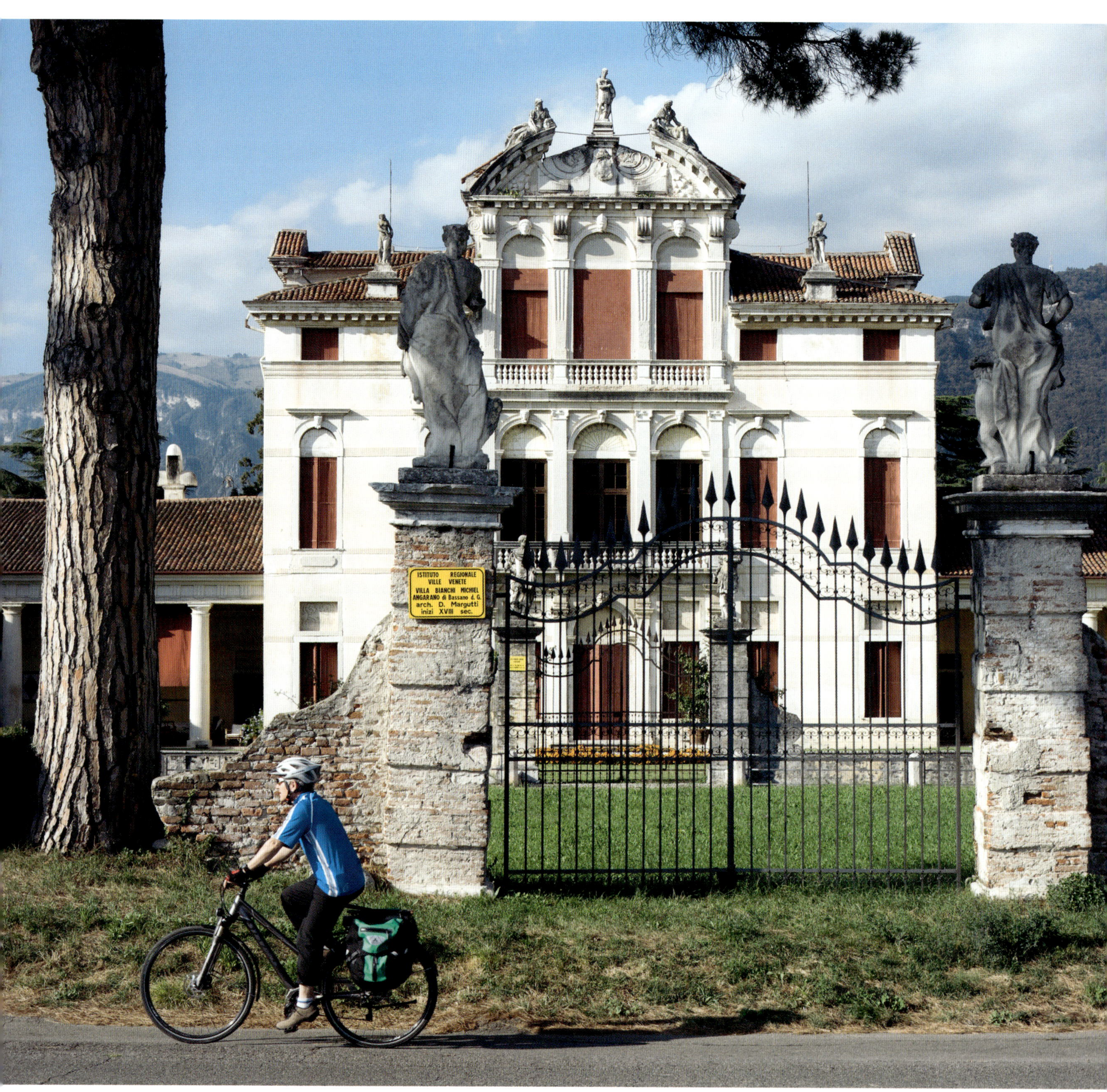

Venezianische Villa in Bassano del Grappa.

Erst zwanzig Minuten im Fahrradsattel und schon wieder gemütlich in der Sonne sitzen, vor sich ein Cappuccino mit Kakao-Herz im Milchschaum, rundherum viele gut gelaunte Menschen. Muss man dabei als Radreisender kein schlechtes Gewissen haben? Warum eigentlich? Wer beim Reisestart in Trento diese geschichtsschwangere Altstadt auslässt, ist selbst schuld. Unser persönlicher Modus-Schalter steht schon auf »Italien«. Frei nach dem Motto: Das Schöne genießen, auf dem E-Bike und bei vielen attraktiven Stopps auf Tour. Vor dem Caffe Italia am Domplatz kreuzen sich in lustigem Durcheinander die Routen der Fußgänger und Radler. Am Neptunbrunnen knutschen Verliebte und fotografieren sich kichernd koreanische Touristen. Aus der Via Belenzani stöckeln hochhackig Signoras mit mattgoldenen Einkaufstüten. Das ist unterhaltsames Open-Air-Kino am Vormittag. Der Reiseführer schreibt zu Trento von einem österreichisch geprägten Stadtbild mit vielen freskenverzierten Renaissancepalästen. Mag sein. Die Atmosphäre in Trentos Altstadt ist auf jeden Fall schon rein italienisch - laut und lebendig. In den autofreien Gassen so lebendig, dass das E-Bike fast zu stark schiebt für den Slalom im Menschengewusel. Deshalb lieber den Motor ausschalten und nur mit Muskelkraft treten.

Auf dem Weg vom Etschtal steil hinauf ins Val Sugana freut man sich dann wieder über die kräftige Unterstützung aus dem Bosch-Motor. Unser Stevens-E-Bike schiebt leise surrend im zweiten Gang. Fernab der Schnellstraße windet sich unsere Route zum Meer durch die besseren Viertel von Trento. Im Hintergrund ragen die ersten Zweitausender in den Himmel. Zum Glück haben wir einen GPS-Track fürs Navigationsgerät. Einen beschilderten Radweg sucht man für die ersten Kilometer nämlich vergebens.

Sicherlich wäre es einfacher gewesen, der Etsch entlang via Verona nach Venedig zu rollen - auf einem klassischen, gut ausgebauten, ordentlich beschilderten Fernradweg.

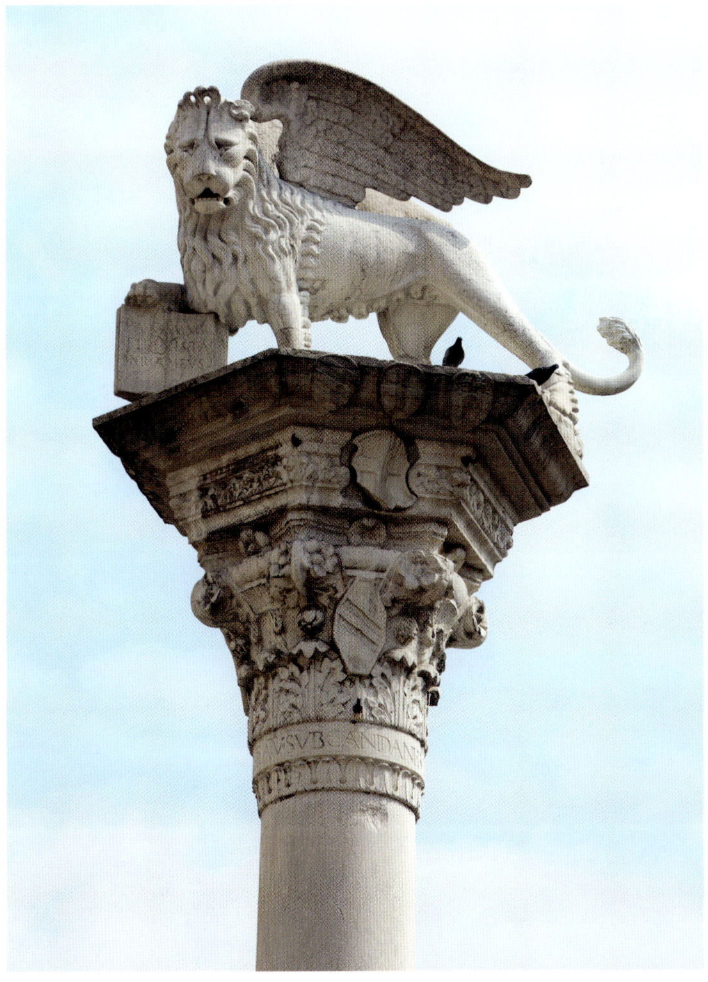

Fast überall grüßt der venezianische Löwe.

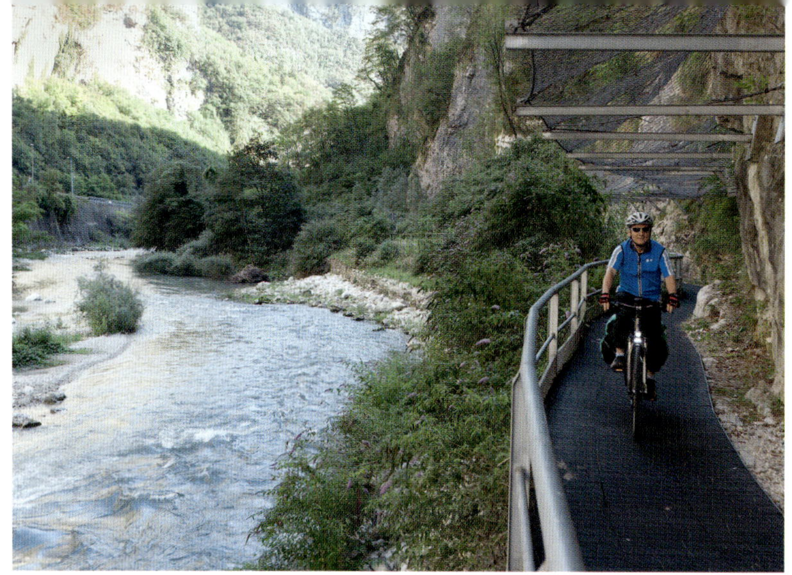

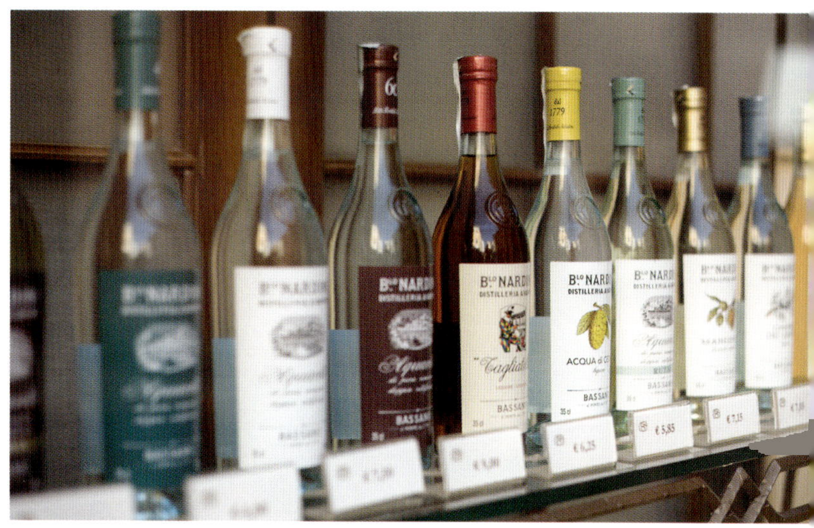
35 cl
€ 5,85
€ 7,15

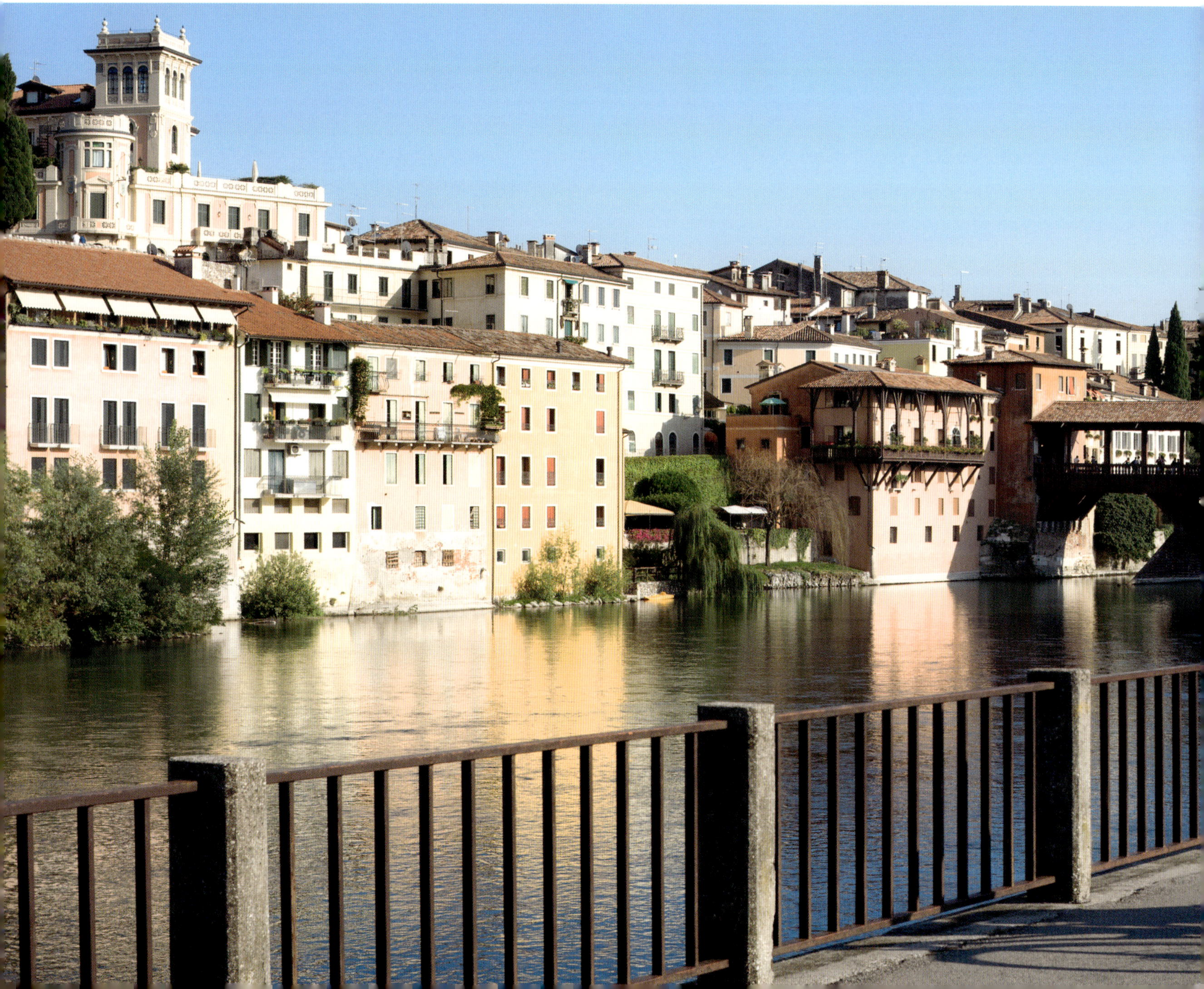

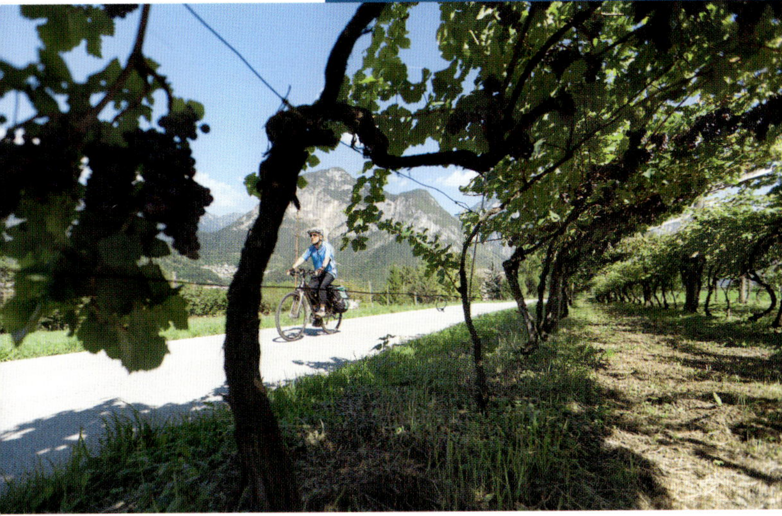

Auf dem Radweg durch die Brenta-Schlucht.

In Bassano gibt's feinen Grappa in vielen Geschmacksrichtungen.

Hinter Trento geht es erst mal durch die Weingärten des Valsugana.

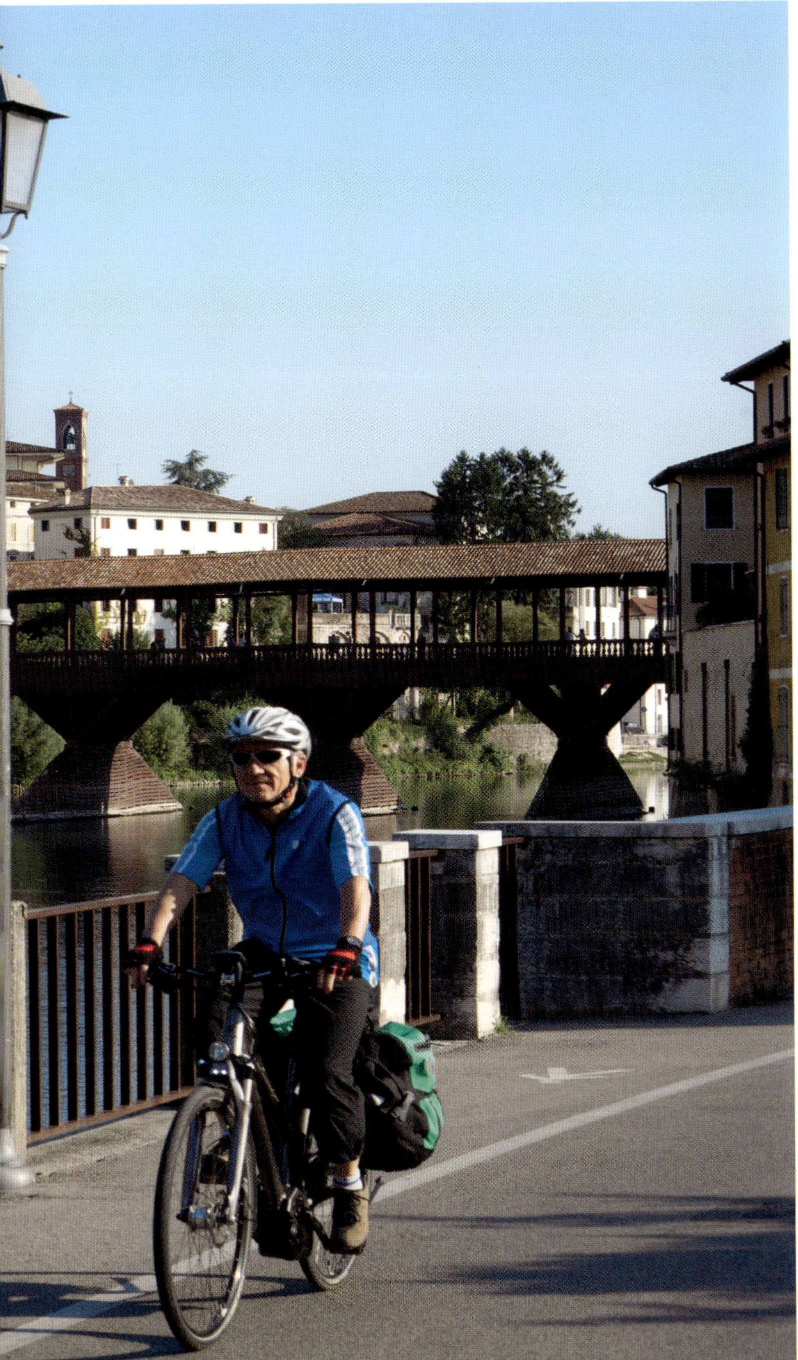

Die überdachte Holzbrücke ist das Wahrzeichen von Bassano del Grappa.

Aber neue Wege sucht auch der E-Biker gern. Und so kurven wir nun Richtung Südosten zum Lago di Caldonazzo und Lago di Levico, mittendrin in einem beliebten Erholungsgebiet zwischen den hügeligen Ausläufern der Dolomiten. Ein dicht bewaldeter Bergrücken trennt die beiden Seen, von denen der Lago di Levico schöner, aber der Caldonazzo-See besser zum Baden geeignet ist. Strände und Campingplätze wechseln sich ab. Das lässt schon ein klein wenig Adria-Feeling aufkommen. Kurz darauf überwiegt wieder das Alpine. Der noch recht junge Val-Sugana-Radweg führt uns langsam aus den Bergen hinaus. Auf Stahlgittern in der Felswand hangelt sich die Trasse abenteuerlich durch die Brenta-Schlucht.
Wir sind nicht allein auf der Route. Die Italiener haben anscheinend das Radfahren neu entdeckt. Ganz schön Verkehr herrscht hier am Fluss. Und es kommen uns bei weitem nicht nur Rennradler entgegen. Um die Verpflegung muss man sich auf dem Weg nach Bassano del Grappa auch keine Sorgen machen. Mehrere Bici-Grills – das italienische Pendant zum Radler-Biergarten – bieten ihre Dienste an. Allerdings sind nicht alle so gut ausgestattet wie der »Cornale«, wo Augustiner Bier ausgeschenkt wird und sogar kleine Reparaturen am Rad gemacht werden.

»Das E-Bike ist eine Erfindung für mich,« erklärt uns mit einem Augenzwinkern der recht füllige Chef des Bike-Hotels Alla Corte. »Jetzt schaffe sogar ich wieder den Weg von Bassano del Grappa hinauf in die Bergtäler.« Dazu stellt sich höchstens die technische Frage: Wie lange bringt der Akku genügend Saft, um 150 Kilogramm vorwärts zu bringen?
Am Fuße des Monte Grappa liegt quasi das Tor zu den Alpen oder, in die andere Richtung gesehen, das Tor nach Venetien. Der berühmte Tresterschnaps hat zwar etymologisch nichts mit dem Berg zu tun, aber zwei der berühmtesten Destillerien kommen trotzdem aus dem malerischen Städtchen. Die Stammhäuser von Poli und Nardini befinden sich beide zentral an Bassanos alter Holzbrücke, der Ponte degli Alpini. Hinter Bassano del Grappa öffnet sich die weite venezianische Ebene. Die Herausforderung sind hier sicher nicht Auf- und Abfahrten durch Kirschenhaine und Weingärten, sondern wie fädele ich mich mit dem E-Bike stressfrei von Kulturstadt zu Kulturstadt. »Dieses Land ist an schön gebauten Städten reicher als irgendeine Landschaft der Erde,« schwärmte schon der deutsche Dichter Hugo von Hofmannsthal Ende des 19. Jahrhunderts über Venetien. Dazu dürfte ihm bis heute kaum jemand widersprechen. Und mittlerweile verbindet viele dieser Kulturmetropolen sogar ein Fernradweg, die »Grande Tour del Veneto«. Die Beschilderung ist nicht perfekt, lockt aber mit vielen absolut autofreien Abschnitten.

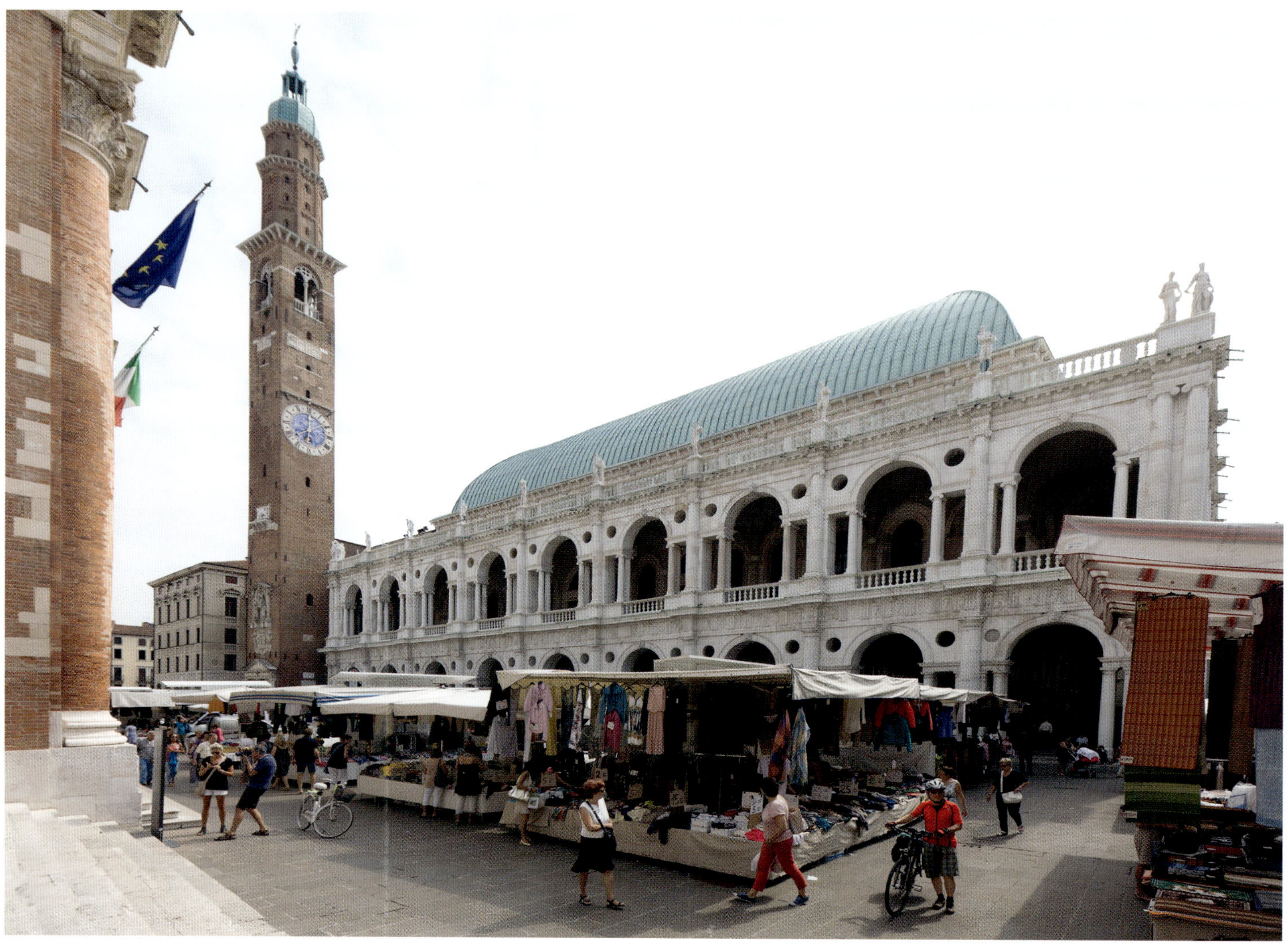

Markttag in Vicenza.

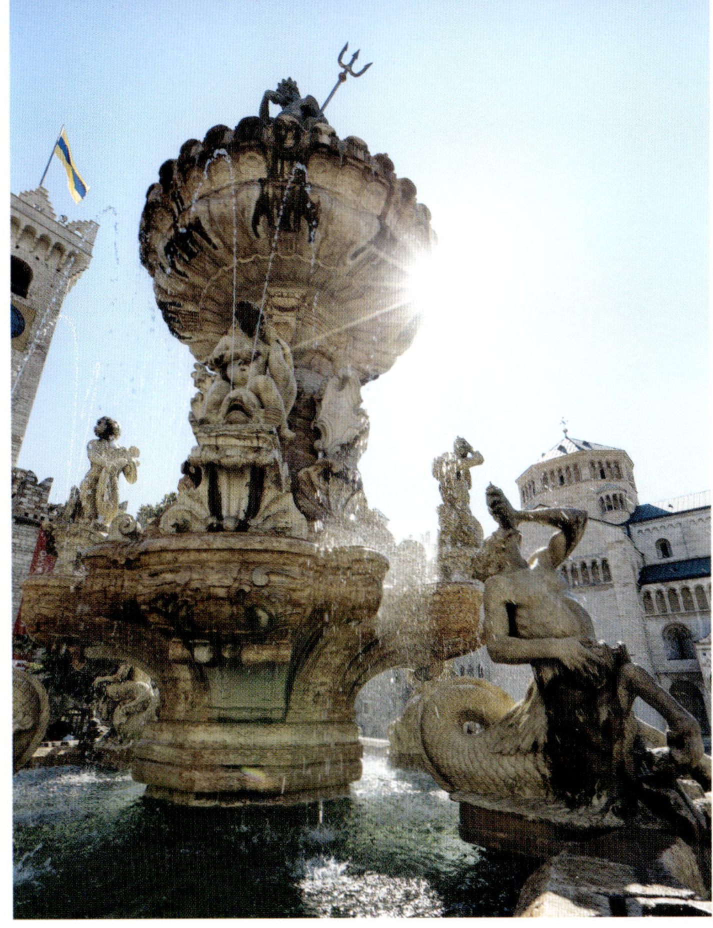
Neptunbrunnen in Trento.

Am Fuße des Monte Pausolino rollen wir nach Marostica. Ein schnuckeliger alter Ort mit Arkaden und Laubengängen, gänzlich umgeben von wuchtigen Mauern aus der Skaligerzeit, die sich den ganzen Hügel hinaufziehen. Hinter dem Stadttor öffnet sich die Piazza Marostica mit einem überdimensionalen Schachfeld. An geraden Jahreszahlen findet am zweiten Sonntag im September das historische Schachspiel mit lebenden Figuren in mittelalterlichen Kostümen statt. Nur am Rande erwähnt: Auch an dieser Piazza sitzt man aussichtsreich in der Sonne und bekommt einen guten Cappuccino serviert.
Die »Grande Tour« leitet den Radtouristen mitten durch Vicenza. Nach der Ernüchterung durch die Industriezone in der Peripherie folgt im Zentrum die große Verzückung. Eine Innenstadt wie ein Kunstmuseum, seit 1994 auf der UNESCO-Liste für Weltkulturerbe – und zudem fahrradfreundlich, da die Autos draußen bleiben müssen. Andrea Palladio, der Star-Architekt des 16. Jahrhunderts, hat in Vicenza wahre Schmuckstücke geschaffen, vom Teatro Olympico über die Basilica Palladiana bis hin zur Villa Rotonda. Zur Erholung von dieser geballten Ladung Kultur findet man am Flüsschen Retrone südlich des Zentrums hübsche Ecken mit Cafés. Denn ein weiterer großer Kulturspot liegt ja noch auf unserer Route bzw. fast an der Route. Padua verlangt zwar einen kleinen Abstecher, aber der lohnt sich.
Irgendwann ertappt man sich sicher beim heimlichen Ausspruch: »Ich kann keine Villen und Palazzi mehr sehen!« Und dann dreht man mit dem E-Bike Runde um Runde auf dem Prato della Valle, dem größten Innenstadtplatz Europas, und es bricht aus einem heraus: »Wow! Gut, dass wir uns das auch noch angesehen haben!« Aber hinter Padua stehen Landschaft und Erholung

>>> NICHT VERPASSEN

- **Trento** Eine Runde drehen um den Neptunbrunnen auf der Piazza vor dem Dom.
- **Bassano del Grappa** Spaziergang über die hölzerne Ponte degli Alpini zum Piazzale della Libertà und eine Grappa-Probe bei Nardini oder Poli.
- **Marostica** Kaffee-Stopp an der Piazza Marostica, dem berühmten »Schachbrett-Platz« im Zentrum.
- **Vicenza** Die »Stadt des berühmten Baumeisters Palladio« ist ein architektonischer Genuss mit seinem Höhepunkt rund um die Piazza dei Signori.
- **Padua** liegt nicht unmittelbar an der Route, aber auf den Abstecher sollte niemand verzichten. Ein Muss: Die Fußgängerstraßen um die Via Roma, der Markt beim Palazzo della Ragione, die Basilica di Sant'Antonio und der Prato della Valle, einer der größten Innenstadtplätze Europas.
- **Schloss Catajo** bei Battaglia Terme. Das 350-Zimmer-Schloss mit bewegter Geschichte wird als »die merkwürdigste unter den Venezianischen Villen« bezeichnet. Nur an vier Tagen in der Woche geöffnet.
- **Chioggia** Bummel durch die Miniaturausgabe Venedigs – ohne Prunk und Paläste, aber mit schmalen Gassen, Kanälen und quirligem Fischerhafen.

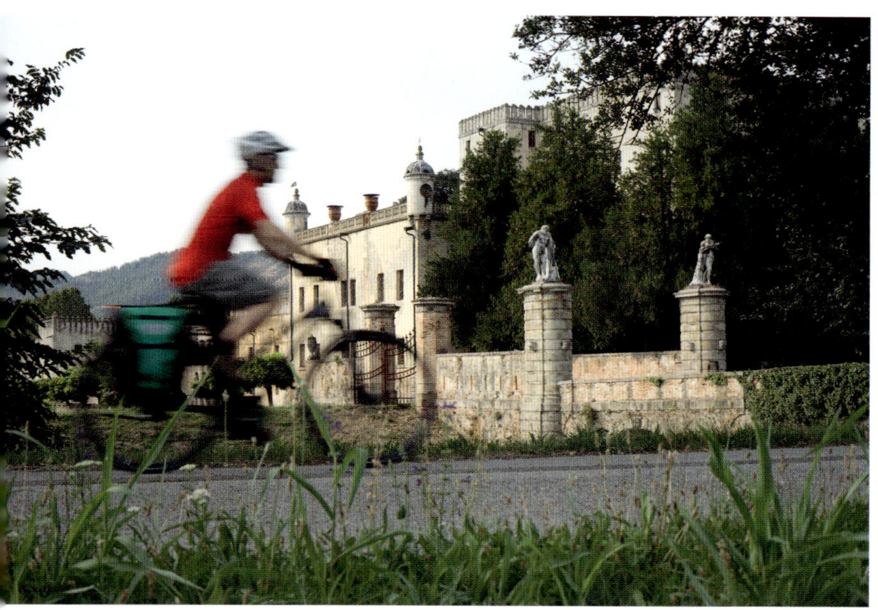

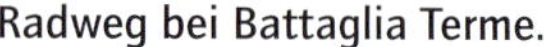

Radweg bei Battaglia Terme.

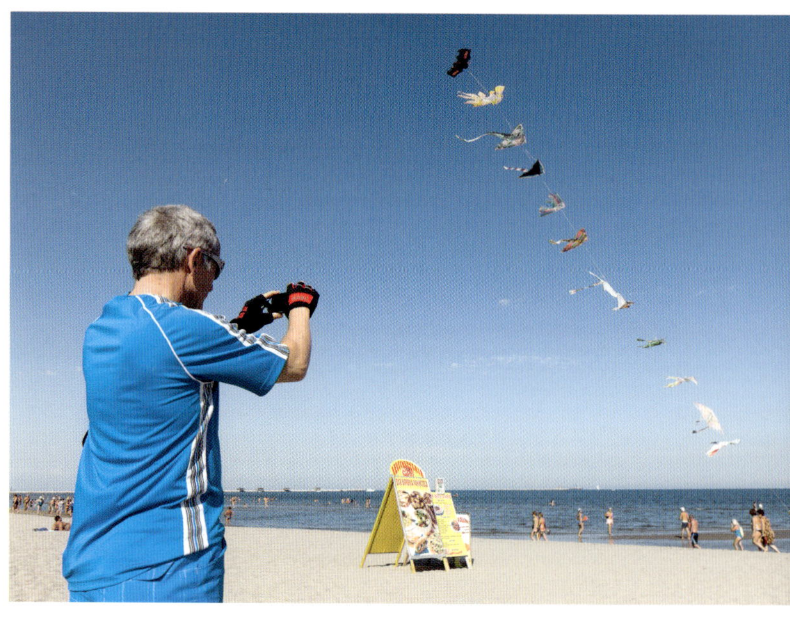

Sie haben das Ziel erreicht am Lido di Venezia.

im Fokus. Schnurstracks geht's mit wehenden Haaren am Battaglia-Kanal entlang auf die Euganeischen Hügel zu, dort wo schon die alten Römer und die reichen Venezianer in den Thermen rund um Abano und Montegrotto kurten. Ehrlich gesagt sind die berühmten Kurorte heute etwas gesichtslos. Dafür liegen viele der altehrwürdigen Hotels in majestätischen Parks und haben eigene Thermen und Fangobecken.

Für die Euganeischen Hügel leisten wir uns mal zur Abwechslung einen Rad-Guide. Paola erklärt uns in hervorragendem Deutsch das, was viele Kurgäste rund um die Thermen verpassen, etwa die Klöster von San Daniele in Monte und Praglia. Hinter hohen Mauern werden Wein und Biokräuter angebaut und im Klostershop verkauft. Wir kurven durch Eichen- und Kastanienwälder zu kleinen Orten und – auch hier – zu prachtvollen Villen inmitten riesiger Gärten. Paola hat unsere E-Bikes anfangs leise belächelt. Nach 30 flotten Kilometern und einigen Höhenmetern blickt sie dann doch etwas neidisch auf unsere Räder, zumal ihr Damenrad schon ziemlich in die Jahre gekommen ist und ihr der Schweiß von der Stirn rinnt. Eine zynische Bemerkung kann sie sich trotzdem nicht verkneifen: »Mit Chioggia habt ihr auch das passende Ziel ausgesucht. Die etwas eigentümlichen Bewohner dort können selbst auf ihren topfebenen Straßen heute nur noch mit dem E-Bike fahren.« Was will sie uns denn nur damit sagen?

Südlich der Euganeischen Hügel und Thermenorte lässt sich das Meer schon erahnen – irgendwie auch schmecken. Kilometerweit zuckeln wir auf dem Dammweg des Bacchiglione-Kanales durch weite Felder bis schließlich die Lagune auftaucht. Noch schnell über eine Brücke und wir rollen hinein in die Altstadt von Chioggia. Ein quicklebendiger Hafenort, durchzogen von Kanälen. Und tatsächlich, Paola hatte Recht: links und rechts flitzen ständig E-Bikes an uns vorbei. Bei 25 km/h riegeln diese chinesischen Schwergewichte sicher nicht ab. Was soll's?! Wir haben unser Ziel erreicht. Zwischen Altstadt und Adria-Strand liegen nur noch der obligatorische Kaffeestopp an der Piazza und eine Brücke über die Laguna del Lusenzo. Am Lido endet schließlich unsere persönliche »Strada del Mare«.

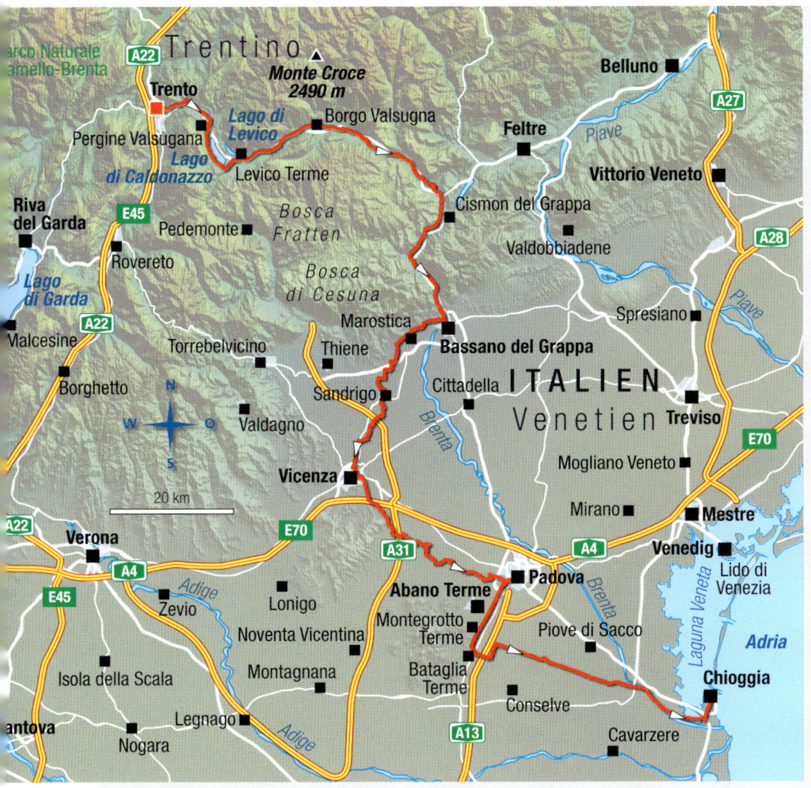

>>> ANFORDERUNGEN

241 km – 1200 hm – Mehrtagestour mittel

>>> ROUTE

Auf den rund 250 Tourenkilometern wartet ein herrlicher Querschnitt durch die Landschaft und Kultur Norditaliens, von den Alpentälern bis hinunter an den Adriastrand. Fahrtechnisch gibt es kaum Schwierigkeiten. Bis auf die Auffahrt aus dem Etschtal gibt es keine nennenswerten Steigungen. Anspruchsvoll kann die Orientierung werden ohne Navigationsgerät, denn die Radweg-Beschilderung ist noch sehr unregelmäßig.

Trento – Pergina Valsugana – Lago di Caldonazzo – Borgo Valsugana – Bassano del Grappa – Marostica – Sondrigo – Vicenza – Padua – Abano Terme – Battaglia Terme – Chioggia

>>> BESTE REISEZEIT

Im Mai und Juni sowie im September und Oktober radelt es sich am angenehmsten. Der Hochsommer kann zuweilen südlich der Alpentäler recht heiß werden.

>>> E-BIKE-VERLEIH

Zwischen Caldonazzo und Tezze di Grigno gibt es etwa zehn Verleih- und Akkuwechselstationen. www.visitvalsugana.it/de/urlaubsideen/bike

>>> GUT EINKEHREN

Bicigrill Cornale In Bayern würde man dazu Radler-Biergarten sagen. Ein beliebter Treff am Radweg im Val Sugana bei Enego, direkt am Brenta-Fluss. Ende März bis Ende Oktober geöffnet. Radverleih und Reparaturshop gibt's auch. www.cornale.com, www.valsuganarentbike.it
Trattoria Molin Vecio Restaurants, die leckeres Essen auf den Tisch zaubern, finden sich reichlich im Trentino und Veneto. Aber lange nicht alle servieren in einem so heimeligen Ambiente. Den Rahmen schafft eine alte Mühle aus dem 16. Jhdt. mit rustikalen Gewölben und antiken Möbeln. Begehrt sind die lauschigen Plätze in den Lauben im Garten. Via Giaroni 116, I-36030 Caldogno (Vicenza), Tel. 0039-0444/585168, www.molinvecio.it

>>> ANGENEHM ÜBERNACHTEN

Hotel Cristallo in Levico Terme. Modernes Sport- und Wellnesshotel mit E-Bike-Verleih in Levico Terme.
Tel. 0039-0461/706427, www.hotelcristallotrentino.it/de
Hotel Alla Corte in Bassano del Grappa. Kleines Mittelklassehotel direkt an der Radroute und neben einer venezianischen Villa.
Tel. 0039-0424/502114, www.hotelallacorte.it
Hotel President Terme in Abano Terme. Das komfortable Kurhotel ist Mitglied bei den Italy Bike Hotels.
Tel. 0039-049/8668288, www.presidentterme.it/de
Hotel Airone in Sottomarina bei Chioggia. Ein Haus mit allen wichtigen Einrichtungen, praktisch gelegen direkt am langen Adriastrand.
Tel. 0039-041/492266, www.aironesottomarina.com

>>> E-BIKE-EXKURSIONEN

Kleine, attraktive Zusatzrunden on tour.
Rundweg um die Euganeischen Hügel mit 63 km ab Abano Terme, 70 km ab Padua, ausgeschildert als E2 Ciclovia Anello die Colli Euganei.
Flussrundweg Padua – Limena – Stra mit 54 km, Start an den Porte Contarine in Padua.
Die Landschaften Palladios um Vicenza, Lago di Fimon und Arcugnanomit ca. 30 km, ausgeschildert als E7 Ciclovia I paesaggi di Palladio, Start an der Statue von Andrea Palladio in der Altstadt von Vicenza.

>>> KARTEN & LITERATUR

Marco Polo Karten »Südtirol, Trentino« und »Venetien, Friaul« im Maßstab 1:200 000
Zur Planung und zum Schmökern: Reisehandbuch »Venetien« aus dem Michael Müller Verlag, 440 Seiten.

>>> ALLGEMEINE AUSKUNFT

Italienisches Fremdenverkehrsamt ENIT in Frankfurt
Tel. 069/686047-0, www.enit.de
Regione del Veneto, www.veneto.to
Trentino Tourismus, www.visittrentino.info/de

Wir danken: Barbara Metz-Weigandt, Karin Michaelis, Karin Simon, Thomas Niederreiter, Maria Herrmann
und Jochen Donner für die Tourenbegleitung
und Ursula Simon für das Korrekturlesen.
Landkarten und Navigation: www.kompass.de, www.garmin.de
Equipment: Gore, Qloom, Endura, Löffler, Craft, Scott, Cube

Die GPS-Daten für die Routen dieses Buches erhalten Sie
über die Website unseres Magazins MYBIKE.
Bitte gehen Sie auf www.mybike-magazin.de und geben Sie dort in
das Feld für die Suche den Webcode #22791 ein.
Der Download ist kostenlos.

Folgende Bücher von Armin Herb und Daniel Simon sind bislang im Delius Klasing Verlag erschienen:

- *Bike-Guide Zugspitzregion*
- *Die schönsten Hüttentouren für Mountainbiker*
- *Mountainbiken rund um Garmisch-Partenkirchen*
- *Radreisen*
- *Die schönsten Almentouren für Mountainbiker*
- *Bike & Wellness in den Alpen*
- *Hausreviere*
- *Best-of Alpen*
- *Leichte Alpentrails für Mountainbiker*
- *Radurlaub in Deutschland*

Bibliografische Information der Deutschen Nationalbibliothek
Die Deutsche Nationalbibliothek verzeichnet diese Publikation
In der Deutschen Nationalbibliografie; detaillierte bibliografische
Daten sind im Internet über http://dnb.dnb.de abrufbar.

4. Auflage
ISBN 978-3-667-11642-0
© Delius Klasing & Co. KG, Bielefeld

Lektorat: Matthias Müller, Stephanie Jaeschke
Fotos: Daniel Simon, Armin Herb
Karten: Peter Diehl (Infochart)
Layout: Daniel Simon
Umschlaggestaltung: Felix Kempf, www.fx68.de
Lithografie: scanlitho.teams, Bielefeld, Mohn Media, Gütersloh
Gesamtherstellung: Print Consult, München
Printed in Slovenia 2022

Alle in diesem Buch enthaltenen Angaben und Daten wurden von den Autoren nach bestem Wissen erstellt und von ihnen sowie vom Verlag mit der gebotenen Sorgfalt überprüft. Gleichwohl können wir keinerlei Gewähr oder Haftung für die Richtigkeit, Vollständigkeit und Aktualität der bereitgestellten Informationen übernehmen.

Alle Rechte vorbehalten! Ohne ausdrückliche Erlaubnis des Verlages darf das Werk weder komplett noch teilweise reproduziert, übertragen oder kopiert werden, wie z. B. manuell oder mithilfe elektronischer und mechanischer Systeme inklusive Fotokopieren, Bandaufzeichnung und Datenspeicherung.

Delius Klasing Verlag, Siekerwall 21, D - 33602 Bielefeld
Tel.: 0521/559-0, Fax: 0521/559-115
E-Mail: info@delius-klasing.de
www.delius-klasing.de

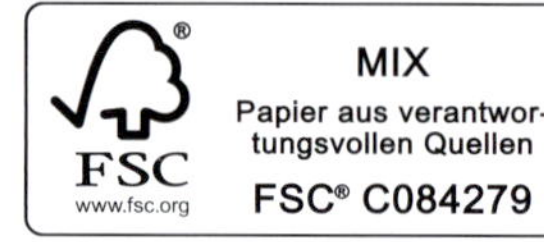